부산의
탄생

부산의

**대한민국의 최전선에서
거센 물살을 마중한 도시**

유승훈 지음

탄생

생각의힘

역사의 최전선에 서다

한반도의 최남단, 부산 태종대 절벽 끝에 섰다. 높은 절벽에 서면 멀리 보인다. 태초에는 푸른 바다도, 고요한 바다도 없었다. 검은 바다는 끊임없이 파도를 당기고 밀면서 거센 물살을 출렁인다. 내가 수직으로 선 곳에 수평의 파도가 밀려와 부딪친다. 물살은 포효하고 몸 뒤틀다 흰 물거품을 남기고 사라진다. 잠깐이라도 머무르면 좋으련만……. 그것이 내게 역사다. 수직의 시간과 수평의 장소가 만나 탄생하는 역사. 그 파도는 한순간의 멈춤도 없이 삽시간에 사라진다. 아쉬움을 담아 발돋움하자 저 멀리 낮게 웅크린 긴 섬이 보인다. 해무에 가려진 쓰시마섬이다. 이렇게 가까운 거리라니. 서로 보일 듯 말 듯한 태종대와 쓰시마의 거리가 부산 앞바다를 거칠고도 치열했던 역사의 최전선으로 만들었다.

조선의 최전선은 결코 한양이 아닌 부산을 비롯한 남해안 일대였다. 고려 말부터 창궐한 왜구는 남해안을 습격하고 백성을 괴롭혔다. 그 대안으로 조선 초기에 삼포三浦(제포, 부산포, 염포)를 개방하여 왜인倭人이 무역할 수 있도록 해주었다. 왕도王都인 서울은 남쪽 최전선에서 싸우는 변방 사람들의 피땀으로 일

귀낸 안락한 중심이었다. 그 중심은 변방의 희생을 빨아들이며 정치, 경제, 문화의 높은 탑을 쌓았지만 정작 주변부의 역사는 잊히고 말았다. 국토가 좁고 긴 대한민국에서 중앙집권과 서울 중심은 아주 당연한 것으로 생각된다. 지역민과의 공감이 사라진 중앙집권에서 필요한 것은 지방분권이다. 이를 위해 시급히 필요한 것이 어찌 행정과 경제뿐이겠는가. 풀뿌리 지방사는 한국사에서 찾아볼 수 없는 실정이다. 이따금 평양, 경주, 공주 등의 역사가 희미하게 보이긴 해도 과거 일국의 수도였기에 가능한 일이다. 나머지 지방사는 관심받지 못하고 사라지거나 내팽개쳐진다. 선두에서 치열하게 변화의 파도를 견딘 지방사를 기록하는 일은 더는 미룰 수 없는 과제가 되었다.

부산의 탄생! 가마솥에서 용광로까지

최전선의 역사는 어렵고 힘든 순간이며, 고통스러워도 넘어야 할 고비들이다. 대한민국 역사의 최전선이 부산에서 형성된 때가 있었다. 그 역사는 '부산의 역사'이면서 중앙과 지방이 서로 힘을 합하여 극복했던 '대한민국의 역사'이기도 하였다. 나는 그 굵고 거친 역사의 마디마디를 살펴서 알리려고 이 책을 쓰게 되었다. 대한민국에서 부산이 주목받았던 그 시절, 좋든 싫든 최전선의 무대에 올라 활약했던 그때를 기록하고 싶었다. 부산은 그 시절을 거쳐 부산다운 모습으로 탄생하였기 때문이다. 나는 그렇게 빚어진 결과를 감히 '조선의 가마솥', '근대의 회색빛 관문도시', '현대의 용광로'로 이름 붙였다.

역사의 최전선에서 맞서야 하는 것은 적뿐만이 아니다. 군사, 정치, 외교, 경제, 무역, 문화 등 모든 영역에서 각각의 전선이 조성되기 때문이다. 조선시대 부산은 군사와 무역, 외교의 중심지였고, 외국의 물건, 음식, 풍속이 유입되는 문화의 최전선이기도 하였다. 선두에서 요동치던 부산釜山(가마솥 산)은 그 이름처럼 '들끓는 가마솥'이었다. 부산이 뜨거운 열을 은근한 온기로 전도시키지 않았다면 우리나라는 연이은 외침을 피할 수 없었으리라. 들끓던 부산이 엎어지거나 무너지면 우리나라가 풍전등화의 위기로 치닫는다는 사실을 보여준 게 임진왜란이었다. 조선시대 내내 부산은 우리나라의 가마솥이었다. 한반도 끝에서 해양세력의 문물과 침입을 뜨거운 밑불로 삼아, 부산은 그 거친 무쇠 몸뚱이를 벌겋게 달군 끝에 따뜻한 음식을 조선 사람에게 나누었다.

한국전쟁은 우리 민족의 최대 비극이자 한국 현대사에 가장 큰 충격을 준 사건이었다. 한국전쟁 시 부산은 대한민국이 절벽으로 추락하기 직전의 '막다른 최전선'이었다. 당시 한반도 대부분이 화약고로 변하였음에도 부산 일대만큼은 전투가 발발하지 않은 안전지대였다. 대한민국 정부는 부산에 정착하여 피란수도를 운영하였다. 피란수도는 피란민의 막다른 둥지이자 대한민국의 운명이 걸린 최후의 보루였다. 전쟁 시절 부산은 경제, 정치, 교육, 문화 모든 분야에서 대한민국의 심장이 되어 한시도 쉬지 않고 금방이라도 터질듯 뜨겁게 쿵쾅거렸다.

그렇게 부산은 피란 시절의 성장통을 거치며 '거대한 용광로'로 거듭났다. 산업화 시절, 부산은 대한민국의 '산업과 수출의 최전선'에서 힘차게 뛰었다. 부산이라는 용광로는 남북한의 문화를 모두 흡수하여 뜨겁게 녹여내 새로운 문화를 창출하였고, 고통과 열기를 견뎌낸 결과로 대한민국호는 태평양과 대서양에서 순항할 수 있었다. 그뿐인가. 부산은 민주주의 최전선에

서 좌고우면하지 않고 선도적으로 투쟁하였다. 뜨거웠던 부산의
정치 용광로는 여러 명의 대통령을 잉태하였다.

제1부두에서 느끼는 대한민국의 팔자

부산항 제1부두 끝에 섰다. 여기는 우리나라 최초의 근
대 항구시설이다. 수평으로 돌출한 근대는 저 멀리 대한해협에
서 달려오는 파도에 미동조차 하지 않는다. 이제 광활한 1부두
는 아무것 없이 공허하다. 바빴던 그 시절을 자성대 부두와 신항
부두에 내어준 1부두엔 기대는 배도, 발을 딛는 사람도 없다. 하
지만 이 부두에 서면 고요한 공허를 가득 메우는 감정이 있다.
1905년부터 40여 년간 이곳을 드나든 부관연락선이 나른 3천만
명의 사람들이 느꼈던 감정이다. 그들의 기쁨과 슬픔, 환희와 분
노, 공포와 불안 등 모든 정서가 켜켜이 쌓여 나를 엄습한다.

염상섭의 소설 『만세전』에 등장하는 주인공 이인화는
부관연락선을 타고 오면서 자신을 감시하는 형사와 헌병 나부랭
이에게서 굴욕과 분노, 공포와 불안을 느꼈다. 그 어두운 감정의
늪에서 허우적거리다 가까스로 부산에 도착한 이인화는 조선의
팔자를 온몸으로 느끼며 이렇게 말했다. "부산만 와 봐도 조선을
알 만하다. 조선을 축사縮寫(줄여서 베낀 상태)한 것, 조선을 상징하
는 것이 부산이다." 나아가 그는 이렇게 또 말한다. "부산의 팔자
가 조선의 팔자요, 조선의 팔자가 곧 부산의 팔자다." 아, 부산의
팔자가 조선의 팔자라니. 제1부두에 발을 내렸던 사람들은 회색
빛 관문도시 부산에서 온몸으로 식민지 조선을 느꼈던 것이다.
그러하니 민족이 느꼈던 정서로만 풀이해도, 제1부두는 부산이
요, 부산은 곧 식민지 조선이라 해도 과언이 아니었다. 민족의 정

서가 스며든 부산항 1부두는 해방 후에도 대한민국의 팔자 노릇을 했다. 해방 후 귀환 동포들이 무거운 짐을 풀고 희망을 디딘 곳도, 한국전쟁기에 미군이 무기를 내린 공간도, 피란민을 위한 구호품이 수송된 장소도 모두 제1부두였다. 일본과의 외교가 정상궤도에 오르자 부관훼리호가 떠난 곳도 이곳이었다(제1부두를 확장한 국제여객터미널).

안타깝게도 그랬던 제1부두는 매몰될 위기에 처했다. 이미 제2, 3, 4부두 일대는 흔적 없이 사라졌다. 지극히 토건주의에 따라 시행된 북항 재개발은 몰역사적이고 반문화적이다. 내가 서 있는 동안에도 매립 공사가 한창이다. 정체를 알 수 없는 흙을 퍼서 열심히 부산항 일대의 역사를 메우고 있다. 나는 부끄럽고 화나고 난감하다. 대한민국의 운명을 온몸으로 겪어낸 부산의 역사를 이렇게 홀대해서야… 여전히 토건의 무력을 당해낼 수 없는 오늘, 내가 할 수 있는, 내가 해야 하는 일은 오직 펜을 들어 대한민국의 최전선이었던 부산의 탄생을 기록하는 일이었다.

이 책을 쓰는 동안 나는 부산 부두가 받은 상처만큼의 상처를 받았다. 깊게 팬 그 상처의 괴로움에 빠져 있는 동안 이 책은 내게 실낱같은 희망이자 위안이 되어 주었다. 이 책을 제안해준 생각의힘 대표님과 멋지게 편집해준 직원들께 감사를 드린다. 갓 나온 이 책이 내 마음의 아픈 상처에도 다시 새순을 돋게 했으면 좋겠다.

2020년 11월
장유 대청천 인근에서
구정신수舊井新水 유승훈

차례

일러두기

● 단행본과 신문은 겹낫표(『』), 시와 노래, 영화 등은 홑낫표(「」)로 표기하였습니다.

● 사진과 그림의 게재를 허락해주신 분들, 자료를 제공해주신 분들에게 감사드
립니다.

● 이 책에 실린 일부 사진과 그림은 저작권자를 찾기 어려웠습니다. 저작권자와
연락이 닿는 대로 정식으로 게재 허가 절차를 밟고 사용료를 지불하겠습니다.

1부
현대의 부산

: 뜨거운 용광로의 탄생

1장

대한민국의
막다른 최전선,

피란수도 부산

1
「굳세어라 금순아」와 「경상도 아가씨」

　　한국전쟁(6 · 25 전쟁)은 우리 민족사의 최대 비극이자 한국 현대사에 가장 큰 충격을 준 사건이다. 광폭한 일제로부터 해방이 되었건만 우리 민족의 앞길은 순탄치 못했다. 곧이어 미군과 소련군이 각각 남북으로 들어와 진주하였고, 민족분단을 예고하는 삼팔선이 그어졌다. 남북이 갈라서자 이념 대립은 더 격화되었다. 잦은 소규모 전투들이 밑불이 되어 마침내 1950년 6월 25일 북한의 남침으로 말미암아 동족 간 대량 살상이 발생하였다.

　　국가들이 군사적 · 정치적으로 격돌하는 전쟁은 한편으로는 당대의 사회와 문화의 대변동을 일으키는 요인이다. 전쟁의 뒷면에는 필연적으로 난민이 따라온다. 한국전쟁 역시 피란민을 대거 발생시켰다. 한국전쟁은 '톱질전쟁'으로 비유되듯 서로 밀고 당기는 치열한 전투였다. 이념 대립의 화를 피하여 대대손손 살던 고향을 떠나는 피란민이 많았다. 인천상륙작전 이후로 평안도와 함경도까지 밀물처럼 올라갔던 유엔군과 한국군은 중공군의 엄청난 개입으로 썰물처럼 빠져나와야 했다. 1950년

흥남부두에서 탑승을 기다리는 피란민들의 긴 행렬

12월 15일, 철수 작전이 벌어진 흥남부두는 그야말로 아비규환이었다. 미군이 제공한 선박에 오르려는 수만 명의 피란민이 갑자기 몰려들었다. 힘주어 잡았던 손을 놓치고 만 가족들이 곳곳에서 울부짖었다. 당시의 심정을 고스란히 담아낸 가수 현인의 「굳세어라 금순아」(1953)를 들으면 피눈물을 흘리지 않을 수 없다.

> 눈보라가 휘날리는
>
> 바람 찬 흥남부두에
>
> 목을 놓아 불러봤다 찾아를 봤다
>
> 금순아 어디로 가고
>
> 길을 잃고 헤매었드냐
>
> 피눈물을 흘리면서
>
> 일사 이후 나 홀로 왔다
>
> (「굳세어라 금순아」 1절)

피란민은 어머니를 잃고 아우를 잃었지만 이미 출발한 배에서 내릴 수 없었다. 지금은 잠시 헤어지지만 언젠가 다시 만날 수 있을 거라는 희망이 부표처럼 떠올랐다. 거친 파도를 헤쳐 남으로 남으로 오던 피란민들이 종국에 짐을 내린 곳이 부산이었다. 피란민에게 부산은 안전하고 평화로운 보금자리로 여겨졌다. 거의 모든 곳이 화약고로 변한 한반도에서 부산 일대만큼은 전투가 발발하지 않은 안전지대였다. 대한민국 정부도 대전, 대구를 거쳐 부산에 정착하여 전쟁 동안 피란정부를 운영하였다. 한국전쟁 시 부산은 피란민의 막다른 둥지이자 대한민국의 운명이 걸린 최후의 보루였다.

하지만 구사일생으로 부산에 들어온 피란민에게 인간 다운 삶이 보장되었던 것은 아니었다. '피란민'이라는 그 이름 석 자처럼 잘해봐야 피란민이었다. 고향을 떠나 일가친척 한 명도 없는 낯선 땅에서 일자리도, 먹거리도 구하기 힘든 처지였다. 집 도 절도 없어 한데여도 누워 잠을 청해야 하는 서글픈 신세였다. 그때 그 시절 가요들은 피란의 아픔을 절절히 노래했다. 「굳세어 라 금순아」의 '영도다리 위 뜬 달'은 그리운 고향을 소환하는 추 억의 소재였다.

일가친척 없는 몸이

지금은 무엇을 하나

이 내 몸은 국제시장 장사치다

금순아 보고 싶구나

고향 꿈도 그리워진다

영도다리 난간 위에

초생달만 외로이 떴다

(「굳세어라 금순아」 2절)

피란민들은 종일 국제시장에서 행상을 하다가 땅거미 가 지면 지친 몸을 이끌고 영도다리로 향했다. 영도다리 교각 주 변은 피란민 판잣집들이 벌집처럼 몰린 탓에 교하촌橋下村(다리 아 래의 마을)으로 불렸다. 피란민들이 영도다리로 갔던 이유는 단지 유일무이한 부산의 명물을 보기 위해서가 아니었다. 혹시라도 북에서 헤어진 가족을 만날지도 모른다는 생각 때문이었다. 그 러나 또 허탕을 치고 서러운 날이면 영도다리 점집에서 고향의 피란시절 영도다리 인근에서 점을 치는 모습. 부산박물관 제공.

부모를 언제 다시 만날 수 있는지 점이라도 봐야 했다.

　당시 부산에서 피란의 아픔이 알알이 박힌 공간이 어찌 영도다리뿐이겠는가. 사십계단 역시 둘째라면 서러울 정도로 피란민의 서글픈 사연이 담긴 장소였다. 박재홍이 부른 「경상도아가씨」(1951)는 피란시절 사십계단에 얽힌 추억이 절절했던 우리나라 국민의 마음을 휘어잡은 가요였다.

사십계단 층층대에 앉아 우는 나그네
울지 말고 속 시원히 말 좀 하세요
피난살이 처량스러
동정하는 판자집에
경상도 아가씨가 애처로이 묻는구나
그래도 대답없이 슬피 우는
이북 고향 언제 가려나

「경상도 아가씨」 1절

　복병산 기슭에 임시 거처를 마련한 피란민들은 사십계단을 힘들게 오르내려야 했다. 일제가 산을 절개하는 토목공사를 벌인 탓에 급경사가 생겨났고, 이리로 지나다니는 사람을 위해서 사십계단이 조성되었다. 아, 피란민의 삶도 이 가파른 사십계단과 같았다.

가수 박재홍의
「경상도 아가씨」가 실린 음반

어깨에 짐을 진 채로 아슬아슬하게 사십계단을 오르다 보면 저 멀리 부산항 바다에서 뱃고동 소리가 들려왔다. 마지막 층에 도착할 즈음에는 아무리 삼수갑산을 넘나들던 무쇠다리 함경도 사나이라 한들, 오금이 저리고 맥이 풀리기 일쑤였다. 층층계단에 앉아 먼바다를 보자니 이북 고향 생각에 저도 모르게 눈물이 뚝뚝 흘러내렸다. 그때 어디선가 이웃에 사는 경상도 아가씨가 다가와 애처로이 묻는다. '보이소, 와 그라요, 고향 생각나서 그런가 본데 힘을 내이소'

> 고향길이 틀 때까지 국제시장 거리에
> 담배장사 하더래도 살아 보세요
> 정이 들면 부산항도
> 내가 살던 정든 산천
> 경상도 아가씨가 두 손목을 잡는구나
> 그래도 뼈에 맺힐 내 고장이

이북 고향 언제 가려나

(「경상도 아가씨」 2절)

고맙고 살뜰한 경상도 아가씨는 국제시장에서 담배장 사라도 해보라고 권유했다. 생면부지의 타향이라도 한번 열심히 살다 보면 그곳이 또한 정든 산천이 된다고 했다. 하지만 과연 그렇게 될 수 있을까. 함경도 사나이 마음 깊은 곳에서는 여전히 이북 고향이 맺혀 있는데, 고향 산천이 눈에 선한데, 이 낯선 땅에 마음을 내려놓을 수 있을까. 고개를 들어 경상도 아가씨의 웅숭깊은 눈동자를 바라봤다. 어느덧 흥남의 내 고장이 꿈결처럼 아스라이 피고 졌다. 그는 피란수도 부산을 떠나 뼈에 맺힌 고향으로 다시 돌아갈 수 있을까.

대한민국의 심장부가 된 부산

3년의 피란수도 부산

2009년 6월로 기억한다. 부산 서구청은 6월 25일이 돌아오면 한국전쟁을 기억하는 행사를 꼭 치르곤 했다. 그해에는 한국전쟁 시 부산이 임시수도로 지정이 된 것을 기념하는 배너를 거리 곳곳에 걸어두었다. 서구청 입장에서는 관내 부민동에 '임시수도 정부'와 '대통령 관저(현 임시수도기념관)'가 있었던 역사적 사실을 널리 알리고 싶었던 게다. 그런데 그 배너에는 '임시정부 ○○주년'이라고 인쇄되어 있었다. '임시수도 정부'와 '임시정부'는 역사적으로 따져보면 큰 차이가 있다. 임시정부는 1919년 이후 중국에서 활동했던 대한민국 임시정부를 말하는 것은 물론, 나라가 망하여 해외로 나가 꾸린 망명정부를 가리키는 말이다. 임시수도 정부는 국가가 망한 것이 아니라 특별한 재난으로 인하여 수도를 이전하고 정부 거처를 옮겨온 것이다.

오지랖이 넓은 나는 구청 담당자에게 전화를 걸어 설명을 해줬다. 하지만 담당자는 임시수도 정부와 임시정부의 차이점을 잘 이해하지 못했다. 하긴 그때만 해도 한국전쟁 시 부산이 임시수도였다는 사실 자체를 모르는 사람도 많았으니…. 지루한 설명 끝에 '임시정부' 배너는 내려지고 '임시수도' 배너로 교체되었다. 여하튼 이 일로 서구청은 임시수도의 개념에 대해서 다시 고민하는 듯했고, 나는 임시수도의 역사를 제대로 알리는 작업이 필요함을 깨달았다. 다시 8년이 흘렀다. 부산시에서는 피란수도 부산의 유산을 세계유산으로 등재하기 위한 학술용역사업을 막 시작하고 있었다. 이 용역을 맡은 연구기관에서 '임시수도' 대신 '피란수도'를 사용하자고 제안했다. '임시수도'와 '피란수도'에는 무슨 차이가 있는 것일까. 혹시 개념의 차이보다는 단어에서 풍기는 어감의 차이가 아닐까.

　'임시수도'는 특정 기간 동안의 일시적, 제한적인 수도다. 부산이 임시수도가 된 건 한국전쟁으로 인한 특수한 사정 때문이었다. 전쟁 기간, 부산은 두 차례 임시수도가 되었다. 1차는 1950년 8월 18일에서 10월 26일까지, 2차는 1951년 1월 3일부터 1953년 8월 14일까지였다.[1] 이는 인천상륙작전 이후 전황이 나아져 서울이 수복되자 정부가 서울로 수도를 도로 옮겼기 때문이었다. 하지만 찬바람과 함께 대륙에서 밀려온 중공군의 참전으로 전황이 급속히 악화되었다. 1·4 후퇴가 일어나자 대한민국 정부는 다시 부산으로 천도하였다. 행정부뿐만 아니라 입법부와 사법부도 함께 내려왔다. 서울에 있었던 학교와 기업, 각종 단체, 외국의 대사관 등까지 모든 공공기관이 부산에 정착하였다. 피란민들이 몰려들면서 부산의 인구가 100만에 육박하기도 하였다.

　이것은 우리 민족 역사상 전례 없던 특별한 경험이었다.

한반도 남단의 항구도시 부산이 '대한민국의 심장부'가 되었다. 임시수도 기간 내내 대한민국의 심장부는 한시도 쉬지 못하고 뜨겁게 쿵쾅거리며 터질 듯했다. 하지만 역사는 냉정했다. 휴전 회담이 진행되자마자 다시 서울로 환도해야 한다는 여론이 등장하였고, 1953년 7월까지 각 정부 부처가 서울로 이사를 하였다. 그해 8월 15일 광복절 기념행사에 맞춰 환도식을 하면서 임시수도 부산의 운명은 막을 내렸다.

톺아보자면, 임시수도의 개념에는 서울 중심주의가 작동하고 있다. '임시수도 부산'이란 즉 나그네처럼 잠시 머무르는 것일 뿐 대한민국의 수도는 서울이어야 한다는 뜻이 은연중에 포함되어 있는 것이다. 휴전이 목전에 오자마자 모두 이구동성으로 환도를 부르짖었다. 휴전 이후에도 냉전시대를 맞이하여 남북한은 늘 으르렁거렸다. 휴전선이 한반도의 중앙을 관통하고 있었으므로 중부에 위치한 서울이 안전한 수도로서 입지를 갖춘 것은 아니었다. 그런데 왜 수도는 서울에 있어야 한다는 뿌리 깊은 고정관념에서 벗어나지 못하는 것일까.

우리나라 사람들이 가지고 있는 '수도는 서울'에 대한 강한 고정관념은 지방분권을 방해하는 요인이다. 우습게도 중앙정부의 부처가 대전과 세종시로 분산되었지만 여전히 서울은 수도로서 유지된다. 행정부의 수반인 대통령도 서울에 있지 않은가. 다른 나라의 경우는 행정수도도 있지만 문화수도, 경제수도 등으로 권한이 분산되었다. 우리나라는 유독 행정과 경제, 문화까지 모든 분야의 권한을 서울이 독점하는 서울공화국이다. 따져보면, 우리나라 최초의 제헌헌법 이후로 수도가 서울에 있어야 한다는 규정은 헌법에 명시되지 않았다.

조선시대 한양에 왕도가 형성된 이후로 서울이 수도여야 한다는 역사적 관성은 일제강점기와 현대까지도 작용하였다. 미군정이 실시된 이후 '서울특별시의 설치 법령'(군정법률 제106호, 1946. 8. 18. 제정)이 반포되어 서울시는 경기도 관할에서 분리되었다. 이 법은 수도로서 서울의 지위를 인정한 것이다.[2] 그런데 같은 법 제2조(특별시의 설치)에서는 "서울시는 조선의 수도로써 특별시로 함"이라고 하였다. 즉 서울을 특별시로 정한 이유는 조선의 수도였기 때문이다. 법이 역사적 관습에 손을 들어준 셈이다. 그렇다면 삼국시대와 고려시대 수도는 어떻게 해야 하는가? 가까운 시대인 조선시대 수도만 인정을 받아야 하는가?

수도는 그 나라의 중앙정부가 위치한 곳이다. 국민의 동의를 거친다면, 수도다운 기반시설이 갖춰진다면 우리나라 수도가 대전, 대구, 부산이 된다고 해도 하등의 문제가 없다. 다시 돌아와, 부산으로 옮겨 온 수도에 반드시 '임시'가 붙을 필요는 없다. 이런 이유로 나는 '피란수도'의 개념을 사용하는 것에 동의하였다. 덧붙여, 피란수도는 사회사(또는 생활사)의 시각에서도 더 사실에 가까운 내용을 담고 있다. 요컨대 '한국전쟁과 피란'이라는 역사적 사건을 담아낼 수 있는 용어다. 부산으로 급박히 내려와 어렵게 살았던 수십만 피란민의 생활과 정서를 포함할 수 있는 개념이었다.[3]

정부의 심장부, 임시수도기념관

부산 서구 부민동에는 피란수도 시절 영욕의 역사를 담고 있는 근대건축물 2동이 있다. 한 건물은 동아대 부민캠퍼스 내 석당박물관으로 활용되고 있다. 다른 하나는 피란수도 부산

부산 서구 부민동에 있는 임시수도기념관(부산임시수도대통령관저)

의 역사를 전시하는 임시수도기념관으로 꾸며졌다. 지금은 두
건물의 소유자가 달라졌지만 1983년 경남도청이 부산에서 창원
으로 옮겨지기 전까지는 같은 계열의 관공서 건물이었다. 석당
박물관은 1925년 '경남도청사'로, 임시수도기념관은 1926년 경
남도청에서 근무하는 '경남도지사의 관사'로 지어진 것이다. 건
립 이래로 두 건축물은 줄곧 경남 도정을 위하여 사용되었다. 한
국전쟁 기간에는 대한민국 정부와 대통령이 둥지를 틀었다. 즉,
석당박물관은 '임시수도의 정부청사', 임시수도기념관은 '대통
령의 관사'였다. 그리하여 문화재로 지정(등록)될 시에도 석당박
물관은 '부산임시수도정부청사'(국가등록문화재 제41호), 임시수도
기념관은 '부산임시수도대통령관저'(사적 제546호)로 각각 명칭이
부여되었다.

석당박물관은 차를 타고 지나면서도 눈에 띄는 건축물이다. 반면 임시수도기념관은 주택가에 있어 부산 사람들도 잘 모른다. 외지인을 임시수도기념관으로 안내하면 인상적인 건물 형태와 함께 아름답고 조용한 풍경에 놀라곤 한다. 임시수도기념관은 붉은 벽돌과 흑색의 기와를 입힌 2층짜리 근대건축물이다. 일제강점기 조선총독부가 지은 관사 건물의 전형을 보여준다. 서양풍과 일본식을 적절히 혼합한 형태로, 응접실이나 서재는 서양식으로 하고 내부는 일본의 전통적 다다미방으로 꾸몄다. 좁은 현관문을 통과하면 오른쪽에 비교적 넓은 응접실이 있다. 응접실에는 한국전쟁 시절 장관에게 임명장을 수여하고, 릿지웨이 유엔군 사령관을 접견하는 장면의 대형 사진 액자가 걸려 있는데, 실제로 이 응접실에서 있었던 일이다. 이승만 대통령은 이곳에서 정부 관료들과 외교관, 군인들과 만나서 중요한 정치, 외교, 국방 업무들을 처리했다.[4]

응접실 바로 앞방이 이승만 대통령이 평소에 업무를 보던 서재다. 의자에는 이 대통령의 실물을 본뜬 밀랍인형이 앉아 있다. 이따금 이곳에서 일하는 직원들도 인형인 것을 뻔히 알면서도 사람처럼 보일 때가 있어 놀란다는 인형이다. 비록 이 대통령을 본뜬 인형에 불과하지만 우리에게 적지 않은 질문을 던지곤 한다. 초대 대통령이었던 이승만은 행정부의 수반이었으니, 전쟁 기간 그가 정착한 곳이 곧 피란수도라고 해도 과언이 아니다. 그로 인해 전쟁 발발 직후 서울에서 급박하게 빠져나와 부산에 도착했던 이 대통령의 행적을 두고 지금까지 설왕설래가 되고 있다.

전쟁이 터진 6월 25일 오전에 비상국무회의가 열렸다.

장관들은 우왕좌왕하였을 뿐이고, 결정 사항이라곤 '야간등화관제 시행'뿐이었다. 대통령이 잠시 자리를 뜨자 각료들은 옥신각신했다. 이때 처음으로 수도를 수원, 대전, 대구, 부산으로 이전해야 한다는 주장들이 나왔다. 그런데 오후가 되자 소련제 야크기의 서울 폭격이 시작되었다. 다음 날(26일)까지 야크기가 서울 상공을 종횡무진으로 날아다니며 중앙청(일제강점기 조선총독부 건물로 한국전쟁 이후 중앙청으로 불림)에 포탄을 퍼붓기도 하였다. 27일 새벽, 이승만 대통령은 특별열차로 황급히 서울을 빠져나갔다. 이 열차는 대구로 갔다가 이승만 대통령의 호통으로 인해 다시 대전으로 돌아가는 해프닝을 겪었다. 대통령을 태운 피란열차가 대전에 도착한 때가 27일 12시경이었다.[5] 이 대통령이 대전

부산임시수도대통령관저에서 촬영한 이승만 대통령 부부와 수행비서 등의 모습

으로 이동하였으니 대전이 수도가 된 셈이었다. 한국전쟁의 일일 상황을 구체적으로 기록한 『한국전란1년지』에서도 27일에 대전으로 천도하였다고 적고 있다.[6]

그런데 대전으로 내려간 정부는 라디오를 통해 '정부는 여전히 서울에 있고, 국회는 서울 사수를 결의하였다'는 특별방송을 하였다. 이어서 이승만 대통령의 특별연설도 이어졌다.[7] 정부의 이런 기만적인 방송과 함께 한강다리가 너무 일찍 폭파되어 서울의 많은 사람들이 피란 기회를 놓치게 되었다. 28일에는 북한군 탱크가 서울 도심으로 진입하였고 남한의 주요 인사들도 위험에 빠졌다. 당시 2대 국회의원 210명 중 3명이 피살되었고, 27명이 납치되거나 행방불명되는 일이 벌어졌다.[8] 서울을 빠져나가지 못한 잔류파는 이승만 정부와 '도강파'에 의해 북한군에 부역한 반동분자로 몰려 큰 고초를 겪었다. 피란을 못 간 서울 시민으로선 매우 억울한 일이었다.[9]

대전으로 천도한 이후로도 이승만 정부는 잘못을 거듭했다. 7월 1일, 엉터리 정보를 믿고 억수 같은 비를 뚫고 대전에서 탈출한 것이다. 이승만 대통령은 소수의 인원만을 대동한 채 이리(현 익산)에서 목포로 이동하였다. 다시 배편으로 부산에 도착한 때가 7월 2일 오전 11시경이었다. 전시를 책임지는 대통령으로서 위험천만한 일이 아닐 수 없었다. 처음에는 경남도지사였던 양성봉의 조용한 사택을 이승만 대통령의 거처로 삼으려 하였다. 그러나 구봉산 산줄기를 끼고 있었던 터라 경비 문제로 인하여 경남도지사 관사가 대통령 관저로 결정되었다.[10] 7월 2일, 이 대통령이 도지사 관사에 입성한 이후로 이곳은 서울의 경무대(지금의 청와대)와 마찬가지로 '경무대'라고 불렸다.[11]

남하하는 정부와 피란수도

한국전쟁과 함께 우리나라 역사상 최악의 피란길이 열렸다. 이승만 대통령은 대전에서 출발하여 거친 폭우와 파도를 헤치며 부산에 도착하기까지 인생 최악의 고초를 겪었다고 한다. 하지만 간단한 옷가지만을 챙겨서 무작정 천 리 피란길을 떠나야 했던 피란민의 고초에는 비교할 바가 아니었다. 이는 '지옥문'으로 들어가는 것과 다름없었다. 학계에서는 전쟁 발발과 함께 시작된 피란을 '1차 피란', 그리고 중공군의 참전과 1·4 후퇴로 인한 피란을 '2차 피란'이라고 한다. 1차 피란 시 약 150만 명, 2차 피란 시 약 480만 명의 피란민이 발생한 것으로 추정한다.[12] 한국전쟁 시 피란은 여러 차례 발생하였을 뿐만 아니라 1차 피란과 2차 피란의 구분은 피란민의 시각이 아닌 반공주의적 시각에서 본 구분이라는 지적이 있다. 하지만 1차 피란과 2차 피란에 대규모 피란이 이뤄졌다는 사실 자체는 부인하기 어려울 것 같다.

정부보다 빨리 안전한 부산에 도착한 이승만 대통령 일행과 달리 대전에는 아직 각료들이 남아 있었다. 공식적 기록상 피란수도는 6월 27일부터 7월 15일까지는 대전, 7월 16일에는 대구로 천도한 것으로 되어 있다.[13] 7월 10일, 정부는 대전에 몰려든 피란민을 분산시키기 위한 첫 조치로 충청남북도 등의 도지사에게 '피란민 분산에 관한 통첩'을 하달하였다. 이 계획은 피란민 증명서를 내주고, 피란민 수용소를 각 도에 설치한다는 등의 내용을 포함하고 있다.[14]

정부의 기대와 달리 시간이 갈수록 전세는 더 악화되었다. 7월 20일 북한군에게 대전까지 함락되자 피란민들은 영남지역으로 향하게 되었다. 이미 7월 14일에는 육군본부가 대구로 이

한국전쟁 당시 피란민의 모습

동하였고, 7월 16일에는 대구가 피란수도가 되었다. 피란민들은 국군과 피란 정부가 있는 곳을 안전한 곳으로 여겨 국군의 철수 방향대로 대전을 넘어 대구로 향하였다. 정부와 유엔군은 피란민 행렬이 골칫거리였다. 군대의 부대 이동을 방해하거니와 피란민 대열에 불순분자들이 섞여 있어 군사작전에 혼란을 줄 것으로 여겼기 때문이다.

　　피란민에 대한 정부의 주요 대책은 피란민이 주요 도시로 몰리지 않도록 분산시키는 것이었다. 작전상 방해가 되는 민간인 마을은 소개하고, 피란수도에는 신분이 확인된 자만을 들이는 등 피란민을 통제해야 했다. 7월 25일 피란수도 대구에서 우리나라 정부와 유엔군이 피란민 통제 대책에 합의하였다. 미 8군 사령관과 사단장의 명령에 따라 피란민이 이동할 수 있으며, 그 시간을 일출과 일몰 사이로 정한다는 내용이었다. 또 집결지로 가는 주요 도로에 피란민을 통제하는 검문소를 설치하였다.[15] 한국전쟁이 개전된 지 한 달 지났을 뿐인데 전선은 계속 남하하였다. 8월 1일경에는 낙동강 방어선이 구축되었다. 낙동강 방어선은 대한민국 최후의 방어선이었다. 이것이 무너지면 대한민국의 운명도 끝이 나는 것이었다. 하지만 8월 중순까지도 낙동강 방어선의 사정은 좋지 않았다. 북한군이 대구 북쪽 인근까지 진입하였으며, 대구역 주변으로 박격포탄이 떨어지기도 하였다. 피란수도 대구는 긴장감에 휩싸였고 민심도 더 흉흉해졌다.[16] 8월 18일 정부는 급히 대구에서 부산으로 천도하였다. 『한국전란1년지』에서는 이승만 대통령의 훈시로 인하여 작전상 정부기관을 부산으로 천도한다고 기록하고 있다. 급박했던 당시의 사정을 알 수 있는 대목이다.

한국전쟁 당시 강을 건너는 피란민들

　국토가 좁은 한반도의 지리적 여건상 전쟁에서 대한민국 정부가 열세로 몰리면 필연 부산으로 올 수밖에 없다. 영남의 끝에 있는 부산은 지정학적으로 해상 교통의 요충지, 전쟁 물자를 보급하는 병참기지로 중요한 위치에 있다. 유엔군과 국군이 안전하게 병력과 물자를 수송할 수 있는 최적의 항구였다. 게다가 부산은 식민지 시절 급속히 성장한 근대도시로서 서울에 버금가는 도시시설을 갖춘 곳이었다. 정부와 함께 뒤따르는 피란민들을 수용할 수 있는 최남단의 도시는 부산밖에 없었다. 1차 피란 시 약 50만 명의 피란민이 경남지역으로 왔다. 그중에서 30만 명가량이 부산으로 유입됨으로써 부산의 인구는 77만 명에 달하였다. 갑작스러운 인구의 증가는 부산의 도시 기능을 마비시켰고 부족한 물자 탓에 물가가 폭등하였다. 전황이 호전되는 한국전쟁 당시 미군들이 부산항 부두에 짐을 내리고 있다.

9월부터 정부는 다시 피란민을 귀향시키고자 하였지만 약 15만 명의 피란민은 여전히 부산에 남았다.[17]

삼권 기관이 둥지를 튼 부산

인천상륙작전 이후 전황이 역전되어 9월 28일에 국군이 서울을 수복하였다. 10월 1일에는 유엔군이 삼팔선을 넘어 북진하였다. 이제 전선은 남한이 아닌 북한에 형성되었다. 10월 27일에는 정부가 부산에서 서울로 돌아가게 됨을 축하하는 정부 환도 경축기념대회가 열렸다.[18] 하지만 겨울이 오기 전에 종전되리라는 부푼 희망은 중공군의 참전으로 물거품이 되고 말았다. 중공군은 무서운 기세로 몰려왔다. '청천강 전투'와 '장진호 전투'에서 큰 타격을 입은 유엔군과 국군은 다시 후퇴하였다. 진남포와 흥남에서는 수십만 명의 피란민을 한꺼번에 승선시켜 철수하는 진기록을 남기도 하였다.

2차 피란의 막이 본격적으로 올랐다. 1차 피란과 달리 2차 피란은 북한으로 치고 올라갔던 유엔군을 따라 북한 지역의 주민들이 피란을 내려오게 되었다. 이른바 월남 피란민이다. 우왕좌왕했던 1차 때와는 달리 체계적으로 서울을 소개疏開하였고, 조직적인 피란 작전이 이뤄졌다. 유엔민간원조사령부UNCACK와 한국 정부가 협력하여 군사작전에 방해가 되지 않도록 피란민을 전라도로 분산시키고 군사보급로와 겹치지 않도록 피란길을 유도하였다.[19]

서울 소개 작전에 따라 다시 부산으로의 천도가 불가피해졌다. 허겁지겁 대전으로 빠져나온 1차 때와 달리, 2차 피란 때는 천도를 위한 공식적인 논의가 이루어졌다. 1951년 1월 2일 화

요일 오후 5시에 경무대 관저에서 국무회의가 개최되었다. 이승만 대통령은 '정부 천도에 관한 건'을 지시하면서도 그에 따른 민심과 군인들의 사기에 영향을 미칠 것을 우려하였다.[20] 잔류하는 국무위원은 내무부, 국방부, 교통부 장관으로 정하고 기타 남하하는 문제에 대해서는 국무회의에서 결정을 바란다고 하였다. 이에 따라 국무회의에서는 공보처에서 정부 천도에 관하여 발표하고, 외국기관에는 공문서를 보내 연락할 것으로 결정하였다. 아울러 기차가 다음날 오후 서울역을 출발한다는 사실을 교통부 장관이 각 부처에 알렸다. 각 부처 장관은 자유행동으로 남하할 것을 의결하였다.[21] 이 결정에 따라 1월 3일 정부 부처와 각료들은 조직적으로 기차를 타고 부산으로 내려왔다. 『한국전란1년지』에서도 역시 1월 3일 정부와 국군 수뇌부가 부산으로 이전한 것으로 기록되어 있다.[22]

　　한국전쟁 당시 행정부는 1949년 개정된 정부조직법(제22호, 1949. 3. 25.)에 따라 12부 4처, 2위원회로 운영되었다. 이 모든 정부조직은 피란수도 부산에서 운영되었다. 각 정부 부처의 길고 험한 피란살이가 시작되었다. 하나의 청사를 사용하기 어려웠으므로 당시 사정에 따라 경남도청과 부산시청 등으로 분산되었다. 즉, 내무부, 법무부, 농림부, 총무처, 공보처, 법제처 등은 경상남도 도청을, 문교부, 사회부, 보건부 등은 부산시청 건물을 각각 사용하였다.[23] 도청이나 시청에서 임시 사무실을 차려놓고 근무해야 하는 중앙부처의 공무원들은 곁방살이하는 피란민의 심정과 마찬가지였다. 넓은 홀을 판자로 구획하여 임시 사무실로 사용하였다. 소란스럽고 시끄러운 분위기가 도떼기시장과 다름이 없었다. 장관들도 한 칸 반 정도의 좁은 방에 만족해야 했

피란수도 시절의 부산시청 정문

다. 차관이나 국장들에게 별도의 방을 내주는 걸 엄두조차 못 내는 부처들이 많았다. '피난 관리', '도떼기 사무실' 등은 당시 정부의 궁색한 사정을 잘 표현한 말이다. 갑자기 공간을 떼어 준 경남도청과 부산시청 공무원들의 불만도 이만저만이 아니었다. 상부기관에게 사무실을 내준 터라 대놓고 불평을 터트릴 수 없었지만 그들의 심정은 피란민에게 방을 내준 원주민의 심정과 같았다.[24]

앞 장의 사진은 피란수도 시절 부산시청의 풍경을 보여주기 위하여 단골로 등장하는 것이다. 가운데의 그림 양쪽으로 '문교부'와 '보건부'라 적힌 작은 현판이 나란히 걸려 있다. 문교부, 보건부 등 몇 개의 정부 부처가 임시로 부산시청에 입주하였음을 알려준다. 시청 입구에는 '6·25 멸공 통일의 날', '싸워서 이기자'라는 전투적인 현판이 걸려 있다. 현판 위에 있는 그림은 프랑스 화가 들라크루아가 프랑스의 7월 혁명을 기념하기 위하여 1830년에 그린 '민중을 이끄는 자유의 여신'을 패러디한 것이다. 원래 자유의 여신이 들고 있는 프랑스 혁명기를 태극기로 바꾸었다. 이것은 자유를 상징하면서도 참전을 독려하는 데 제격인 그림이었을 테다.

행정부 외에 입법부(국회)와 사법부(법원)도 부산에서 피란생활을 시작하였다. 『직업별요람부』는 한국전쟁 시절 부산에 입주한 전국 관공서와 단체, 회사의 주소를 일목요연하게 정리한 자료다. 이 책에 따르면 입법부와 사법부의 소재지도 모두 경남도청 주변으로 나타나 있다.[25] 행정부(경남도청)를 중앙으로 본다면 동쪽에 입법부, 서쪽에 사법부가 들어선 구조였다. 부민동 일대는 국가 권력을 구성하는 삼권 기관이 모두 있었던 곳으로 역사적 가치가 높은 장소다. 현재 이 일대에는 '임시수도 기념 거리'가 조성되어 있다.

예전에는 경남도청 위쪽에 부속시설로 상무관尚武館이 있었다. 이곳이 피란수도 시절 국회의사당 건물로 활용되었다. 상무관은 한국전쟁 시절 임시수도 국회사의 심장부와 같은 곳이었다. 이 건물을 철거할 때 피란시절의 역사적 장소이므로 보존해야 한다는 여론이 많았다.[26] 국회는 상무관 외에 광복동의 문화극장과 부산극장 등 비교적 넓은 극장을 임시의사당으로 사용하기도 하였다. 1952년, 이승만 정권은 상무관 앞에서 국회의원이 탄 국회 전용 버스를 공병대 크레인으로 들어 올려 헌병대로

일제강점기에 건립된 부산지방법원. 부산박물관 제공.

끌고 갔다. 이 사건은 이승만 정권이 밀어붙인 발췌개헌안의 신호탄이기도 하였다.[27]

피란시절 대법원은 하부조직인 부산지방법원에 입주하였다. 1911년에 지어진 부산지방법원 건물은 보도연맹 관련자들을 색출하기 위한 중요 회의들이 열렸던 장소였다. 부산지방법원 건물은 1950년대까지 남아 있었다.[28] 같은 건물에 부산지방검찰청도 있었던 터라 피란시절에 대검찰청도 이곳에 입주해 있었다. 경상남도가 창원으로 이전한 이후에는 부산지방법원이 잠시 경남도청을 사용하다가 연제구 거제동으로 이전하였다. 피란시절 법원사의 중심이었던 부산지방법원의 자리에는 현재 동아대 법학전문대학원이 들어서 있다. 공교롭게도 예나 지금이나 이곳은 법률과 인연이 깊은 장소다.

3

아, 힘들고 거친 피란살이 3년이여

증명서와 신분증, 그리고 궤짝사진관

중공군이 참전함에 따라 2차 피란 시 약 56만 명의 피란민이 경남으로 유입되었다. 그 가운데 부산에 들어온 피란민은 약 26만 명이었다. 1차 피란 때 없었던 북한에서 내려온 월남 피란민들이 많았다. 늘어난 피란민으로 1952년 부산 인구는 약 88만 명에 달하였다.[29] 이것은 공식적 통계이고, 실제로는 이보다 훨씬 많은 사람이 부산으로 들어왔을 것이다. 피란민들이 그나마 품팔이가 있는 부산부두와 시내로 몰린 탓에 원도심에는 빈자리가 없을 정도로 사람들로 가득 차게 되었다.

월남 피란민들이 많이 유입된 만큼, 피란민 통제는 더 강화되었다. 미군은 주요 지점에 피란민 처리소를 세우고 엄격한 심사를 거친 후에 신분증명서를 발급하였다. 여기서 통과한 이들은 피란민 수용소로 보내졌다. 피란수도 부산에 들어가려면 사상이 검증되어야 했다. 군인, 경찰, 공무원 등 속칭 '줄 있고 빽있는 가족'들이 부산으로 들어왔다. 나머지 피란민들은 경남과

군사분계선에서 미 헌병이 피란민의 짐을 일일이 확인하고 있다.

제주도 등으로 분산되었다. 흥남에서 배를 타고 온 피란민들은 우선 거제도로 보냈다. 이미 부산 수용소에 있던 피란민들까지 일부 강제 이송시키다 보니 가족과 헤어지는 불상사가 벌어지기도 하였다.[30]

한국전쟁은 각종 신분증과 증명서가 필요한 시대를 만들었다. 정부는 월남 피란민들 사이에서 좌익분자들을 걸러내야 했고, 피란민들은 빨갱이로 찍히지 않으려면 정부의 인정을 받

아야 했다. 한국전쟁 시절 신분증은 목숨을 건져주는 생명줄과 같았다.

지금으로부터 10년 전의 일이다. 2010년 수도권에 소재한 박물관들이 일제히 한국전쟁 60주년을 맞이하여 특별전을 개최하였다. 같은 주제를 가지고 여러 박물관이 특별전을 개최하는 것은 이례적인 일이었다. 한번에 전시를 관람해 보니까 한국전쟁 유물의 일정한 패턴을 확인할 수 있었다. 그 가운데 눈에 띄는 유물은 정부가 1950년대 발급한 각종 신분증과 증명서였다. 월남한 피란민에게 발급한 피란민증, 타지로 입주하였음을 증명하는 거주증명원, 한강을 통행하는 권리를 부여받은 통행증, 권총 휴대를 허가한 무기휴대증, 토벌대 근무 중 고향에 갔음을 증명하는 귀향증명서 등등…….

1950년대는 정부로부터 공인을 받아야 살 수 있는 '증명서의 시대'였다. 1950년대 한 신문에서도 "시민증, 병적증명서, 야간통행증, 기간요원증 등 대여섯 가지의 증명서를 갖지 않으면 마음이 불안한 사회"라고 하였다. 언제 어디서라도 자신을 증명하지 못하면 경찰서, 수용소, 전쟁터로 끌려갈지 모르는 험악한 세상이었다. 지금 이 종잇조각들은 전시장으로 들어간 한갓 유물이지만 한국전쟁 시절에는 품속에 고이 간직되어 누군가의 생명을 보장해주는 물신物神이었다. 당시에 신분증은 마치 특권처럼 인식되어 이를 위조하고, 그러다 사기까지 당하는 사건도 비일비재하였다. 종이 한 장이 삶과 죽음의 경계를 나누었던, 어처구니없는 시절의 흑역사를 보여주는 사회적 유물이다.

신분증 트라우마는 종전 이후에도 계속되었다. 전쟁 시절 신분을 확인할 수 있는 도민증이나 시민증이 홍수를 이룬 것

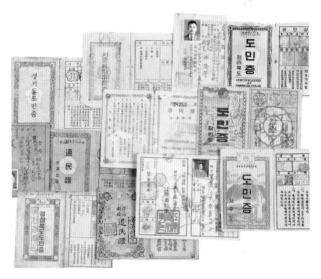

각 도에서 도민에게 발급한 도민증(신분증명서). 국립민속박물관 제공.

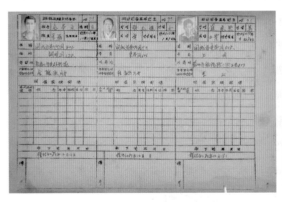

피란민증(좌). 국립민속박물관 제공.
군인가족증명서(우). 임시수도기념관 제공.

1950년대 궤짝사진관

은 물론, 이런 사회적 분위기는 한동안 계속되었다. 집 밖으로 멀리 가려면 신분증을 꼭 챙겨야 했다. 혹시 검문소에서 경찰(또는 헌병)에게 검문을 당했을 때 신분증이 없으면 심장이 두근거렸다. 신분증을 소중하게 고이 간직했던 탓인지 현재까지 오랫동안 남아 한국전쟁 특별전의 전시장을 장식하고 있다.

흥미로운 점은 신분증 홍수의 시대에 때를 맞춰 사진 수요도 증가했다는 사실이다. 전쟁이 국토를 유린한 1950년대에 제대로 된 사진관이 남아 있을 턱이 없었다. 이때 등장한 것이 '궤짝사진관'이었다. 궤짝사진관은 길거리에서 사진을 찍고 즉석에서 인화하여 신분증을 만들어 주는 '가두암실' 또는 '뜨내기 사진관'이었다. 사진관에서 사진을 찍으면 며칠씩 걸렸던 것과 달리 이 즉석 사진관은 30여 분 만에 뚝딱 나왔다. 이것은 당시 급히 사진이 필요했던 수요와도 맞아떨어졌다. 카메라만 있으면 어딜 가서든지 밥벌이를 할 수 있으므로 이를 아르바이트로 하는 대학생도 있었다고 한다.[31]

피란민에 휩쓸린 부산 사람들

전쟁 발발 이틀 만인 6월 28일, 부산에 처음 들어온 피란민 1호는 군인가족이었다. 군 고위간부들은 전세가 급히 악화

한국전쟁 당시 기차를 타려는 피란민들(위)
아이들을 리어카에 태우고 피란을 가는 장면(아래)

하자 가족을 먼저 군용트럭에 실어 보냈다. 부산시는 군인가족을 부산시보육원에 수용하려고 했다. 그러나 이들은 지저분하다며 수용을 거절하고, 다른 곳을 요구하였다. 난감해진 부산시는 깔끔하게 정리된 노무자 합숙소를 제공하였다. 피란민 1호는 더운밥 찬밥을 가릴 정도로 좋은 대우를 받았다.

다음날 새벽부터 피란민들이 홍수처럼 밀려왔다. 부산시 공무원들은 부산역에 도착한 500여 명의 피란민을 시민관, 부산극장, 동아극장 등에 수용하고 시청 뒷마당에 솥을 걸어 밥을 해 먹였다. 이후로 피란민들은 걷잡을 수 없이 늘어나 하루에 거의 천여 명씩 부산으로 들어왔다. 대한도기회사, 대륙공업사 등을 비롯하여 창고와 공지를 갖춘 공장들이 피란민 수용소로 활용되었다. 구호반원들을 동원하여 목재를 수집하고, 임시로 간이 건물을 지어 실내로 들어가지 못한 피란민들을 수용하였다.[32]

전선이 대구 근처까지 내려오자 더 많은 피란민이 발생했다. 국회는 9월 25일, '피란민수용에 관한 임시조치법'(법률 제146호)을 개정하였다. 정부의 귀속재산에 피란민을 수용하였지만 한계에 달하여 귀속재산 외에도 주택, 여관, 요정 등까지 수용소로 활용할 수 있도록 하였다. 이 법에 따르면 정부가 사유재산이라도 수용소로 지정하면 소유자는 임대료를 받을 수 없었다. 소유자의 입장에선 매우 불합리한 제도지만 전시 상황이므로 어쩔 수 없이 받아들여야 했다. 이에 따라 피란민 수용소로 활용할 수 있는 장소가 늘어났다. 미군과 주한 ECA(경제원조처)가 제공해주는 텐트(32×16m)도 피란민들에겐 소중한 주거 시설이었다. 1950년 8월 중순에 긴급 지원된 텐트의 숫자만 해도 2만 5천 개였다.[33]

하지만 피란민 수용소는 여전히 부족했다. 급증하는 피

란민을 수용하기에 정부와 미군의 수용소 대책은 한계가 있었다. 수용소로 들어가지 못한 피란민들은 다리 밑, 산비탈을 찾아서 노숙하기 일쑤였다. 길가에 그냥 쓰러져 눕다시피 한 피란민들도 많았다. 한겨울이던 2차 피란 때는 상황이 아주 열악했다. 1차 피란 때보다 피란민 수용소는 턱없이 모자랐으므로 피란민들은 거리에 나앉았다. 기온이 떨어지고 날씨가 추워졌으므로 노숙하다가는 얼어 죽기 십상이었다. 피란민들은 누구에게 의지할 것이 아니라 각자 살 길을 찾아야 했다. 판자와 두꺼운 종이를 구해서 얼기설기 판잣집을 짓고, 체온을 유지하기 위해 거적때기라도 덮었다. 한편, 전쟁 중에는 농사를 지을 수 없으므로 농토를 떠나 부산으로 들어오는 유랑민들도 증가하였다. 수천 명의 유랑민은 부산 시내를 떠돌며 문전걸식하다가 굶주림에 지쳐 길가에 쓰러져 있었다. 이 유랑민들은 피란수도 부산을 더 혼란스럽게 만들었다.[34]

　　부산 사람들(원주민)이 처음 피란민을 접했을 때는 후한 경상도 인심으로 따뜻하게 대해줬다. 모르는 사이라도 방을 일부 내어주고 쌀과 반찬을 나눠주기도 했다. 하지만 1·4 후퇴 때에는 인심이 많이 달라졌다. 몰려드는 피란민들로 물자는 부족해지고 도시시설은 마비되었다. 부산 사람들의 인심도 야박해질 수밖에 없었다. 하지만 겨울철이라 따뜻한 지원이 더욱 필요한 시기였다. 그리하여 부산시청 간부와 직원들에게서 피란민을 위해 방을 내주자는 움직임이 일었다. 각 교회에서도 예배당을 제외한 부속 건물을 피란민에게 제공하기도 하였다.

　　부산 사람과 피란민들 사이의 파열음도 적지 않았다. 집세가 밀려서 서로 다투었고 물을 얻으려다가 문전박대를 당하다

보니 물싸움도 일어났다. 부산의 어느 마을에서는 주민들이 총 동원되어 피란민에게 주는 식수의 동결을 결의하거나 화장실에 큼직한 자물쇠를 잠그는 일들도 생겼다. 화장실 문에 자물쇠 채우는 습관은 피란시절에 생겨났다. 자연재해를 피란민들의 탓으로 돌리고 무당을 시켜 굿을 하는 황당한 사건들도 있었다. 가뭄이 계속되자 북녘내기가 몰려와서 비가 오지 않는 것이라며 천신에게 축원하는 원주민까지 있었다.[35] 그러나 이런 현상을 부산의 야박한 인심 탓으로 돌릴 일은 아니었다. 인심도 곳간에서 나온다는 말이 있다. 부산 사람과 피란민 사이의 갈등은 전쟁으로 인한 물자 부족이 낳은 기현상이었다. 인구 밀집으로 인한 도시의 기능 붕괴에 따른 참혹한 현실이었다.

피란민의 유일한 보금자리가 된 판잣집

정부가 제공하는 피란시설에 들어갈 수 있는 피란민들은 그나마 다행이었다. 피란민 수용소에 들어가지 못한 이들은 스스로 머무를 곳을 찾아야 했다. 1·4 후퇴 이후로 유입된 피란민들은 거주지를 확보하지 못하고 다리 아래나 남의 처마 밑을 옮겨 다니는 경우가 많았다. 누군가 처음으로 판자 부스러기를 이어서 판잣집을 만들었다. 이 판잣집은 필요가 만든 발명이었으며, 시대가 낳은 피란민의 독특한 주거공간이었다. 당시 언론에서는 판잣집을 '하꼬はこ箱(상자)' 같이 생겼다 해서 '하꼬방', 군인들이 생활하는 막사의 뜻을 빌려 '바락크baraque'라고 불렀다. 하지만 판잣집은 바락크보다 훨씬 못한 임시주거지였다. 여기저기서 수집한 목재와 미군 부대에서 흘러나온 박스를 얼기설기 엮어 집 형태를 만들고 바닥에는 가마니를 깔아 만든 판잣집에

1970년대 부산 산동네의 판잣집들

서의 삶은 선사시대의 움집살이와 다를 바가 없었다. 피란민들
은 판잣집에서 오직 등불에 의지한 채 가족의 체온에 기대어 추
위와 바람을 이겨내야 했다.[36]

　　그래도 판잣집은 피란민들의 유일한 안식처였다. 비좁
고 더러운 공간일지라도 고단한 피란살이를 해소할 수 있는 집
이었다. 당시 신문은 판잣집을 '하루의 괴로움을 덜어주는 우리
들의 안식처였고, 또 그날의 끼니를 찾아 움직여야 하는 심신 활
동의 생활근거지'로 묘사하였다. 피란살이가 끝나고 다시 고향
으로 돌아간 피란민들은 악착같이 살던 부산에서 가장 기억에
남는 것으로 판잣집을 꼽았다. 판잣집도 여러 형태가 있었다. 개
집만도 못한 판잣집도 있었지만 제법 돈을 써서 2층 이상의 규

한국전쟁 시절 부산의 피란민촌

모를 갖춘 판잣집도 있었다. 목 좋은 장소의 괜찮은 판잣집들을 팔아서 전세를 얻어 나가는 피란민들도 있었다.[37]

피란민 둥지로 부상한 판잣집은 삽시간에 유행하였다. 부산 시내는 판잣집으로 뒤덮였다. 국제시장 주변의 용두산과 복병산, 보수천 주변, 부두와 부산역 일대, 충무동과 영도 해안가, 영주동, 초량동, 수정동, 범일동 등지에 판잣집 마을이 집중되었다. 1953년 7월 당국 조사에 따르면 도로와 하천 주변, 산기슭에 약 3만 2,000호의 판잣집이 있었다. 대규모 판자촌이 형성된 곳은 국제시장 근처 1,200호, 영주동 산기슭 1,000호, 영도대

1952년 보수천변 피란민 움막

교 해안가 700호, 보수동 600호, 송도 300호 등이었다.[38] 실제로
는 이보다 훨씬 더 많은 판자촌이 있었을 것으로 추정된다.

　　피란민들에게 더없이 소중한 안식처였건만 정부에게는
늘어가는 판잣집이 골칫거리였다. 정부는 판자촌을 도시 미관을
해치고, 불결하여 위생 문제를 일으키는 소굴이자 교통을 방해
하는 주범으로 여겼다. 특히 대통령 관사에서 직접 보이는 피란
수도의 미관을 저해하는 판자촌들은 권력자들에겐 눈엣가시였
다. 무엇보다 판자촌의 잦은 화재는 정부에게 철거의 명분을 안
겨주었다. 1951년 부산시는 용두산, 복병산, 부평동, 보수천 부
근의 판잣집 철거를 추진하였다. 피란민들은 이에 반발하여 정
부와 부산시에 진정서를 제출하고 반대하였지만 별 효과는 보
지 못했다.[39] 판잣집 철거 때 동원된 사람들은 대개 부산의 원주
민들이었다. 몽둥이를 들고 경상도 사투리를 쓰며 무지막지하게
판잣집을 부수는 사건은 피란민들에게 잊지 못할 큰 상처를 남
겼다.

　　정부의 판잣집 철거는 근시안적인 주거 대책이었다. 마
땅한 집이 없는 피란민들이 살 수 있는 방도는 다시 판잣집을 세
우는 일이었다. 그리하여 부수고 다시 짓는 공허한 일이 반복되
었다. 예컨대 1952년 9월 13일 오후 2시경 보수동 개천가에 있던
피란민들의 판잣집이 당국의 철거에 따라 무자비하게 뜯겨 나갔
다. 하지만 이튿날에 가보니 멀쩡한 판잣집들이 새로 들어서 있
는 식이었다.[40] 이처럼 피란시절 판잣집 철거는 쳇바퀴 돌듯 제
자리걸음이었다. 당시 신문 만평에서도 철거반원들이 판잣집을
부수고 지나간 자리에 다시 집을 세우는 피란민들의 모습이 그
려져 있다. 여론도 특별한 대책 없이 철거하는 정부에게 호의적

『경향신문』에 실린 철거만평. 경향신문 제공.

이지 않았다. '동량은 못 주나마 박짝조차 깨냐'는 옛말을 인용하면서 '사람이 사는 집을 한마디 말도 없이 두들겨 부수는 소치所致는 혈관 없는 귀신이 아니면 못 할 노릇'이라고 비판하였다.[41]

아미동 비석마을과 우암동 소막마을

부산에는 1950년대 피란촌의 흔적이 남아 있는 마을이 있다. 부산의 영주동 산동네, 영도 청학동 마을, 아미동 비석마을, 우암동 소막마을, 당감동 피란민 마을 등이 대표적인 피란촌 마을이었다. 전쟁이 끝난 후에도 고향으로 돌아가지 못한 월남 피란민들은 이곳을 제2의 고향으로 삼고 정착하였다. 이곳에 가보면 피란민들이 살던 주거 구조를 볼 수 있다. 마을에는 옛 피란 상황을 구술해주는 어르신들도 살아 계신다.

'영주동 산동네'와 '영도 청학동 마을'은 고지대에 있는 피란촌이었다.[42] 영주동 산동네는 비탈이 심하게 진 곳으로 사람이 살기에 적당하지 않았다. 하지만 부산항과 가깝고 일자리를 구하기가 쉬워 일제강점기부터 빈민들이 모여 살았다. 부산항 하역 노동자로 일하고자 하는 피란민들이 영주동 산동네로 몰렸다. 1953년 당시 영주동에는 약 1,000호의 판잣집이 있었다. 비탈진 산동네에서의 삶은 열악하기 이를 데 없었다. 피란민들은 물을 구하기 위하여 멀고 험한 산길로 다녀야 했다. 화장실과 분뇨 처리시설이 없었으므로 열악한 위생 상황에서 벗어나지 못하였다.

영도 청학동 마을도 피란민이 살기에 불편한 곳이었다. 1953년 11월 역전 대화재로 부산역 인근 피란민들이 살던 판자촌이 모두 소실되었다. 정부는 이재민들을 청학동 마을로 이주시키고자 하였다. 청학동 마을에 후생주택을 지어 이재민들에게 분양하였지만 가난한 피란민에게는 집값을 지불할 능력이 없었다. 결국 청학동 마을도 피란민들이 지은 판잣집으로 가득 차게 되었다. 당시 화재민과 유랑민 약 2,000가구가 청학동 일대에 살았다고 한다. 청학동 피란민들은 수도와 전기 시설 부족으로 어려움을 겪었다. 이들은 영도다리와 국제시장까지 나오기 위하여 '아리랑 고개'라는 험하고 굽은 산길을 걸어야 했다.

부산의 '아미동 비석마을'과 '우암동 소막마을'에는 특별한 이야기가 있다. 비석마을과 소막마을이라는 이름은 최근에 지어졌지만 가난했던 피란시절의 아픔을 느끼게 해준다. 비석은 죽은 자를 상징하는 돌이요, 소막은 소들을 가두고 키우는 축사다. 죽은 자의 상징물인 비석, 짐승을 키우는 축사는 사람이 사는 공간과는 거리가 있는 것들이다. 어떤 이가 비석 위에, 축사 안에서 잠자리를 깔고 누우려 하겠는가. 하지만 집과 삶을 빼앗긴 피란시절에는 금기되고 도외시되었던 공간조차 귀한 삶터였다. 1950년대 비석마을과 소막마을은 추위와 비바람에 떨던 피란민의 고통을 조금이라도 덜어주던 고마운 공간이었다.

일제강점기에 아미동에는 일본인 공동묘지와 화장장이 설치되었다. 당시에는 빈민들조차 이곳을 죽음의 장소라 하여 꺼렸다. 공동묘지와 화장장 주변에는 인적이 드물었다. 하지만 전쟁으로 많은 피란민이 몰려들면서 화장장 인근까지 판자촌이 들어섰다. 일본인 공동묘지까지 피란민들이 개간하여 살

아미동 축대에 박힌 비석

게 된 것은 전쟁이 끝난 이후였다. 화재나 철거로 인하여 보금자리에서 쫓겨난 피란민들은 묘지 위에 판잣집을 짓고 살았다. 아미동은 청학동, 영주동보다 국제시장과 가까운 거리에 있었으므로 피란민들은 차라리 죽은 자의 공간을 택하였다. 처음에는 천막을 짓고 살다가 점차 판잣집이 늘어 갔다. 이후 판잣집은 다시 루핑집, 슬레이트집으로 바뀌어 갔다. 현재 산 19번지 일대를 '비석마을'이라 부른다. 옛 공동묘지의 흔적인 일본인 비석과 상석들이 숱하게 발견되기 때문이다.[43]

피란시절 우암동에는 '적기 피란민 수용소'가 설치되었다. 적기 수용소는 부산에서 가장 많은 피란민을 수용했던 곳이다. 우암동 마을은 부산의 대표적 피란촌이 되었다. 1952년 이곳을 방문한 『민주신보』의 한 기자는 "적기 수용소에 1,400가구의 6,000여 명이 수용되었으며, 수용소라기보다는 일가의 독립부락을 이루고 있다"고 보도하였다.[44] 일제강점기 우암동에는 소막사를 비롯한 검역시설이 있었다. 일제는 조선의 소를 일본으로 수출하기 전에 전염병 등을 점검하기 위하여 우암동에 소막사와 해부실 및 소각장, 각종 창고 등 대규모 검역시설을 세웠다.

이런 시설은 평시에는 사람들이 살 수 없는 공간이다. 하지만 전쟁을 피하여 몰려든 피란민들을 임시 수용하기에는 적합한 곳이었다. 정부는 1950년 12월 무렵부터 피란민들을 이곳에 수용하기 시작하였다. 소막사를 일정하게 구분하여 피란민을 수용하였고, 천막과 판사板舍를 지어 피란민들을 살게 하였다. 우암동 적기 수용소는 소막사를 비롯하여 천막 130여 동, 판사 15동 등의 피란민 수용시설로 구성되었다. 정부는 이들에게 하루 두 끼 정도의 음식을 제공하고자 하였으나 이마저도 주지 못할

때가 많았다.[45] 전쟁 이후에도 많은 피란민이 우암동에 정착하여 살았다. 피란시절 피란민을 수용하던 소막사가 일부 남아 있는데, 이것이 2018년 국가등록문화재(제715호)로 지정된 우암동 소막마을 주택이다.

피란촌 생활에서 가장 불편했던 점은 수도시설과 화장

실이었다. 물을 긷기 위하여 산을 넘어 다니고 급수차 앞에서 양동이를 들고 몇 시간씩 기다려야 했다. 화장실이 부족하여 여성들이 큰 곤란을 겪었다. 보수천 등 천변에 피란민들이 몰려 산이유도 분뇨 처리가 고지대 피란촌보다 나았기 때문이었다. 부산시는 복병산, 동광동, 보수천 주변, 해안가 등지에서 살던 피란민들을 사하구 괴정, 진구 양정, 영도구 청학동 등지로 이주시켰다. 철거와 이주는 도심에서 외곽으로 피란촌이 확대되는 계기가 되었다. 부산의 산동네는 피란민들이 살던 마을이 시초가 된 것이 대부분이다. 여전히 남아 있는 경사면의 주택들, 비좁은 골목, 공동화장실 등은 피란촌 주거문화의 특징을 잘 보여준다.

물은 모자라고 불은 넘쳐나는 부산

부산은 우리나라 최초로 근대 수도시설이 설치된 '물의 도시'였다. 보수천을 취수원으로 하여 대나무관을 설치한 때가 1880년대였다. 일본 거류민의 증가에 비례하여 물의 수요가 늘어나자 상수도 시설이 정비되었다. 1890년대 보수천에는 집수제언시설이 만들어졌다. 대청정大廳町에는 배수지가 구축되고 물을 담아 가두는 수원지도 축조되었다. 1902년경에는 구덕수원지, 1909년에는 성지곡수원지가 축조되었다. 일제강점기에는 법기 수원지, 해방 직후에는 회동댐이 건설되어 부산시는 물 공급량을 증가시켜 나갔다. 한편, 민가에서는 여전히 우물에서 물을 길어 사용하였다. 하천 인근의 주민들은 강물을 이용하는 경우도 있었다. 기존에 부산에 설치된 수도시설과 우물로도 34만 명인구가 사용하기에는 큰 부족함이 없었다.

한국전쟁 시기 피란민이 몰려와 인구가 약 100만 명까

피란수도 시절 부산 수정동에서 물을 얻기 위하여 줄을 서 있다.

지 치솟았다. 물은 사람이 필수적으로 마시고 써야 하는 생명수였다. 갑작스레 맞은 물 기근은 부산 사람과 피란민에게 가혹한 일이었다. 1·4 후퇴 이후로 피란민이 더 몰리자 부산시는 수도 확장 공사에 착수하였다. 당시 인구로 볼 때 4만 톤의 물이 필요했으나 공급되는 양은 2만 톤에 지나지 않았다. 부산시는 5억 원이 소요되는 배수망 확충 공사를 계획하면서 부산 시민의 갈증이 곧 해결될 것으로 내다봤다.[46] 하지만 이는 장밋빛 전망에 불과했다. 시내 여러 곳에 공동 수도를 설치했건만 물 공급량은 턱없이 부족했다. 수원지를 증설해서 생산량을 늘린 것이 아니거니와 수도관이 낡아 누수율이 40퍼센트에 가까웠기 때문이다.

결국 정부와 부산시는 제한 급수에서 해답을 찾았다. 부산 시내에는 3일에 한 번씩 급수했고, 영도 방면으로는 급수에 4일 이상이 걸렸다. 급수 시간도 2시간 남짓이었다. 급수가 시작되면 공동수도 앞에는 진풍경이 펼쳐졌다. 양동이가 꼬리를 물어 수백 미터가 넘는 행렬을 이뤘다. 먼저 물을 얻고자 새치기하는 사람들 때문에 물싸움이 벌어졌다. 이렇게 전쟁을 치러도 받는 물은 기껏 한 가구당 세 동이에 불과했다. 물 기근이 계속되자 물인심도 야박해졌다. 수도시설과 우물이 있는 집에서는 피란민들의 물 동냥을 감당하지 못하고 문을 잠가버렸다. 물 도둑질을 우려해 우물 뚜껑에도 자물쇠를 채웠다.[47]

급수가 제때 되지 않자 물장수가 등장하였다. 물통을 지게에 얹거나 물을 담은 드럼통을 수레에 싣고 다니면서 물을 팔았다. 물을 계속 사용해야 했던 음식점은 제 발로 물을 들고 찾아오는 물장수를 귀한 존재로 여겼다. 상수도 당국도 물을 골고루 공급해주는 물장수를 고마워했다. 그러나 계속되는 물 기근에 물장수가 파는 물값도 천정부지로 올랐다. 1952년에는 물 한 지게에 천 원까지 했으니 헐벗은 피란민들의 갈증을 해소하기에 는 너무 비쌌다. 처절한 물 기근 속에서 씻지 못하여 얼굴에 때 가 끼고 초췌한 사람들이 많아졌다. 격일로 물이 공급되는 공중 목욕탕에라도 가고 싶지만 비싼 목욕료를 치루기가 쉽지 않았 다. 아기가 있는 집에서는 빨래 때문에 걱정이 컸다. 다른 세탁물 들은 인근의 하천에 가서 빨래했지만 아기가 쓰는 기저귀는 깨 끗한 물로 씻지 않을 수 없었다. 간신히 얻은 수돗물로 기저귀 빨래를 했어도 식수 생각에 엄마의 마음은 천근만근 무거웠다.

피란수도 부산에서 물싸움은 목불인견目不忍見이었다. 수 도과 직원과 시민이 다투는 모습을 쉬이 볼 수 있었다. 거리의 수도에서 가느다란 물줄기가 새어 나오면 서로 차지하느라 싸움 을 벌였다. 물 도둑질도 횡행했다.[48] 공공수도전의 수도 마개를 뚫어서 물을 훔쳐 갔다. '보따리장수'라고 불리는 몰래 수도관에 구멍을 뚫는 공사를 하는 부정수도업자들도 판을 쳤다. 당시 언 론에서는 물 없는 지옥이 된 부산을 "물을 위한 비극과 먹기 위 한 참상이 갈증에 애끓는 부르짖음과 더불어 때아닌 말썽이 비 일비재하였다"라고 개탄하였다.[49]

상수도시설이 갖춰지기 전 공동우물은 물을 공급하는 원천이었다. 마을 주민들은 여기에서 물을 떠 마시고, 밥과 음식 을 해 먹었다. 우물은 주민들에게 생명수였을 뿐만 아니라 주민 간 소통의 역할도 하였다. 신성하고 깨끗한 장소였던 우물도 피 란수도 시절에는 시련을 맞았다. 물이 부족해지자 사람들이 공 동우물의 밑바닥에 깔린 물까지 박박 긁어 썼다. 사시사철 맑은 샘물이 솟던 우물도 급증한 식수 수요를 감당하지 못하고 땅바

닥을 드러냈다. 수질도 나빠져 관리가 소홀한 우물에는 더러운 물이 역류하여 각종 세균이 들끓기도 했다. 우물이 전염병의 근원지로 위험해지자, 1952년 8월에는 한 대학의 약학부를 동원하여 부산 시내 각처에 있는 우물에 대한 수질검사를 하기도 하였다.[50]

물이 고갈된 부산에 넘쳐난 것은 '불'이었다. 1950년 11월, 영도 대한도기회사 피란민 수용소 화재를 시작으로 연간 수백 건씩 피란촌 화재사건이 발생하였다. 피란수도 부산 시내에서는 하루에 평균적으로 3건 이상의 화재가 발생했다고 한다. 그러자 부산은 '불의 도시'라는 오명을 얻게 되었다. 피란수도로 지정된 부산은 '불 잘 날 없는 도시'가 될 수밖에 없는 환경이었다. 시내 곳곳에는 판자와 거적, 종이 등으로 만든 임시가옥들로 촘촘했다. 이런 집에 아궁이 시설이 있을 리가 없으므로 피란민들은 아무 데서나 불을 피웠다. 그러다 불씨가 날려 판잣집에 붙으면 삽시간에 인근의 집들을 집어삼키는 화마가 되었다. 화재에 취약한 재료를 사용한 탓도 있지만 판잣집 안에서 호롱불과 촛불 등을 사용하다 엎어져 화재가 발생하는 때도 많았다.

피란수도 시절 가장 큰 상처를 남긴 화재사건은 '국제시장 화재'다. 피란시절 당시 국제시장에서 엄청난 화재가 세 차례 발생하였다. 그 가운데 1953년 1월 30일의 화재는 신창동과 부평동 일대를 덮쳐 1,540동의 건물을 전소시켰다. 피해액만 해도 1,200억 원에 달하였고, 무려 8,518명의 이재민이 발생했다.[51] 이 거대한 화마가 덮친 사건 이후에도 국제시장 화재는 끊이지 않았다. 국제시장에서 과거의 흔적을 찾을 수 없는 이유는 대형 화재들이 모든 것을 앗아갔기 때문이다. 피란시절 국제시장을

국제시장의 상가재건준공비

회상할 수 있는 유일한 유물이라면 '상가재건준공비'를 들 수 있겠다. 이 비석은 국제시장 복구대책위원회가 1953년 1월 화재로 전소되었던 국제시장 상가를 재건한 뒤에 세운 것이다. 이 비석은 영화 「국제시장」으로 화제가 된 꽃분이네 집 바로 옆에 있는데 계단에 바로 붙어 있어서 잘 보이지 않는다. 비문을 잘 살펴보면, "뜻하지 않는 화재로 폐허지가 되었던 이 자리에 당국의 따뜻한 정과 전 조합원의 불타는 열의로 한국의 자랑인 국제시장을 재건케 되어…"로 글이 시작된다. 화재로 모든 것을 잃고 망연자실했지만 다시 일어서기 위해 고군분투한 국제시장 상인들의 열정을 느낄 수 있는 비석이다.

누가 땐스홀에 돌을 던지랴

국제시장을 휩쓸고 막대한 피해를 남긴 1953년 1월 화재의 원인은 무엇이었을까? 처음에 당국은 국제시장 2구에 있는 춘향원春香園 식당 2층에서 술을 먹던 손님이 석유 등불을 엎어 벽지에 불이 붙은 것으로 추정하였다. 자수한 식당 주인은 이들이 화장품 상인이라고 진술하였다. 그러나 이 진술에는 수상한 점이 많았다. 경찰은 식당 주인을 구속하고 나머지 주객들을 엄히 탐문하였다.[52] 며칠 후 구체적인 발화 원인이 밝혀졌는데, 그 이유는 참으로 황당하였다. 실은 춘향원 안에서 사교춤을 추다가 실수로 일어난 화재였던 것이다. 춘향원은 단순한 주점이 아닌 접대부들을 고용하여 운영한 사교댄스장이었던 것으로 보인다. 경찰의 발표에 따르면 접대부들과 사교춤을 추다가 손님 한 명이 석유 등잔을 엎어뜨렸다고 한다. 나머지 손님들은 술에 취해 있었고, 댄스에 열중하느라 초기 진화에 실패하여 무지막지한 화를 불러왔다.[53]

국제시장 화재가 무허가 사교댄스장에서 발화되었다는 사실은 당시의 사회 풍조를 여실히 드러내고 있다. 전쟁은 엄청난 인명 살상뿐만 아니라 만만치 않은 경제적인 손실도 가져온다. 전쟁 중 국민은 빈곤에 빠지는 게 일반적이다. 그런데 되레 사치와 낭비, 타락의 풍조가 만연하는 예도 적지 않다. 피란수도 부산에서는 예전보다 술집과 요정, 댄스장 등 유흥시설이 증가하였다. 이는 대표적인 사회적 병폐로 꼽혔다. 예컨대 1·4 후퇴 당시 532개소였던 요정이 1951년도 말이 되자 554개소로 증가하였다. 장택상 총리의 강력한 정비 방침에 따라 이후로 요정은 줄었지만 외려 무허가 요정이 134개소나 증가하였다.[54]

댄스장의 유행은 미군 진주로 인하여 유입된 서양 문화와 깊은 연관이 있다. 해방 이후로 미군정이 들어서면서 서양식 춤이 기지개를 켰다. 미군과 특정 계층이 참여하는 댄스파티가 자주 열렸다. 서양의 사교춤을 접한 끼 있는 여성들의 반응은 폭발적이었다. 왈츠, 탱고, 지르박, 차차차, 맘보 등 상대와 밀

1950년대에 댄스장에서 외국인들과 춤을 추고 있다.

착된 상태에서 스텝을 밟아가며 돌리고 흔드는 서양 춤은 여성들의 마음을 사로잡았다. 미국 문화를 동경했던 여성들은 사교춤을 출 수 있는 댄스홀을 자유와 해방의 별천지로 여겼다. 접대부뿐만 아니라 가정주부와 여학생들까지 댄스홀의 출입이 잦아지자 국가는 경계하기 시작했다. 1948년에는 댄스홀과 카바레를 폐지하라는 경상남도 도지사의 지시에 따라 부산의 댄스 업소들이 줄줄이 간판을 내렸다.[55]

하지만 국가의 힘으로도 막기 어려운 것이 '춤바람'이다. 열린 공간에서 배척당한 부산의 댄스홀은 어두운 음지에서 자라났다. 댄스홀에 대한 억제는 오히려 은밀한 사설 댄스홀을 양산했다. 끼 있는 사람들은 그늘에서 춤바람이 났다. 남북이 격렬히 전투하던 시기에도 부산에서는 댄스 열기가 시들지 않았으며, 댄스홀도 성업 중이었다. 국가는 전쟁 중의 춤바람을 매우 사치스럽고 불온한 것으로 여기고 이를 통제하기 위한 법적 조치도 마련하였다. 일례로 전시생활개선법(법률 제225호, 1951. 11. 18. 제정)에 따르면 전시에는 특수음식점 영업을 할 수 없으며 음식점에서 가무음곡을 행할 수 없었다. 그러나 이런 법률을 무색하게 만든 사람은 다름 아닌 공직자와 사회지도층이었다. 1952년 6월 군 수사기관이 중앙동 댄스장을 덮쳤을 때 다수의 공무원과 가정주부들이 걸려들었다.[56] 같은 해 8월 보수동 가정집에서 운영되던 비밀 댄스홀을 급습하였을 때 모 전기회사의 전무 부인, 모 무역회사의 사장 부인을 비롯하여 주요 회사 간부들의 부인들이 태반으로 잡혔다.[57]

　당시 일탈적 댄스 문화와 성 개방 풍조에 불을 지핀 사람은 전쟁미망인들이었다. 1952년 통계상 남편을 전쟁에서 잃은 미망인이 약 10만 2천 명에 달하였는데, 이들은 생계를 유지하기 위해서 닥치는 대로 일을 해야 했다. 바느질, 재봉, 행상, 식모살이 등 가사노동부터 음식점, 양품 가게, 화장품 가게, 담배장사, 달라장사 등 상업활동까지 갖은 업종에 종사하였다.[58] 기술도, 밑천도 없는 전쟁미망인들은 미군을 상대로 춤을 추고 성을 파는 윤락 여성이 되었다. 남편이 없고, 가진 것도 없으므로 유교적 윤리에 속박받을 필요도 없었다. 그야말로 '자유부인'이었던 셈이다. 당시에 풍미했던 유행어 '유엔사모님, 양마담, 양공주' 등은 전쟁미망인의 다른 이름이다. 이들 또한 전쟁이 낳은 비극적 희생자였다.[59] 지배층 남성들은 유교적 시각에서 이들을 정조를 내팽개치고 손쉬운 삶의 길을 택한 '거리의 더벅머리', '양갈보'라고 욕하였다. 하지만 전쟁으로 폐허가 된 한반도에서, 마지막 음지로 내몰릴 여성들이 선택할 수 있는 길은 기존의 도덕과 관습에서 벗어나 댄스홀에 부는 춤바람에 자신을 맡기는 것이 었다.

그래도, 피란지에서 희망을 찾다

피란학교, 식을 줄 모르는 교육열

전쟁 시절 사진들은 대개 인명 살상을 보여주는 참혹하고 안타까운 것들이 많다. 하지만 전쟁 중에도 희망이 있었다는 사실을 알려주고, 인간적인 온기를 전해주는 사진도 있다. 대표적인 것이 피란학교를 촬영한 사진들이다. 사진 속에는 누더기 같은 판잣집 앞에 아이들이 잔뜩 몰려 있다. 가림막조차 없는 뙤약볕 아래, 땅에 앉아 있거나 서 있는 아이들도 많다. 그 눈들은 모두 선생님을 향해 집중하고 있고, 선생님은 잎이 무성하게 달린 나뭇가지를 들고 설명하고 있다. 낡은 칠판에는 '나무와 풀잎 어떻게 살아가는가?'라고 적혀 있다. 전쟁 중에도 이렇게 교실을 세우고 배움의 터전을 유지한다는 사실은 외국 기자들에겐 주목의 대상이었다. 식을 줄 몰랐던 교육열은 지금의 우리나라를 세운 기반이라 해도 과언이 아니다. 피란 수업의 질은 형편이 없었지만 초롱초롱한 눈망울들이 모일 수 있는 임시교실을 조성해준 것만 해도 절망을 딛고 희망을 일으킨 셈이었다.

전시 피란학교의 형태는 매우 다양했다. 피란학교는 교
사를 만든 재료에 따라 '천막학교' 내지 '판자교실'이라고 불렸
다. 교사校舍도 없이 야외에 교실을 차린 피란학교는 '산교실, 들
교실, 바다교실, 그늘교실' 등으로 불렸다. 지금처럼 일부러 산과
들로 나가는 현장수업이나 체험수업과는 차원이 달랐다. 교실이
없어서 그저 칠판 한 개와 의자 몇 개를 두고 아무 데서나 수업
을 하는 것이다. 부산에서는 인근 뒷산에서 수업하는 때도 많았
다. 무거운 칠판을 이고 아이들을 데리고 올라가느라 선생님들
의 고충이 이만저만이 아니었다. 그런데 피란수도 부산에 있었
던 학교 건물과 교실은 도대체 어디로 갔을까?

교육당국인 문교부를 비롯하여 각종 학교와 교직원들도 남쪽으로 피란을 왔다. 문교부는 1·4 후퇴 직후부터 피란학생과 피란교사를 등록시키고 교육을 지속시키고자 하였다. 그런데 학생들이 피란을 내려와 사는 거주지의 학교에 다니기에 여러모로 불편함이 많았다. 피란학생들과 원주민 학생 간 갈등도 있거니와 경상도 방언을 잘 이해하지 못하였다고 한다. 그리하여 임시로 교육장을 마련하고 피란학생들을 모아 운영한 학교가 피란학교다.[60] 피란학교와 달리 부산에 원래 있었던 학교를 '원주학교'라고 한다. 일례로, 부산에는 33개의 초등학교가 있었으며, 학급수는 829개, 초등학생은 5만 3천여 명에 달하였다. 그런데 전쟁이 나자마자 먼저 징발된 것이 부산의 학교였다. 학교는 넓은 운동장과 교실이 있으므로 군대가 주둔하기 좋은 시설이었다. 실제로 부산의 초등학교는 거의 유엔군의 부대시설, 군인병원, 병참학교 등으로 제공되었다.[61] 그리하여 피란을 내려온 피란학교나 안방을 내준 원주학교나 아이들을 가르칠 교실이 없긴 마찬가지였다.

피란학생들이 겪는 서러움은 말로 할 수 없었다. 전쟁 동안 부산에서 수용한 60만 피란학도들은 여기저기 흩어져 있었다. 전쟁터로 전락한 지역의 5만 2천여 개의 교실 중 태반이 파괴되었으며, 고향에 가도 배울 수 있는 길은 꽉 막혀 있었다.[62] 전란으로 모든 것을 잃었지만 자라나는 아이들의 교육을 멈출 수 없었다. 피란학교를 처음 설립한 선구자들은 '교육은 한때라도 중단할 수 없다'라는 일념으로 교직원과 학생을 모으기 시작했다. 전쟁 기간 평상을 유지했던 부산이 있다는 것은 천만다행이었다. 피란수도 부산은 대한민국 교육의 최일선에서 피란학교를

한국전쟁 시절 중학교 교과서. 국립민속박물관 제공.

포용하고, 아이들에게 배움의 기회를 줬다.

　　교과서는 학교에서 아이들을 가르치기 위하여 필수적인 교재다. 아무리 피란학교라 해도 교과서 없이 수업을 진행할 수 없는 법이다. 급히 피란을 내려오는 중에 교과서까지 챙길 겨를이 없었기에 피란학생을 위한 교과서를 편찬하는 일이 피란학교를 운영하는 교육당국의 급선무였다. 지금도 심심치 않게 피란수도 부산에서 발간된 당시의 교과서들이 전쟁 유물로 나오고 있다. 쑥대밭이 된 한반도에 인쇄기계나 종이가 있을 리 없으니 대부분 원조를 통해서 교과서를 만들었다. 교과서 뒷면에 원조 내용이 적혀 있는 것은 이 때문이다. 교과서에 반공과 애국 교육이 강화된 것도 특징이다.[63] 전쟁 중에 먹고살기도 빠듯한데 교육이 필요할까 생각하기 쉽지만, 국가의 관점에서는 전쟁 중에 교육이 더 필요한 법이다. 교육은 사회와 일상을 유지하는 기반이 될뿐더러 학교는 이념을 전파하고 동원 인력을 키워낼 수 있는 곳이기 때문이다.

　　문교부는 전시에 파행을 겪는 대학교육의 한 방편으

한국전쟁 시절 초등학교 교과서. 국립민속박물관 제공.

로 '전시연합대학'을 구상했다. 국립과 사립을 막론하고 학과별로 연합하여 공동수업한다는 계획이었다. 1950년 11월 서울에서 30여 개의 대학을 연합하였지만 전황이 불리해지자 부산으로 내려오게 되었다. 부산에서는 1951년 2월부터 전시연합대학이 개강하였다. 서울대, 고려대 등 서울에 소재한 10여 개의 대학이 참여하였다. 처음에는 대학교사를 확보하지 못하여 부산시청 앞의 부민관에서 합동 강의를 시작하였다. 전공 강의는 원도심권 내 학교와 교회, 법률사무소 등에서 진행되었다. 전시연합대학은 지식인을 전시체계로 통제하고, 교수는 부족한 데 비해 수업료가 비싸다는 점 등 여러 문제점도 있었으나 학생들에게 징집 보류라는 특혜를 주었으므로 유지될 수 있었다. 한편, 전시연합대학은 부산 외에도 대구, 전주 등에서 운영되었다. 지역의 전시연합대학은 여러 단과대를 흡수하여 개편하고 국립대로 발전하는 기

반이 되었다.[64]

국제시장, 희망을 주었지만 박 터지는 삶터

영화 「국제시장」의 흥행으로 인해 부산의 국제시장을 모르는 사람은 거의 없다. 영화의 인기가 치솟았을 때는 촬영지인 꽃분이네 가게 앞이 늘 사람들로 북적여 빈틈이 없을 정도였다. 그런데 영화 속 배경으로 흥남철수 사건이 부각되다 보니 국제시장이 피란시절에 생겨난 시장으로 잘못 아는 사람들이 많아졌다.

국제시장은 1945년 해방 이후부터 번성하였다. 일제는 연합군의 공습에 대비하여 지금의 신창동 4가 일대를 소개하여 빈터를 조성해 두었다. 해방되면서 이 공터는 자연스럽게 물물거래를 하는 장터가 되었다. 우리나라 사람들은 일본인이 남기고 떠난 물건들을 이곳에서 처분하였으며, 일본에서 돌아온 귀환 동포들도 여기서 장사를 했다. 해방과 함께 미군이 주둔하면서 초콜릿, 군복 등 미제 물건이 국제시장으로 흘러와 매매되었다. 국제시장에는 포목상, 철물상, 음식점, 잡화상, 양품점, 양복점, 청과점, 신발 가게, 건어물 가게 등 점포들이 들어섰다. 노점상까지 더하여 성황을 이뤘다.

국제시장은 처음에는 '도떼기시장'으로 불리다가, 공식적으로 '자유시장'이라는 이름을 얻었다. 1949년에 '국제시장'이란 명칭을 갖게 되었다. 피란시절 국제시장은 우리나라 경제를 좌지우지할 정도의 규모로 성장했다. 1952년경 시장조합에 가입한 점포 수는 1,150개였으며, 한 점포의 일일 평균 매상이 10만 원 정도였다고 한다. 그러나 이는 세금을 피하고자 낮춰 부른 것이며, 세무서는 20만 원으로 추산하였다. 여기에 2,000여 개의 노점과 수천 명의 행상까지 더한다면 국제시장에서 하루 평균 10억의 실거래가 이뤄졌다고 볼 수 있다.[65] 전쟁 시절 재정적으로 어려움을 겪었던 정부에게 국제시장은 세금 갈등을 해소하는 오아시스와 같았다. 반면, 세금폭탄에 대한 국제시장 상인들의 불만은 커졌다. 1952년 국제시장 상인들에게 소득세 약 15억 원을 부과하였으니 말이다.[66] 여하튼 피란수도 시절 국제시장은 한국의 경제적 심장부였으며, 나라 재정의 버팀목 역할을 하였던 사실은 확실하다.

국제시장은 그 이름처럼 초창기부터 우리나라를 벗어나

일본과 미국 등 외제품이 활발하게 거래되는 시장으로 자리매김을 하였다. 국제시장은 부산의 역사를 그대로 반영하여 변화무쌍한 어린 시절을 겪었다. 국제시장은 태생부터 혼종의 삶을 살았다. 처음에는 귀환동포 상인들이 상권을 주도했다가 차츰 경상도 원주민들이 실권을 장악하였다. 한국전쟁이 터지자 동대문과 남대문 시장에서 일하던 서울 피란민과 월남 피란민들이 주류를 차지하였다. 상설점포 수를 보더라도 50퍼센트가 북한 피란민, 20퍼센트가 서울 피란민의 소유였다. 아울러 노점상과 행상의 경우에는 90퍼센트가 피란민들이 차지하고 있었으니 피란시절 국제시장의 상권은 피란민이 장악했다고 보아도 무방하다.[67]

전쟁 기간 한반도는 격렬한 전투로 폐허가 되었다. 시장에서 거래되는 물건들을 만들 수 있는 공장이 파괴되었으며, 물건을 팔 수 있는 시장도 찾기 어려웠다. 하지만 전쟁 시절에도 부산은 유일하게 총성이 없었던 곳이다. 상품 거래도 가능하고 시장도 유지되었다. 국제시장은 시내에 있고 부지도 넓어 다른 시장에 비해서 크게 성장할 수 있었다. 국제시장은 모든 이들에게 먹고사는 '생활의 터전'이었고, 경제적으로 빛을 주는 '희망의 삶터'로 기능하였다. 부산 도심에 거주하는 사람들은 국제시장의 손님이자 상인이었다. 즉, 손님이 되어 생필품을 구하기 위하여 국제시장을 찾고, 자신이 쓰던 중고품을 팔기 위하여 국제시장에 갔다. 시장이 위치한 신창동 일대는 전쟁 기간 내내 사람이 개미 떼처럼 몰려 인산인해를 이뤘다. 외신은 이런 풍경이 흥미로웠던지 프랑스 신문에서는 사람들로 꽉 찬 국제시장을 소개하였다.

국제시장이라고 삶의 희망을 공짜로 주지는 않았다. 자

프랑스 언론에 소개된 국제시장

국제시장에서 물건을 사는 모습(위)과 부산항 창고에 쌓인 구호물자(아래). 부산박물관 제공.

본주의의 축소판과 같았던 시장은 치열한 경쟁의 현장이었다. 실로 국제시장의 풍경은 시골 오일장처럼 정겹고 아름다운 것은 결코 아니었다. 오히려 흥정과 싸움, 사기와 폭력, 야바위와 소매치기가 난무하는 '박 터지는 현장'이었다. 가격 정찰제는 없고 부르는 게 값인 상품이 많았다. 상인과 손님은 에누리를 두고 티격태격하였다. 상인들끼리 경쟁도 치열하여 서로 눈치코치를 봐야 했다. 진상 손님들에게 물건 하나라도 더 팔려고 치맛자락을 치켜들고 숨겼던 물건을 내놓았다. 상인들은 폭력배, 이른바 도떼기시장 어깨들과 괜히 시비가 붙어서 주먹질이라도 당할까 봐 가슴을 졸였다. 소매치기도 극성을 부렸다. 살듯 말듯 흥정하면서 이 손에서 저 손으로 물건이 옮겨지다 사라지는 경우도 다반사였다. 잠시 한눈을 팔면 코 베어 가는 곳이 바로 국제시장이었다.[68]

불량배, 소매치기보다 더 조심해야 할 인물은 미국 헌병이었다. 미국 헌병 지프가 보였다 하면 국제시장에 산처럼 쌓였던 물건들이 삽시간에 사라졌다. 행여 만년필, 군복, 내복, 구두, 약품, 양담배 등 미제품을 들키면 헌병들이 모두 쓸어갔다. 어렵게 모은 전 재산을 한순간에 잃는 상인들도 부지기수였다. 평양에서 피란을 내려와 한평생을 국제시장에서 장사를 한 김영준 씨는 당시 미제품을 두고 뺏고 감추는 광경을 생동감 있게 진술해주었다.

"엠피(미군 헌병)랑 경찰이 단속하니까 한쪽에서는 뒤지구 한쪽에서는 도망치구 그랬디. 단속 뜨면 잽싸게 튀어야 하니끼니, 광목으로 된 전대에 초코렛이나 과자, 담배, 시레이숑 같은 걸 허리에 차고 잠바로 덮어 숨겼댔서."[69]

국제시장에서 미군 물건을 거래하는 것은 불법이었다.

미 헌병의 집중 단속에도 불구하고 날마다 미군 용품이 국제시장으로 쏟아졌다. 노점 자판에서도 깡통과 담배, 군복, 담요 등이 버젓이 거래되었다. 그런데 어떤 경로로 미제 상품이 국제시장으로 유입될 수 있었을까? 그건 속칭 '얌생이질' 때문이었다. 얌생이는 경상도 사투리로 '염소'를 말한다. 얌생이질은 염소를 미군 부대 안으로 슬쩍 들여보낸 뒤에 염소 찾으러 왔다고 속이고 부대 안으로 들어가 몰래 미군 물품을 훔쳐서 나오는 행동을 빗댄 것이다.[70]

얌생이질은 해방 후 미군의 주둔과 함께 시작되었다. 물자가 풍부한 미군은 조선인에게 부러움의 대상이었다. 미군 부대에서 일하는 군무원과 노동자들을 통해 미제품을 불법으로 반출하는 일이 생겨났다. 전쟁 시절 부산항을 통해 들어오는 군수품들이 급증하자 이에 맞춰 얌생이질도 증가하였다. 옷 속에 몰래 물건을 감춰 나오는 '바늘 도둑질'부터 트럭을 대고 휘발유를 몇 톤씩 싣고 나오는 '소 도둑질'까지 얌생이질도 천차만별이었다.

미군들 사이에서는 태평양전쟁에서 미국이 일본과 싸워서 승리하였지만 한국과 싸웠으면 패배하였을 것이라는 조크가 유행하였다. 미국이 원자폭탄을 싣기 전에 한국이 얌생이질하여 빼돌렸을 것이란 우스갯소리다.[71] 미군이 한국인의 얌생이질로 인해 골머리를 썩였음을 알 수 있다. 얌생이질로 수확한 미제품은 대부분 국제시장으로 흘러들어 갔다. 국제시장의 속어인 '깡통시장', '양키시장'은 미제품을 주로 판매하는 시장을 뜻하는 동시에 얌생이질이 국제시장 상거래의 기반이 되었음을 상징한다. 피란민에게 희망의 출구였던 국제시장이 더불어 '암거래의 온상'이었다는 사실은 전쟁이 낳은 특수特需를 씁쓸히 보여주고 있다.

피란수도의 다목적 공간, 다방

피란수도 부산에서 매일같이 늘어가는 것이 두 가지가
있었다. 하나는 '판잣집'이고 하나는 '다방'이었다. 피란민이 임
시로 지은 판잣집의 증가는 쉬이 이해가 가지만 다방은 왜일까.
당시 신문에서는 판잣집과 다방에 대해 피란시절 증가한 공간
이지만 대조적인 장소라고 하였다. 요컨대, 판잣집은 '삶의 근거
지'이고, 다방은 '대화의 무대'라는 것이다. 두 공간은 함께 늘어
가면서도 다른 모습을 보여줬다. 판잣집은 가난하고 정체된 공
간인 반면, 다방은 화려하고 다양하게 성장해갔다.[72] 피란시절 다
방의 증가는 전쟁이란 극단적인 상황에서도 인간에게 대화와 여
가, 그리고 자유가 필요하다는 사실을 일러준다. 하지만 다방은
가난한 피란민들에게 지극히 사치스러운 공간으로 보였다. 피란
정부도 요정과 함께 다방에 대한 규제를 강화하였다.

서울의 관공서와 학교, 회사 등 수많은 기관이 부산으

1952년경 부산 동광동 거리의 뷔엔나 다방

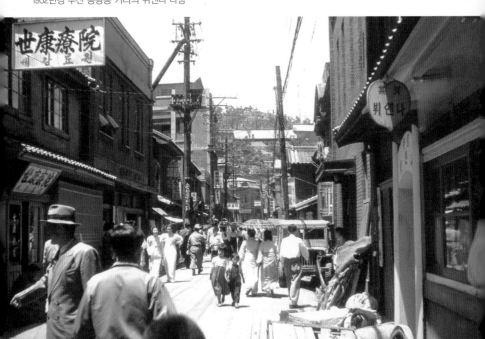

로 내려왔건만 임시로 사무실을 구하기는 '하늘에 별 따기'와 같았다. 사무실을 얻지 못하고 떠돌이 생활을 하는 단체들도 태반이었다. 그렇다고 아예 업무를 하지 않을 수는 없었으니 대안으로 떠오른 장소가 다방이었다. 시대에 떠밀려 온 피란민들은 안정되게 일할 수 있는 정주공간을 확보하기 어려웠다. 절대적으로 공간이 협소했던 피란수도 부산에서 다방은 업무를 위한 '다목적 장場'으로 이용되었다. 피란민에게 다방은 사무실이자 객실, 그리고 연락과 매개의 장소였다. 그리하여 다방은 단지 차를 파는 곳이 아니라 '좌석을 파는 곳'으로 여겨졌다. 영업을 위해 고객을 만나고, 자신의 점포처럼 이용하는 다방이었으므로 좌석을 파는 곳이라 생각할 만하다.

　　전쟁 시절, 경제활동은 크게 위축되고 사람들은 무기력해지기 일쑤다. 특히 한반도 끝까지 밀려 내려온 피란수도의 사람들은 긴장의 끈을 늦출 수 없었다. 하루하루가 불안의 연속이

부산의 한 다방의 내부 풍경

었다. 이럴 때는 모여서 노닥거리고 스트레스를 해소하는 장소가 필요했다. 한편, 부산에 피란을 온 사실은 알고 있지만 연락이 두절되어 행방이 묘연한 사람들도 많았다. 시내 다방을 쭉 돌거나 수소문을 해두면 한구석에 앉아있는 반가운 지인과 재회할 수도 있었다.

다방은 피란민에게 더없이 귀중한 존재였고, 매일매일 활동의 근거지가 되었다. 그러하니 날마다 증가하는 다방을 막을 수가 없었다. 1·4 후퇴 전 부산에 47개소였던 다방이 1951년 말에는 78개소, 다시 1952년 말에는 99개소로 늘어났다.[73] 전쟁 기간 다방은 가장 인기 있는 대중적 장소로 부상하였다. 어느덧 사람들이 만나서 하는 인사말은 '요새 어느 다방에 나가세요'가 되었다.[74] 어느 다방이냐고 묻는 것은 다방마다 드나드는 손님들에 차이가 있기 때문이다. 손님의 부류는 곧 직업의 부류요, 출입하는 손님과 직업의 부류는 그 다방을 다른 다방과 구별 짓는 요인이었다.

1951년경 부산 광복동 거리. 미군 머리 위로 밀다원 다방의 간판이 보인다.

피란시절 부산의 다방은 문인들에겐 생각하고 글을 쓰는 '창작의 공장'이었다. 소설 『밀다원 시대』(1955)는 김동리가 실제로 피란시절 부산에서 예술인들이 경험한 얘기를 소설화한 것이다. 이 소설에서 등장하는 주요 공간이 '밀다원'이라는 다방이다. 『밀다원 시대』에서는 밀다원 다방의 한구석에서 조현식이 원고를 쓰는 장면이 묘사된다. 부산으로 피란을 온 김동리는 실제로 다방에서 자주 원고를 썼다. 그는 자전 에세이에서 "자랑스러운 일은 아니지만, 그 무렵 나는 가끔 다방에서 원고를 썼다. 서재나 사무실이 따로 없었기 때문이기도 하지만, 역시 다방엘 자주 나오는 데도 원인이 있었다."라고 하였다.[75] 김동리는 피란시절 부산에서 곁방살이하였으니, 이런 방에서 글을 쓰는 게 괴롭고 불편했을 게다. 하여간 피란지 부산에서 '밀다원 시대'를 살아가는 문인들에게 다방은 더 나은 창작의 공방이었다.

피란시절 밀다원 다방은 소설 속 허구의 공간이 아니라 실제 공간이었다. 전국문화단체총연합(문총)의 바로 위층에 있는 밀다원은 문인뿐만 아니라 화가들이 모여드는 장소였다.[76] 피란시절 문인에게 밀다원이 창작의 공방이었던 반면, 화가에게 밀다원은 전시를 위한 갤러리였다. 전쟁시절 밀다원에서는 남관 개인전, 전혁림 회화전 등 개인 전시회부터 해양미술전 등 단체 전시회까지 다양한 미술전시회가 열렸다. 밀다원 외에도 금강다방, 대도회 다방, 뉴서울 다방, 다이

소설 『밀다원 시대』가 실린 『현대문학』

아몬드 다방, 르네쌍스 다방, 봉선화 다방, 늘봄 다방 등 광복동과 창선동 일대의 다방들도 전시 갤러리로서 기능했다.[77] 이처럼 피란시절 부산 다방은 화가들의 창작 열정을 불태울 수 있는 전시 공간이었으므로 문인들만큼이나 화가들에게도 소중한 곳이었다.

하지만 식수조차 구하기 어려웠던 피란민에게 다방은 호사스러운 공간이었다. 다방에 앉아서 늘어놓는 얘기들 99퍼센트가 별을 따는 말이라는 혹평도 더해졌다. 다방 출입객들은 전쟁터에서 쓰러져가는 청년들 혹은 부평동 자유시장에서 죽기 살기로 일하는 상인들과 비교되면서 그들에게 '고급 피란객'이란 딱지가 붙었다.[78] 다방은 문학과 예술을 논하는 살롱이 아니라 퇴폐와 향락을 조장하는 온실로 생각되었다. 목숨을 걸고 싸우는 피비린내의 전쟁터가 지척이었다. 다방에 모여 앉아서 담배를 피우고 커피를 마시며 노닥거리는 모양새가 좋게 받아들여질

『경향신문』에 실린 피란수도 시절을 풍자한 만평. 술을 마시고 즐기는 권력층과 물 부족으로 고생하는 민중이 대비된다. 경향신문 제공.

수 없었다. 다방에 대한 여론이 악화하자 정부는 다방과 요정을 출입하는 공무원을 색출하는 등 통제 조치를 자주 내렸다.[79]

꿀꿀이죽에서 부산밀면까지

피란민에게 가장 필수적인 것은 식량이다. 피란시절 정부가 피란민에게 배급해준 식량은 1일 양곡 2홉이었다. 1홉은 0.1되로, 하루 0.2되는 늘 배고픔에 부대껴야 하는 양이다. 이마저도 잡곡으로 배급하고, 죽을 만들어 나눠주었다.[80] 죽은 곡물을 물에 끓여서 불린 음식이므로 배고픔을 가시게 하는 데 잘 이용되었다. 부산에서는 구호물자로 우유죽을 만들어 피란민에게 나눠주었다. 부산 YWCA 부녀회원들이 가루우유에다 푹 삶은 보리쌀을 섞어 만든 죽을 점심때마다 배급해줬다. 처음에 중앙동에서 큰 솥 2개를 걸어 시작하였는데, 300여 명이 넘게 찾아와 줄이 길게 늘어섰다. 나중에는 판잣집이 밀집했던 영주동에도 급식소를 설치하였다.[81] 현재 부평동 시장에는 '죽거리'가 있는데 이는 1950년대 미군 부대에서 먹고 남은 잔반을 끓여서 죽을 파는 죽집들이 생겨난 것에서 기원하였다. 이 죽을 '꿀꿀이죽' 또는 '유엔탕'이라고 하였다.[82]

세계사적으로 전쟁은 문화 변동을 일으키는 역동적 요인이었다. 군사적 다툼에서 말미암은 전쟁은 기왕의 문화에 큰 변동을 일으키고 새로운 문화를 생성시키는 변수였다. 한국전쟁은 부산으로 많은 피란민을 유입시켰고, '피란민 문화'가 '부산 문화'와 뒤섞이는 결과를 가져왔다. 특히 고향으로 돌아갈 수 없었던 월남 피란민들이 부산에 남음으로써 그들의 문화가 보태져 새로운 문화가 태어났다. 그 가운데 흥미로운 것이 음식 문화의 변화였다. 현재 부산 향토음식으로 여겨지는 돼지국밥, 구포국수, 부산밀면, 비빔당면 등은 1950년대 문화 변동을 거쳤다. 한국전쟁이라는 초유의 사태를 맞아 부산에 들어온 외지인들, 그리고 원주민들이 서로의 음식 문화를 주고받는 과정에서 재탄생하였다.

　　피란시절 인구가 급증하면서 부산 원주민 음식이 재발견되고 유행하는 경향이 생겨났다. 대표적인 사례가 돼지국밥과 구포국수 등이다. 돼지국밥은 대구와 밀양 등지에서 전래된 음식임에도 부산의 대표적 향토음식으로 손꼽힌다. 국물을 내어 밥을 넣어 먹는 국밥은 전국적인 음식이다. 타지에서는 소머리뼈와 사골을 우려낸 소머리 국밥을 먹는 데 반해, 부산에서는 돼

한국전쟁 시절 건면을 말리고 자르는 장면

지고기를 넣은 돼지국밥이 유행하였다. 돼지국밥은 예전부터 전래되었던 음식이지만 피란시절 이후로 성행한 것으로 보인다. 돼지 뼈로 푹 달인 육수에 돼지고기(또는 내장), 정구지(부추)를 넣고 마늘과 양파를 곁들여 먹는 돼지국밥은 서민적인 음식으로 여겨졌다. 원주민과 피란민의 기호에 모두 맞았다.[83]

구포국수도 일제강점기부터 있었던 음식이었다. 조선시대 곡물의 집산지였던 구포에는 일제강점기가 되자 정미공장, 제분과 제면 공장이 성업하였다. 한국전쟁 시기 구호물자로 밀가루가 많이 들어왔는데 구포 제면공장에서는 이 밀가루로 국수를 많이 생산하였다. 1950년대 구포에서는 국수 면발을 뽑아서 말리는 풍경을 흔히 볼 수 있었다. 이곳에서 일정한 크기로 자른 건면乾麪이 부산 시내로 공급되었다.[84] 피란수도 부산 사람들은 가격도 싸고 조리도 간단한 국수로 굶주린 배를 채우는 일이 많았다. 구포국수가 전국적으로 알려지기 시작한 것도 이때였다.

냉면은 피란민에 의해 부산에 전파된 음식이다. 원래 냉면은 북한 지역에서 전승되었던 겨울철 음식으로 설설 끓는 아랫목에서 이가 시리도록 먹는 이한치한의 음식이었다. 일제강점기 도시에 외식점이 증가하고 냉장시설이 개선되면서 냉면은 여름철에 먹는 음식이 되었다. '서울냉면'이란 이름이 생길 정도로 중부 지역에서도 유행하였다. 한국전쟁 이전까지만 하더라도 부산에서 냉면은 흔한 음식이 아니었다. 부산에 피란을 온 여성들은 시장 주변에서 먹거리 장사를 하며 먹거리를 만들어 수용소나 부대 주변을 돌아다니면서 팔기도 하였다. 피란민을 대상으로 장사하기에는 냉면이 제격이었다. 피란민 마을인 당감동의 경우에는 본정냉면, 홍남냉면 등 냉면집들이 많이 들어섰다.[85] 피

1951년경 국제시장 거리와 냉면집

란시절 부산 시내를 촬영한 사진에
서도 냉면집이 등장한다. 피란시절
북한 냉면집의 유행은 부산의 음식
문화 지형에 상당한 영향을 미쳤다.

이호철의 『소시민』(1964~
1965)은 피란시절에 직접 부산 초장
동 제면소에서 일한 경험을 바탕으
로 쓰인 소설이다. 이 소설의 주요
무대는 완월동에 있는 제면소다. 『소
시민』에서는 피란시절 국수를 위협
하는 핫한 음식으로 평양냉면이 등
장한다. 피란민들은 고향의 맛을 잊
지 못하고 평양냉면집에 들러 술과
음식을 먹는다. 북한 출신 광석이 아
저씨는 음식을 먹으면서 "그저 음식
이란 이북 음식이래야…… 난 절대
로 이남 음식점엔 안 들어가는 게 내
주의 외다"라고 말한다. 피란민에게
냉면은 음식을 넘어 고향이자 문화
적 자존심이었다. 소설 속 제면소 주
인은 평양냉면이 차츰 퍼지면서 밀
국수가 잘 안 나간다고 투덜거린다. 북한 냉면의 유행으로 국수
수요가 적지 않게 타격을 받았던 것으로 보인다.[86]

북한 음식과 부산 음식이 서로 마찰하여 새로운 음식
이 탄생하는 경우도 있다. 부산밀면이 그것이다. 대체로 원조임

부산 우암동의 내호냉면집

을 주장하는 음식점은 많지만 정작 음식의 원조를 정확히 파악
하기 어렵다. 이에 반해 밀면이 처음 탄생한 내호냉면집은 삼 대
째 우암동의 골목 시장 그 자리를 지키고 있어 원조집의 아우라
를 잘 유지하고 있다. 흥남에서 동춘면옥을 운영했던 이영순 씨
가족은 흥남철수 시 피란을 내려와 우암동에 정착하여 냉면 장
사를 했다. 냉면이 생각만큼 잘 팔리지 않던 터에 구호식량으로
배급되는 밀가루와 전분을 혼합하여 밀면을 만들어봤다. 먹기에
불편하지 않을 정도로 쫄깃하고 고소한 면발은 월남 피란민뿐만
아니라 부산 사람들의 입맛을 사로잡았다. 내호냉면집에서 밀면
이 출시된 이후로 크게 인기를 끌자 그 뒤로 부산에는 가야밀면

을 비롯한 여러 밀면집이 생겨났다. 그리하여 '밀면' 하면 부산을 떠올리게 되었고, 부산밀면은 전국적으로 명성을 얻었다.

밀가루와 전분이 적당히 섞인 부산밀면의 탄생은 피란 시절 사회상을 배경으로 사람들의 입맛과 선택이 버무려진 결과였다. '문화 접변'은 서로 다른 문화가 만나 상호작용하여 만들어 낸 문화 변동을 일컫는다. 한국전쟁은 인명 피해와 민족 분단의 비참한 결과를 가져왔지만 수많은 피란민을 남쪽으로 대거 유입시키면서 다양한 문화 접변을 일으켰다. 부산밀면은 문화접변이 탄생시킨 '누들noodle'이다. 함경도의 냉면과 경상도의 국수가 만나서 상호작용하였고, 다시 서양의 밀가루가 혼합되면서 탄생한 밀면은 음식이 품은 역사적 정체성을 잘 보여준다.

이승만 반공정권의 탄생

이승만의 대권 열망과 부산정치파동

간혹 피란수도 부산의 역사적 의미를 평가절하하는 학자들이 있다. 그것은 피란수도 부산에서 행해졌던 일련의 정치적 사건들 때문이다. 1952년 5월부터 7월까지 이승만 정권에 의해 자행된 '부산정치파동'은 이승만 장기집권체제를 구축하게 하였다. 이것은 반공 세력이 우리나라의 정치 주류를 장악하도록 한 사건이었다. 나는 우리나라가 정치의 얼개를 잘못 짜게 된 시기를 피란수도 시절이라고 생각한다. 우리나라의 정치문화는 한국전쟁과 분단을 배경으로 오른쪽으로 경도되었다. 우리나라 정치세력을 흔히 보수와 진보로 구분하고 있지만 엄밀히 말하면 우리나라에서 진보라고 불리는 세력들의 상당수는 서구 정치사에서 보수에 해당한다. 우리나라의 보수세력은 철저히 반공과 친미를 기치로 내건 '극우'인 경우가 더 많다. 우리나라 정치문화가 왜곡되고 우향우로 자리를 잡은 이유는 한국전쟁으로 인해 남한에서 사회주의와 중도 세력이 제거되었던 까닭이다. 또 피란수도 시절 이승만 정권이 경쟁상대를 없애고 장기집권체제를 완수하였기 때문이다.

한국전쟁이 발발하였을 때 우리나라는 갓 걸음마를 시작한 신생국이었다. 일제가 물러가고 서구의 정치체제를 수용하였으나 미비한 점이 한둘이 아니었다. 남한에서 단독으로 치러진 1948년 5월 10일 선거를 통해 198명의 국회의원이 최초로 선출되었다. 이들로 '제헌국회'가 구성되었다. 여기에서 통과된 제헌헌법은 겉으로는 대통령제를 취하고 있지만 실제로는 국회에서 대통령과 부대통령을 선출하게 되어 있었다. 대통령제와 내각책임제가 절충된 방식이었다. 국민의 직접선거를 통해 '강력한 대통령제'를 원했던 초대 대통령 이승만과 '내각책임제 또는 절충제'를 원했던 국회의원들 사이에 힘겨루기가 불가피하였던 상황이었다.

당시에는 여러 정치세력이 분열되었거니와 보수적 인사들로 구성된 한민당이 강고하였다. 이승만의 정치적 여정은 그리 순조롭지 못하였다. 이승만과 그 추종세력은 1949년 발생한 '국회프락치 사건'으로 소장파 국회의원들을 제거하고 기세를 잡는 듯하였다. 하지만 1950년 5월 30일 국회의원 선거에서 패배하였다. 친여세력(대한국민당. 일민구락부 등)이 고작 24명 당선되는 등 국민에게 초라한 성적표를 받았다. 제헌국회의원의 임기는 2년(이후로 국회의원 임기는 4년), 대통령의 임기는 4년이었으므로 당장 대통령을 선출하지는 않지만, 이승만 대통령에겐 위기의 순간이 다가오고 있었다. 이승만 정권의 기반이 조금씩 흔들리는 상황에서 한국전쟁이 발발하였다.

피란수도 부산에서도 정치 시계는 여전히 재깍재깍 움

직였다. 한국전쟁 초기 대응 실패로 인하여 이승만 정부에 대한 국민 여론은 호의적이지 않았다. 다시 국회의원들이 대통령을 선출한다면 대통령직에서 물러날 수도 있는 상황이었다. 이승만은 자신을 지지하는 국회의원들과 사회단체들을 모아서 강력한 여당의 결성에 나섰다. 하지만 헌법 개정에 대한 의견 다툼으로 인하여 원내세력과 원외세력이 분열되었고, 각각 자유당을 창당하는 해괴한 일이 벌어졌다. 이승만이 대통령 선출권을 포기하지 않는 '원내 자유당'과 달리 강력한 대통령제를 원하는 '원외 자유당'의 손을 들어준 것은 당연하였다.

여권 세력이 분열된 상황에서도 1952년 1월 이승만 정부는 대통령 직선제와 양원제를 골자로 하는 개헌안을 국회에 제출하였다. 하지만 찬성 19, 반대 142, 기권 1이라는 압도적 반대로 부결되었다. 비록 정치적 이념이 이승만과 가까운 여권 성향의 국회의원조차 국회에서 대통령을 선출하는 정치체제를 원했으며, 선출권을 포기하지 않으려 한 것이다.

대통령 직선제에 승부수를 던진 이승만 대통령에겐 초법적 조치를 통해 의회 권력을 무너뜨려야 하는 상황이 도래하였다. 전쟁이라는 특수한 상황이 이승만 정권에게 호기가 되었다. 1952년 5월 25일 이승만의 오른팔이었던 이범석 내무부 장관은 공산침투분자를 소탕해야 한다면서 부산과 경남 등에 계엄령을 선포하였다. 이것이 '부산정치파동'의 시작이었다. 계엄사령부는 국회의사당으로 출근하는 국회의원 전용 버스를 군용 크레인으로 끌어올려서 헌병대로 견인해 갔다. 끌려간 국회의원들 가운데 12명에게 국제 공산당과 연루되어 있다는 혐의를 뒤집어씌웠다. 또한 폭력배들을 동원해 국회의원과 재야인사의 '반독

부산정치파동 시 임시국회의사당으로 들어온 버스를 검문하는 군경

국회 해산을 요구하는
지방의원들의 시위

재 호헌구국선언대회'를 난장판으로 만드는 등 피란수도 부산을 무법천지로 만들었다. 국회를 초토화한 뒤에 이승만 정권은 장택상을 내세워 대통령 직선제와 상하 양원제 등을 골자로 하는 발췌개헌안을 제출하였다. 발췌개헌안은 정부안과 국회안을 적절히 발췌하여 종합한 안이라고 하지만 대통령 직선제를 포함하고 있으므로 정부안이 적극적으로 수용된 것으로 봐야 한다.

발췌개헌안을 통과시키기 위하여 이승만 정권은 엄청난 무리수를 두었다. 출석하지 않은 의원들을 연행하고, 구속했던 의원도 다시 석방하여 국회에 몰아넣었다. 정족수 확보를 위하여 이틀간 국회에 감금되었던 국회의원들은 감히 이승만의 절대권력에 반기를 들 수 없었다. 결국, 1952년 7월 4일 밤, 법에도 없는 기립투표를 하여 166명 중 3명의 기권을 제외한 압도적 찬성으로 제헌 이후로 첫 번째 개정헌법이 공포되었다. 개헌안에 따라 1952년 8월 5일에 실시된 제2대 대통령 선거에서 이승만은 75퍼센트의 득표율로 당선되었다. 이 과정에서 이승만은 이범석을 부통령 후보로 지지하지 않고, 무소속이었던 함태영을 당선시키기 위한 공작을 벌여 함태영이 부통령으로 당선되었다. 이는 이승만이 원외 자유당에서 세력을 확대해가는 이범석의 족청(조선민족청년단)계를 경계하였기 때문이다. '힘 있는 2인자'를 인정하지 않는 이승만의 철저한 권력에의 의지를 보여주는 대목이다. 이승만은 대통령 당선 이후로 본격적으로 자유당과 친여 단체에서 철저히 족청계를 제거하는 작업을 단행하였다.[87]

백골단과 땃벌레
피란수도 부산에서는 혼란스러운 정치 데모가 연일 계

속되었다. 1970~1980년대 정치 시위는 대개 반독재 민주주의를 요구하는 것이었던 반면, 피란시절의 데모는 국회와 야당을 투쟁 대상으로 하는 '어용시위'이자 '위장데모'였다. 피란수도에서 관제 대모가 늘어나기 시작한 때는 1952년 1월 정부가 제출한 헌법개정안(대통령 직선제안)이 부결되고부터다. 관제 데모를 주도한 단체들은 이승만이 총재와 고문으로 있던 국민회와 대한청년단 등이었다. 이 어용단체들은 알게 모르게 정부의 지원을 받으면서 대통령 직선제가 국민 전체의 민의라고 주장하고, 국회를 해산하라는 등 선동정치를 일삼았다.[88] 한 걸음 더 들어가서 보면 이 관제 데모는 이승만 정권이 자신의 입맛에 맞는 단체를 앞세워 민의를 왜곡하고, 경쟁자의 정치 행위를 위축시키는 국민 동원 전략이자 정치 꼼수였음을 알 수 있다.

서민호 국회의원 사건 시에도 이들의 활약은 대단했다. 거창양민학살사건의 국회조사단장으로 활동하던 서민호徐珉濠는 자신을 살해하려던 서창선 대위에게 총을 쏴 숨지게 하였다. 정부가 서민호 의원을 구속하자 1952년 5월 국회는 서 의원이 정당방위를 하였으므로 석방해야 한다는 결의안을 반대 의원 없이 통과시켰다. 그러자 부산지방법원 앞에 2천여 명의 데모대가 몰려왔다. 법원에서 석방이 결정되자 이들은 '서민호를 죽여라', '반민족 국회를 해산하라'라고 외치며 피란수도를 공포 분위기로 몰고 갔다.[89] 지방의회 의원들도 관제 데모에 앞장섰다. 1952년 4월 대한민국 최초로 지방의원 선거가 시행되었다. 원외 자유당이 많은 의석을 차지하여 지방의회를 장악했다. 이들은 이승만 추종세력으로서 대통령 직선제를 반대하는 국회를 압박하기 위하여 관제 데모를 주도하였다.

이승만 대통령 초상화를 들고 행진하는 북한피란민의 궐기대회

관제 데모를 효과적으로 수행하기 위해서는 선두에서 과감하게 달려가는 행동대원이 필요한 법이다. 피란수도 시절 전투적 행동대원으로서 악명을 떨친 그 이름은 '백골단'과 '땃벌레'였다. 이들은 피란수도 시절 데모 대열에 앞장서서 '국회 해산', '빨갱이 타도'를 외쳤다. 민주화운동이 한창이던 시절의 백골단은 시위 학생들을 체포하는 사복경찰을 일컬었다. 이들은 청재킷과 바지를 입고 흰 하이바(헬멧)를 썼으며 대개 무술 고단

자로 시위 학생들에겐 공포의 대상이었다. 의미는 좀 다르지만 피란시절이나 민주화 투쟁 시절이나 백골단이 공포의 대상이긴 마찬가지였다.

'백골단白骨團'은 백골이 되도록 공산주의로부터 대한민국을 지키겠다는 강한 의미를 내포하고 있다. 백골단을 조직하고 지휘한 장본인은 대한청년단 부단장 문봉제文鳳濟와 자유당 국회의원 양우정梁又正이다. 이들은 이승만 정권의 지휘체계에 따라 일사불란하게 움직였다. 백골단은 데모를 선도하는 행동대원이거니와 테러에 가까운 폭력을 일삼기도 하였다. 국제구락부에서 예정된 야당 정치인들의 반독재 호헌구국선언대회에 난입하여 쑥대밭으로 만들고, 여기에 참가한 정치인들에게 폭력을 행사하였다. '땃벌레'는 어용시위를 주도하는 '민중자결단民衆自決團'의 행동대원들이었다. 땃벌레는 200명가량의 대원으로 구성되어 주로 시위 행렬에서 앞장을 서고 전단을 뿌렸다. '땃벌레'라는 이름은 벌 중에서도 가장 사나운 '땅벌'을 전단지에 그려 넣은 것에서 유래하였다고 한다.[90]

백골단과 민중자결단은 당시 워낙 유명한 전문 시위꾼이었으므로 이호철의 소설 『소시민』에서도 등장한다. 소설 속 주인공 '나'(박씨)와 제면소 식구들은 무릇 시위대에 대한 궁금증이 일어 충무동에서 데모 행렬을 따라다닌다. 백골단과 민중자결단은 각각 지붕에 마이크를 단 지프를 타고 시위를 독려하는 구호를 외치고, 곧 '서민호를 사형에 처하라' '사대주의 국회의원을 타도하라'라는 등을 선전하는 삐라를 뿌렸다. 데모대를 잘 살펴보니 같은 제면소에서 일했던 '김씨', '나'와 동향 출신인 '광석이 아저씨'도 있다. 그들은 가난하고 불안한 자신의 처지를 극복하는 하나의 방편으로 이승만 정권에 협력하는 데모대에 가담하였다. 주인공 '나'는 데모대의 행렬이 가까워질수록 소시민적인 그들의 얼굴이 명확히 보이기 시작한다. 멀리서는 살벌해 보였지만 가까이 보니 하찮고 싱거운 모습이었다.[91]

> 그러나 저러나 먼 곳에서 차츰차츰 가까이 다가오는 데모대는 꽤나 살벌해 보이고 흉흉하고 금시 무슨 피바다가 이루어질 것처럼 보였으나 정작 바로 코앞을 지나는 데모대는 하찮은 오합지졸로밖에 보이지 않았다. 모두가 싱겁게 웃는 얼굴들이었고, 입으로 고함을 지르지만, 정작 자기들이 지금 무슨 짓을 하는지 모르는 것 같고, 그냥 산만한 무의지의 군중으로밖엔 보이지 않았다. 그들은 그저 뭐가 뭔지도 모르고 덮어두고 두 팔을 내휘두르고 고함을 지르는 것 같았다.

소설 속 '날라리'가 "저런 게 권총 몇 방보다 훨씬 효과가 있능기라"라고 말한 것처럼 피란시절 관제 데모의 효과는 매우 컸다. 이승만 정부는 데모대의 요구사항을 대다수 민중의 뜻으로 둔갑시켜 자신의 정치 야욕을 밀고 갔다. 국회를 허수아비로 만들고, 경쟁자를 제거하였으며, 장기집권체제를 완수하였다. 보수성향의 한 정치학자는 "부산정치파동을 계기로 이승만 세력이 행정부뿐 아니라 의회까지 장악함으로써 파워블럭 내에서 헤게모니 분파로 올라설 수 있게 되었으며, 그 결과 제1공화국은 비로소 정착되어 안정기에 접어들게 되었던 것이다"라고 하였다.[92] 피란시절 부산정치파동과 일련의 정치 폭거를 통해 이승만 정권에겐 안정기를 주었을지 몰라도 대한민국엔 암울한 독재정치의 서막이 올랐다. 이승만 정권을 향해 불평만 하여도 빨갱이로 낙인찍히는 등 반공적 극우 정치의 문화는 불행했던 피란시절에 탄생하여 오랫동안 우리나라를 멍들게 하였다.

지도층의 부정부패와 '사바사바'

피란수도 부산에서의 피란살이를 더 힘들고 지치게 만든 것은 '사바사바'였다. 사바사바라는 말은 뒤에서 은밀히 부정한 행위를 하는 것을 뜻한다. 이 사바사바가 번창했던 곳은 피란수도 부산이었다. 피란수도 시절 이승만 정부가 저지른 국민방위군 사건과 중석불 사건은 전 국민의 분노를 샀지만 국회의 조사는 흐지부지 흘러가버렸다. 각 도의 양곡 부정배급사건이 발생했을 때도 제대로 조사를 하기보다 지연책만을 마련한다는 소문이 자자했었다.

부정부패가 만연하고 시정이 안 되는 상황에서 공정한 시스템이 작동할 수가 없었다. 법과 질서가 사라진 자리를 채운 것은 '사바사바'였다. 당시 언론에서 "쇠금변에 통할 통을 한 글자는 사바사바 통 자요, 쇠금변에 쌀 미 한자는 빽 미 자라는 말이 돌도록 사바사바는 만사에 절대적인 권한을 쥐고 있다"고 하였다. 즉, 기차표 한 장을 사려 해도 으레 사바사바를 해야 했고, 어떤 수속을 밟으려 해도 담뱃값, 점심값을 내놔야 진척이 되었다.[93] 이렇게 사바사바는 피란시절 부패한 공직사회를 상징하는 용어였다.

윗물이 맑아야 아랫물도 맑은 법이요, 발원지가 더러운 물줄기에서 깨끗한 중하류의 수질을 기대할 수 있겠는가. 사바사바의 발원지는 다름 아닌 이승만 정부와 지도층의 부정부패였다. 앞서 언급한 대로 피란수도 이승만 정부의 최대 비리 사건은

'국민방위군 사건'과 '중석불 사건'이었다.[94] 이승만 정부는 1950
년 12월 전세가 다시 역전되자 '국민방위군 설치법'에 따라 만
17세 이상에서 만 40세 이하의 남자를 국민방위군으로 편성하였
다. 국민방위군은 현역병은 아니지만 후방을 방어하는 제2국민
방위군이었다. 급히 국민방위군을 조직한 것은 중공군 참전으로
다시 남쪽으로 밀리는 상황에서 젊은 남성들의 북한군으로의 징
집을 사전에 차단코자 한 이유도 있었다.

　　이승만 정부는 국민방위군에 해당하는 50여만 명의 남
성을 경상도 지역의 훈련소까지 장거리를 이동시켰다. 그런데
국민방위군의 업무를 일임받은 대한청년단 간부들이 예산을 횡
령하여 착복하는 바람에 추위와 굶주림에 시달린 국민방위군 5
만여 명이 사망하는 사건이 발생하였다. 이를 두고 이승만 정부
는 책임자를 처벌하기보다 국민방위군 사건을 축소하고 은폐하
기 바빴다. 비난 여론이 들끓자 어쩔 수 없이 신성모 국방부 장
관을 해임하고 1951년 8월 관련자 다섯 명을 사형에 처하는 것
으로 끝을 냈다.[95]

　　중석불 사건은 1952년 6월 이승만 정부가 중석불重石
弗 불하를 통해 100억대의 정치자금을 마련한 중대한 경제 범죄
였다. 이 비자금은 직선제를 관철하는 등 이승만 장기집권체제
를 위한 정치자금에 활용되었음은 물론이다. 중석불은 중석(텅스
텐)을 수출해 획득한 달러를 말하는 것으로 당시에는 이를 산업
자재를 수입하는 데만 쓸 수 있었다. 그런데 이승만 정부는 식량
과 비료를 도입하는 데도 중석불을 처분할 수 있도록 시책을 바
꿨다. 그리하여 정치자금을 댄 남선무역 등 민간업자들에게 공
식환율로 중석불을 불하하였다. 이 업체들은 환차익으로 막대한

이득을 챙겼다. 국회의 특별조사가 시행되었지만 제대로 처벌이 이뤄지지 않았고, 우리나라 정치경제사에 큰 오점을 남겼다. 중석불 사건은 부패한 정치권과 기업들이 '사바사바'하여 서로 주고받고 기생하는 정경유착의 나쁜 전례를 남겼다.

'사바사바'는 미군정이 수립된 이후로 생겼다가 한국전쟁 시 유행하게 된 신조어로 보인다.[96] 사바사바는 일본어와 영어에서 전래한 것은 아니라고 한다.[97] 사바는 불교 용어인 '사파娑婆'에서 유래했다는 설이 있다. 사파는 '사바'라고도 부르는데, 괴로움과 고통이 많은 인간의 세계를 이르고, '이 세상을 가르친다'는 뜻도 지니고 있다.[98] 그렇다면 '사바사바'는 고통과 번뇌가 많은 인간 세계를 속되게 가르치는 것으로 볼 수 있다. 한편, 사바사바는 '소곤소곤'처럼 남몰래 귀엣말하는 소리처럼 들린다. 몰래 뇌물을 주고 부정한 청탁을 하는 나지막한 소리가 아니겠는가.

미군정 기간은 일제는 물러갔지만 조직과 제도가 정립되지 못한 혼란의 시기였다. 사바사바가 이 혼란의 틈을 비집고 들어왔다. 한국전쟁의 특수한 사정은 되레 부정부패를 부추겼다. 말단 관리의 말 한마디에 젊은이가 징집될 수도 있고, 전쟁을 피할 수도 있었다. 행정 권한은 막대해졌고, 지도부의 비리도 심하였다. 피란수도 부산에서의 공직사회는 사바사바가 성행하는 요지경 세상이었다. 예컨대 민원인이 공공기관에 서류를 제출해도 며칠 동안 담당자의 책상 서랍에서 잠자기 일쑤였다. 하지만 공무원에게 양담배를 쥐여준다거나 점심 한 끼를 대접하면 일사천리로 진행이 되었다. 대중들은 만 가지 부탁, 천 가지 말보다도 사바사바 하나가 훨씬 효험이 좋고 편리한 방법이라고 인식하게 되었다. 그러나 사바사바가 만연할수록 요구하는 대가도 점차 커졌다. 점심 한 끼가 요정에서의 술대접으로, 더 나아가 돈뭉치나 귀금속으로까지 확대되었다.[99] 결국 사바사바는 정의가 사라진 암울한 곳에서 부정한 세계를 속되게 가르치는 것이요, 모두를 부정부패의 수렁에 빠뜨리게 하는 악의 좀비나 마찬가지였다.

포로수용소: 거제리에서 거제도로

2018년에 개봉한 영화 「스윙키즈Swing Kids」는 개봉 전 기대를 한몸에 받았던 작품이었으나 흥행 성적과 평가는 그에 미치지 못하였다. 「스윙키즈」는 전쟁과 포로라는 무거운 역사를 탭댄스라는 인간적 소재로 돌파하려고 했다. 나는 무엇보다 영화의 배경이 한국전쟁 시절 '거제도 포로수용소'라는 점이 신선하게 느껴졌다. 비록 적에게 사로잡힌 포로들이지만 이념을 뛰어넘어 인간적 삶과 즐거운 댄스를 열망하고 있다는 사실을 보여주기를 바랐다. 하지만 기대와 달리 후반으로 갈수록 점차 이념적 대결이 강조되더니 비극적으로 끝나고 말았다.

'포로수용소'는 전쟁이 낳은 특수한 시설이었다. 사실 전쟁 중에 적국의 포로를 수용하여 그들의 의식주를 보장해준다는 것은 상대국에는 엄청난 부담이었다. 하지만 아무리 전쟁터라도 인간의 생명은 존엄하였다. 산 채로 잡힌 포로들의 인간적 삶은 보호되어야 했다. 그런 뜻에서 1949년 '제네바 협약(포로의 대우에 관한 협약)'에서는 전쟁 포로가 항상 인도적 대우를 받아야 한다고 명시하였다. 한국전쟁 기간 '거제도 포로수용소'는 국제적 인도주의 원칙에 따라 북한군과 중공군을 수용했던 시설이다. 거제도 포로수용소는 엄청난 규모였다. 당시 거제도 인구가 약 10만 명에 불과하였는데, 거제도로 온 피란민이 15만 명, 포로들이 15만 명으로 섬 전체가 포화상태일 정도였다. 거제도는 한국전쟁으로 인한 간접적 피해가 만만치 않았다. 지금까지 곳곳에 전쟁 시절 유적이 남아 있는데, 거제포로수용소(경상남도 문화재자료 제99호)는 그 대표적인 사례다.

전쟁 포로의 역사에서 거제도 포로수용소가 크게 주목받다 보니 부산의 '거제리 포로수용소'는 묻혀버리는 것 같다. 어떤 이는 '거제리巨堤里 포로수용소'를 '거제도巨濟島 포로수용소'로 착각하기도 한다. 거제리巨堤里는 '큰 제방이 있는 마을'이란 뜻이다. 지금의 거제동 일대는 곳곳에 수로가 있었고, 비가 오면 침수되는 넓은 들이 펼쳐져 있었다. 조선시대에는 큰 벌이 있다는 뜻의 '거벌리居伐里'로 불렸다. 넓은 평야는 군대가 주둔하거나 수용시설을 조성하기에 적합한 공간이었다. 거제도 포로수용소로 옮

거제리 포로소에 수용된 포로들

겨가기 전까지 부산의 거제리 포로수용소는 '제1포로수용소POW Enclosure 1'였다. 한국전쟁 포로수용소의 최초 관문으로서 포로들로 가득 찼던 거제리(동)는 산업화 시절 이후로 상전벽해桑田碧海를 이루었다. 지금 그 자리는 부산시청과 부산경찰청 등 관공서들이 들어서 빌딩 숲으로 변했다. 옛 포로수용소의 자리를 떠올리는 것조차 어려울 지경이다.

한국전쟁 때 대전에 처음으로 포로수용소를 설치하였으나 전선의 남하에 따라 대구로 이전하였다. 1951년 8월 1일에는 부산 영도(지금의 해동중학교 자리)로 옮겨졌다. 이 포로수용소는 한국군이 운영하는 것이었다. 미군 군수사령부가 운영하는 포로수용소는 1951년 7월 부산 거제리에 처음으로 만들어졌다. 거제리 포로수용소는 27명의 포로를 처음으로 수용한 이후로 점차 확장되었다. 영도 포로수용소가 폐쇄되고 거제리 수용소로 통합됨에 따라 수용소는 미군이 주로 관리하고, 한국군은 보조적인 임무를 수행하게 되었다.

그런데 1950년 9월 이후로 미군이 전세를 장악하게 되자 북한군 포로가 급증하였다. 거제리 수용소는 제6수용소까지 증설되었다. 이것도 모자라서 수영의 대밭 수용소(제1, 2, 3, 광안동 인쇄창 자리)와 가야리 수용소(제1, 2, 3)까지 설치하였다. 부산의 포로수용소에 수용된 포로가 14만 명에 육박하였다. 엎친 데 덮친 격으로 전세가 다시 악화함에 따라 포로수용소는 더 안전한 장소로의 이동이 불가피해졌다. 거제리 수용소를 대체할 장소로 거제도 수용소가 낙점되었다. 1951년 2월부터 부산 포로수용소의 포로들을 거제도로 이송하는 작업을 시작했다. '제1포로수용소'의 이름도 거제도로 옮겨졌다. 그러나 부산의 포로수용소가

완전히 폐쇄된 것은 아니고 이후로도 만여 명의 포로가 수용됨으로써 그 기능은 유지하였다.[100]

이때만 하더라도 미군은 포로 증가로 인한 수용소 설치를 고민했을 뿐이다. 1951년 중반 이후로 전선이 삼팔선 부근으로 고착되었다. 휴전에 대한 논의가 대두되자 전쟁 포로 처리가 골치 아픈 문제로 떠올랐다. 전쟁의 종결은 곧 포로들을 수용소에서 내보내야 함을 의미한다. 요컨대, 전쟁 포로를 송환하거나 석방시켜야 하는데 이를 위해서 포로의 성향을 확인하는 심사가 필요해졌다. 이 때문에 수용소 내부는 남북 전쟁의 대리전처럼 되었다. 포로들은 친공과 반공으로 나뉘어 격렬히 싸웠으며, 수용소 내 포로들의 시위도 격화되었다. 이 와중에 1952년 5월 거제도 포로수용소장인 도드Fransis T. Dodd 준장이 포로들에게 납치

부산역 광장에서 포로를 이동시키는 장면

되는 사건이 일어났다. 포로수용소장이 '포로들의 포로'가 되는 참으로 어처구니없는 일이었다.

전쟁 포로에 사로잡힌 휴전 협상은 해결의 기미는 보이지 않고 시간만 질질 끌었다. 한편, 이승만 대통령은 '휴전회담에 반대하며 한국군 단독으로라도 북진하겠다'라면서 그렇지 않아도 지리멸렬한 휴전 협상에 재를 뿌렸다. 하지만 시작이 있으면 언제나 끝도 있는 법이다. 끝이 보이지 않던 포로송환협정이 1953년 6월 8일 조인되었다. 이 협정은 송환을 결론 내리지 못한 포로들을 중립국으로 이송한 뒤 여기서 다시 설득하는 과정을 거친다는 내용이었다. 이는 남한에 잔류하기를 원하는 반공포로들에겐 다소 불리한 내용이었다. 그러자 이승만 대통령은 국제 협정에 전면 어긋나는 반공포로 석방 계획을 도모하기 시작했다.

포로 석방은 유엔군 사령관의 승인을 받아야 하며, 포로수용소의 관리는 미군이 담당하고 있었다. 이승만의 지시에 따른 석방 계획은 국군이 몰래 철조망을 끊어서 반공포로들을 탈출시킨다는 대단히 위험한 발상이었다. 미군과의 충돌이 불가피할뿐더러 포로들이 탈출하는 과정에서 유혈사태가 벌어질 수 있었다. 하지만 1953년 6월 18일 이승만의 명령에 따라 원용덕 헌병 총사령관은 전국 포로수용소에서 반공포로 석방을 단행하였다. 이 사건은 전쟁 시절 초유의 사태로 손꼽힌다. 부산의 포로수용소(거제리 제2수용소 등 4곳)에서도 국군 헌병대로 조직된 별동대들이 철조망을 절단하여 들어와 미군 보초를 무장해제시키고 후에 포로들을 탈출시켰다. 군부대 차량까지 동원하여 포로들의 탈출을 지원하였다. 경찰은 포로들이 의복을 갈아입고 도민증을 받도록 협조해줬다.[101]

_____ 6

「이별의 부산정거장」, 피란수도 부산은 무엇을 남겼나

1953년 7월 27일 유엔군 대표(마크 웨인 클라크), 북한군 대표(김일성), 중공군 대표(펑더화이)가 서명한 휴전 협정이 체결되었다. 남한정부는 여전히 북진통일을 주장하면서 협정을 거부하였다. 하지만 이미 대세는 한국전쟁의 종전으로 기울었다. 남한과 북한 모두 한국전쟁에서 승리하였다고 주장했지만 사실상둘 다 패한 것이다. 3년의 전쟁 동안 군인과 민간인을 합하여 95만여 명이 숨졌다. 부상과 행방불명까지 더한다면 당시 인구 3천만명 중에 4백만 명 이상이 피해를 봤다. 고향을 잃고 돌아가지 못한 남북한 실향민도 수백만 명에 달하였다. 동족상잔 전쟁으로인해 단군 이래 최악의 피해가 있었음에도 남북 경계선은 전쟁전과 큰 차이가 없었다.[102] 삼팔선에서 휴전선으로 바뀌었을 뿐이다. 도대체 누구를 위한, 무엇을 위한 전쟁이었던가.

그러나 1953년 7월의 한반도는 흥분과 희망으로 들썩였다. 종전은 긴 터널 끝의 한 줄기 빛과 같았다. 한국전쟁이 누구의 책임이고 어떤 피해가 있었는가를 따지기 전에 그저 전쟁

이 끝난다는 사실만으로도 사람들은 환호하였다. 그러나 종전은
대한민국의 수도가 서울로 환도한다는 것을 의미하였다. 이제
피란수도 부산은 막을 내리고 피란민들도 분주히 고향을 찾아 떠
나기 시작했다. 한국전쟁이 끝난 이듬해에 발표된 남인수의 「이
별의 부산정거장」(1954)은 서울에서 부산으로 피란을 왔던 젊은
나그네가 환도還都 열차를 타고 귀향하는 심정을 노래하였다.

> 보슬비가 소리도 없이 이별 슬픈 부산정거장
>
> 잘 가세요 잘 있어요 눈물의 기적이 운다
>
> 한 많은 피난살이 설움도 많아
>
> 그래도 잊지 못할 판자집이여
>
> 경상도 사투리의 아가씨가 슬피 우네
>
> 이별의 부산정거장

(「이별의 부산정거장」 1절)

가수 남인수의
「이별의 부산정거장」이 실린 음반

부슬부슬 비가 내리는 부산역에는 떠나는 사람과 보내는 사람이 뒤섞여 이별과 회한, 그리고 아쉬움이 배어나는 장면들이 연출되고 있었다. 쓰라린 피란살이 3년간 피란민들은 큰 고통을 겪었다. 그래도 부산은 정든 '제2의 고향'이 되었으니 떠나기 아쉬운 땅이었다. 피란민은 환도 열차를 타고 다시 고향으로 가지만 부산에서의 피란살이와 경상도 사투리의 아가씨를 어찌 잊을 수 있겠는가.

　　여론에서 환도가 본격적으로 대두된 때는 1952년 늦가을부터였다. 7월부터 정전 협상의 테이블이 꾸려졌으니 그에 따라 환도 문제도 불거진 것이다.[103] 하지만 이승만 정부는 계속 환도에 대한 정확한 견해를 밝히지 않았다. 왜냐하면 이승만 정부는 정전을 반대하고 북한 영토를 다시 찾을 때까지 전쟁할 것을 주장하고 있었기 때문이다. 그리고 이 와중에 섣부르게 서울로 환도를 발표하면 북진통일과 결사항전의 의지를 꺾고 휴전 협상에 동의하는 것으로 비칠까 우려하였다.

　　1953년 5월경 상당수의 정부 부처는 서울에서 근무하고 있었다.[104] 진작부터 피란수도 정부는 부처별로 서울 분실을 운영하던 터였다. 중앙청이 파괴된 탓에 사무 공간을 확보하는 데 어려움을 겪었지만 휴전 협정일 이전까지 대부분의 정부 부처는 각각 일정대로 서울로 이사를 마쳤다.[105] 그러므로 1953년 8월 15일 광복절 기념식에 맞춰 선포된 '정부정식환도'는 환도를 완전히 끝내고 시민들에게 보여주기 위한 전시성 선언 행사였다.[106] 1953년 7월까지 정부 부처를 비롯한 대부분의 공공기관 직원들은 환도 열차를 타고 부산역에서 서울로 출발하였다.

가기 전에 떠나기 전에 하고 싶은 말 한마디를

유리창에 그려보는 그 마음 안타까워라

고향에 가시거든 잊지를 말고

한두 자 봄 소식을 전해주소서

몸부림치는 몸을 뿌리치고 떠나가는

이별의 부산정거장

「이별의 부산정거장」은 부산에서의 이별 풍경을 전면에 내세우면서도 노랫가락이 슬프거나 처지지 않고 되레 힘이 있고 경쾌하다. 이런 리듬은 부산은 떠나지만 고향을 찾아가는 사람의 들뜬 마음과 닮았다. 그래서인지 이 노래를 까칠하게 해석하는 연구자들도 적지 않다. 이 노래가 서울 사람, 그것도 남성 중심의 시각에서 작곡 및 작사가 되었다는 것이다. 부산에 남은 여성들이 떠나는 피란민 남성에게 '고향에 가시거든 잊지를 말고, 한두 자라도 봄소식을 전해주소서'라고 말할 수 있었을까. 몸부림치며 플랫폼을 떠나가는 12열차를 눈물만 흘리며 아쉽게 바라볼 수 있었을까. 그러기에는 그들이 부산에 남긴 과제와 상처가 너무 많았다.

　　한국전쟁 시절 부산은 대한민국이 절벽으로 추락하기 직전의 '막다른 최전선'이었다. 비록 군사적 전선은 아니었지만 정치, 행정, 문화, 교육의 최전선이 부산에서 형성되었다. 부산에서 땀과 피를 흘린 결과로 전쟁은 종결되고, 서울로 환도할 수 있었다. 피란수도가 부산에 남기고 간 숙제는 너무 많았다. 작은 체구로 힘겹게 수십만의 피란민을 업은 채 끝까지 희망을 포기하지 않았던 부산의 심정은 여러모로 착잡할 수밖에 없었다.

당시 부산시장 손영수는 '임시수도 삼 년의 실태'에 대해 기고한 글에서 피란수도의 애로사항으로 주택과 식수 문제를 들었다.[107] 삼사십만의 인구를 수용하기에 적합했던 부산의 도시환경에 백만의 인구는 너무 벅차고 궁색했다는 것이다. 인구 증가에 따른 주택과 식수 등의 문제는 '도시 빅뱅'이 남긴 여진과 같았다. 전쟁 시절 늘어난 부산 인구는 종전 이후로도 증가하여 1955년 105만 명, 1960년 116만 명까지 치솟았다.[108] 이를 해결하기 위해서 산업화 시절 부산은 도시환경을 정비하고 시설을 구축하기 위하여 고군분투하지 않으면 안 되었다. 지금 부산의 산 둘레를 살펴보면 비탈 지형에 주택과 사람들로 꽉 차 있다. 이처럼 가파른 도시 인문 환경이 만들어진 이유는 피란수도의 역사가 남긴 상처 때문이었다.

이런 문제점에도 불구하고 피란시절을 통해서 부산은 더 성숙했고, 더 성장했다. 손 시장은 관의 입장에서 피란수도의 실태를 기술하였음에도 시사하는 바가 크다. 그는 경상도 사투리에만 익숙했던 부산이 피란시절 전국의 사람들이 다 들어와 살게 됨으로써 각색의 사투리와 각양의 지방풍속이 융화되었다고 하였다. 또 한국전쟁 시절 부산이 피란수도와 병참기지로 기능하면서 외국 귀빈들의 방문이 이어졌고, 무명의 도시가 일약 국제무대에 대서특필되었다고 평가하였다.

대한민국 변방의 부산이 세계적으로 귀추가 주목되는 도시로 알려진 건 피란시절 덕이라 해도 틀린 말은 아니다. 현대의 부산이 제2도시로 성장한 발판에는 지난했던 피란수도의 역사가 있었다. 피란시절은 마치 성장통과 같았다. 부산은 고통스러운 피란수도의 역사를 거치며 정치, 경제, 문화의 영역에서 우리나라 제1의 해양도시로 입지를 구축하였다. 궁극적으로 '피란수도 부산의 역사'가 남긴 것은 '현대 부산의 탄생'이었다.

2장

뜨겁게 달궈진

'수출과 정치 용광로'의 탄생

1
수출산업의 최전선, 부산

부산직할시와 박정희

1962년 12월 1일 부산공설운동장에는 젊은 군인들이 단상에 앉아 박수를 치며 웃고 있었다. 검은 선글라스를 쓰고 중앙에 앉아 있는 군인이 당시 박정희 국가재건 최고회의 의장이다. 흐뭇한 표정을 짓고 있는 박정희는 과거 부산 군수기지사령관 재임 시절을 회상하고 있을지도 몰랐다. 이날은 부산직할시 승격을 기념하는 축하 행사가 개최된 날이었다. 박정희를 비롯하여 조시형 내무위장, 김현옥 부산시장 등이 참석하였다. 시민과 학생들도 구름떼처럼 모여들었다. 기념식에 이어서 경축 시가행진도 벌어졌다. 군인과 경찰, 고교생의 깃발 행진, 대학생들의 가장행렬, 재부在釜 상공인들의 상공행진, 여고생 수백 명의 무희행진 등이 진행되어 부산 시내를 들뜨게 하였다.[109]

부산시는 경상남도에 소속되어 있다가 1963년 1월 1일자로 정부 직할시로 승격되었다. 부산은 우리나라 첫 번째 직할시였다. 직할시로 승격이 되었다는 것은 경상남도에서 벗어나

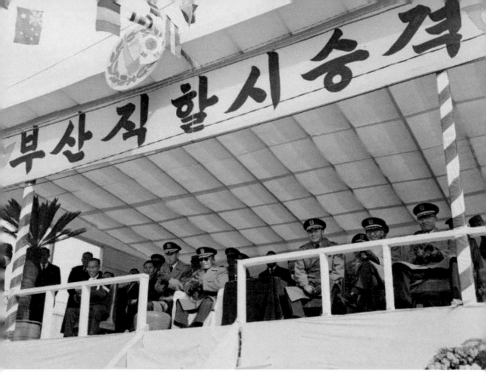

부산직할시 승격 기념식에 참가한 박정희 의장 및 국가재건최고회의 간부들(위)
부산직할시 승격 기념식에 운집한 부산 시민들(아래)

단독으로 광역지방자치단체가 되었다는 뜻이다. 1994년 지방자치제도 시행 이후로 행정구역 개편에 따라 직할시는 '광역시'로 이름이 바뀌었다. 부산시는 인구와 시설 면에서 꾸준히 성장하였음에도 경상남도에 소속되어 있던 탓에 그 이상 발전하지 못하고 있었다. 역사적으로도 부산시는 경상남도와 다른 길을 걸었던 터라 부산 사람들은 정부의 직할로 운영되는 지방자치단체로 편성되기를 원했다.

　　부산시는 오래전부터 승격 운동에 매진하였다. 애초에는 직할시가 아닌 '특별시' 승격 운동을 진행하였다. 1949년부터 부산의 각계 대표 인사들은 부산의 특별시 승격을 추진하였다. 그해 6월 정종철 부산시장과 김지태 부산상공회의소 회장 등이 주축이 된 '부산특별시 승격기성회 준비위원회'가 발족하였다. 그러나 '특별시 승격안'은 서울시의 반대로 무산되었으며, '직할시로 변경 승격안' 또한 경상남도의 반대로 인하여 부결되었다.[110] 서울시 입장에서는 변방의 부산시를 동등한 특별시로 인정할 수 없었고, 경상남도는 알맹이(부산시)가 빠진 채 축소되어버린 행정구역을 용인하기 어려웠다. 지방자치제도에서도 기득권을 가진 자를 넘어선다는 것은 참으로 어려운 일이었다.

　　그런데 공교롭게도 정세가 요동침에 따라 변수가 생겨났다. 1960년에 4·19 혁명이 일어나 자유당이 몰락하고, 1961년에는 5·16 군사쿠데타가 발생하여 군사정권이 수립된 것이다. 권좌를 차지한 박정희는 부산의 직할시 승격 운동에 대해서 호의적이었다. 돌이켜보면 박정희에게 운명적인 기회를 준 곳이 '부산'이었다. 박정희는 1948년 여순반란 사건 시 남로당으로 활동하였던 사실이 들통나 고초를 겪었다. 하지만 한국전쟁 이후

기사회생을 하며 1957년에는 소장으로 진급하였다. 그러던 중 1961년 초대 부산 군수기지사령관으로 임명되어 부산으로 발령이 나면서부터 출셋길이 트였다. 1959년 6월 전군에 대한 군수지원 임무를 띠고 처음으로 발족한 부산 군수기지사령부의 사령관은 군의 모든 물자를 관리하고 배분하는 요직이었다.[111]

부산에 신설된 군수사령부의 초대 사령관으로 임명된 박정희의 기쁜 마음은 충분히 헤아릴 수 있겠다. 그런데 이것만으로 박정희와 부산의 인연을 설명하기에는 부족한 게 있다. 박정희와 부산 사이에는 더 끈끈한 줄이 있었다. 자유당이 몰락하던 시절 박정희가 최초 쿠데타를 계획한 곳이 부산이었다. 그는 군인으로서 소임을 다하기보다는 자유당 정권이 흔들리고 정세가 어지러워지자 권력을 향한 야망을 품기 시작했다.

자유당 말기, 권력을 장악한 이기붕 세력이 군 고위 인사와 군납품을 둘러싼 이권을 주무르자 군내 소장파들의 불만이 터져 나왔다. 이때 박정희 소장을 중심으로 육사 8기 출신의 장교들이 뭉쳐서 쿠데타를 모의하기 시작하였다. 박정희 부산 군수기지사령관, 김동하 포항 해병사단장, 이주일 제2군사령부 참모장, 김종필 육군본부 정보참모부장 등은 수시로 회합하였다. 그들은 송요찬 참모총장이 미국에 머무르고 있던 1960년 5월 8일을 기해 해병사단과 고사포 대대를 주력으로 해서 쿠데타를 일으키기로 모의하였다. 그러나 학생들이 주도한 4·19 혁명이 일어나서 자유당 정권이 허물어지자 이 계획은 중단되었다. 하지만 쿠데타의 불씨가 완전히 꺼진 것은 아니었다. 1961년 박정희 소장(당시는 제2군사령부 부사령관)은 혼란스러운 정국을 틈타 다시 정변政變의 불씨를 일으켰고, 결국 5·16 군사쿠데타를 성공시

컸다.[112]

　　쿠데타 세력은 군사혁명위원회를 구성하여 입법, 행정, 사법의 3권을 모두 장악하였다. 1961년 5월 정권을 인수한 후 군사혁명위원회는 '국가재건 최고회의'로 명칭이 바뀌었다. 군사정부의 실질적 최고 통치기관인 국가재건 최고회의 의장이 된 박정희가 무소불위의 권한을 갖게 된 것은 물론이다. 때를 맞춰 부산 사람들의 움직임도 빨라졌다. 부산의 교육계, 언론계, 의학계, 문화계, 상공인 등 저명인사 50여 명은 부산상공회의소에서 부산시를 직할시로 승격시키기 위한 결성대회를 열었다. 여기서 박정희 의장에게 청원서를 제출하기로 하였다.[113] 부산과 특별한 인연을 맺었던 박정희는 부산의 직할시 승격에 긍정적이었고, 갓 출범한 군사정부가 경제 개발 및 수출 위주의 정책을 도모하기 위해서도 부산시의 승격이 필요하였다. 제3공화국이 출발하기 전까지 군사정부 시절(1961. 5.~1963. 12.) 부산의 정부 직할시 승격은 일사천리로 진행되었다. 1962년 5월에는 최고회의 내무분과 위원과 내무부 관계 공무원들이 부산에 내려와 그 실정을 조사하였다. 1962년 11월 21일 법률 제1173호로 '부산의 정부 직할에 관한 법률'이 제정 공포되었다. 1963년 1월 1일부터 부산은 경상남도를 벗어나 대한민국 정부의 직할시가 되었다.[114]

경부고속도로, 경부성장축의 완성

　　1963년 10월 박정희는 제5대 대통령선거에서 윤보선 후보를 누르고 대통령으로 당선되었다. 그는 '국가재건 최고회의' 의장 시 했던 '군으로 돌아가겠다'라는 약속을 헌신짝처럼 내버렸다. 그런데 박정희와 윤보선의 득표율 차이는 약 1.5퍼센트

1960년대 서면 로터리 중심에 위치한 부산직할시 승격 기념탑

에 불과했다. 2년간 군정을 통치했던 박정희가 유리한 상황이었음에도 국민의 지지를 크게 받지 못한 것이다. 선거운동 과정에서 윤보선은 박정희를 남로당과 여순 사건에 가담한 공산주의자로 몰아붙였다. 색깔론의 희생자였던 박정희는 자신의 과거를 지우기 위해서 대통령 당선 이후에 더 철저한 반공주의자로 변모해갔다.

어떤 대통령이든지 재임 기간 공과功過는 다 있기 마련이다. 하지만 박정희 대통령만큼 보는 시각에 따라 공과에 대한 해석이 분분한 인물은 없을 것이다. '민주주의를 압살한 독재자'부터 '대한민국 산업의 기반을 다진 지도자'까지 그를 둘러싼 논쟁은 현재 진행형이다. 탁월한 지도자로서 박정희를 꼽는 대표적인 공로가 '경부고속도로의 완공'이었다. 실제로 경부고속도로는 박정희의 독무대라 할 만큼 추진력이 돋보였다. 하지만 수출 주도와 재벌 위주의 경제정책처럼, 화려하게 개장했던 경부고속도로 아래에는 수많은 희생이 묻혀 있었다.

경부고속도로는 서울시 서초구 양재동에서 부산시 금정구 구서동에 이르는 고속도로다. 1968년 2월 1일 착공하여 1970년 7월 7일 전 구간이 왕복 4차선 도로로 준공되었다.[115] 서울의 수도권과 부산의 영남권을 잇는 경부고속도로의 개통은 물류와 교통의 혁신을 가져왔다. 경부고속도로는 국가 경제의 대동맥이자 일일

1968년 9월에 개최된 부산-대구 간 고속도로 기공식

생활권을 상징하는 교통로가 되었다. '마이카 시대', 즉 '자동차의 대중화 시대'를 부른 것도 경부고속도로였다. 이후 정부의 도로 정책은 대동맥과 혈관들이 이어지듯이 경부고속도로를 중심에 두고 이뤄졌다. 경부고속도로를 통해서도 부산은 서울을 잇는 제2도시로서 전국적인 위상을 확립할 수 있었다. 1970년대 해운대가 전국적으로 알려지고 우리나라 최고의 해수욕장이 된 것도 경부고속도로 덕분이었다.

경부고속도로는 계획부터 완공까지 박정희가 주도했다고 해도 틀린 말은 아니다. 그는 1964년 서독을 방문하여 산업 시찰을 하면서 서독의 고속도로Autobahn에 큰 감명을 받았다. 이후 경부고속도로 건설에 대한 의지는 그에게 종교적 신념처럼 작용하였다. 제6대 대통령 선거를 앞두고 이를 자신의 공약 사업으로 내걸었다.[116] 통상 지방도로와 국도가 먼저 완공되고 이를 잇는 고속도로를 건설하는 것이 도로체계를 잡는 순서다. 당시는 지방도로가 거의 비포장인 상황이었으므로 고속도로를 먼저 닦는다는 계획은 앞뒤가 바뀐 것이었다. 또 국토가 협소하고 긴 우리나라에서는 도로보다 철도로의 수송이 훨씬 유리하다는 지적도 있었다. 1967년 1인당 GNP가 142달러에 불과했던 대한민국에서 고속도로 건설을 위한 막대한 재원을 어떻게 확보할지 의문이 드는 것은 당연했다. 하지만 그 누구도 강력한 개발 독재자 박정희 앞에서 이런 문제점을 제기할 수 없었다. 박정희의 경부고속도로 구상은 제6대 대통령 당선 이후로 본격적으로 현실화하였다.

박정희는 마치 북한과의 전쟁을 지휘하듯이 경부고속도로 건설을 추진하였다. 그는 경부고속도로 기공식장에서 '온 국민이 철통같이 단결하여 북괴 도발 행위를 격멸하고 (경부고속도로) 건설에 총력을 기울이자'라고 하였다.[117] 청와대에 전투 상황실을 설치하고, 공병부대원들을 청와대에 상주시키기도 하였다. 그는 직접 경부고속도로 공정 계획을 짰으며, 고속도로가 지나가는 노선도 결정하였다. 현재 '서울-수원-대전-영동-김천-구미-대구-경주-부산'으로 연결되는 경부고속도로 구간은 박정희의 선택으로 최종 결정된 것이다.[118]

경부고속도로 건설비는 세계적으로 놀랄 만큼 저렴하였다. 당초에 336억 원으로 계산하였으나 실제로 약 430억 원이 들었다. 경부고속도로의 총연장이 428km이므로 도로 1km당 1억 원밖에 들지 않았다는 계산이 나온다. 이렇게 값싸게 고속도로를 건설할 수 있었던 이유는 주민들에게 토지를 헌납받거나 싼값으로 매수함으로써 보상비를 확 줄였기 때문이다. 당시에는 주민들이 도로 건설로 인한 보상에 대해서 무지했던 터라 국가 발전을 위해서라면 개인과 마을이 희생될 수 있다고 여겼다.

경부고속도로의 실제 공사는 '서울-오산', '오산-대전', '대전-대구', '대구-부산' 등 4개 구간으로 분할 추진되었다. '대구-부산'의 완공을 마지막으로 1970년 7월 7일 대구공설운동장에서 경부고속도로 준공식을 개최하였다. 경부고속도로 건설 과정에서 가장 난코스에 해당하였던 추풍령에 세운 준공기념탑에는 이한림 건설부 장관이 쓴 다음과 같은 글귀가 있다. "이 고속도로는 박 대통령 각하의 역사적 영단과 직접 지휘 아래 우리나라의 재원과 우리나라의 기술과 우리나라 사람들의 힘으로 세계 고속도로 건설 사상에 있어 가장 짧은 시간에 이루어진 조국 근대화의 목표를 향해가는 우리들의 영광스런 자랑이다."

막 개통한 경부고속도로 위 부산 톨게이트

참으로 낯 뜨거운 찬사다. 하지만 박정희의 추진력으로
완성된 경부고속도로가 대한민국 근대화에 큰 발자취를 남긴 것
은 사실이다. 경부고속도로는 개통 이후로 우리나라 물류 산업
의 대동맥이 되었다. 울산, 포항, 구미, 창원 등의 공업단지에서
생산된 물품들이 빠르게 수송될 수 있는 기반이 되었다. 또한 우
리나라 토건기술을 크게 발전시킴으로써 중동 지역으로 인력을
수출할 수 있게 되었다. 경부고속도로에 힘입어 이를 잇는 국도
와 지방도로의 건설이 추진됨으로써 도로체계가 완성을 이뤘다.
부산에서도 경부고속도로와 연결되는 도시고속도로가 1980년
10월에 완공되었다.[119]

하지만 경부고속도로를 건설함으로써 도시와 농촌의 균
형적인 발전을 유도하는 계획은 완전히 실패였다. 흔히 말하는
'빨대효과' 때문이었다. 균형발전은커녕 되레 대도시로의 급격한
이농 현상을 불러왔고, 도시 농촌 간 갈등을 부채질하였다. 도로

용지를 매입할 때 불합리했던 점은 이미 언급했지만 이것의 학
습효과로 개발 예정지의 토지를 매입하는 부동산 투기 붐이 기
지개를 켰다. 한편, 갑자기 도로가 나는 바람에 자연마을이 두 동
강 나고, 한 필지였던 논밭이 갈라지는 사례도 속출했다.

　　　일제가 건설했던 경부철도로 인하여 부산은 식민지 조
선과 대륙을 침탈하는 관문이 되었다. 경부철도는 서울과 부산
을 연결하는 수송체계에서 끝나지 않고 경부 구간을 중심으로
산업과 경제가 발전하는 성장축으로 기능하였다.[120] 경부철도가
'경부성장축의 시작'이었다면 경부고속도로는 '경부성장축의 완

성'이었다. 경부성장축은 수도권과 영남권을 우리나라 경제 발전의 기본 축으로 하여 산업이 성장하는 토대가 되었다. 경부고속도로를 통해서도 '수출과 무역의 최전선'으로 부산의 입지는 강화되었다. 우리나라의 출입구로서 부산은 상징적인 위상을 갖게 되었다. 하지만 경부성장축의 완성은 호남권을 경제적으로 소외시켰고, 호남 사람들이 대거 이촌향도 하는 배경이 되었다.

애초 경부고속도로의 목표는 최초의 경인고속도로(1968년 12월 완공)를 잇고, 인천, 서울, 대전, 대구, 부산 등 5개 대도시를 연결하며, 우리나라 경제의 핵심권인 한강 유역과 낙동강 유역을 직결시키는 것이었다.[121] 결과적으로는 경부고속도로의 개통은 영남권 공장지대의 산업화를 촉진하여, 인천보다 부산의 위상이 커졌다. 경부고속도로는 이후로 부산항 개발의 필요성을 대두시켰다. 이는 1970년대 부산항을 컨테이너를 탑재하는 현대식 수출항으로의 개발을 예고하는 것이었다.

메이드 인 부산! 신발과 여공

일제강점기 공업지구는 대부분 북한에 조성되었다. 그나마 남쪽에는 경인공업지구 다음으로 부산공업지구가 덩치가 컸다. 하지만 해방 이후 원료 구입이 어려워지고, 일본과의 교역이 중단되면서 부산의 공업은 침체기를 맞았다. 다시 전성기를 맞게 된 것은 한국전쟁 때문이었다. 한국전쟁은 많은 기업을 부산으로 불러들였고, 부산은 산업도시로 때아닌 전성기를 맞았다. 부산의 삼백산업(제분, 제당, 면방직)은 전쟁으로 인해 오히려 혜택을 받았다. 조선방직은 최대의 섬유공장으로 활황을 맞았고, 원조물자를 기반으로 제당과 제분 산업도 성장하였다. 전쟁 부산물인 고철을 제련하여 제품을 생산하는 금속공업이 발전하여 철강업이 성장하는 기틀을 마련하였다. 이와 발맞춰 기계공업과 자동차 수리업도 발전하였다.[122]

여러 업종 가운데 신발산업의 성장이 단연 돋보였다. 현재까지 '메이드 인 부산' 하면 떠오르는 제품이 '신발'이다. 부산의 신발산업은 산업화 시절 우리나라 수출의 견인차였다. 일제 강점기부터 부산에는 고무신을 생산하는 화학 산업체들이 있었다. 한국전쟁 시절 신발 기업들이 부산으로 몰렸고 피란민의 유입으로 신발 수요도 덩달아 늘었다. 고무 원료는 전적으로 수입에 의존하는 탓에 원조물자가 들어오는 항구도시 부산은 고무산업이 성장하기 좋은 입지 조건이었다. 1960년대 부산은 고무신 생산과 신발산업의 메카로 자리를 잡았다. 우리나라의 대표적인 신발회사 8개 가운데 '국제, 삼화, 태화, 진양, 보생, 동양' 등 6개 회사가 부산에 있었다. 특히 부산 진구 서면 일대는 한국전쟁 이후 신발공장의 메카로서 우리나라에서 가장 유명한 신발 브랜드를 출시했던 곳이다. 부산의 신발회사들은 고무신을 넘어 새로운 상품들을 개발했다. 합성고무에 천을 입혀 만든 학생 운동화와 가볍고 편한 합성피혁 신발인 '케미컬 슈즈'도 출시했다. 하지만 끝없이 영화를 누리는 산업은 없다. 1990년대 부산의 신발산업도 하향의 길로 들어섰다. 번창했던 회사들이 신발 생산을 중단하는 경우도 많았다.

1970년대 신발산업은 수출 전략산업이자 아울러 노동집약적 산업이었다. 부산의 신발산업은 박정희 정부의 수출 주도형 경제정책과 조응함으로써 성장하였다. 월남전쟁 당시 부산의 신발업체들은 미국으로 제품을 수출하기 시작했다. 1970년대 부산의 신발은 이른바 수출형 OEM 방식(주문 제작하고 주문자의 상표를 부착)으로 주로 제작되었다. 신발 생산품의 70퍼센트가 외국 수출용으로서 부산의 신발 기업들은 우리나라에 달러를 벌어다 주는 효자 기업이었다.

한때 부산의 신발 기업들은 기업보다 '신발 상표'로 불렸다. 삼화고무의 '범표' 신발, 태화고무의 '말표' 신발, 동양고무의 '기차표' 신발, 국제고무의 '왕자표' 신발은 당시 내로라하는 신발들이었다. 1980년대 이후로 만화가 유행하면서 만화 주인공 캐릭터를 그려 넣은 어린이 신발도 인기를 끌었다. 그런데 신발 산업에 큰바람을 일으킨 주역은 역시 '나이키'와 '프로스펙스'일 게다. 내가 중학교에 막 입학했을 무렵 나이키와 프로스펙스 문양이 새겨진 테니스화와 조깅화 등이 나왔다. 이를 신은 아이들은 친구들의 부러움을 한몸에 받았다.[123] 기차표 상표로 유명해진 동양고무는 화승그룹으로 성장하였다. 이 회사는 나이키를 생산하여 히트를 쳤다. 프로스펙스를 생산한 국제화학은 한국 신발업의 모태라 할 정도로 많은 인재를 키워냈다. 신발로 성장한 국제화학은 종업원 4천 명, 재계 서열 6위의 뛰어난 기업으로 자리를 잡았다. 그러나 신군부 집권 이후로 해체를 당하는 수모를 겪었다.[124]

부산 신발의 탄생 막후에는 여공이 있었다. 부산 신발산업의 최전선에서 묵묵히 일한 노동자의 90퍼센트가 여성이었다. 산업화 시절 어린 여공은 우리나라 산업을 약진시킨 역군이었지만 '공순이'로 불리며 멸시를 당하기 일쑤였다. 신발산업은 특히 섬세한 수작업이 필요한 산업이었다. 기계가 운동화 밑창과 몸체 천을 만드는 것을 제외하곤 고무를 자르고, 풀칠하고, 깨끗이

부산의 신발공장에서 신발(왕자표)을 박스에 담고 있는 여공

정리해서 말리는 작업 모두가 여공들의 손을 거쳤다.

　　신발공장의 기계는 24시간 멈추지 않고 가동되었다. 한 번 기계가 멈추면 막대한 손해를 봤기 때문에 기계 가동에 맞춰서 밤샘 작업이 이뤄졌다. 3교대를 꿈꾸기 어려웠던 당시 대개 2교대 근무를 하였으므로 하루 12시간 이상 작업을 해야 했다. 잠이 오는 것을 막기 위해서 타이밍이란 약을 먹고, 허벅지를 꼬집어야 했다. 신발공장은 고무와 약품 냄새, 그리고 연기로 인해 작업환경이 좋지 않았다. 또한 신발공장은 '도급제'로 월급을 지급했는데, 도급제는 개인이 작업한 물품에 따라 일정한 단가를 곱해서 월급을 주는 제도다. 무엇보다 생산량이 중요하였으므로

부산의 국제화학 신발공장 내부 풍경

휴식시간도 줄이고 점심도 앉은 채로 해결했다. 동료끼리 대화는 생각지도 않고 오직 손을 빨리 놀리기 위해 온 정신을 신발에만 두었다. 일을 끝내고 산복도로에 있는 달셋 방으로 돌아오면 파김치가 되어 쓰러지기 일쑤였다.

부산의 여공들은 대개 경상도 촌에서 살다가 부산에 온 소녀들이었다. 오빠와 남동생의 학비를 벌기 위하여, 어려운 집안 형편을 도와주기 위하여 부산의 신발공장에서 일했다. 이처럼 여성 노동자의 희생으로 남자 형제들은 무사히 고등교육을 마쳤고, 졸업 후에는 화이트칼라 계층으로 직장 생활을 하였다. 여공들은 자신의 신세를 한탄하거나 불만을 터뜨리지 않았다. 남성 노동자보다 50퍼센트 수준의 임금을 받으면서도 월급이 괜찮다고 생각하였다. 그들은 고된 노동과 싸우며 경제 발전을 이끈 우리나라의 진정한 산업역군이었다.[125]

수출의 최전선, 컨테이너 항구

부산항 풍경을 상징하는 것은 금속제 상자인 컨테이너다. 항구 주변 도로는 일명 '추레라'로 불리는 트레일러가 장악하고 있다. 부산에서 운전하기가 험악하게 느껴지는 이유는 좁은 도로에서 컨테이너를 견인한 채 덜컹거리며 위협적으로 달리는 추레라 때문이다. 전국의 추레라가 끌고 온 컨테이너는 집하장에 산더미처럼 쌓였다가 곧 갠트리 크레인의 손에 들려 컨테이너선에 실린 후 먼바다로 떠나간다. 부산항은 마치 딱딱하고 일직선의 금속제 기계처럼 보인다. 주변 사물은 마치 '사각형 컨테이너 기계' 속에서 쉼 없이 돌아가는 톱니바퀴 같다. 돌이켜보면 이러한 부산항 풍경의 역사는 40여 년이 되었다. 그전에는 일일이 물건들을 포장하여 사람들의 어깨와 손으로 운반하는 재래식 수송이 주를 이뤘다.

미국은 컨테이너를 도입하여 수송체계를 혁신적으로 변화시켰다. 제2차 세계대전 후 화물의 이동이 증가하여 운반수단의 대형화가 필요해졌다. 육상, 철도, 선박 수송 등을 가릴 것 없이 신속하고 일관적인 수송수단이 요구되었다. 컨테이너는 알루미늄과 강철로 제작되어 외부 충격에 안전하고, 별도의 포장이 필요하지 않았다. 이것은 물류 혁신을 일으킬 수 있는, 가장 적합한 수송수단이었다.[126] 그런데 무엇보다 이 금속제 상자가 도입된 배경은 물류비 절감 때문이었다. 사람이 포장하여 하역하는 수공업 방식은 인건비가 많이 들거니와 상품의 파손, 도난과 분실 등으로 인하여 적지 않은 비용이 들었다.[127] 물류 업체들은 새로운 근대화 수송수단으로 컨테이너를 대안으로 생각했다. 하지만 컨테이너 수송체계를 이루기 위해서는 막대한 시설자본이 투자

컨테이너가 가득 쌓인 부산항 부두. 임시수도기념관 제공.

되어야 할 뿐만 아니라 하역 노동자들이 대규모로 해고됨에 따른 갈등을 해결해야 했다.

　　1960년대 부산항은 수송체계의 현대화를 미룰 수 없게 되었다. 박정희 정부가 추진한 '경제 개발 5개년 계획'과 강력한 '수출 주도형 정책'으로 인하여 부산항의 물류는 포화상태였다. 부산에서는 신발, 합판, 의류 등의 산업이 성장하였으며, 부산항을 통해 해외로 수출되는 상품도 증가하였다. 1962년에 38만 달러에 불과했던 부산 상품의 수출 실적이 1974년에 10억 달러를 돌파하였다. 부산항을 통해서 해외로 수출되는 물동량도 1972년에는 우리나라의 50퍼센트 이상을 차지하였다.[128] 그러나 우리나라의 수출 관문이라는 말이 무색하게 1960년대 후반까지 부산항의 모습은 일제강점기와 큰 차이가 없었다. 급증하는 물동량

컨테이너 부두로 바뀌는 부산항 모습

을 처리하지 못해 '작고 더딘' 부산항은 몸살을 앓았다. 그런데
1970년 전후로 미국의 컨테이너 회사인 '시랜드'와 '맷슨'이 국
내 업체와 계약을 맺고 인천항과 부산항에 컨테이너선이 입항하
기 시작했다. 컨테이너 항구로의 변화를 더는 지체할 수 없는 상
황이었다. 이미 인천항에서는 컨테이너 터미널 구축을 위한 공
사가 한창이었다.

1974년 11월 부산항에 컨테이너 전용부두(제5부두)를 축조하는 공사가 시작되어 1978년에 완공되었다. 1978년 9월 29일 최규하 국무총리를 비롯한 관계자와 시민 2천여 명이 참석하여 제5부두에서 성대한 준공식이 거행되었다. 컨테이너 전용부두 사업은 부산항 개항 백 주년에 맞춰 진행되는 '부산항 종합개발 제1단계 사업' 중 하나였다. 부산항 제1단계 개발공사는 부산항을 국제 수준의 항만시설을 갖춘 제1무역항으로 키우는 사업이었다. 컨테이너 전용항구인 5부두 외에도 '양곡 전용 부두, 석탄·광석 및 고철 등을 취급하는 7부두, 특수화물 전용부두인 8부두, 국제 수준의 카페리 부두'를 축조하는 대규모 국책 사업이었다.[129] 이 사업을 위하여 무려 1,077억 원의 비용이 투입된 결과로 부산항은 비로소 52척의 대형선박이 동시에 정박하고 1천4백만 톤의 하역 능력을 갖춘 국제 무역항의 반열에 서게 되었다.[130] 그럼에도 부산항의 갈증이 완전히 해소된 것은 아니었다. 당시 부산항에서는 2천5백여만 톤의 화물량이 처리되어야 했기 때문이다. 그리하여 1985년까지 3천2백만 톤의 하역량을 갖춘 국제항으로 발전시키기 위하여 2단계, 3단계 부산항 개발공사를 연이어 추진하게 되었다.

    1978년 컨테이너 수출입항으로 본격적 채비를 갖춘 부산항은 우리나라 수출입의 최전선에서 싸웠다. 1979년 전국적으로 컨테이너 수출물량 비중이 34.6퍼센트까지 올라갔다. 부산항이 컨테이너 수출 수송에서 차지하는 비중은 98.6퍼센트였다. 컨테이너 수입 수송에서 차지하는 비중도 93.8퍼센트였다.[131] 컨테이너를 이용한 수출입은 거의 부산항을 통해서 이뤄진다고 볼수 있는 수치다. 경부고속도로와 부산항을 잇는 부산 도시고속도로는 컨테이너를 전국에서 부산으로, 다시 부산에서 전국으로원활하게 이동시키는 물류체계로 작동하였다. 부산은 지리적으로 일본과 가깝고 미국과의 교역도 매우 유리한 위치였다. 당시미국과 일본에 편중되었던 무역구조는 부산항의 지위를 '굴지의무역항'으로 상승시키는 요인이 되었다.

2
민주주의 최전선과 대통령의 잉태

「남산의 부장들」과 대통령

2020년 새해, 부산의 한 영화관에서 영화 「남산의 부장들」을 보았다. 10·26 사태를 처음으로 다루었을 뿐만 아니라 좋아하는 배우들이 출연하였던 까닭에 개봉 전부터 기대하던 영화다. 「남산의 부장들」은 과거 중앙정보부장이었던 김형욱 납치사건에서 시작되어 박 대통령 암살사건으로 끝을 맺는다. 이 영화는 대통령과 권력기관의 수장들, 그리고 미국이 한국의 정치 권력을 두고 암투를 벌이는 장면들이 지속된다. 배우들의 연기는 수준급이지만 권력에 대한 욕망과 살인으로 점철된 영화였다. 그래서인지 보고 나서도 왠지 찜찜한 기분이 사그라들지 않았다. 권력을 찬탈하고, 그것을 지키려는 자들에게선 한 줌의 정의도, 한 줄기의 희망도 찾아볼 수 없었기 때문일까.

오래전 보았던 영화 「변호인」(2013년 개봉)이 생각났다. 가진 것도 없고, 인맥도 없는 상고 출신의 한 남자가 사시에 합격하여 속물 '세무변호사'에서 '인권변호사'로 거듭나는 내용의 영화다. 이 영화에서도 고문을 당하는 잔인한 장면들이 나오긴 했어도 끝난 뒤에는 개운한 기분이 들었다. 그건 무슨 이유일까? 「남산의 부장들」의 지배층처럼 일말의 권력도 없지만 송우석 변호사에겐 '희망'과 '정의'가 있기 때문이 아닐까. 송 변호사는 막노동으로 연명하는 생활에서도 희망의 끈을 놓지 않았다. 절대권력의 압력 앞에서도 물러서지 않고 정의를 지켰다.

그러하니 「남산의 부장들」과 「변호인」에서 보이는 국가관은 하늘과 땅 차이다. 예컨대, 「남산의 부장들」에서 김규평 중앙정보부장이 "사람은 인격이라는 게 있고, 국가는 국격이라는 게 있어"라고 말하자 곽상천 경호실장은 "각하가 국가야. 국가를 지키는 게 내 일이야"라고 소리친다. '대통령이 국가며, 그 국가인 각하'를 위해서 일하는 자들은 대통령의 권력을 지키기 위해서라면 정권에 항쟁하는 수십만 부산 시민들을 탱크로 밀어붙일 수 있다. 반면, 「변호인」의 송우석 변호사에겐 '국민이 국가'다. 그는 법정에서 '대한민국 주권은 국민에게 있고, 모든 권력은 국민으로부터 나온다. 국가란 국민이다'라고 외친다. '국가가 국민이며, 국민으로부터 권력이 나온다'고 믿는 자는 민주주의를 말살하고 시민을 억압하는 권력층에게 적극적으로 투쟁할 수밖에 없는 것이다.

두 영화가 닮은 점도 있다. 잘 살펴보면, 절대권력에 대항하여 독재의 벽에 민주주의라는 망치로 금을 내는 장소가 부산이다. 「남산의 부장들」에서 박정희와 김규평이 결정적으로 갈라서게 되고, 김규평이 박정희를 암살하기로 마음먹게 된 이유가 부마항쟁 때문이었다. 김규평은 헬리콥터를 타고 항쟁이 일어난 부산 시내를 둘러보면서 독재정치의 종말을 느끼게 된다.

실제로 1979년의 정치는 하루하루가 숨 가쁘게 돌아갔다. 5월에는 부산 출신 정치가인 김영삼이 신민당 총재로 당선되었다. 8월에는 신민당 당사에 경찰이 난입하여 김경숙 노동자가 숨지는 YH 사건이 발생하였다. 9월에는 신민당 김영삼 총재의 권한을 박탈하고, 10월에는 연이어 김영삼 국회의원을 제명하는 민주주의 학살이 벌어졌다. 그 연장선에서 부마항쟁이 발생하였고 결국 박정희 대통령이 암살되는 10·26 사태가 벌어진 것이다.

영화 「변호인」의 송우석 변호사가 인권변호사로 변모하는 계기는 조작된 용공사건을 맡으면서다. 잘 알려졌듯이, 송우석 변호사는 노무현 변호사를 모델로 하여 영화로 각색한 인물이다. 실제로 노무현 변호사가 인권변호사의 길을 걷게 된 건 '부림사건' 때문이었다. 이 사건은 영화 「변호인」으로 인해 전국에 알려졌다. 대개 서울의 학림사건은 알아도 부산의 부림사건은 모르는 사람이 많다. 수도권에서 일어난 민주주의 투쟁과 용공 조작사건은 잘 알려진 데 반해 지방에서의 치열했던 민주주의 역사는 그러지 못해 안타까운 현실이다. 하여간, 부림사건을 통해 민주주의의 소중함을 깨달은 노무현 변호사는 부산·경남의 인권변호사로 거듭났다. 민주주의 투쟁에 발을 딛고 인권변호사로 변모한 그는 결국 권력의 최정점인 대통령으로 당선되었다.

부산은 걸출한 정치가를 많이 배출하였다. 그 가운데 김영삼, 노무현, 문재인은 부산에서의 정치 활동을 기반으로 대통령에 당선되었다. 그들이 대통령으로 선출된 배경에는 부산과 민주주의 역사가 있었다. 민주주의의 최전선에서 투쟁하다 대통령이 된 사람들은 모두 서울이 아닌 지방 출신이다. 암울했던 박정희 시대, 부산은 뜨겁게 달궈진 정치 용광로였다. 이 정치 용광로에서 민주주의 역사에 한 획을 그은 김영삼이 탄생하였다. 이후 군부독재에 저항했던 부산의 민주주의 투쟁사는 노무현, 문재인 대통령을 배출하였다. 부산이라는 뜨거운 정치 용광로는 이들을 뜨겁게 달구고 녹이며 민주주의의 최전선을 형성하였고, 결국 부산 출신의 대통령을 잉태한 것이다.

박정희와 맞서는 김영삼

김영삼 전 대통령을 보면 멸치가 떠오른다. 1990년 3당 합당 전까지 김영삼은 강골의 야당 인사였다. 멸치는 작지만 강하다. 그가 혹독한 유신시대를 거치면서 야당의 최고 지도자로 부상한 것은 어렸을 적 '멸치의 힘' 때문이었다. 그는 거제도에서 멸치 어업을 하는 부친 김홍조 씨 슬하에서 맏이로 태어났다. 그가 걸음마를 하자마자 맛을 본 것이 멸치였다. 세 살 때 혼자서 바닷가에서 놀다가 말리고 있던 멸치를 정신없이 집어먹었다. 그러다 목이 말라 논배미에 엎드려 올챙이배가 되도록 물을 마셨다는 일화가 있다. 그는 부친의 멸치어장을 배경으로 풍족한 학창 시절을 보냈다. 야당 인사로 정치를 하면서도 경제적 어려움을 겪지 않을 수 있었다.[132]

통영중학교에 다니던 그는 해방 후에 경남중학교로 편입하였다. 이때부터 부산과의 인연이 시작되었다. 그는 부산의 하숙방에 '미래의 대통령 김영삼'이라고 붓글씨를 써 붙이고 대통령을 꿈꾸기 시작했다. 그의 꿈은 대학교를 졸업하면서 현실화되었다. 이기붕의 요청으로 자유당 공천을 받아 거제도에서 26세 최연소 국회의원으로 당선되었다. 하지만 3선 개헌을 시도하는 이승만 대통령과 갈등을 빚다가 '사사오입 개헌'이 통과된

후로 탈당하여 민주당 창당 일원으로 참가하였다. 젊은 그에겐 불의에 항거하는 정의가 있었다. 이때부터 김영삼은 기나긴 야당 인사의 길을 걷게 되었다.[133]

김영삼은 스스로 고향이 두 곳이라 말한다. 태어나고 자란 유년기의 고향인 거제도와 정치가로 성장한 제2의 고향인 부산. 그의 호인 거산巨山도 자신의 고향인 '거제도巨'와 '부산山'에서 한 글자씩 따와 만든 것이다. 그가 부산에서 민주당으로 출마를 한 것은 1958년 제4대 국회의원 선거였다. 고향인 거제도에서 출마하는 것이 유리하였지만, 중앙당으로부터 민주당 기반이 취약한 부산에 출마하라는 종용을 받았다. 요즘으로 말하자면 험지 출마를 부탁받은 것이다. 피란수도와 이승만의 영향을 강하게 받았던 부산은 여당의 텃밭으로 보수 인사에 유리하였다. 매우 불리한 상황이었지만 기꺼이 험지를 선택하여 부산 서西 갑 구甲區에 출마하였다. 비록 부정투표의 의혹 속에서 김영삼은 아쉽게 낙선하였지만 이때의 경험은 부산의 젊은 정치가 김영삼을 탄생시키는 배경이 되었다. 그는 4·19 혁명 직후 치러진 1960년 제5대 총선에서 다시 부산 서구에서 민주당으로 출마하여 당선되었다. 이후로 내리 다섯 번이나 국회의원에 당선되었다.

그는 박정희 정권과의 투쟁 속에서 단련되었다. 민주주의 최전선에 설수록 그의 입지는 단단해졌다. 그가 박정희 대통령과 대립각을 세우기 시작한 때는 박정희 정권이 '3선 개헌'을 추진할 무렵이었다. 3선 개헌안은 대통령 연임 금지 조항을 삭제하여 3선 연임을 허용하는 것이었다. 이는 박정희의 장기집권을 획책한 수단에 불과했다. 3선 개헌안을 가장 강렬히 반대하던 국회의원은 김영삼이었다. 그는 1969년 6월 국회 본회의에서 '우리나라는 독재국가이며, 3선 개헌은 박정희의 종신집권 음모'라고 선언했다. 군부독재 시대에 감히 누구도 할 수 없는 말이었다. 일주일 뒤 김영삼에게 돌아온 것은 '초산 테러'였다. 괴한 3명이 귀가하던 김영삼 의원의 차에 초산병을 던진 것이다. 항상 문을 잠그고 다녔던 습관 때문에 다행히 큰 피해를 보지 않았다. 초산 테러는 되레 김영삼을 띄우는 계기가 되었다. 1969년 9월 공화당과 친여 성향의 국회의원들은 일요일 새벽 국회 별관에 모여 3선 개헌안을 변칙적으로 통과시켰다. 박정희는 억지로 권력을 연장한 덕분에 강력한 라이벌을 얻었다. 김영삼은 3선 개헌 반대 투쟁을 통해 민주주의 투사로 널리 각인되었을 뿐만 아니라 박정희의 경쟁자로 부상했다.

3선 개헌안은 박정희 장기집권 시나리오의 시작에 불과했다. 1971년 제7대 대통령 선거에서 김대중 후보를 가까스로 누르고 당선된 박정희는 영구집권을 위한 유신체제를 획책하였다. 1972년 전국에 비상계엄령을 선포하고 국회를 해산하였으며, 야당 정치인들을 계엄 당국에 끌고 갔다. 그해 10월에 유신헌법을 통과시켰다. 유신은 낡은 것을 고쳐서 새롭게 한다는 뜻이지만 실제로는 독재자 박정희의 종신 집권을 위한 것이었다. 이 유신헌법은 국회의원 1/3을 대통령이 추천한 뒤 통일주체국민회의에서 선출하거니와 이 기묘한 단체에서 대통령을 간접선거로 뽑는다는 등 해괴한 내용으로 가득 찼다. 궁극적으로 유신체제는 국민의 기본권은 제한하고 대통령의 권력은 왕권에 가깝게 확대하기 위한 독재체제의 완성이었다. 하지만 유신체제는 독재의 말기적 현상에 불과했고, 박정희의 종말을 예고하는 것이었다.

유신의 암흑기에 김영삼은 물러서지 않고 박정희에 대한

신민당 김영삼 국회의원 후보의 포스터

선명 투쟁을 강조하였다. 1974년 김영삼은 박정희와의 적절한 타협보다 확실한 투쟁으로 대응하는 '선명 노선'을 통해 신민당 총재로 당선되었다. 최연소 국회의원에서 최연소 야당 총재로 선출된 김영삼은 유신헌법 개헌 투쟁을 벌였다. 보수적 성향이 강했던 부산의 정치 지형에도 금이 가기 시작했다. 부산 사람들이 민주주의 투사이자 야당 지도자로서 젊고 유능한 김영삼의 정치 활동에 박수를 보내게 된 것이다. 그는 부산·경남의 민의를 대변하는 큰 정치가로 성장하였다. 1978년 제10대 국회의원 선거에서는 야당의 득표가 여당을 앞서 박정희와 공화당에 위기감을 주었다. 1979년 5월 박정희 정권의 방해 공작에도 불구하고 김영삼은 다시 신민당 총재로 당선되었다. 이때 그는 환호하는 지지자들 앞에서 당선 소감으로서 "닭의 모가지를 비틀어도 새벽은 온다"라는 유명한 말을 남겼다. 1979년은 민주주의 새벽을 기다리기 위해서 모가지가 비틀리는 고통을 감내해야 했던 험악한 한 해였다.

1979년 8월 생존권을 위협당한 YH 무역회사의 여공들이 신민당에서 농성하였다. 경찰 천여 명이 신민당사에 난입하여 당원들을 폭행하고, 김경숙이 사망하는 사건이 발생했다. 이어서 박정희 정권의 공작으로 법원에서 김영삼 총재의 직무집행 정지가 선고되었다, 어처구니없는 반민주적인 사건들은 계속 벌어졌다. 그해 10월에는 여당 의원들이 모여 김영삼의 국회의원직을 제명 처리한 것이다. 신민당은 8월 농성 투쟁에서 다음과 같은 글귀의 현수막을 내걸었다. "밤이 깊을수록 새벽이 가깝다." 1979년의 폭압적인 독재정치는 새벽에 다다르기 전의 깊은 밤에 불과했다. 그 혹독했던 절정의 암흑기는 결국 부마 민주항쟁과 10·26 사태로 막을 내렸다.

유신의 종말을 부른 부마 민주항쟁

2019년 9월, 부마 민주항쟁이 마침내 국가기념일로 지정되었다. 그간 부마 민주항쟁을 국가기념일로 지정하기 위해서 혼신을 다했던 부산, 창원의 민주화 유공자들의 노력이 결실을 맺은 것이다. 이로써 부마 민주항쟁은 4·19 혁명, 5·18 광주민주화운동, 6·10 민주항쟁과 함께 우리나라의 4대 민주화운동으로 자리를 잡게 되었다.[134] 부마 민주항쟁은 4·19 혁명에서 5·18 광주민주화운동으로 가는 큰 디딤돌이었다. 부마 민주항쟁은 최악의 유신체제에 균열을 일으키고, 박정희의 독재정치를 끝냈다는 점에서 우리나라 민주화운동사에서 중요한 의미를 지닌다. 하지만 다른 민주화운동에 비해 항쟁의 경과와 그 의미에 대해서는 잘 알려져 있지 않다.

부마 민주항쟁을 선도적으로 일으킨 이들은 부산대와 경남대 등 지역의 대학생들이었다. 1980년대까지 우리나라 민주화운동은 대체로 대학을 중심으로 청년들의 선도적 투쟁이 계기를 이루었다. 유신체제는 정치적 억압뿐만 아니라 개인의 생활과 신체까지 억압하는 폭정暴政이었다. 당시는 대담한 운동권 학생들조차 지하에서 조용히 동아리 활동에 만족해야 하는 시절이었다. 대학 캠퍼스 내에 이른바 '짭새'라고 불리는 사복경찰들이 자유롭게 활보하였고, 구호만 외쳐도 학생을 잡아가던 시절이었다. 그런데도 수도권 대학에서는 유신체제에 저항하는 청년들의 시위와 투쟁들이 산발적으로 이어졌다. 그러나 한동안 부산·경남에서는 시위의 기미조차 보이지 않았다. 그리하여 부산대와 경남대에 '유신대학'이라는 오명이 붙었다. 세계적으로 대학생들의 민주화 투쟁이 돋보였던 우리나라에서 이런 말은 조롱과 다름없었다.

하지만 민주화운동의 역사는 역설적이다. 유신체제에 파열을 낸 곳이 다름 아닌 조롱을 받던 유신대학이었다. 비록 수면 위로는 유신에 찬동하는 조용한 대학처럼 보였지만 물밑에서는 유신에 저항하는 부지런한 움직임이 있었다. 1979년 10월 15일 부산대에서 최초 유신반대 시위를 일으키려는 시도가 있었으나 이는 곧 실패하였다. 다음날(16일) 부산대 학생 정광민, 이진걸, 신재식 등이 다시 시위를 시도하였다. 이날 정광민을 무리하게 체포하려는 사복경찰들의 행동은 되레 학생들의 반발을 불러일으켰다. 삽시간에 5백여 명으로 불어난 학생들이 스크럼을 짜고 '유신 철폐', '독재 타도'를 외치면서 교문 진출을 시도하였다. 교문에서 경찰들이 강경 진압을 시도하자 학생들은 짱돌로 맞서며 거리로 진출하였다.[135] 부산대는 시내와 떨어진 한적한 곳에 있으므로 시민항쟁으로 발전하기 위해서는 도심으로의 진출이 필수적이었다. 부산대 교문을 넘어 거리 시위로 발전한 것은 고무적인 일이었다.

당일 오후, 부산대 학생들은 시내의 부영극장 인근에서 다시 모였다. 시위 학생들은 광복동과 남포동에서 스크럼을 짜고 구호를 외치다 경찰들이 진압하면 골목에 숨었다가 다시 나오는 '게릴라식 시위'를 진행하였다. 그런데 생각지도 않던 엄청난 일이 벌어졌다. 많은 시민이 학생들에게 지지를 보내면서 동참을 한 것이다. 갑자기 시위 군중이 수만 명으로 늘어나 국제시장 도로를 가득 메우기도 하였다. 시위대에게 김밥, 빵, 음료수 등 간식이 쏟아졌다. 시위대에게 전해지는 간식은 시민들이 동참한다는 뜻을 밝힌 것으로 아주 소중한 음식이었다. 또 경찰에 쫓기는 학생들을 가게 셔터를 내려 숨겨주는 등 상인들도 적극적 지지를 보내주었다. 저녁이 되었지만 시위대는 물러서지 않았다. 수천 명 시위대는 유신경찰로 상징되는 파출소를 습격하였으며, 순찰차와 박정희 사진을 불태우는 등 민중 봉기의 양상까지 띠었다.[136]

17일에는 교내 시위를 마친 동아대 학생들이 가두 투쟁에 합세하였다. 시민들 참여의 폭도 더 늘어났다. 학생들의 선도적 투쟁은 노동자, 영세상인, 빈민 등 광범위한 시민이 참여하는 시민항쟁으로 번졌다. 시위를 계획한 학생들도 이렇게 큰 시민항쟁이 벌어질 것은 예상치 못했다. 실제로 연행자들의 30퍼센트가 학생이었고 나머지는 노동자들이었다. 부산과 마산 시민들이 즉자적으로 투쟁에 참여한 이유는 평소 폭압적인 유신체제에 강한 불만을 느끼고 있었기 때문이다. 더불어, 부산·경남의 나빠진 경제 상황도 하나의 요인이었다. 수출 위주의 경공업 종목이 주를 이뤘던 부산과 마산의 경제 사정은 1978년 오일쇼크를 맞으며 악화하였다. 부산과 마산 업체의 연쇄 부도와 그에 따른 실업률 증가는 시민들의 고통을 가중시켰다. 또한 1970년대 후반 부가가치세의 도입과 가파른 물가의 상승도 사회경제적 갈등을 심화시키는 요인이었다.[137]

박정희 정권은 18일을 기하여 부산에 비상계엄령을 선포하고 공수부대를 투입시켰다. 박정희는 부마항쟁이 신민당과 김영삼의 선동에 따라 일어났다고 생각했다. 시위의 책임을 지각없는 일부 학생과 이에 합세한 불순분자들의 탓으로 돌렸다. 시위대책회의에서 박정희는 발포명령을 내리겠다고 위협하였다. 부창부수 격으로 차지철 경호실장은 데모대 1~2백만 명을 죽이면 조용해질 것이라고 발언하였다.[138] 영화 「남산의 부장들」에서도 이와 비슷한 장면이 재현되었다.

부산의 소식이 인근 지역에 전해짐에 따라 18일 마산에서도 시위가 일어났다. 정인권을 비롯한 경남대 학생들 수백여 명은 경찰과 투석전을 벌이며 교문 돌파를 시도했다. 교문 진출이 힘들어지자 학생들은 흩어져 시내로 이동하였다. 3·15 의거 기념탑 주위에는 학생뿐만 아니라 시민들까지 모였다. 경찰들이 강경진압에 나서자 흥분한 군중들의 투쟁은 더 가열되었다. 불종거리 주변을 학생과 시민 만여 명이 꽉 메울 정도로 18일의 마산항쟁도 시민항쟁으로 커졌다. 1960년 3·15 의거 때처럼 북마산파출소가 불탔으며, 공화당 사무실을 비롯한 여러 공공기관이 화염에 휩싸였다.[139] 마산에는 20일 위수령이 선포되었다. 당시 위수령 발동 이전부터 군인들이 투입되었기에 이에 대한 위법 논란은 여전히 진행 중이다. 부마 민주항쟁의 결과로 총 1,563명이 연행되었다. 이 가운데 87명이 그해 11월 계엄 군법회의에 기소되었고, 20명에게 실형이 선고되었다. 공권력에 막대한 손실을 미쳤

마산에서 일어난 1960년 3·15 의거의 정신을 계승하기 위하여 세운 기념탑
(창원시 마산합포구 서성동)

음에도 형량은 적은 편이었다.[140] 10·26 사건으로 박정희 대통령이 사망했기 때문이었다.

부마 민주항쟁은 지도층이 부재하고 사전 계획이 부족했다는 지적이 있다. 또 박 정권의 신속한 계엄령과 위수령 선포로 진압됨에 따라 항쟁 기간이 짧았다는 얘기도 있다. 그럼에도 부마 민주항쟁이 유신체제의 내부 분열을 촉발했고, 급기야 10·26 사태로 이어져 독재체제가 절명하게 되었다는 점에는 이견이 없다.[141] 만약 혹독했던 유신체제가 10년 더 지속되었더라면…. 우리나라 민주주의 싹은 완전히 잘려나갔을지도 모른다. 최악의 독재 상황에서도 물러서지 않고 민주주의 최전선에서 싸웠던, 부마 민주항쟁의 역사적 가치는 결코 저평가될 수 없을 것이다.

「변호인」과 돼지국밥, 그리고 노무현

영화 「변호인」에서 송우석 변호사, 부림사건, 그리고 인권 활동을 연결해주는 계기가 돼지국밥집이다. 일용직 노동자 시절 주인공 송우석은 한 돼지국밥집에서 돈을 내지 않고 도망을 친다. 인정 넘치는 돼지국밥집 아줌마(순애)는 변호사가 된 송우석을 반갑게 맞아주었고, 송우석은 돼지국밥집에 진 빚 때문인지 사무장의 불평을 들으면서도 매끼 그 돼지국밥집을 찾는다. 그런데 어느 날 순애의 아들(진우)이 갑자기 불법 연행되었다가 모진 고문까지 당하는 시국사건이 발생한다. 속물 변호사였던 송우석은 순애와 함께 진우를 면회하면서 거대한 독재의 암초와 부딪치게 된다. 출세를 지향하던 송우석이 비로소 사람과 정치, 민주주의를 고민하는 인권변호사로의 변화를 겪게 된다.

정치는 꼭 선거, 정당, 국회에서만 벌어지는 것이 아니다. 우리는 잘 느끼지 못하지만 정치는 일상으로 스며든다. 정치는 일상의 사소한 부분과 관계를 맺는다. 그러므로 일상은 정치적이다. 영화 「변호인」은 돼지국밥이라는 모티브를 통해 송우석을 '일상의 맛'을 넘어 '정치의 맛'으로 안내한다. '독재정치의 맛'은 고약하고 더러울뿐더러 피비린내 나는, 아주 잔인한 것이었다.

　부산 사람의 일상에서 돼지국밥이 차지하는 비중은 매우 크다. 부산의 맛과 향, 그리고 부산 사람들의 추억이 담긴 소울푸드soul food로 단연 돼지국밥을 꼽게 된다. 나도 그러하듯, 부산에서 직장생활하는 사람들은 일주일에 한두 번 돼지국밥집을 찾는다. 돼지 뼈를 푹 고아 만든 국물에 수육과 부추를 넣어 먹는 돼지국밥은 맛도 영양도 일품이다. 2019년 통계에 따르면 상호에 돼지국밥이 들어간 부산의 음식점은 692곳이다. 실제로 돼지국밥을 취급하는 음식점은 무려 742곳이라고 한다.[142] 그러하니 부산 사람들에겐 자주 찾는 돼지국밥 단골집이 한두 곳씩은 꼭 있기 마련이다.

　「변호인」의 송우석은 돼지국밥과 같은 사람, 아주 평범한 사람이었다. 고졸 출신의 그는 대학생들과 달리 이른바 불온서적을 탐독한 적도 없고, 독재정치나 민주주의에도 별로 관심이 없었다. 하지만 돼지국밥의 맛을 내는 진국처럼 은근히 정이 깊고, 사람의 도리를 아는 훈훈한 사람이었다. 또 꾸밈이 없는 돼지국밥처럼 원칙을 중시하고, 때로는 우직함을 지녔다. 송우석에게 반인륜적인 불법 연행, 감금, 폭행과 고문은 도저히 용서할수 없는 일이었다. 민주주의는 꼭 거대한 이념이나 체제가 아니다. 사람이 사람답게 살 수 있는 세상, 즉 돼지국밥 한 그릇 먹으면서 편하게 이야기할 수 있는 자유와 인간적인 삶이 보장되는 세상이 민주주의다. 하지만 반공과 극우를 지향하는 군부독재는 인간적 삶을 억압하고 자유를 빼앗았다. 이를 눈앞에서 목격한 송우석은 출세 지향의 태도를 버리고 반독재 투쟁에 나설 수밖에 없는 것이다.

영화는 실재와 허구를 오가는 재현의 산물이다. 역사도 마찬가지다. 실증주의를 표방하는 역사조차 완전한 실재가 아니다.[143] 영화 「변호인」은 '노무현'을 모델로, 그의 생애사를 뼈대로 삼았어도 송우석과 노무현은 같을 수 없다. 실제로 노무현 변호사는 돼지국밥보다는 삼계탕을 즐겨 먹었다고 한다.[144] 부산이 배경이 된 영화처럼 김해 출신의 노무현이 부산을 토양으로 본격적으로 성장하게 된 것은 사실이다. 그는 고등학교 시절을 부산에서 보냈으며, 부산에서 변호인으로, 국회의원으로 활동했다. 꼭 돼지국밥이 아니더라도 부산의 생활문화는 그의 일상에 지대한 영향을 미쳤다.

노무현이 부산과 인연을 맺게 된 건 중학교 시절부터였다. 김해의 진영중학교에 다니던 노무현은 김지태가 설립한 부일장학회로부터 장학금을 받았다. 이런 인연은 그를 '부산상고'로 진학하게 하였다. 당시 부산상고는 부산·경남 지역에서 가난하면서 공부 잘하는 우등생이 지망하는 학교였다. 정치인이 된 뒤로 노무현을 따르던 수식어는 '부산상고가 최종 학력'이었으며, 부산상고는 그의 정치 인생에서 가장 중요한 밑천이었다. 부산상고는 명문 학교였지만 고졸 출신의 그가 사회에서 좋은 대접을 받기란 만무하였다. 막노동판을 전전하던 그가 사법고시에 합격한 것은 그의 자서전에 쓰인 것처럼 '벌레가 사람이 된 것만

큼이나 큰 사건'이었다.[145]

초창기 노무현 변호사는 적당히 돈을 밝히고 인생을 즐기는 변호사였다. 지긋지긋했던 가난과 설움을 벗어나고 싶었던 한 청년으로서 그런 즐거움에 빠지는 것은 당연했다. 대규모 상속세 사건 등을 수임하여 성공하면서 그는 기득권층에 편입될 수 있었다. 그러나 치열했던 민주주의 역사는 그를 돈 잘 버는 세무변호사로 내버려 두지 않았다. 그에게 정말 어려운 시련과 고통은 변호인이 된 이후에 다가왔다. 평소 친분이 있던 김광일 변호사가 부림사건의 변론을 노무현 변호사에게 부탁한 것이다.[146] 1981년 9월 발생한 부림사건은 그의 삶을 통째로 바꾼 사건이었다.

10·26 사태 이후 민주주의에 대한 시민들의 열망은 전두환을 비롯한 신군부에 의하여 여지없이 짓밟혔다. 5·18 광주민주항쟁을 총칼로 진압한 신군부는 국가보안법을 무기로 각종 용공 조작사건을 만들어 청년 민주화운동의 싹을 자르려 하였다. 당시 서울에서는 군부독재와의 전면적 투쟁을 두고 학생운동세력이 '무림'과 '학림'으로 갈라져 논쟁을 벌인 적이 있다. 학림은 '전민학련 학생 그룹'을 지칭한다. 이 단체는 대학로 '학림다방'에서 첫 모임을 가졌는데, 이런 연유와 함께 '학생운동이 숲처럼 무성하다는 뜻'으로 경찰이 학림學林이란 용어를 만든 것이다.[147] 부림釜林은 서울의 학림에서 따온 말이다. 이름부터 정치탄압을 위해 조작된 사건임을 알 수 있다. 부림사건은 그야말로 실체가 없는 사건이었다.

전두환 정권은 전민학련 출신의 이태복이 부산의 청년 활동가를 만났던 사실과 부산의 학내 시위가 점차 가열되는 양상을 주목하였다. 부산지역 민주화운동을 제압하지 않으면 그 여파가 상당할 것으로 우려한 나머지 부산지역 각계각층의 민주화운동 활동가를 모아 부림사건으로 짜 맞추었다. 이태복과 관련되었던 이상록, 고호석 등을 먼저 잡아들였고, 다시 이들과 선후배 관계였던 사람들도 낚아챘다. 그 혐의는 특별한 게 없고 이들이 모여서 불온서적을 읽고 공산주의를 찬양했다는 것이다. 수십 명의 청년을 동구 좌천동의 대공분실에 가둔 채 거의 두 달 동안 몽둥이질과 발길질은 기본이고, 물고문, 통닭구이 고문 등 악랄한 고문을 자행하였다.[148] 구타와 고문으로 얻어낸 거짓 자백으로 이들을 기소하였음은 물론이다. 이 과정에서 변론을 부탁받고 청년들을 만난 노무현은 큰 충격을 받았다. 먼저, 그들의 처참한 몰골에 충격을 받았고, 다음은 그들의 정의로운 생각에 놀랐다. 노무현은 젊고 바른 그들을 존경하게 되었다. 그렇게 변호인 노무현은 법정에서 공안기관의 불법행위를 적나라하게 폭로하였을 뿐만 아니라 고통스러운 인권변호사의 길을 걷게 되었다. 그것은 곧 민주주의로 가는 가시밭길이었다.

부산 민주화운동의 밑거름, 양서협동조합

부림사건이 등장하기까지 모태로서 주목할 단체가 '양서협동조합'이다. 좋은 책을 매개로 한 양서협동조합은 부산 특유의 사회운동조직으로, 독창적이고 선구적인 방식으로 진보세력을 결집하고 확산시켰다.[149] 영화 「변호인」을 주의 깊게 본 독자라면 알겠지만 돼지국밥집 아들 진우는 '좋은 책 읽기 모임'의 회원이었다. 이 '좋은 책 읽기 모임'은 바로 '부산양서협동조합'을 은유하는 것이다. 이 모임에 가입한 진우와 회원들은 카E. H.

부산 보수동 중부교회 아래 위치한 협동서점. (사)부산민주항쟁기념사업회 제공(김희욱 촬영).

Carr의 『역사란 무엇인가』를 읽고 토론하다가 국가보안법 위반으로 체포되었다. 이 책은 영국 외교부가 권장하는 좋은 책이건만 우리나라 군사정부는 읽어서는 안 될 금서로 생각했다.

　실제로 부림사건으로 기소된 청년들에게 국가보안법이

적용된 연유는 슘페터J. A. Schumpeter의 『자본주의 사회주의 민주주의』를 읽었기 때문이었다. 미국 하버드대학 교수이자 저명한 경제학자였던 슘페터가 저술한 이 책은 세계적 명저이거니와 대학에서 교재로 활용되었다. 군사독재 시절에는 대학생들이 이처럼 꼭 읽어야 할 양서良書들을 지니고 있다가 검문을 당해 경찰서까지 끌려가는 일이 허다했다. 그러나 군사정부가 양서를 옥죄는 금서를 양산할수록, 양서를 읽길 원하는 청년들의 목마름은 더 강해졌다. 학문과 사상의 자유가 억눌렸던 당대에 실로 좋은 책을 읽고 싶은 마음은 더 간절해지는 법이다.

독재 정권 시절 우리나라 대학은 진리의 상아탑으로서 역할을 하지 못했다. 대학 강의실에서는 그저 독재 정권과 자본주의를 홍보하거나 이롭게 하는 학문을 앵무새처럼 되뇔 뿐이었다. 대학은 단순히 지식만을 가르치고 생산하는 공장이 아니다. 인류를 생각하고 공동체를 아우를 수 있는 지성과 지혜까지도 배워야 하는 곳이다. 하지만 한국 사회를 진단하고, 문제를 비판하는 학문은 대학에서 다룰 수가 없었다. 그렇다 보니 진정 목마른 자는 좌고우면하지 않고 우물을 직접 팔 수밖에 없었다. 의식 있는 대학생들은 강단에 기대지 않고, 별도로 독서클럽을 조직하여 좋은 책을 읽고 토론하고자 하였다.

부산의 양서협동조합은 좋은 책을 판매하고 이용하자는 목적 아래 1978년 4월에 설립되었다. 강제 해산될 당시 조합원이 7백여 명에 이를 정도로 그 열기가 대단했다. 부산에서 시작한 양서협동조합은 서울, 대구, 마산, 울산, 광주 등 전국으로 퍼져나갔다.[150] 부산에서 처음 시작할 때는 민주화운동의 목적이 강했지만 전국으로 퍼져나가면서 문화운동으로서 성격이 짙어졌다. 당시 불황을 겪고 있던 출판사와 서점들이 결합하면서 '양서보급운동' 또는 '독서캠페인'으로 변화되었다.[151] 이 과정에서 저자와의 대화 등 여러 문화행사도 함께 기획되었다. 1978년 12월 '서울양서협동조합'이 발족할 때, 당시 부산의 진보적 소설가로 유명했던 김정한 작가가 참여문학론에 대해 독자와 열띤 대화를 하기도 했다.[152]

　　이처럼 전국적인 문화운동으로 확대된 부산양서협동조합은 보수동 책방골목에서 탄생하였다. 지금은 관광지가 된 보수동 책방골목은 헌책을 다루는 곳으로만 알려졌을 뿐, 부산 민주화의 골목이란 점은 잊혔다. 과거 보수동 책방골목은 민주화를 위해 헌신했던 인사들이 자주 찾았던 곳이다. 보수동 책방골목의 중간 즈음에 있는 '중부교회'가 바로 그곳이다. 중부교회는 부산 민주화운동의 최전선에서 독재정부와 싸웠다. 1977년 진보적 성향의 최성묵 목사가 취임하면서 중부교회는 부산 민주화운동의 요람이 되었다. 경북 영일 출신의 최성묵 목사는 1972년 부산 YMCA 총무로 일하면서 본격적으로 민주화운동에 뛰어들었다. 그는 유신체제 아래 송기인 신부를 비롯한 진보적 종교인들과 힘을 합해 부산지역 재야운동의 큰 틀을 마련하였다. 그가 중부교회의 목사로 부임하면서 교회의 청년들에게 큰 영향을 미쳤고, 숱한 민주 청년들을 길러냈다. 1976년 중부교회 대학생 회지 필화사건, 1978년 부산대 4·19 선언문 살포사건 등이 모두 중부교회 청년들이 주동한 사건이었다.[153] 중부교회의 김형기를 중심으로 진보적 청년들이 뭉치고, 부산의 대표적 인권변호사였던 이흥록 변호사를 이사장으로 추대함으로써 양서협동조합이 탄생하였다.

'좋은 책을 읽자'라는 구호는 누구든지 흔히 외칠 수 있다. 하지만 당시에 책을 주제로 공동체를 만들고, 진보적인 사업으로 기획하는 것은 쉽지 않은 일이었다. 양서협동조합은 좋은 책을 보급하는 데서 한 걸음 더 나아가 민주세력을 결집하는 분명한 발자국을 남겼다. 혹독했던 유신 시절, 이런 시도는 매우 진보적이었거니와 파급효과도 컸다. 양서협동조합은 조합원에게 출자증권을 발행하였으며 보수동 중부교회 아래에 협동서점을 직접 열어 운영하였다. 조합원들은 각종 소그룹 활동을 통하여 활발히 교류하였다. 조합이 직영하는 협동서점 운영에 참여하기도 하였다. 양서협동조합은 부산의 민주주의 최전선에서 여기저기서 분주히 활동하던 민주 청년들을 네트워크로 연결하는 거점으로 기능했다. 부산양서협동조합에서 직간접적으로 영향을 받은 청년들이 부마항쟁에 적극적으로 뛰어든 것은 물론이다. 양서협동조합은 부마항쟁의 배후로 지목되어 강제 해산되었지만 여기서 성장한 조합원들은 부산 민주화운동의 각계로 뛰어들었다. 부산의 양서협동조합은 1980~1990년대 부산 민주화운동의 싹을 틔우게 한 밑거름과 같았다.

부산 민주화 투쟁의 동반자

2017년은 6월 민주항쟁이 일어난 지 30주년이 되는 해였다. 그해에 맞춰 개봉한 영화 「1987」은 뜨거웠던 30년 전 6월 항쟁의 기억을 소환시켰다. 박종철 열사의 고문치사사건에서 시작된 영화는 최루탄에 맞아 숨진 이한열 열사의 삶과 투쟁까지 재현하였다. 영화의 역사적 배경은 서울이지만 잘 살펴보면 부산이 로케이션 장소로 자주 등장한다. 영화의 도시답게 부산의

1982년 부산미문화원 방화사건

동래별장, 정란각, 구舊 한국은행 부산본부, 해운정사, 구舊 해사 고등학교 등이 나온다.[154] 영화에서 한 가지 아쉬운 점은 서울의 6월 투쟁만 집중적으로 보여줬다는 것이다. 실은 우리나라 현대 사도 그렇게 기술되고 있다. 하지만 지방에서의 6월 항쟁 수위가 결코 서울에 뒤지지 않았고, 부산의 경우는 전국의 투쟁을 견인할 때도 있었다. 이 점은 민주주의 투쟁사의 서술에서 꼭 개선되어야 할 대목이다.

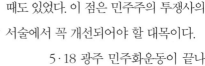

5·18 광주 민주화운동이 끝나고 2년이 안 되어 부산에서 예상치 못한 사건이 발생하였다. 1982년 3월 중구 대청로의 부산미문화원(지금의 부산근대역사관)에서 일어난 방화사건이다. 이 사건은 우리나라뿐만 아니라 세계를 놀라게 했다. 문부식, 김은숙 등 고신대 학생들은 부산미문화원을 점거하고 불을 냈다. 그들은 신군부 쿠데타를 방조하고 5·18 광주학살을 용인한 미국을 비판하였다. 이 사건은 미국을 영원한 우방으로 생각하던 사람들에게 큰 충격을 주었다. 평시 작전통제권을 갖고 있던 미국의 용인이 없이 신군부가 진압작전을 위해 광주로 군대를 보내는 것은 불가능하였다. 부산미문화원 방화사건으로 인해 미국의 본질에 대한 의문이 확산되었다. 콘크리트 같았던 한미

관계에도 균열이 생겨났다. 하지만 미문화원에서 공부하던 대학생 한 명이 사망함으로써 운동권의 투쟁방식에 대한 비판도 적지 않았다. 전두환 정권의 탄압도 거세져 부산의 민주화운동은 위축되었다.[155]

숨죽였던 부산의 민주화운동은 1984년 이후부터 활로를 찾기 시작했다. 1983년 말 부림사건 피해자들이 형집행정지로 풀려났다. 학원 자율화 조치가 내려져 민주화운동권에도 조금씩 훈풍이 불기 시작했다. 대학 운동권은 치열한 이념 논쟁을 통해 성장하면서도 아울러 분화되었다.[156] 민주화운동이 활발해짐에 따라 시국사건이 증가하였다. 이런 상황에서 부산에서 시국사건을 도맡았던 합동법률사무소가 생겨났다. 1982년 노무현과 문재인 변호사가 공동으로 만든 법률사무소다. 이 사무소는 부산지방법원 근처(지금의 동아대 부민캠퍼스 후문 인근)에 위치하여 부산·경남의 민주화운동을 지원하는 주요한 기지 역할을 했다.

한편, 1985년 송기인 신부의 제의로 '부산 민주시민협의회(부민협)'가 창설되었다. 부민협은 부산의 민주 인사들과 재야 조직을 망라한 단체로, 부산에서 최

한 건물에 입주했던 노무현, 문재인 변호사 등 변호사들의 간판이 걸린 모습

초로 결성된 대중적 정치조직이다. 부민협은 공개강좌와 시국강연회 등 대중적 활동을 펼치려고 했지만 경찰의 방해가 심하였다.[157] 이와 같은 전두환 정권의 탄압에도 불구하고 부민협은 부산 민주화운동의 구심체로서 기능하였다. 노무현과 문재인 변호사는 부민협 창설 시 대표 발기인으로 참석하였다. 나중에는 상임위원을 맡아 활동하였다.[158] 두 변호사는 민주화 투쟁의 동지로서, 재야운동권의 주요 인사로서 널리 알려졌다.

1980년대는 각종 시국사건이 증가한 때다. 노동과 인권 변론에 대한 수요도 함께 늘어났다. 당시 부산은 제2의 도시였음에도 변호사 수는 100여 명에 불과하였다. 전두환 정권과 맞설 수 있는 인권변호사는 몇 명 되지 않았다. 마산과 창원, 거제 등 경남 일원에서 노동조합과 산업재해 관련 소송도 숱하게 생겨났

故 박종철 열사

다. 이 시절 노무현, 문재인 합동법률사무소의 문을 두드리며 피해를 호소하는 사람들은 셀 수 없었다. 부산 민주화 광장에 뛰어든 그들은 앞으로 다가올 막중한 정치적 운명과도 피할 수 없게 되었다.

1987년 새해 벽두에 일어난 서울대 박종철 학생의 고문치사 사건은 전 국민을 분노하게 했다. 경찰 당국은 박종철이 남영동 대공분실에서 취조 중에 갑자기 '억' 하며 쓰러졌다는 궤변을 늘어놓았다. 전두환 정권의 고문치사사건의 은

폐 시도는 되레 전 국민을 항쟁의 도가니로 이끌었다. 박종철은 부산 아미동 출신으로, 이 사건을 접한 부산 사람들의 분노는 이루 말할 수가 없었다. 부민협을 비롯한 부산의 민주단체들은 잇달아 성명을 발표하였으며, 2월 7일 박종철 열사의 추도식을 준비하였다. 이날의 집회는 가두시위로 이어졌으며, 유월 항쟁의 기폭제가 되었다.

부산의 6월 민주항쟁: 2·7 집회에서 6·26 평화대행진까지

1987년 6월에는 전국적으로 수백만의 시민들이 참여한 민주항쟁이 일어났다. 6월 민주항쟁은 대통령 직선제를 수용한다는 노태우의 6·29 민주화선언을 끌어냈다. 그런데 6월 민주항쟁의 역사가 서울 중심으로 기술되는 것은 안타까운 일이다. 부산의 6월 민주항쟁은 서울이 소강 국면에 있을 때도 멈추지 않고 거의 한 달 동안 치열하게 전개되었다. 당시 6월 민주화 투쟁을 선도한 곳이 부산이라 해도 과언이 아니다.

문재인 변호사는 『변호사 김광일 평전』에서 부산 시민들이 6월 항쟁에서 선도적 역할을 하게 된 계기를 '2·7 집회'로 평가하였다. 추도집회 장소였던 중구 광복동의 대각사 주변은 부산시경에 의해 원천 봉쇄되었다. 집회 이전부터 수백 명을 연행하고, 민주인사들에겐 가택연금령을 내렸다. 시위 지도부는 대각사로의 진입이 어려워지자 추도식 장소를 부산극장 앞으로 바꾸었다. 부민협 회원들과 시위군중들이 모이자 경찰 병력이 이들을 포위하였다. 일촉즉발의 순간에 시민과 학생을 보호하자는 김광일 변호사의 제안으로 지도부는 연좌시위를 했다. 경찰이 최루탄을 난사하고 지도부를 연행하는 동안 다행히 시위대는 물

2·7 추도대회 시 최루탄이 터지는 장면. (사)부산민주항쟁기념사업회 제공.

러설 수 있는 시간을 벌었다.[159]

　　평화적 추도식에 대한 무력 진압은 되려 대규모 시위를 불러일으켰다. 이날 만여 명의 시위대가 시청 앞과 충무로에서 '독재 타도'와 '고문 추방'을 외쳤다.[160] 이날 김광일, 노무현, 문재인 변호사는 모두 경찰에 연행되었다. 공안 당국이 가장 골치 아픈 존재로 여겼던 노무현 변호사에겐 구속영장이 발부되었다. 현직 변호사가 집회를 주도했다고 영장을 청구하는 일은 전례가 없었다. 이런 검찰의 무리한 대응에 대해서 사법부는 냉랭한 태도를 취했다. 검찰의 공안부장이 영장 담당 판사들의 집을 전전하며 영장을 받아내려고 하였지만 결국 무산되었다.[161] 이 사건은 언론에 크게 보도되었고, 노무현 변호사의 명성을 널리 알리는 꼴이 되었다.

　　전두환 정권이 평화적 시위를 짓밟을수록 민주주의를 쟁취해야 시민들의 한다는 열망은 커져갔다. 그해 12월에는 제13대 대통령 선거가 예정되어 있었는데, 당시는 대통령 선거인단이 대통령을 뽑는 간선제였다. 점차 '고문 추방'의 구호는 '직선제 쟁취'로 변화되었다. 하지만 전두환은 시민들의 개헌 요구에 재를 뿌리는 특별 담화, 이른바 '4·13 호헌조치'를 발표하였다. 이 호헌조치는 그렇지 않아도 독재 정권을 심판해야 한다는 시민들의 마음에 불을 붙였다.

　　5월 18일, 천주교 정의구현 전국사제단이 박종철 열사의 고문치사사건이 은폐 조작되었다는 성명을 발표하였다. 독재 정권의 종말도 머지않아 보였다. 부산에서는 전국적으로 가장 빠르게 민주항쟁의 지도부가 구성되었다. 5월 20일 당감성당에서 '호헌반대 민주헌법 쟁취 범국민운동 부산본부(국민운동 부산본

호헌저지 및 민주개헌 4   1987. 6. 6

박종철군 고문살인 은폐 규탄 및
호헌철폐 부산시민대회

모입시다 / 대각사로 /

한 목소리 한 몸으로 민주화의 큰 물결을

일시 : 1987년 6월10일 (수) 오후6시
장소 : 대각사 (광복동 유나백화점옆)

6월10일 규탄대회에서는 이렇게 행동합시다

● 모든 시민들은 6시국기하기식때 애국가를 제창한 후 규탄대회 민주대열에 함께 합시다.
● 참여하는 모든 시민들은 태극기를 들고 고문추방과 호헌철폐를 외칩시다.
● 모든 시민들은 하얀 상의를 입고 나와 추모의 뜻을 새기고 민주화의 흰 물결을 이룹시다.
● 모든 차량들은 6시를 기해 고문은폐를 규탄하고 호헌철폐를 주장하는 경적을 울립시다.
● 모든 사찰·교회는 6시에 타종함으로서 현정권의 폭력성과 반민주적 호헌조치를 규탄합시다.
● 모든 근로자는 집회참석 방해를 위한 강제잔업을 거부하고 고문살인 은폐조작을 규탄
하고, 호헌철폐를 위한 부산시민대회에 참여합시다.

박종철 고문살인 은폐규탄
및 호헌철폐 부산시민대회 선전물(위)과
6월 18일 거대한 부산의 시위대 행렬(아래).
(사)부산민주항쟁기념사업회 제공.

부)'가 결성되었다. 공동대표로는 최성묵 목사 등이 추대되었고, 노무현, 문재인 변호사 등은 상임집행위원이 되었다. 이 가운데 노무현 변호사는 상임집행위원장을 맡아 실제로 국민운동 부산 본부를 이끌었다. 당시만 해도 변호사가 민주화 투쟁의 전면에 등장하는 일은 찾아보기 어려웠다. 부산 시민대회가 열린 6월 10일에는 경찰의 철통같은 봉쇄와 과잉진압에도 불구하고 시내 각처에서 저녁 늦게까지 시위가 계속되었다.

서울 명동성당에서의 농성을 끝낸 즈음에 바통을 이어받은 곳이 부산 중구 대청동에 있는 가톨릭센터다. 6월 16일 만여 명의 학생과 시민들은 대청동과 보수동 등에서 시위를 벌였다. 경찰과 대치하던 시위대는 물러서지 않았다. 일부는 가톨릭센터로 들어가 장기 농성을 이어갔다. 농성을 그만둔 22일까지 이곳은 6월 항쟁의 전국적 구심 역할을 하였다.[162]

잘 알려지지 않았지만, 부산에서도 6월 항쟁의 현장에서 산화한 젊은이가 있다. '고故 이태춘 열사'다. 동아대를 졸업하고 회사에 다니던 그는 6월 항쟁에 적극적으로 참여하였다. 서울에서 6월 항쟁이 소강 국면에 들어갔던 18일, 부산의 서면과 남포동 일대에서 엄청난 시위가 일어났다. 특히 서면 시위는 로터리에서 범내골까지 30여만 명의 시위대로 가득 찰 정도의 규모였다. 밤 10시경 촛불을 든 시위군중이 좌천동 고가도로를 통과하려고 할 때였다. 경찰이 고가도로에 빽빽이 들어찬 시위군중에게 최루탄을 난사하였다. 도로 위는 아수라장이 되었고, 온몸에 최루탄을 뒤집어쓴 이태춘이 그만 고가도로에서 떨어지고 말았다. 그는 병원으로 옮겨졌지만 회복되지 못하고 24일 사망하였다. 6월 26일에는 대청동에서 신부와 수녀들을 중심으로 한 평화대행진이 일어났다. 이날도 1만 5천여 명의 시민들이 평화대행진에 함께 참여하였다.

부산의 6월 항쟁은 일찍이 꾸려진 강고한 지도부를 기반으로 전국의 민주화운동을 모범적으로 선도했던 투쟁이었다. 그 지도부의 일원으로 활약한 노무현, 문재인 변호사는 6월 항쟁을 거치면서 민주화 투쟁의 역량을 쌓았다. 그뿐만 아니라 인적·조직적 기반을 구축할 수 있었다. 우리나라 민주주의 투쟁의 최전선에서 기폭제가 되었던 부산의 6월 항쟁은 부산 시민의 민주주의 정신을 고양한 학교이자 우리나라 대통령까지 잉태한 역사의자궁이었던 셈이다.

김영삼과 갈라선 노무현, 지역주의와의 투쟁

1987년 6월의 민주화 투쟁은 '대통령 직선제 쟁취'라는 성과를 민주진영에 안겨주었다. 하지만 그렇게 바라 마지않았던 군부독재의 종말은 오지 않았다. 김영삼과 김대중이 갈라져 각각 대통령 후보로 나오는 바람에 노태우 후보가 당선되었다.[163] 대통령 직선제를 쟁취하였음에도 후보 단일화를 이루지 못한 양김과 민주세력에게 역사는 매서운 회초리를 들었다. 김영삼과 김대중 후보의 분열은 민주진영을 갈팡질팡하게 했거니와 지역주의를 강화시켰다. 호남과 영남의 민심은 완전히 쪼개져 자기 지역 출신의 후보에 전폭적인 지지를 보냈다. 지역감정은 망국병이 되었다. 이 망국병은 민주주의 정신을 휩쓸어 갔으며, 그 어떤 정책과 공약도 배제시켰다.

1990년 2월, 민주화를 퇴행시킨 또 하나의 사건이 발생하였다. 이른바, 보수대연합으로 일컬어지는 '3당 합당'이다. 이것은 정말 어처구니없는 사건이었다. 여당인 민주정의당(노태우 총재), 제2야당인 통일민주당(김영삼 총재), 제3야당인 신민주공화당(김종필 총재)이 민자당(민주자유당)으로 합당한 것이다. 그때 나는 대학교 2학년을 앞두고 겨울방학을 보내고 있었다. 학회에서 한창 열띤 토론을 하며 민주주의에 대한 고민이 무르익어갈 무렵, 3당 합당 발표는 내겐 큰 충격이었다. 나는 민주화를 위해 힘썼던 김영삼이 노태우, 김종필과 함께 웃으며 합당을 선언하는 모습을 도저히 이해할 수 없었다. 이 보수대연합은 민주주의 최전선에서 김영삼과 함께 싸웠던 부산의 시민들을 혼란스럽게 하는 한편, 부산의 정치 지형을 과거로 퇴행시켰다.

제13대 대통령 선거의 결과 때문에 민주진영이 쓰라린 패배감에 젖어 있었던 1988년, 통일민주당 김영삼 총재의 영입 제안으로 노무현 변호사가 정치판에 뛰어들었다. 노무현은 양 김 분열 이후 김영삼을 비판하였음에도 부산에서 국회의원으로 활약하기 위해선 그의 제안을 무시할 수 없었다. 김영삼은 노무현에게 당선되기 수월한 지역구를 선택하라고 하였다. 하지만 노무현은 전두환 정권의 실세인 허삼수와 맞붙기 위하여 부산 동구를 골랐다. 그는 4월 총선에서 부산 동구의 국회의원으로 처음 당선되었다. 그는 국회의원이 되자마자 가을에 열린 5공 비리와 광주 민주화운동 청문회에서 일약 스타로 떠올랐다.[164]

노무현과 김영삼은 야권 통합을 두고 이따금 논쟁을 벌이기도 했지만 두 사람의 신뢰는 깨지지 않았다. 그러다 1990년 전격적으로 3당 합당이 발표되었다. 김영삼은 사전에 반대할 만한 정치인을 불러서 설득을 시도하였다. 그렇지만 노무현은 아예 접촉조차 하지 않았다. 사실 노무현에게 3당 합당을 설득하려는 시도는 무모한 짓일지 몰랐다. 노무현은 3당 합당으로 인해 기회주의가 판을 치게 되었다면서 김영삼을 강하게 비판하였다.[165] 그는 3당 합당이 호남을 고립시키고 영남을 보수화하는 결과를 가져왔으며, 지역감정을 되돌릴 수 없을 정도로 고착화했다고 지적하였다.[166]

그전에도 철새 정치인이 있었지만 야당의 대표 정치가가 여당의 최고위원이 되는 사례는 없었다. 3당 합당으로 인해 자기에게 유리하다면 어떤 당으로든 날아갈 수 있다는 기회주의가 판을 치게 되었다. 문재인의 시각도 노무현과 크게 다르지 않았다. 그 역시 3당 합당 이후 부산에서 고개를 드는 지역 이기주의를 강력히 비판하였다. 1992년 3월에 열렸던 제14대 총선을 앞두고 문재인은 「부산 시민에게 고함」에서 부산 시민이 지역 이기주의를 택하지 말고, 3당 합당과 김영삼의 변절을 심판해달라고 호소하였다.[167]

안타깝게도 노무현과 문재인의 호소는 부산 사람들에게 먹히지 않았다. 제14대 총선에서 민자당은 과반수를 얻지 못하였다. 하지만 3당 합당에 대한 국민의 시선이 곱지 않았음에도[168] 부산에서의 총선 결과는 전국적 경향과 사뭇 달랐다. 민자당이 15개 선거구에서 압승을 거두었고, 나머지 1개 선거구에서도 여당 성향의 후보가 당선되었다. 제14대 총선을 통해 부산의 정치 지형은 야도野都(야당 도시)에서 여도與都(여당 도시)로 확실히 바뀌었다. 당시 민주당 후보로 출마한 노무현은 김영삼이 만든 민자당의 벽을 넘지 못하고 낙선하였다.

김영삼과 갈라진 노무현은 쓰라린 패배를 맛보았다. 그는 지역주의의 최전선에서 계속 패배하면서도 오뚝이처럼 싸웠다. 1995년 부산시장 선거, 1996년 제15대 총선(종로구)에서 연이어 패배했던 그는 1998년 종로구 보궐선거에서 당선되었다. 그런데 제16대 총선에서 노무현은 쉬이 당선될 수 있는 종로구를 버리고 부산 강서구에 출마하였다. 부산을 다시 선택한 그의 목적은 지역감정을 타파하고 영호남을 통합하자는 것이었다. 이 선거에서 노무현은 큰 표차로 졌지만 '바보 노무현'이라는 명예로운(?) 별명을 얻었다. 당시 지역 이기주의의 최전선에서 싸운다는 것은 미련하고 바보 같은 짓이었다. 하지만 부산의 퇴행적 정치 지형을 되돌리기 위해선 누군가 꼭 나서야 할 일이었다. 스스로 '바보의 길'을 선택한 노무현은 선거에서 실패했어도 많은 시민의 공감을 얻었다. 그것은 곧 엄청난 변화의 바람으로 이어졌다.[169]

2부

근대의 부산

: 회색빛 관문도시의 탄생

3장

외세 열기로 가득한

개항의 도가니

1
근대 관문도시 부산

식민의 교두보, 개항장

근대의 바람은 부산의 초량왜관에서 불기 시작했다. 초량왜관은 근대가 꿈틀거린 진원지였다. 조선 정부는 일본과 호혜적 관계를 위하여 부산에 설치한 초량왜관이 화근이 될 줄은 몰랐다. 일본은 조선보다 20여 년 먼저 미국에 의해 항구를 열고 근대의 신문물을 받아들였다. 걸음마를 막 뗀 일본의 어설픈 근대가 조선의 공고한 전근대를 초토화시킬 줄 어느 누가 생각이나 했을까. 일본에게 무릎을 꿇은 조선은 일명 '강화도 조약'을 체결하고 부산의 초량왜관에 일본인 거류지를 설치하게 해줬다.

일본인 거류지는 근대의 씨앗이자 식민의 교두보였다. 거류지(조계지)는 제국주의가 침입의 교두보로 삼으려 설치한 것이다. 일본은 서양 제국으로부터 배운 바를 조선으로 넘어와 부산에 적용하였다. 부산의 일본인 거류지는 폭발적으로 증가하면서 조선으로 근대의 폭풍우를 몰고 왔다. 개항 당시 82명에 불과했던 거류지의 일본인들은 2년 후에는 1,500여 명으로 급증하였다. 코리안 드림을 꿈꾸며 거류지 땅을 밟은 일본인들은 실은 자국에 있을 때는 변변치 않은 사람들이 많았다. 이들은 차근차근 용두산 주변을 식민의 도시로 만들어갔다. 일본 건물을 세우고, 도로를 정비하고, 행정구역을 구획한 뒤 일본식 지명을 붙였다.

증기선을 타고 조선(부산)에 처음 도착한 서양인들은 용두산 주변의 거리를 보면서 '조선에 왜색 도시가 있다'고 놀랐다. 부산에 장기 체류한 서양인들은 부산을 '성벽으로 둘러싸인 구부산(부산진성 일대)', '일본인 거류지(용두산 일대)', '중국인 거류지(초량동 일대)'로 3개의 공간으로 구분하여 인식하였다. 제국에게 교두보를 내준 부산은 식민지 항구도시의 숙명처럼 여러 나라에 의하여 분할되고, 침범당하기 일쑤였다. 청일전쟁과 러일전쟁을 차례로 승리한 일본은 조선의 외교권을 빼앗았다. 일본에게 점령당한 부산은 점차 일본인 일색의 도시로 변화해갔다.

부산, 식민과 근대의 회색지대

식민과 근대는 하나의 씨앗에 배태된 모순이었다. 부산은 '역설의 씨앗'이 자라난 터전이었다. 역사에서 식민과 근대가 따로 떨어져 있었다면 좋으련만 이 역설의 씨앗은 둘을 단단히 결합한 채로 부산의 땅에 심겼다. 이 씨앗은 휘몰아치는 식민주의의 비바람을 맞으며 뿌리를 내리고 가지를 키웠다. 부산은 점차 근대와 식민이 함께 교배된 식물처럼 '회색지대'로 변모해갔다. 회색지대에는 '병주고 약주는 식'으로 근대의 숲이 조성되었다. 일례로, 근대의 부산에는 피병원과 매독병원이 최초로 설치된 동시에 성병과 콜레라가 유입되기도 했다.

일제에게 외교권을 강탈당한 1905년은 근대의 문이 활짝 열린 시기였다. 시모노세키에서 출발하여 부산에 입항하는 부관연락선이 뱃고동을 울리고, 서울과 부산을 잇는 경부선도 개설되었다. 부산은 일본과 조선을 잇는 교통도시로 공고히 자리를 잡는 동시에 식민과 근대를 조선으로 깊게 유입시키는 '관문도시'가 되었다. 대륙을 삼키려는 일제의 거대한 야욕을 상상이 아닌 현실로 가능하게 해준 것이 '부관연락선'이었고, '경부선'이었다.

근대의 교통수단은 시공간을 축소시켜 멀고도 먼 일본을 가깝게 만들었다. 조선에 오는 일본인뿐만 아니라 부관연락선을 타고 일본으로 도항하고자 하는 조선인들도 크게 늘었다. 부관연락선은 염상섭이 쓴 근대소설『만세전』에도 등장한다. 부관연락선을 타고 부산에 도착한 주인공 이인화는 '부산을 조선의 축소판'이라 말하였다. 덧붙여, '부산의 팔자가 조선의 팔자요, 조선의 팔자가 곧 부산의 팔자'라고 하였다. 그렇다. '부산의 운명은 곧 조선의 운명'을 상징할 정도로 부산은 그야말로 조선을 집약시킨 축소판이었다.

일제는 부산의 지도를 완전히 바꾸었다. 부산은 산과 바다로 둘러싸여 평야가 적은 지형이다. 일제는 시가지를 구축하기 위해서 토목공사를 통해 엄청난 매축을 진행하였다. '새마당'이라 부르는 지금의 중앙동을 탄생시킨 이후로 초량동, 범일동, 우암동 등지로 매축지대가 확대되었다. 인공의 땅 위에 공공건물과 기업이 들어섰고, 부두시설이 연결되었다. 전에 없던 큰 공장들이 설립되기도 하였다. 지형의 변화는 행정구역의 개편으로 이어졌다. 매축지대 위로 행정구역을 확장한 부산부는 점차 동래부를 야금야금 삼켜갔다. 결국 조선의 동래는 근대의 부산에 편입되고 말았다. 행정도시로서 위상을 잃은 동래는 일제의 근대 온천장 개발에 따라서 유흥장으로 추락하였다. 동래부사가 호령했던 성곽도시는 사라지고, 근대의 전차가 끊임없이 동래로 욕객들을 수송했다. 온천장 여관에는 기생들의 장구와 샤미센 소리가 끊이질 않았다.

일제에 투쟁하는 부산 사람들

근대 부산에서 일본인들의 형편은 나아진 반면, 조선인들의 살림살이는 되레 악화되었다. 근대 도시의 형성 과정에서 조선인들은 오래된 터전을 잃고 쫓겨났다. 그 땅을 대거 독식한 일본인 지주들은 감히 쳐다보기 어려운 공룡이었다. 오갈 데 없는 조선인들이 향한 곳은 도심 인근의 산이었다. 조선인들은 지금의 영주동, 수정동 산비탈로 올라가 땅을 파 토막집을 짓고 빈민으로 근근이 살아갔다. 유일하게 먹고 살 수 있는 길은 부산부두로 가는 것이었다. 부두에서 하루 종일 뼈 빠지게 등짐을 지고 날라 쥐꼬리보다 못한 품삯을 받는 것으로 만족해야 했다.

일제의 강력한 식민지 정책에 부산 사람들은 울분을 터뜨렸다. 부산에서 항일투쟁이 본격적으로 분출한 때는 1919년 3월 11일이요, 처음으로 일어난 장소는 좌천동 일대였다. 일신여학교 교사와 학생들의 선도투쟁을 기화로 동래, 구포, 기장, 좌천 등에서 독립만세운동이 들불처럼 일어났다. 비교적 이른 시기에 만세운동이 전파될 수 있었던 이유는 경부선을 통해서 서울과 인적 교류가 활발히 진행되었기 때문이다. 일제가 부설한 경부선에 뜨겁게 쿵쾅거리는 독립선언서를 품은 운동가들이 탑승했다. 실로 근대사의 아이러니라 할 만하다. 부산의 도심은 일제의 감시와 통제가 심했거니와 일본인들이 많아 독립만세운동을 엄두조차 내지 못했던 곳이다. 그런 일제의 심장부(부산경찰서)를 향해 박재혁 열사가 과감하게 폭탄을 던졌다. 26살의 꽃다웠던 그는 일제에 의한 사형조차 받아들일 수 없다며 스스로 단식하여 목숨을 끊었다.

선구자들의 독립운동을 보며 각성한 부산 사람들은 여러 갈래로 항일투쟁에 나섰다. 부산부두 노동자들의 단결투쟁은 일제의 간담을 서늘하게 하였다. 쥐꼬리 월급조차 삭감하는 하역회사에 맞서 노동자들이 파업투쟁으로 대항했다. 부산항의 물류가 멈춰 섰다. 부산부두 파업투쟁은 부산 노동자들을 단결시키는 계기가 되었다. 전국의 노동운동에도 큰 영향을 미친 사건이었다. 이후로도 인쇄 노동자 파업, 고무 노동자 파업, 조방 노동자 파업투쟁 등 부산 사람들은 일제와 자본가에 기죽지 않고, 단결투쟁을 벌여 나갔다. 엄혹했던 군국주의 말기에도 부산 학생들은 청년의 기개를 보여줬다. '국방경기대회'라는 이름의 해괴한 전쟁 연습 대회에서 편파적인 판정을 일삼는 일본인에게 부산 학생들은 집단 시위로 맞섰다. 이렇게 부산은 일제가 건설한 식민과 근대의 회색도시였던 반면 일제에 맞선 부산 사람들의 항일운동이 끊이지 않았던 '뜨거운 투쟁의 도가니'였다.

2
조선을 삼킨 근대

　1842년 8월, 아편전쟁에 패한 중국은 영국에 홍콩을 넘겨주고 상해를 비롯한 5개 항구를 영국에 개항하는 난징조약南京條約을 체결하였다. 일본은 중국보다 10여 년 늦게 개항하였다. 미국의 페리 제독이 군함을 몰고 와 함포 외교를 전개하자 일본 정부는 별 대응도 하지 못하였다. 일본은 미국과 1854년 3월 가나가와 조약神奈川 條約에 조인하였다. 조선은 1876년 2월에 일본과 일명 '강화도 조약(조일수호조규 또는 병자수호조약)'을 체결하였다. 일본보다 20여 년, 중국보다 30여 년 뒤처진 셈이다. 혹자는 고작 20여 년 먼저 개항한 일본에 조선이 개항의 문을 열어줬다고 하지만 20여 년의 시차는 조선의 시계열상으로 설명될 일은 아니다. 현대의 10년과 근대의 10년이 다르듯이, 일본 근대의 20년과 조선 전근대의 20년에는 큰 차이가 있다. 서양의 축적된 근대를 적극적으로 수용한 일본은 근대화 20여 년 동안 조선의 200여 년에 해당하는 자본주의의 발전을 이루었다.
　우리는 일본이 1875년 9월에 군함 운요호雲揚號를 몰고

와 강화해협에 침범하여 초지진草芝鎭과 영종진永宗鎭에서 전투를 일으킨 뒤에 강제로 강화도 조약을 체결한 것으로 배웠다. 그래서인지 근대 개항의 역사적 배경을 강화도로 생각하지만 실제로 강화도 조약은 부산에서 벌어진 조일朝日 간 치열한 외교 전쟁의 결과였다. 오래전부터 이미 부산과 대마도에는 다가올 전운戰雲이 맹렬히 감돌고 있었다.

부산은 최전선에서 개항을 마주한 도시였다. 강화도 조약의 주요 쟁점은 부산, 인천, 원산 등 3개 항을 개항하는 것이었다. 개항 이후로 외교권을 강탈당한 1905년까지는 우리나라 역사에서 가장 긴박하고 혼란스러운 시기였을 것이다. 강화도 조약을 체결한 이후로 중국, 서양과 연이은 조약을 맺게 되면서 외국인들과 함께 제국의 문물이 들어오고 새로운 제도가 만들어졌다. 이 격동과 혼란의 시기에서 부산을 빼놓고 대한제국 정부가 있던 서울의 역사만을 논하는 것은 맹인모상盲人摸像(장님 코끼리 만지기)과 같은 꼴이다.

조선으로 개항의 파도가 밀려온 것은 일본의 개항 탓이었다. 미국에 개항한 뒤 막부정권은 점차 힘을 잃고 통치권을 천황에게 넘겨주고 말았다. 왕정복고로 탄생한 메이지 정부는 서양의 자본주의를 부단히 받아들이는 한편, 자신의 달라진 위상을 서구 열강과 주변 국가에도 알리고자 하였다. 서구 열강들은 일본의 왕정복고를 수용하였지만 문제는 조선이었다. 교린 체제를 기반으로 일본과 외교를 해왔던 조선은 갑자기 달라진 외교 방식을 수용할 수 없었다. 예컨대, 1868년 12월 일본이 조선에 보내온 서계書契(문서)는 종래 대마도에 준 도서圖書를 사용하지 않았다.[1] 일본 스스로 황실이라고 칭하는 등 과거의 외교 관례를

전면적으로 부정하는 것이었다. 대원군의 강력한 대일정책에 힘입은 동래부가 이런 서계를 받아주지 않고 거부한 것은 당연한 일이었다.

　　일본은 새로운 외교관계의 모색이 번번이 실패하자 전통적으로 해왔던 일종의 떼쓰기 작전인 불법적 난출闌出을 감행하였다.[2] 대마도의 대조선 외교 업무를 외무성으로 이관시키고, 왜관에 있던 대마도 관리와 상인들을 귀국시켰다. 이러한 왜관에서의 철수는 다른 방식으로 왜관을 접수하기 위한 사전 작업이었다. 왜관에 대한 메이지 정부의 본격적 실력 행사는 1872년 9월부터 시작되었다. 왜관 접수를 명받은 하나부사 요시토모 외무대승을 비롯한 여러 관리들은 군함 가수카마루春日丸와 기선 유코마루有功丸를 거느리고 부산에 도착하였다. 그들은 마음대로

왜관을 접수한 뒤 외무성 직할의 '대일본국공관'으로 개칭하였다. 조선은 역관을 왜관에 보내 사신을 맞지 않고 숯도 제공하지 않는 등 접대의 관례를 취하지 않는 방식으로 일본에 대항하였다.

　　서구의 근대 문물로 무장한 일본이 수백 년 지속해왔던 조선과의 교린 관계를 버리고, 근대적 외교 관계를 쉬이 구축할 수 있다고 생각한 것은 오판이었다. 조선은 여전히 전통적인 교린 관계 속에서 대조선 외교권을 위임받은 대마도와 외교를 지속할 생각이었다. 하여, 일본의 '어설픈 근대'와 조선의 '공고한 전근대'가 서로 부딪쳤다. 하지만 곧 일본의 근대는 조선의 전근대를 삼키고 말았다. 대원군의 정치적 실각과 고종의 친정이 그 계기였다. 흔들리는 조선의 정세를 교묘히 이용하고자 했던 일본은 1875년 5월에 부산에 운요호를 보내 무력시위에 나섰다.

1884년경 용두산 아래의 일본 영사관

그리고 같은 해 9월에는 이 운요호를 강화해협으로 이동시켜 의
도적으로 전투를 일으켰다. 조선의 군대는 근대식 대포와 소총
앞에 속절없이 무너지고 말았다. 400여 명의 조선 수비대가 기껏
수십 명의 일본 군사들에게 무릎을 꿇었다. 이것은 근대의 군사
력 앞에서 전근대가 얼마나 무기력하게 당하는지를 보여준 사건
이었다.

　　　운요호 사건에 놀란 조선은 어쩔 수 없이 일본이 요구하
는 협상 테이블에 나섰다. 조선은 전근대의 교린 관계를 벗어나
낯선 외교의 장에서 일본이 제시한 근대의 조문과 씨름하게 되
었다. 잘 알려진 대로 이 협상 테이블에서 맺어진 강화도 조약(조
일수호조규)은 조선이 외국과 체결한 최초의 근대 조약으로서 이
를 통해 부산을 비롯한 3개의 항구를 열게 되었다. 지금까지 강
화도 조약은 타율적이고 불평등하게 체결된 조약으로 규정되어

왔다. 최근에는 조약의 체결 과정에서 조선이 적극적으로 대응하여 조문을 수정하였음을 강조하는 경향이 있다. 그러나 당시 열강들의 제국주의적 침략 과정에서 약소국들과의 근대 조약이 체결되었으며, 조문에서도 분명 주권 침해적 요소가 있음을 부인할 수 없다. 평등한 조약이라면 조선 내에서의 일본의 권리 외에도 일본 내에서의 조선의 권리가 동등하게 명시되어야 한다. 강화도 조약에는 그런 조항이 전혀 없다. 아울러 조선이 개항과 근대화를 적극적으로 받아들일 수 있는 준비가 되어 있지 않은 상황에서, 무력적인 도발로 인하여 협상 테이블에 끌려나갔던 사실을 잊어서는 안 될 것이다.

부산을 개항시킨 강화도 조약

1876년 음력 2월 2일(양력 2월 26일)에 체결된 강화도 조약(조일수호조규)은 총 12개의 조항으로 이루어졌다. 이 조약은 향후 조선이 일본에 문호를 개방할 뿐만 아니라 연이어 서구 열강에게 빗장을 푸는 법이 되었다. 12개의 조항이 모두 중요하겠지만 개항의 구체적인 조치를 가져온 조항은 제4관과 5관이다. 제4관은 전근대 교린 관계 속에서 탄생한 초량왜관에 근대적인 개항장을 조성한다는 내용이다. 이것은 '세견선歲遣船'으로 상징되었던 전근대의 폐쇄적 무역 관계는 철폐되고, 개항장에서 일본인이 자유롭게 무역을 할 수 있는 기반이 되었다. 일본인은 개항장에서 토지를 임대하고 건물을 지을 수 있거니와 조선인의 가옥을 임차할 수 있다는 내용도 포함되었다(제5관은 부산의 초량항처럼 나머지 2개 항구를 20개월 후에 개방한다는 것이다). 한편, 제8관과 9관은 일본인의 관리 파견과 상인들의 자유무역과 관련된 것이다. 즉, 제8관은 일본인 관원을 개항장에 상시 거주시키겠다는 것이고, 제9관은 개항장에서 자유무역에 양국 관리가 관여하지 않는다는 것이다. 국가의 관리와 통제하에 이뤄졌던 전근대의 폐쇄적 무역체계를 근대의 개방적 무역체계로 전환하겠다는 것으로, 이는 일본 상인들의 자유로운 통상을 보장하겠다는 목적이었다.

　　강화도 조약은 개항을 위한 기본 지침서에 해당한다. 이 조약은 일본인이 개항장에서 거주할 수 있는 구체적인 여건을 마련하기 위해서는 부족한 점이 많았기에 이를 보완하는 부록과 세칙들이 정비되어야 했다. 같은 해 음력 7월 6일(양력 8월 24일)에 11관으로 구성된 조일수호조규부록이 조인되었다. 조일수호조규부록의 제3관은 초량왜관의 경계가 되었던 수문守門과 설문設門을 철폐하고 새로운 경계에 표식을 설립한다는 조항이다. 이

1880년대 후반 지금의 신창동 일대 풍경(초량왜관 건물이 잔존한 모습)

조항을 통해 초량왜관의 철폐, 즉 전근대적 외교 공간의 폐쇄를
공식적으로 인정받았다.

거류지의 공간적 범위보다 더 민감한 사항은 경계를 넘
어 '일본인이 어디까지 통행할 수 있느냐'의 문제였다. 이를 흔히
간행이정間行里程이라 한다. 이를 두고 양국은 치열한 싸움을 벌
였다. 결국 조선의 입장이 수용되어 제4관에서는 동서남북으로
직경 10리까지로 정하였다. 하지만 조선과 일본의 해석은 각각
이었다. 조선은 도로상 거리로 이해하였으나 일본은 직선거리로
생각하였다. 도로상 10리면 영가대까지 통행할 수 있었지만, 직
선거리 10리라면 부산진성 장대까지로서 양국의 풀이에는 3~4
리의 차이가 있었다.[3] 하지만 간행이정은 일본인의 활동 범위
와 직결된 것으로서 일본이 도저히 양보할 수 없는 규정이었다.

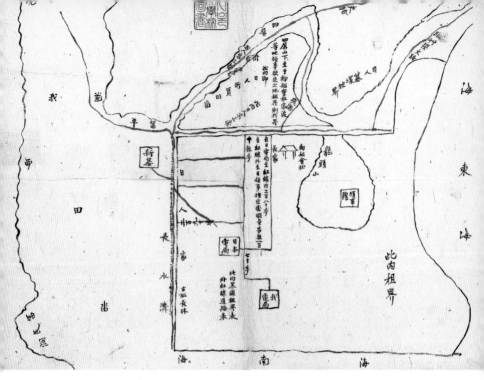

부산항 조계 경계도(1896). 서울대학교 규장각한국학연구원/중앙도서관 제공.

1883년에는 간행이정이 50리, 1884년에는 100리로 늘어났다. 종국에는 일본의 입장이 관철된 셈이었다. 조일수호조규부록에서 일본인이 개항장에서 조선인을 고용하여 일을 시킬 수 있다는 제5관, 일본인이 사망하는 경우를 대비하여 조선 땅에 매장할 수 있다는 제6관도 눈여겨볼 만한 조항이다. 제5관으로 인해 일본인 조계지에서 값싼 임금으로 조선인을 노비처럼 부릴 수 있는 근거가 되었다. 초량왜관 시절부터 갑자기 죽은 일본인들의 묘를 일부 조성했었는데, 제6관으로 인해 본격적으로 복병산에 일본인 공동묘지가 들어서게 되었다. 이 조항으로 인해 부산은 일본인의 '삶의 터전'뿐만 아니라 '죽음의 공간'이 되었는데, 이는 일본이 부산을 일본인의 삶과 죽음이 모두 뿌리내린 일본의 한 도시로 조성하려 했다는 의지로 볼 수 있겠다.

_____ 3
'부산항 그림지도'의 거류지

2009년 부산근대역사관에서 '사보담의 100년의 약속'이
라는 특별전이 개최되었다. 당시 나는 부산근대역사관에서 근무
하고 있었다. 이 특별전은 다른 전시와 달리 뭔가 특별한 울림이
있었던 것으로 기억한다. 사보담謝普淡은 개항기 부산과 대구에
서 활동한 선교사 리처드 사이드보텀Richard Sidebotham(1874~1908)
의 한국식 이름이다. 사보담은 미국 북장로교 선교부의 지시로
1899년에 부인인 에피 여사와 함께 한국에 와서 1907년까지 부
산과 대구 등에서 선교 활동을 하였다. 그는 1907년 안식년을 맞
이하여 귀국하다가 안타깝게도 가솔린 폭발사건으로 인해 목숨
을 잃었다. 애타게 그를 기다리는 부산의 신도들에게 '돌아오겠
다'는 약속을 끝내 지키지 못했다.

그로부터 100년이 지난 뒤 사보담의 외손녀인 사라 커
티 그린필드 박사가 커다란 가방에 사보담의 유물을 담아 와서
부산박물관에 기증했다. 그녀는 1983년에 부산에 와서 부관훼리
호에 승선하려다가 국제여객터미널에 전시된 부산항 사진들을

200

사보담과 조사 고학윤. 부산박물관 제공.

보고, 이 사진들이 외조부의 유품 속에 포함된 사진들과 비슷하다는 것을 알게 되었다. 이를 계기로 그녀는 부산에 유품을 기증하게 된 것이다. 비록 사보담은 안식년을 끝내고 돌아오겠다는 약속을 지키지 못했으나 외손녀의 품에 안겨 유품으로 100년 만에 부산으로 돌아오게 되었다. 한 세기가 지나서야 약속을 지킨 셈이다. 이런 애틋한 사연이 울림이 되어 '사보담의 100년의 약속' 특별전은 큰 주목을 받았다.[4]

나는 개항기 열강들의 함대와 함께 약소국에 온 선교사들이 제국주의 이데올로기 전파자로서 활동했던 사실을 무시할 수 없었다. 그래서 처음에는 사보담의 유물에 거리감이 있었던 것이 사실이다. 하지만 때묻은 버선, 미투리, 색동저고리, 얼룩진 태극기, 손으로 그린 지도 등 정감 어린 유품을 보면 볼수록 낯설던 마음이 누그러졌다. 특히 에피 여사가 그린 것으로 추정되는 '부산항 그림지도'는 이방인들이 부산을 공간적으로 어떻게 구분했는지를 보여주는 좋은 사료였다. '부산항 그림지도'에는 둥그런 바다를 중심으로 중요한 장소들이 간략히 그려져 있고, 아래에는 범례를 표기했다. 재밌는 점은 공식적인 지도가 아니므로 자신과 친한 외국인 선교사들의 집, 예컨대 '호주 여성 선교사의 집House where Australian Ladies live', '아담슨의 집Adamson's house', '어빈의 집Irvin's house', '로스의 집Rose's house' 등을 그림과 범례로 표시를 했다는 점이다. 이렇게 개항기에 외국인의 시각으로 독특한 지도를 만들었다는 사실만으로도 역사적 가치가 있었다.

부산항 그림지도 뒷면에는 당시 부산의 공간에 대한 중요한 설명이 다음과 같이 적혀 있다.[5]

"3개의 부산이 있다. ― 성벽으로 둘러싸인 구舊 부산, 중국인 거류지, 그리고 일본인 거류지. 외국 배들이 이르는 곳은 일본인 거류지다. 이곳 거류지는 어빈 박사 집에서 약 1마일 정도 떨어져 있다. 일본인 마을은 한국인 마을과 비교했을 때 매우 쾌적해 보인다. 중국

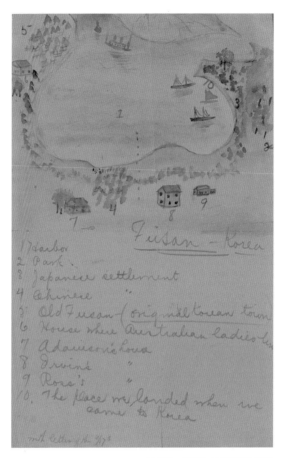

부산항 그림지도. 부산박물관 제공.

인 마을 역시 그러하다. 부산의 일본인 거리는 넓고 깨끗하며(거짓말이 아니라), 건물들은 깔끔하다. 일본인들은 며칠 전 전염병 병원균을 없애기 위해서 가게들을 청소했다. 얼마나 먼지를 털고 청소를 하던지!……"

그렇다. 개항기 이방인의 눈에 부산은 하나가 아니라

3개의 공간으로 보였다. 성벽으로 둘러싸인 구 부산Old Fusan -
original Korean town과 중국인 거류지Chinese settlement 그리고 일본인
거류지Japanese settlement로 인식되었다. '성벽으로 둘러싸인 구 부
산'은 부산진성 일대(현재의 범일동)를 일컫는다. 조선을 상징했던
부산진성은 '오래된 부산'이 되었다. 지금의 부산역전 초량동은
'중국인 거류지'로, 용두산 주변은
'일본인 거류지'로 변모하였다. 에
피 여사의 설명대로라면 일본인 거
류지는 한국인 마을에 비해서 쾌적
했다. 새로 지은 깔끔한 건물로 채워
진 근대식 거리였다.

　　　열강들은 아시아 국가들
을 침략하는 과정에서 자국민들이
장기간 거주할 수 있는 공간을 확
보하고자 하였다. 이를 거류지 또
는 조계지라고 한다. 식민지 경영
을 위해서는 이런 교두보의 확보
가 필수적이었다. '거류지'는 일본
에서 사용한 개념으로 중국은 '조계
지'라고 일컬었다. 우리나라는 조계
지와 거류지를 혼용하였지만 일본
에 식민지화되면서 거류지란 용어
를 더 많이 사용하였다. 이 거류지
(조계지)를 영문으로는 'concession'
과 'settlement'라고 쓴다. 에피 여사

가 일본인 거류지를 settlement로 기술하였듯이 당시 서양인들이
두 개념을 정확히 구분하여 쓴 것은 아니다.[6]

부산항 그림지도에 표기된 중국인 거류지는 1884년에
초량동에 조성되었다. 청국 조계가 설정된 것은 일본 거류지에

구한말 초량동 해안가 풍경

서의 청일 간 마찰 때문이었다. 일본 고베에 거주하는 한 청국 상인黃曜東이 일본인 거류지에서 덕흥호德興號라는 지점을 개점하려다 일본영사관으로부터 방해를 받았다. 그러자 이 사건의 진상 파악을 위해 청나라의 조사가 시행되었다. 이후 청국영사관이 지어졌고, 초량동 해변에 청나라 조계지가 설정된 것이다.[7] 이런 연유로 초량동은 부산의 중국인 밀집 지역이 되었다. 지금까지 차이나타운 특구가 조성되고 화교학교가 운영되고 있다.

절영도(지금의 영도)에는 여러 나라의 공동 조계지가 설정되었으나 현실화하지 못하였다.[8] 일찍이 절영도의 지리적 중요성을 간파한 일본은 해군용 저탄 창고를 지으려 하였다. 이에 맞서 러시아는 절영도에 해군기지를 설정하려고 하였다. 일본과 러시아가 첨예하게 맞서자 미국, 영국, 프랑스, 독일 등까지 나섰다. 6개국이 절영도의 각국조계안各國租界安에 합의하였지만 절영도에 거주하려는 서양인들이 별로 없었다. 일본인들이 이미 절영도에 많은 토지를 매입한 탓에 인천의 사례처럼 각국 조계지는 실현되지 못하였다.

4

'포산항견취도'에 나타난 변화상

부산 역사에서 초량왜관이 차지하는 위상에 대해서는 두말할 필요가 없다. 초량왜관에 대한 기록 자료는 풍부한 편이다(초량왜관에 대해선 3부 참조). 하지만 막상 현지를 답사하면 눈에 보이는 유적은 거의 없다. 초량왜관을 답사한 이라면 마치 역사의 신기루처럼 느껴질 것이다. 초량왜관의 옛 건물들이 갑자기 사라진 까닭은 근현대의 도시화 과정에서 철거되었기 때문이 아니다. 그것은 전근대의 교린 관계를 완전히 부정하고자 했던 일본이 초량왜관을 일본인 거류지로 변모시키면서 옛 건물들을 허물고 근대식 건물들로 바꿔나갔기 때문이었다.

조일수호조규와 조일수호조규부록의 궁극적인 목적은 개항장을 설치하고 그 안에 일본인 거류지를 두는 것이었다. 1877년 1월 동래부사 홍우창洪祐昌과 곤도 마사키近藤眞鋤가 조인한 '부산구조계조약釜山口租界條約'은 일본인 거류지를 조성하기 위한 조약이었다. 부산구조계조약은 일본이 조선으로부터 연간 50원을 주고 거류지를 임차하는 조약으로써 '부산항거류지차입

조약釜山港居留地借入條約'이라고도 하였다. 이 조약을 보면 초량왜관 건물들이 철거되었던 배경을 대략 유추할 수 있다.

이 조약에서는 재판가를 제외한 조선 정부 소속의 '개시대청과 관수가'와 일본 정부 소속의 '개선소改船所와 창고' 등 6채를 상호 교환한다고 하였다. 초량왜관을 조영하는 과정에서 조선은 서관의 3대청과 동관의 3대청(관수가, 대판가, 개시대청) 등을 지었고, 일본은 동관에서 자신들이 생활하는 건물을 지었다. 일본은 거류지를 조성하면서 초량왜관의 건물들을 불필요하게 여겨 제거하고자 했다. 그런데 조선 정부가 지은 건물들이 걸림돌이 된 것이다. 일본은 조약 체결 전에 서관의 8동을 매수하였거니와 부산구조계조약을 통해서 조선 정부 소유의 건물을 자신의 것으로 전환하였다.[9] 이렇게 되자 일본은 초량왜관을 거류지로 맘껏 변환시킬 수 있게 되었다.

부산구조계조약의 조문은 허술한 게 많아 보인다. 특히 상호 교환하는 건물들을 제외하고 나머지 건물들에 대해서는 이렇다 할 규정을 두지 않고 있다. 초량왜관의 조영과 수리를 위해 큰 비용을 투자하였음에도 이에 대한 적절한 조치를 못한 점은 조선 정부의 잘못이 아닐 수 없다. 더욱이 거류지 땅의 도로와 개천 등에 대한 관리권을 일본에 넘겨준 것은 조선 정부의 큰 패착이었다. 이로써 일본은 초량왜관을 완전히 철거하고 거류지를 조성할 수 있는 권한을 확보하였다. 반면, 수백 년 지속한 교린 관계의 증거들은 완전히 사라질 운명에 처했다.

일본인 거류지로 바뀐 직후부터 부산항에는 일본인 인구가 급증하였다. 개항 당시 82명에 불과했던 일본인 거주자가 2년 후에는 1,500여 명으로 증가하였다. 개항 5년 만에 부산항

이 일본인 거리로 완전히 변모하였다는 사실은 1881년에 제작된 '포산항견취도浦山港見取圖'에서 확인해 볼 수 있다. 이 지도는 이름을 알 수 없는 일본인이 그렸다. '포산항'은 '부산항'을 가리키는 것이며, '견취도'는 일정한 장소에서 눈에 보이는 대로 그린 실경實景을 뜻한다.[10] 부산근대역사관에는 '포산항견취도'의 복제본이 걸려 있는데, 비록 복제본이지만 나는 개항기 일본인 거류지로의 변천을 설명해주는 자료로 자주 이용하곤 했다.

포산항견취도에서 부산 바다를 장악하고 있는 것은 일본 군함들이다. 일본기를 꽂은 기선들이 부산항 주변을 항해하고 있다. 그림의 상단에는 적기(우암동), 오륙도, 절영도, 몰운대가 그려졌다. 부산의 바다는 마치 낙타의 혹을 뒤집은 모양처럼 묘사되었다. 중앙에는 용두산中山을 배치하고, 지금은 복개된 하천 櫻川 한줄기가 용두산을 둥그렇게 감싸면서 용미산을 지나 바다로 흘러가고 있다. 일본인 거류지는 초량왜관 시절의 동관과 서관이 아닌 일본의 행정구역명을 쓰고 있다. 이를테면 동관 지역은 '본정本町, 행정幸町, 변천정辨天町, 입강정入江町' 등으로, 서관 지역은 '서정西町, 서산하정西山下町'으로 표시하였다. 또 건물 위에 일일이 명칭을 표시하였는데, 전부 일본인의 이름이거나 일본 회사명이다. 이런 상가와 집들이 196동에 달하였다.

초량왜관 시절 관수가 자리에는 근대건축물이 세워졌다. 휘날리는 일본 깃발 위에는 '대일본관'이 적혀 있다. 1879년에 세워진 이 근대건축물은 우리나라 최초의 양식洋式 건물이다.[11] 이것은 '일본 관리관청'에서 '영사관'으로, 다시 '이사청'으로 변경되었다. 이후에는 부산의 최고 행정기관인 '부산부청'이 되었다. 식민지 시절 용미산을 허물고 그 자리에 부산부청을 세

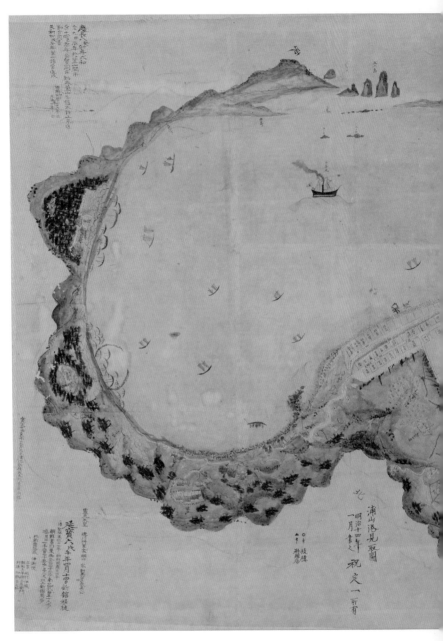

포산항견취도(1881년)

우기 전까지 이 일대는 부산을 상징하는 장소였다. 대일본관 주위에는 병원, 우체국, 경찰서, 은행, 학교 등 공공건물과 근대 시설이 들어섰다. 부산의 근대화는 일본이 식민지 조선을 경영하는 과정에서 이뤄졌다. 포산항견취도는 일본인 거류지에서 최초로 근대 문물의 씨앗이 뿌려졌음을 보여주고 있다.

용두산 아래에 있는 병원은 '제생병원濟生醫院'이다. 제생병원은 변천을 거듭하면서 현재의 부산대 병원과 부산의료원으로 분화되었다. 1885년에 설립된 광혜원을 우리나라 최초의 근대 병원으로 잘못 알고 있는 이들이 많다. 실은 일본이 해군 군의관을 파견하여 세운 제생병원이 최초의 근대 병원이다. 이 병원에서 지석영池錫永이 종두법을 배웠다. 한편, 서정에는 매독병원梅毒病院이, 절영도에는 피병원避病院이 위치하였다. 매독병원은 성병을 치료하기 위한 곳이며, 피병원은 콜레라 환자를 수용하

용두산 아래의 부산부립병원 초창기 모습

기 위한 병원이다. 반갑지 않은 이런 전염병들은 서구 열강들의 침입 과정에서 함께 들어온 질환이다. 이렇게 근대 문물의 유입은 병 주고 약 주는 식이었다.

용두산 남쪽 해안가南濱에 소재한 건물들에 빨간색으로 동그라미를 친 곳들이 있다. 여기는 요릿집과 기생집들이다. 포산항견취도에서는 이런 요릿집과 기생집妓樓들이 15개소(요릿집 6곳, 기생집 9곳)나 보인다. 거류지에서는 일본인이 많아지면서 회식과 접대문화에 대한 수요가 늘었다. 이곳에선 조선인과 서양인의 만남도 이뤄졌으므로 필연적으로 유흥음식점이 증가하게 되었다.

5
해관과 감리서

개항장에 외세의 파고가 밀어닥치고 있을 때 조선 정부는 어떻게 대응하였을까? 개항은 외국인에게 항구를 개방하는 것이다. 이에 따라 외국 선박이 입출항하고, 외국과의 무역이 늘어나게 된다. 조선 정부는 이를 감독하고 통제할 수 있는 기관을 세워야 했다. 1883년 조선 정부는 부산, 인천, 원산 등 개항장에 세운 감리서監理署와 해관海關(지금의 세관)을 설치했다.

그런데 개항을 한 때는 1876년인데 왜 해관은 1883년에 세워졌을까? 이 시차에는 복잡한 배경이 있다. 그중 하나는 강화도 조약의 체결 시 관세 조항을 포함하지 못했기 때문이다. 관세가 없다는 건 곧 수입품을 통제할 장치를 잃었음을 의미한다.[12] 이 실책을 깨달은 조선 정부는 2년 뒤인 1878년 3월에서야 뒤늦게 출입 화물을 통제하고 관세를 부과하는 '해관'을 부산 두모포에 임시로 설치하였다. 하지만 협약 조인이 이미 끝난 뒤였으므로 일본인에게는 직접 관세를 매기지 못하고, 상품을 수입하는 조선인에게 관세를 징수하였다. 이조차도 일본은 인정하지 않고, 무력시위를 감행하였다. 일본에 두 손을 든 조선은 관세 중지를 선언하였으나 일본은 손해배상을 청구하고 동래부청을 습격하는 등 만행을 저질렀다. 이것이 그 유명한 1878년 두모포 관세 수세사건이다. 개항에 대한 준비와 대처가 미흡할 때에 관세 자주권을 확보하는 것이 얼마나 어려운 일인가를 보여준 사건이었다.

그러나 무관세 시절은 오래 가지 않았다. 1882년 조선과 미국이 최초로 맺은 '조미수호통상조약'에 수출입품에 대한 관세 조항이 포함되었기 때문이다. 막후에는 일본의 침입을 저지하려는 청나라 북양대신 이홍장李鴻章의 역할이 있었다. 조미수호통상조약 체결 이후로 조선은 서양의 여러 나라와 통상조약을 맺었을 뿐만 아니라 일본과도 별도로 통상조약을 체결하게 되었다. 이런 사정을 잘 보여주는 그림이 '한일통상조약체결기념연회도韓日通商條約記念宴會圖'다.

이 그림은 조선 말기 화가 안중식安中植이 한일통상조약을 체결하는 날 밤에 개최된 피로연회 장면을 그린 것이다. 이 연회도에서는 당시 서양 음식문화가 유입되는 모습을 볼 수 있다. 요컨대 서양식 테이블도 그렇지만 사람들 앞에 세팅된 식기와 나이프, 요리 등으로 미루어 피로연회가 서양식이라는 사실을 알 수 있다.[13] 흥미로운 점은 테이블 왼쪽 끝에 앉아있는 서양인의 모습이다. 조일통상조약 체결을 위해 전권을 위임받은 사람은 조선의 민영목閔泳穆과 일본의 다케조에 신이치로竹添進一郎였다. 그런데 이 조약의 조인을 도운 인물은 당시 외교 고문이었던 독일인 묄렌도르프Paul Georg von Möllendorff, 穆麟德였다. 그림 왼쪽 끝 삿갓과 비슷한 모자를 쓴 인물이 묄렌도르프, 테이블 오른쪽

한일통상조약체결기념연회도(1883년). 숭실대학교 한국기독교박물관 제공.

끝 족두리를 착용한 여성은 묄렌도르프의 부인으로 보인다. 묄렌도르프의 중재에 따라 새롭게 조일통상조약이 맺어졌고, 수입품에 관세를 부과하는 해관도 설립되었다.

묄렌도르프를 천거한 인물이 중국인 이홍장이었다. 1883년 해관이 설립되는 과정에서 중국과 묄렌도르프의 영향력이 절대적이었다. 부산의 초대 해관장인 로버트William Nelson Lovatt는 묄렌도르프의 추천에 따라 부임하였다. 로버트는 아편전쟁과 태평천국의 난 때 중국에 온 영국군으로, 한때 중국의 구강九江해관에서 근무하면서 묄렌도르프와 친분을 쌓은 적이 있었다. 1883년 7월 부산해관이 개관될 때부터 로버트는 부산에서 해관장으로 근무를 하였다. 1년 뒤에는 부인과 아이들까지 부산에 왔다. 로버트 가족은 부산에 정착한 최초의 서양인이었다.[14]

로버트 해관장 외에 해관에서 근무했던 직원들은 영

1880년대 중반 피리 제2대 부산 해관장과 관료들
(왼쪽부터 박기종 경무관, 김학진 동래부사, 해관장, 통역관)

국인, 네덜란드인, 이탈리아인 등으로 대부분 서양인이었다. 이
들은 대개 청국의 해관에서 근무를 했던 자들로서 이홍장과 묄
렌도르프의 영향 아래 조선 해관 직원으로 발탁된 것이다. 부
산해관은 설립 당시 일본인 가옥을 빌려서 임시로 사용하다가
1885년에는 현재의 부산데파트 자리에 신청사와 창고 등을 새로
지었다.

　한편, 조선 정부는 1883년 해관과 함께 개항장에 '감리

서監理署'를 설치하였다. 해관은 수입과 수출 품목을 검사하고 관세를 부여하는 기관이다. 반면, 감리서는 개항장을 행정적으로 관리하고, 외교 및 재판과 경찰 업무까지 관장하는 기관이다. 조선 정부는 외국인을 고용하여 해관 업무를 보게 하였지만 감리서 직원들은 대체로 조선인들로 운영하였다. 감리서는 개항장을 전반적으로 감독하므로 무역 통상과 해관에 대한 사무도 처리하였다. 감리서와 해관은 개항장에 함께 설치되었거니와 서로 중첩되는 영역이 있었다. 감리서 직원의 월급도 해관세의 수입에서 지급하도록 하였다.[15]

부신 감리서는 잠시 누모포에 있었다. 1892년에는 초량 객사가 위치했던 지금의 영주동 봉래초등학교 자리에 새로 건물을 지어 개항장 사무를 봤다. 1883년 초대 부산의 감리는 신사유람단으로 일본에 파견된 경험을 가진 이헌영이 부임하였다. 이후로는 동래부사가 감리를 겸임하기도 하였다. 감리서는 산하에

왼쪽 상단에 중구 영주동에 소재했던 동래 감리서가 보인다.

경무관을 두어 개항장의 경찰 업무를 수행하였다. 기능과 역할이 커지자 감리서의 분서分署를 설치하여 방판幇辦을 임명하였다. 개항장에서의 근무 경험을 소상히 기록한 『해은일록』의 저자인 민건호閔建鎬도 부산 감리서의 방판으로 일을 한 적이 있다.

6
푸른 눈의 이방인이 본 'Fusan'

개항 이전에도 서양의 배들이 부산 바다에 왔다. 이른바 '이양선異樣船'이라 불리는 배들이다. 기록상으로는, 1797년 용당 포에 도착한 영국 해군 브로튼William Robert Broughton 일행의 선박 이 부산에 처음 닻을 내린 배로 알려졌다.[16] 브로튼 일행은 오키 나와 근처의 산호섬에서 난파되어 작은 스쿠너선으로 갈아탄 채 물과 땔감을 구하기 위하여 용당포에 도착하였다. 이후로 1855 년 영국해군 함정인 '남경호'와 1859년 영국 군함 '악테온호'가 부산항에 들어왔다. 특히 악테온호는 부산 주변을 과학적으로 조사하여 수심과 지형을 측량한 뒤 항박도港泊圖를 작성하기도 하였다. 영도가 '사슴섬Deer Island'로 알려진 것도 이때였다.[17]

개항 이후로 서양인들은 일본에서 기선機船을 타고 부산 으로 건너왔다. 이들은 합법적으로 부산에 출입하였다. 부산에 온 목적도 해관 근무, 기독교 선교와 의료 활동, 여행 등으로 다 양했다. 부산 해관에서 근무하거나 부산에서 선교 활동을 하는 이들은 장기간 머물렀다. 부산을 경유하여 서울로 가고자 하는 이들은 단기간 체류하였다. 이들이 남긴 일기나 여행기는 비록 오리엔탈리즘Orientalism의 시각으로 쓰였음에도 개항기 부산의 풍경을 알려주는 소중한 자료다.

의사이자 외교관이었던 미국인 호러스 알렌Horace Newton Allen은 개항 초창기에 부산에 왔다. 그는 상해에서 나가사키를 거쳐 1884년 9월 부산에 도착하였다. 그는 부산을 '왜색倭色도시'라고 하였다. 『알렌의 일기』에서 그는 "부산은 완전히 왜색도시다. 도시 변두리로 가지 않고는 조선 사람이라곤 거의 찾아볼 수 없을 정도다. 일본인은 아주 우아한 백색 건물을 영사관으로 사용하고 있었다"고 썼다.[18] 알렌이 언급한 백색 건물은 1879년 관수가를 허물고 새로 지은 양식 건물이다. 이렇게 개항 이후로 서양인들이 마주한 부산은 과거의 부산항(초량항)이 아니었다. 그럴 수밖에 없는 이유는 부산에 들어온 서양인들이 처음 발 딛는 공간이 '일본인 거류지'였기 때문이다. 이들은 일본인 거류지의 건축물을 통해 부산을 처음 봤기에 왜색이 강한 도시로 느낄 수밖에 없었다.

의료선교사 에비슨Oliver R. Avison, 魚丕信은 알렌보다 약 10년 늦게 도착하였다. 그의 눈에 처음 띈 것은 용두산 주변의 일본식 단층 건물들이었다. 그는 고베에서 히고마루—向丸호를 타고 나가사키를 거쳐 1893년 7월 부산에 상륙하였다. 알렌에 비하면 에비슨은 일본인 거류지 외에 부산의 다양한 풍경을 관찰하였다. 그는 부산에 이미 정착하고 있던 베어드와 함께 조선인들의 집을 방문하여 선교 활동을 목격하였고, 베어드의 한국어 교사인 고학윤高學侖을 통해 한국말을 배웠다.[19] 그는 부산항 근교로 나가 부산진성에 있던 왜성을 보기도 하였다. 그는 왜성을 '임진왜란 중 일본인이 건축한 오래된 작은 요새'라고 기술하였다.

　　부산진성 주변의 마을에 다녀온 뒤 에비슨은 "'Fusan'은 일본식 명칭이며, 'F' 대신 'P'를 사용한 'Pusan'은 한국식 명칭이다"라고 하였다.[20] 1904년 2월 신혼여행 차 부산에 도착한 독일인 루돌프 차벨도 이와 비슷한 말을 하였다. 앞서 기술한 선교사 사보담이 부산진성 일대를 '구 부산Old Fusan'으로 부른 것처럼 루돌프 차벨도 여기를 '옛 부산'이라고 불렀다. 그러면서 "원래는 부산P'husan이었지만, 일본인이 푸산Fusan이라 부르면서 지금은 푸산이라는 이름으로 통용되고 있었다"고 하였다.[21]

　　얼마 전까지 부산Busan의 공식적 영문 명칭은 'Pusan'이었다. 사실 'ㅂ'이 단어 첫머리에 있고, 경상도 사람의 강한 발음에 따르면 거의 'P'로 들린다. 부산이 'Pusan'이 아닌 'Fusan'으로

1880년대 광복동 거리. 중앙으로 개천이 흐르고 그 위로 다리가 있다.

표기되었던 것은 전적으로 일본인들 때문이었다. 결국 일제강점기 'Fusan'으로 표기가 정착된 것은 일본인 거류지가 새로운 부산으로 부상하였기 때문이다.

20세기 초입에 들어서면 신 부산Fusan과 구 부산Pusan의 격차는 더 커진다. 1903년 10월 부산항에 발을 디딘 러시아 학자 세로셰프스키는 일본인 거류지를 깨끗하고 정돈이 잘 된 근대도시로, 부산진의 조선인 마을은 더럽고 궁핍한 석기시대의 모습으로 묘사하였다.[22] 그는 일본인 거류지에는 수도관과 하수관 시설이 설치되었고, 도쿄은행 지점, 상업회의소, 우체국, 영사관, 전신소, 신문사 사옥 등 근대 기관들이 들어섰다고 하였다. 또한 예쁜 가게, 찻집과 음식점도 많고, 거리의 유흥가에는 샤미센과 여성의 웃음소리가 들린다고 하였다. 세로셰프스키는 일본인 거류지 내의 학교를 방문하였다. 그는 청결한 교실과 잘 갖춰진 근대식 기자재, 밝은 표정의 일본인 학생들을 보고 감탄하기도 하였다. 그의 뒤로는 일본 순사들이 따라다니면서 행적을 일일이 적으며 감시하고 있었다. 이렇게 '신 부산'은 거의 일본인에 의한, 일본의 한 도시나 다름없게 변화하고 있었다.

일본인 거류지의 불평등한 민낯

여러 서양인이 묘사한 대로 부산의 거류지는 일본의 한 도시로 보였다. 지금의 여느 나라에서 볼 수 있는 외국인 마을과는 차원이 다른 것이었다. 도시 외관이나 거리 풍경뿐만 아니라 행정권까지 일본인이 장악하고 있었다. 일본인들은 개항 직후부터 거류민 자치기구를 만들어서 행정 업무를 처리하였다. 1879년에는 5~6호마다 보장保長 1명씩을 선출하였다. 이들은 일반 행

정에서 위생에 이르는 다양한 사무를 관장하였다.[23] 반관반민半官半民적 성격을 가진 부산 거류민회는 일본 영사의 지원 아래 총무, 서무(교육, 위생, 호적, 병사), 토목, 징세, 회계, 수도 등의 업무를 처리하는 행정기관이었다.[24]

개항 직후에는 대마도 상인들이 주로 부산으로 도항을 하였다. 이들은 대부분 쌀을 다루는 무역상이거나 곡물을 중개하는 중매상이었다. 날품팔이하는 노동자들도 많았다. 러일전쟁 이후로 '자유도항령'에 따라 부산에 건너오는 일본인들이 증가하였다. 이들은 주로 나가사키, 야마구치, 후쿠오카, 오이타 등 출신이었다. 직업도 무역상, 잡화상, 과자업, 곡물상, 목수업 등으로 다양해졌다. 특히 예기藝妓와 행상行商까지 많아졌다는 사실이 주목된다. 거류지에서 연회의 증가에 따라 요정에서 일하는 예기에 대한 수요가 늘어난 한편, 일본 정부가 일본 행상들의 활동을 조계지 밖까지 적극적으로 장려한 까닭이었다.[25]

『조선견문도해』 중 '일본인의 초대'. 부산박물관 제공.

부산 거류지의 요정은 조선과 일본 상인들의 회식 장소로 이용되었다. 일본인들은 이곳으로 조선인을 초청하여 접대하였다. 요정은 외국인들까지 드나드는 경우가 많아 간혹 일본인과 충돌하는 사건들이 벌어졌다. 특히 조선을 둘러싼 러시아와 일본의 정치적 갈등은 요정에서의 폭력사건으로 번지기도 하였다. 예컨대 1899년 7월에 일어난 '경판정京阪亭 사건'이다. 이 요정에서 러시아 사관들이 술을 먹다가 일본 기생을 구타하는 사건이 발생하였다. 그러자 일본 경찰들이 이들의 모자와 칼을 뺏었다 돌려주었다. 그런데 무장을 한 러시아 병정들이 일본 영사를 만나기 위하여 영사관에 들이닥치는 소동이 발생한 것이다.[26] 같은 해 11월에는 요정 송천정松川亭에서 러시아 병사들이 술을 먹고 나오다가 일본인들과 폭력사태가 벌어지기도 하였다.

도시의 형성과 발달 과정에서 가장 중요한 문제는 인구다. 그런데 예나 지금이나 외국인의 인구 증가는 내국인이 반길 사항은 아니었다. 개항 이후로 일본 정부는 일본인들의 조선 도항을 권장하였던 까닭에 1880년 부산 거류지의 일본인이 2천 명까지 늘어났다. 이때 이미 11만 평의 일본인 거류지는 사람들로 가득 찼을 것이다. 그런데 간행이정이 50리, 다시 100리로 확장되어 일본인이 왕래하고 통상할 수 있는 공간이 확대되자 거류지로의 일본인 유입은 더욱 증가하였다. 1891년에는 일본인 거류지의 인구가 5천 명 이상이었다.[27] 아마도 조선 정부는 일본인 거류지의 인구가 이렇게까지 급증하리라고는 예측하지 못했을 것이다. 거류지의 일본인 인구 증가는 부산으로 상업과 경제의 쏠림 현상을 일으켰다. 조선의 원도심인 동래는 쇠퇴의 흐름을 피하지 못했다.

조선인들도 일본 거류지로 몰려들었다. 거류지 본정本町 등에는 조선 상인의 왕래가 빈번하였다. 여기에는 쌓여 있는 화물도 많아서 통행이 어려울 정도였다. 중매상이 많이 거주하는 서정西町에도 쌀과 콩이 산같이 쌓였다고 하였다.[28] 일본 상인들은 조선인 객주 등을 통해서 곡물을 매매하였으며, 거류지를 찾는 조선인들의 왕래도 잦았다. 일본 상인들이 주도하는 개항장에서의 쌀 유출로 조선에서 쌀 값이 폭등하는 결과를 가져왔다. 그런데 일본 거류지를 찾는 조선인들은 대개 항구에서 거류지 상점 등으로 물건을 옮기는 짐꾼들이었다. 일자리를 찾아 무작정 거류지로 들어온 조선인들의 생활상은 그야말로 거지와 다름이 없었다. 여름에는 나무 아래나 해안 제방 근처에서 그대로 잤으며, 겨울에는 산기슭에 움막을 지어서 살았다.

일본인들은 조선인 지게꾼을 '야야' 또는 '지게 영감'이라고 불렀다. 일본인 화가가 부산 거류지에서의 풍경을 그리고, 설명을 붙인『조선견문도해朝鮮見聞圖解』에서는 '조선인 품팔이 노동자들이 거지 같은 모습을 하고 있다'라고 하였다. 즉, '세수도 안 하고 긴 담뱃대를 지닌 채 거류지 사방을 배회하다가 일본인이 부르면 응하여 삯을 버는 조선인들이 거지 같은 모습을 하고 있으면서도 모두 거울을 지니고 자기 얼굴을 보는 것이 우습다'라고 하였다. 일본인들은 근대 문명의 시각에서 조선인들을 미개와 야만의 민족으로 몰아갔다.

일본인은 조선인을 경멸하였고, 자주 폭력을 행사하였다. 독일인 루돌프 차벨도 직접 이런 일을 목격하였다. 루돌프 차벨은 부산항에서 내려 호텔까지 짐을 옮겨야 했다. 그때 나이 어린 일본인 호텔 사환이 대뜸 조선인 짐꾼의 따귀를 때리고 발길질을 했다. 이를 목격한 루돌프 차벨은 '이곳(거류지)의 주인은 일본인이며, 이들은 피지배인을 아무런 처벌 없이 난폭하게 다루고 있다'고 지적하였다.

부산 거류지의 일본인은 마치 지배자처럼 행동하였다. 정작 주인이 되어야 할 조선인은 피지배자처럼 착취를 당하였다. 경제적 종속관계가 조선인을 노예와 같은 신분으로 추락시킨 것이다. 막대한 현금을 보유한 일본인은 거류지 외에 주변 토지를 마구 사들였다. 조선인은 일본인에게 가옥과 토지를 저당 잡힌 채 고리대금으로 돈을 빌렸다. 그러나 종국에는 비싼 이자를 감당하지 못하여 집도 절도 없는 신세로 전락하였다.[29] 일본인은 돈을 못 갚는 조선인에게 난폭한 행동을 일삼았다. 그들의 집에 쳐들어가 출입구에 못을 박았으며, 집에다 감옥을 만들어 조선인을 가두었다.[30]

그러하니 거류지에서의 조일 간 민족 갈등은 심각해질 수밖에 없었다. 1896년 거류지의 우물에 독을 넣는 사건은 이런 배경 속에서 발생하였다. 일본인은 이 사건의 주모자로 조선인을 지목했고, 부산 사람을 싸잡아 매도했던 것 같다. 당시 『독립신문』에서는 부산에 있는 일본인이 5,058명이라고 기사를 시작하면서 '이런 야만적이고 천한 (독약사건의) 행실을 조선 사람이 했다고는 믿을 수 없다'라고 하면서도 '혹시 조선인이 하였다면 한두 사람일 뿐 부산의 모든 백성이 다 그렇지는 않을 것'이라고 하였다. 어쨌거나 거류지에서 불평등한 조일 관계로 인해 조선인의 불만이 매우 컸다는 사실을 알 수 있다.[31]

4장

근대 조선을
축소한 도시,

부산

1
부산에 열린 근대의 관문

『추월색』의 부관연락선

부관연락선釜關聯絡船은 부산과 시모노세키下關를 왕복하던 선박이었다.[32] 부관연락선은 1905년 9월에 취항하여 1945년 6월에 중단되기까지 40여 년간 대한해협의 거친 파도를 넘나들었다. 이 배를 탄 사람만 3천만 명이 넘는다고 한다. 근대의 모든 것을 싣고 항해하였던 부관연락선은 식민지 역사와 근대 문화의 상징이었다. 지금은 우리나라와 일본을 연결하는 항로가 많지만, 당시에는 거의 부관연락선을 통해서만 왕래할 수 있었다. 조선과 일제를 연결하는 유일한 고리로서 독점적인 지위가 보장된 만큼 부관연락선은 근대의 조선과 일제의 상호관계를 보여주는 잣대였다.

부관연락선의 등장으로 조선은 본격적인 근대를 맞이하였다. 부산이 근대 조선의 관문이 된 것도 부관연락선 때문이었다. 부관연락선은 근대의 문화를 싣고 시모노세키에서 부산으로 건너왔다. 부관연락선에서 내려 첫발을 딛는 곳이 부산항이었으므로 일본인은 물론이요, 서양인들도 부산을 통해 조선을 인식하게 되었다. 이래저래 부관연락선이 취항함으로써 부산은 식민지화의 아픈 길을 걷게 된 동시에 국제적인 관문도시로 성장할 수 있는 기반을 다졌다. 이렇게 근대는 제국과 식민의 등에 업혀 조선으로 왔으니 참으로 역설적이다.

근대 교통은 전근대의 시공간을 바꾸어 놓았다. 조선시대 대마도에서 부산으로 오는 무역선인 세견선歲遣船이 있었지만 연간 수십 척에 불과하였다. 이 배를 타고 사람이나 물자가 자유롭게 오갈 수 있는 것은 아니었다. 게다가 바람과 파도에 의지하는 돛배였으므로 기상여건으로 인해 정박한 채로 한두 달을 기다리기 일쑤였다. 근대의 부관연락선은 증기기관의 힘으로 움직이는 화륜선火輪船이었다. 근대 문명으로 건조된 이 증기선은 전근대가 무기력하게 굴복했던 자연조건을 극복하여 12시간도 채 되지 않는 시간에 대한해협을 건널 수 있었다.[33]

빨라진 속도는 시간과 공간을 압축하였고, 지리적 인식도 크게 변화시켰다. 시모노세키는 멀고도 먼 바다 건너편 미지의 도시가 아니라 하루 걸리면 도착하는 인근의 도시가 되었다. 또한 정기적 항로였으므로 편성된 일정표에 따라 입출항을 반복하였다. 승객은 자연에 의존하지 않고 오직 시계에 의존하게 되었다. 근대 교통은 공간을 이동하는 수단이었지만 이를 조절하고 통제하는 것은 시간이었다. 근대의 사람은 교통과 속도를 통해 시공간을 압축시킨 대신 시침의 통제에 놓이게 되었다.

구한말 부관연락선은 세상의 화젯거리였으며, 좋은 이야기 소재였다. 근대소설에서 일본으로 가는 여정이 본격적으로 등장하는 만큼 더불어 부관연락선도 빠지지 않고 등장했다. 부

소설 『추월색』 표지

관연락선이 처음으로 묘사된 신소설은 최찬식의 『추월색』이다. 이 소설은 1912년 간행되었으므로 최찬식이 기술한 부관연락선도 초창기 모습이었을 터다. 실제로 소설에서 주인공 정임이가 일본으로 갈 때 타고 간 배가 '일기환壹岐丸(이키마루)'이었다. 일기환은 1905년 최초로 운항한 부관연락선의 이름이었다.

이정임의 부모는 딸과 정혼한 사이였던 김영창의 소식이 끊기자 이정임을 억지로 다른 사람에게 시집보내려 하였다. 이에 정임이는 부모의 뜻을 거역하고 가출해서 일본으로 건너가려고 하였다. 남대문 정거장에 도착한 정임이는 급히 동경으로 가는 연락표를 사서 부산으로 가는 기관차에 몸을 실었다. 소설에서는 그 다음의 풍경을 이렇게 묘사하고 있다.[34]

그 빠른 차가 밤새도록 가다가 그 이튿날 아침에 부산에 도착하니, 안방에서 대문 밖도 자세히 모르고 지내던 정임이는 처음 이렇게 멀리 온 터이라. 집에 있을 때에 동경을 가자면 남문역에서 연락차 타고 하관(시모노세키)까지 가고, 하관서 동경 가는 차를 다시 타고 신교(신바시)역에서 내린다는 말을 듣기는 들었지마는, 남문역에서 부산까지는 왔으나 연락선 정박한 부두 가는 길을 알지 못하여 정거장 머리에서 주저주저하다가, "화륜선 타는 선창을 어디로 가오?" 하고 물으매…

『추월색』은 전체적으로 개연성이 부족하고 우연적 사건들이 자주 엿보인다. 부산에서 길을 묻다가 색주가 서방에게 끌려가 술집에 팔려 갔으나 금방 탈출에 성공하기도 한다. 소설에서 정임이는 동경에 가면서 일본 문화를 수용하는 데 아무 거리낌이 없다.[35] 조선의 독립에 무관심했던 최찬식의 성향이 잘 드러나는 부분이다.

대문 밖도 자세히 모르는 정임이가 동경까지 가는 교통편을 구할 수 있었던 것은 누군가로부터 차편에 대한 소식을 들었기 때문이다. 앞의 인용문에서 보이듯 정임이는 서울에서 부산, 그리고 동경까지 이어지는 경로는 제대로 알고 있다. 당시에도 일본의 산요山陽선과 도카이도東海道선, 그리고 부관연락선과 조선의 경부선을 하나로 잇는 일괄 티켓을 팔았다. 조선에서 이것을 사면 무난히 동경까지 갈 수 있었다.

부관연락선은 일본의 대륙 진출을 위해 고안된 선박이었다. 일본에서는 고베에서 시모노세키로 이어지는 산요 철도가 1888년 11월 개통되었고, 조선에서는 1905년 1월 부산과 서울을 연결하는 경부선이 개통되었다. 하지만 육지를 달리는 철도가 거대한 바다에 막혀 있으니 이를 연결하는 연락선連絡船이 필요하였다. 산요선과 경부선이 부관연락선의 개통에 따라 상호 연락됨으로써 일제는 동경에서 서울과 신의주를 거쳐 만주까지 도달하는 교통 루트를 확보하였다. 일제의 거대한 야망을 상상이 아닌 현실로 가능하게 한 것이 바로 부관연락선이었고, 대륙으로 들어가는 교두보 역할을 한 도시가 부산이었다. 부산은 일제의 대륙 침탈을 위해 마련된 거대한 청사진의 중핵에 위치하였다. 부산은 부관연락선을 타고 도착한 수많은 승객을 받아들이고, 다시 경부선에 탑승시켜 서울을 거쳐 먼 만주까지 보내주는 운명에 처했다.

부산의 팔자가 조선의 팔자

조일 간 항로 개통 이후 웅장한 모습으로 부산에 처음 도착한 부관연락선은 '이키마루壹岐丸'였다. 그 뒤를 이은 배는 '쓰시마마루對馬丸'다. 이키마루는 1,680톤의 선박으로 길이가 82미터에 달하였다. 이 거대한 화륜선을 처음 본 조선인은 놀라지 않을 수 없었다. 이키마루는 이키섬에서, 쓰시마마루는 쓰시마섬에서 따온 이름이다. 이키섬과 쓰시마섬은 모두 대한해협에 위치한 섬으로, 예로부터 조선과 일본이 왕래할 때 중요한 지점이 되었던 곳이다.

일본 철도와 조선 철도를 연결하는 부관연락선은 거친 바다를 항해함에도 정확히 시간을 지켜야 했다.[36] 따라서 이키마루는 미쓰비시三菱 나가사키 조선소에서 근대 과학과 기술을 총동원하여 단단하고 정밀하게 만들어졌다. 이키마루는 요금에 따라 1~3등석으로 구분되었다. 일류호텔 분위기가 연출된 1등석에 비하여 좁은 공간에 승객과 짐이 뒤섞인 3등석은 불편하기 짝이 없었다.[37] 자본주의 선두 주자였던 부관연락선은 전근대인

부관연락선 일기환(이키마루). 부산박물관 제공.

들에게 근대 교통의 안락함과 편리함을 통해 물질만능주의의 맛
을 느끼게 해주었다.

　　　개통 직후 부관연락선을 이용하는 사람들은 대부분 일
본인이었다. 러일전쟁에서 승리한 일본 정부는 노골적으로 조선
을 침략하였고, 일본인들의 조선 이주를 권장하였다. 조선에 대한
일본의 특권과 식민지적 불평등 조약을 바탕으로 코리아 드림을
꿈꾸며 한몫을 잡으려는 일본인들이 부관연락선을 타고 부산으
로 몰려왔다. 그들 역시 자국에서는 별 볼 일 없는 자들이었음에도
제국주의에 힘입어 조선인을 멸시적 태도로 대하기 일쑤였다.

　　　하지만 강제적 한일합방 이후에는 일본인의 조선 이민
붐이 바뀌어 조선인의 일본 이주 붐이 일기 시작했다. 토지에서
쫓겨나 먹고 살기가 막막해진 조선의 농민들이 일본으로 건너가
기 위하여 부관연락선을 타야 했다. 일본에서는 탄광, 방적, 직물

분야 등에서 값싼 임금의 노동자들이 필요하였다. 조선인을 조직적으로 모집하여 공장에 배치하고자 하였다. 조선인 노동자들의 임금은 일본인과 크게 다르지 않지만 훨씬 힘이 세기 때문에 이들에게 노역을 시키는 게 효율적이라 여겼다.

어깨에 으쓱 힘이 들어간 채로 부산에 도착한 일본인과 달리 시모노세키에 도착한 조선인들의 몰골은 일본 제국에 의하여 만신창이가 된 식민지 조선의 꼴과 다름없었다. 당시 일본의 한 신문에서는 "매일 아침 부관연락선을 타고 시모노세키 부두에 오르는 조선인 남녀는 80명, 100명, 150명으로 가을날 무더위 속을 일반 승객의 맨 뒤를 따라 터벅터벅 역 대합실로 들어간다"라고 하였다.[38] 조선인들은 가진 게 없었으니 일본으로 이주하면서도 거의 짐이 없었다. 특히 남자는 밥과 반찬을 섞어 먹는 커다란 밥그릇 하나를 달랑 들고 오는 자들이 많았다. 식기 한 세트와 입을 옷 한 벌을 넣은 봇짐을 멘 채 줄지어 부관연락선에 타는 조선인 농민들은 식민지 조선의 암울한 풍경을 그대로 보여주고 있었다.

부관연락선은 계급과 신분의 갈등, 빈부의 모순뿐만 아니라 조선인에게는 나라를 잃은 서러움을 절실히 체감하게 하는 교통수단이었다. 그때 그 시절을 몸소 경험할 수 있는 방법이 있다. 염상섭 소설 『만세전』에서 주인공 이인화의 목소리를 듣는 것이다.[39] 염상섭은 최찬식과는 다른 길을 걸었다. 게이오대학 재학 중 독립운동을 주도하다 금고형을 선고받기도 했던 염상섭은 식민지 현실에 대해서 나름 고민하는 지식인이었다. 『만세전』의 원제는 '묘지'였다. 암울했던 시대적 상황을 응축시킨 이 제목을 통해서도 염상섭의 시대관을 읽을 수 있다.

부관연락선 덕수환(도쿠주마루). 부산박물관 제공.

만세전萬歲前은 '만세운동이 일어나기 전前'이란 뜻이다. 이 소설은 "조선에 '만세'가 일어나던 전해 겨울이다"라고 시작한다. 염상섭은 만세가 일어나기 직전, 차가운 겨울과 같은 식민지 시대를 동경에서 서울까지 부관연락선과 철도를 타고 이동하는 유학생 이인화의 여정에 담아냈다. 하지만 이인화를 시대에 맞서 적극적으로 싸운 인물로 생각해서는 오산이다. 고민만 하고 행동으로 옮기지 못하는, 그저 그런 소극적 지식인이었다. 하지만 식민지 시기엔 마음만으로 동참하는 이런 지식인들이 독립투사보다 많았을 것이기에 당대 현실과는 더 가깝게 느껴진다.

더욱이 이인화는 세속적인 인물이다. 그는 아내가 위독하다는 소식을 듣고도 술집의 시즈꼬靜子를 만나 수작한다. 고베神戶에 도착해서는 가깝게 지내던 을라乙羅를 만나 밀당을 한다. 아내의 죽음에는 아랑곳하지 않던 그이건만 나라가 망한 현실은 피해 갈 수가 없었다. 부관연락선에서 그를 기다리고 있던 사람은 지식인을 감시하고 식민지를 통제하기 위하여 배치된 형사와 헌병 등이었다. 이 나부랭이들 가운데는 일제에 기생하는 조선인들도 있었다. 그들은 시모노세키의 대합실에서부터 이인화를 밀착 감시하더니 파출소로 데려가 가방을 뒤진다. 부산에 도착해서는 파출소로 끌고 가 조사를 한다. 이인화가 부관연락선 3등실에서 느끼는 감정은 굴욕과 분노, 그리고 공포와 불안이었다. 어두운 감정의 늪에서 허우적거리다 가까스로 부산에 도착한 이인화는 조선의 팔자를 온몸으로 느끼며 이렇게 말한다.

> … 하여간 조선 사람의 팔자를 아무리 비싸게 따져 본대야 이보다 더 나을 것도 없고 더 신기할 것도 없다. 우선 부산이란 데로만 보아도, 부산이라 하면 조선의 항구로는 첫손 꼽을 데요, 조선의 중요한 첫 문호라는 것은 소학교에 한 달만 다녀도 알 것이다. 그러니만큼 부산만 와 봐도 조선을 알 만하다. 조선을 축사縮寫한 것, 조선을 상징한 것이 부산이다. 외국의 유람객이 조선을 보고자거든 우선 부산에만 끌고 가서 구경을 시켜주면 그만일 것이다. 나는 이번에 비로소 부산의 거리를 들어가보고 새삼스럽게 놀랐고 조선의 현실을 본 듯 싶었다.[40]

나는 『만세전』을 읽으며 '부산의 팔자가 조선의 팔자요, 조선의 팔자가 곧 부산의 팔자'라는 문장에서 눈을 뗄 수 없었다. 식민지 조선이 처한 아픔이 그대로 전달되는 것 같아 가슴이 먹먹하고, 눈앞이 어룽거렸다. 팔자는 '사주팔자'의 줄임말로서 타고 난 운명을 뜻한다. 근대기 부산이 맞은 팔자야말로 곧 조선이 맞은 팔자였다. 고작 한 도시의 운명이 전체 국가의 운명을 상징하게 된 이유는 부산이 조선으로 들어가는 관문이었기 때문이다. 조선시대 일본과 대척했던 최전선의 부산이 개항기 이후로는 식민지화를 선도하는 교두보로 추락했다. 그 교두보에는 근대도시가 조성되었으니 외국의 여행객들에게 부산만 구경시켜주면 그만일 정도였다. 이인화가 토로한 '조선 축소의 도시, 부산!'이야말로 근대기 부산의 팔자와 부산의 현실을 적나라하게 보여주는 말이 아닐까.

부관연락선의 개명과 도항증명서

부관연락선은 출범 이후로 조선의 운명을 탑승시켰지만 일국―國에 한정된 것이 아니었다. 애당초 일제가 만주까지 가기 위한 목적으로 부관연락선을 운항시켰듯이 '부관연락선의 운명'은 곧 '동아시아의 운명'으로 확장되었다. 조선을 넘어 동북아시아를 통째로 삼키려는 일제의 야욕이 강해질수록 부관연락선의 수송 능력이 강화되고 그에 걸맞게 차례로 이름을 바꾸었다. 부관연락선 이름은 제국의 야욕이자 시대의 사회사였다. 그에 따라 부산은 일제의 허황된 대동아 공영권 구상의 결절점에 위치하게 되었다.

앞서 언급한 대로 이키마루(1,680톤)와 쓰시마마루(1,679톤)는 대한해협에 있는 섬 이름에서 따온 것이다. 이키섬과 쓰시마섬은 역사적으로 한일관계의 중간 기착지로 기능했듯이 러일전쟁 이후 부관연락선은 바다를 건너 조선으로 뻗어가려는 중계자의 역할을 했다. 강제적 한일합방 조치로 조선의 식민지화에 성공을 거둔 일본은 1913년 고라이마루高麗丸(3,029톤)와 시라기마루新羅丸(3,021톤)를 취항시킨다. 조선을 경영하기 시작한 일본이 조선의 오랜 역사조차 통제하겠다는 의지로 풀이된다.

　　일제는 조선의 임금을 물러나게 하고 궁궐을 완전히 접수하였다. 일제는 식민지 조선 궁궐의 이름으로 부관연락선의 이름을 지었다. 1922년에는 게이후쿠마루景福丸(3,619톤)와 도쿠주마루德壽丸(3,619톤), 1923년에는 쇼케이마루昌慶丸(3,619톤)를 취항시켰다. 고종과 순종은 일본에 통치권을 넘겨준 과정 속의 불운한 왕들이었다. 그들이 머물렀던 궁궐은 주인을 잃고 시대의 슬픔을 상징하는 비운의 공간이 되었다. 그런데 왜 망한 나라의 궁궐 이름을 부관연락선에 붙였을까? 일제는 식민지 조선이 근대화의 길을 걷고 있음을 대내외에 홍보하려고 하였다. 낙후된 조선이 식민지 근대화를 통해 선진적 국가로 변모하고 있음을 부관연락선의 이름으로 보여주고 싶었던 게다. 하지만 식민지로 전락한 조선의 심장에 박힌 대못을 더 깊게 누르는 꼴이었다.

　　일제가 만주국을 세우고 중국 침략을 도모한 1930년대 부관연락선은 더 과감한 명칭을 사용한다. 이른바, '현해탄의 여왕'이라고 불리던 곤고마루金剛丸(3,619톤)가 1936년 취항하였다. 이듬해 고안마루興安丸(3,619톤)도 대한해협을 항해하기 시작했다. 이때 조선은 대륙 침략의 병참기지로서 기능하였다. 이 시기의 부관연락선은 감당하기 벅찰 만큼 대륙으로 사람과 물건을 수송하였다.[41] 부관연락선은 연간 수송객이 백만이 넘을 정도로 왕성하게 활동하였으며, 그 이름은 조선의 명산에서 중국의 산맥으로 확장되었다. 조선의 유일무이한 금강산에서, 중국 동북 지방의 분수령을 이룬 흥안령으로 변화한 것은 일제의 침략 범위가 조선에서 만주로 확장되었음을 의미하겠다.

30	29	28	27	26	25	24	23	22	21	20	19	18	17	16		船
冷房用冷凍機	機械室	手小荷物室	汽罐室	貨物艙	三等寢台室	三等浴室	事務室	船員室	郵便室	三等入口廣間	三等輔居室	三等婦人室	普通船員室	便所及洗面所		丸 安 圖

금강환의 내부 단면도

3·1 운동은 부관연락선의 운영에도 큰 영향을 미쳤다. 전국적으로 독립만세운동이 발생하자 이에 놀란 일본은 조선인 도항자에 대한 감시를 강화하였다. 이에 조선인의 여행을 감시하고 통제하기 위하여 이른바 '도항증명서 제도'가 만들어졌다. 일제는 1919년 4월 '조선인 여행 단속에 관한 건'을 발령함으로써 조선을 벗어나는 자들은 반드시 거주지 경찰관서에 신고하여 여행증명서를 받도록 했다. 입국할 때도 이를 제시하도록 하였다.[42] 이 도항증명서는 일종의 여권이자 신분증명서였다. 조선인은 이것 없이는 조선 땅을 나가지도 들어오지도 못하였다.

이후 조선인의 저렴한 노동력 확보를 위해 도항증명서

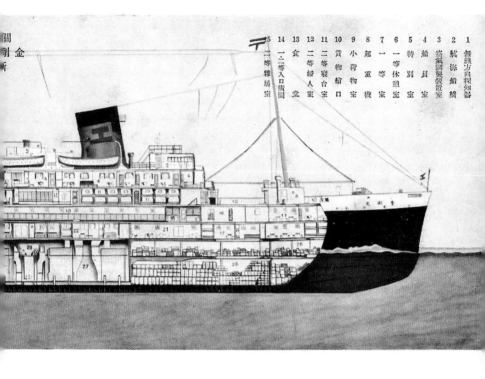

제도가 철폐된 때가 있었다. 그러나 '취업증명서가 있는 조선인'에게만 부관연락선의 승선을 허락하는 방식 등으로 도항을 억제하는 정책들이 생겨났다. 조선인에 대한 입출국 통제가 잇따르자 부산에서는 이를 교묘히 이용하려는 비리와 불법도 횡행하였다. 1935년 발표된 이남원의 『부산』은 도항에 실패한 노동자들의 이야기를 다룬 소설이다. 광산이나 만주를 떠돌던 주인공 '나'는 도항증 발급제도에 대해서 알 턱이 없었다. 그는 사기꾼한테 속아 3원 주고 산 도항증이 휴지에 불과하다는 사실을 형사에게 듣게 되었다. 도항에 실패한 주인공은 다시 여관에서 브로커를 만나 십 원 주고 밀항을 시도하였다. 하지만 노동자 사십여 명을 태운 밀항선은 곧 경찰 순시선에 잡혀 완전히 실패로 끝났다.[43] 그에게 부산은 실패와 낙담을 주는 도가니에 불과하였다. '나'는 부산에서 도항을 두고 온갖 수모를 겪었을 뿐만 아니라 가방수선업자에게 바가지를 쓰이고 엿장수에게까지 속는 등 부산에서 온통 부정적인 경험만 하였다. 마침내 밀항선의 노동자들은 경찰서의 주선으로 만주 철도를 부설하는 노동자로 가게 되었다. '나'는 부산역에서 기차를 타고 떠나며 '부산은 양심이 없는 마굴이며 썩어져 가는 인간 지옥'이라고 소리친다. 그가 마지막으로 부산 땅에 침을 뱉으며 외친 말은 '에익 더러운 부산아'였다.[44]

나는 소설 『부산』의 '나'를 만나면서 참담한 지경에 이르렀다. 『만세전』에서 이인화는 '조선의 팔자가 곧 부산의 팔자'라고 말했던 반면, 『부산』에서 '나'는 '부산이 양심이 없는 마굴과 인간 지옥'이라 외쳤다. 노동자 신세로서 안 가본 데가 없는 '나'는 부산같이 더러운 곳은 처음이었다고 일갈했다. 소설 『부산』의 이야기는 결코 허구가 아니었다. 1924년 5월경, 부산에서 도항하지 못하고 떠돌이 신세가 된 노동자들이 4천 명에 이르렀다. 당시는 각 주거지뿐만 아니라 부산수산경찰서에서도 여행권을 발급하여 주었다. 노동공제회나 상애회相愛會 등 관계 기관에서 수수료 명목으로 돈을 뜯거나 간부들에게 뇌물을 주지 않으면 여행권을 발급받을 수 없었다. 그리하여 불법과 비리의 사슬에 얽혀 도항하지 못하고 방황하게 되는 것이었다. 부산에서 장기 대기하고 있는 수천 명의 도항 노동자들은 언제 폭발할지 모르는 사회적 불안요인이었다.

부산이 왜 노동자의 등을 치고 우려먹는 곳이 되었을

까? 이는 일제가 부산을 근대 교통의 중심지로 조성함으로써 생긴 착시현상이었다. 부관연락선과 경부선을 이용하는 군중들에게 부산은 최종목적지가 아니라 중간 기착지였다. 군중들을 뒤쫓는 장사치에게도 부산은 잠시 지나치는 곳이었다. 그들에게 부산은 인간관계의 소중함보다 빠른 이동, 욕망, 이익이 필요한 장소였다. 부산은 유동인구의 급증으로 인해 외려 몸살을 앓고 있었다. 하지만 도항이 저지되어 방황하는 노동자들을 모른 체할 수 없었다. 안희제, 윤병호, 윤상은 등 부산의 주요 인사들은 도항 노동자들을 돕기 위하여 부산시민대회를 개최하였다. 이들은 결의문을 발표하고 당국에 시급히 조치할 것을 강력히 요구하였다.[45]

1940년대는 일제가 태평양전쟁을 일으키고 마지막으로 발악하던 시대였다. 당시의 부관연락선은 텐잔마루天山丸(7,907톤)와 곤론마루崑崙丸(7,908톤)였다. 텐잔마루는 1942년, 곤론마루는 1943년에 취항하였다. 이 부관연락선은 중국 서북쪽의 경계에 있는 산에서 이름을 따왔다. 이들은 예전보다 덩치가 더 커지고 기능도 강화되었음에도 불구하고 언제 침몰할지 모르는 좌불안석의 처지였다. 일제 말기 부관연락선은 '지옥선', '전시 노예선'이라 불릴 정도로 학도병, 강제징용자, 군 위안부 등 일본으로 끌려가는 사람들로 채워졌다. 이 불안한 사람들을 태운 부관연락선도 미군의 공격으로 불안하기는 마찬가지였다. 결국, 갓 취항했던 곤론마루가 미국 잠수함의 어뢰 공격으로 침몰하여 탑승객 수백 명 전원이 사망하는 사건이 일어났다. 이후로도 부관연락선은 미국의 잦은 어뢰 공격으로 인하여 불안과 공포의 바다를 떠돌다가 1945년 6월 항해를 중단하였다. 파란만장했던 부관연락선의 최후는 곧 이어질 일제의 패배를 예견하는 것이었다.

최초의 근대 부두, 부산 제1부두

부산은 우리나라를 대표하는 항구도시다. 항구도시는 숱하게 많지만 부산에 '우리나라를 대표하는'이라는 수식어가 붙게 된 것은 최초의 근대 부두가 부산에서 탄생했기 때문이다. 일제강점기에 태어난 부산(북항)의 1·2·3·4 부두는 근대기를 건너 현대기까지 우리나라 경제와 무역을 지탱하던 디딤돌이었다. 바다에서 육지로 들어가는 관문도시는 곧 부두로 상징되는 것이다. 그런데 백 년 이상 꿋꿋이 버텨왔던 부산 부두가 2000년대 이후로 재개발의 파도에 휩쓸릴 처지에 놓였으니 참으로 안타까운 일이다.

부산신항(강서구 가덕도 일원)의 개장으로 인하여 부산 북항은 수출입 관문으로서 기능이 축소되었다. 2008년 이후로 북항 재개발사업이 본격적으로 이뤄졌다. 그런데 북항 재개발사업의 중심에는 공유 수면의 매립사업이 있어 근대의 부두시설이 묻힐 위기에 처했다. 실제로 지금 2부두와 3부두 사이가 완전히 매립되어 과거의 흔적을 찾아보기 어렵다. 남은 것은 1부두와 4부두지만 부산항만공사의 계획에 따르면 이마저도 흙과 돌덩이에 덮일 수 있다. 과연 부산 부두의 역사성과 해양 문화에 대하여 고민하고 있는지 의심스럽기만 하다. 우리나라 근대 항만의 역사가 집약된 부두가 사라지면 항구도시 부산의 존재감도 흔들리는 게 당연하지 않겠는가.

일제가 부산을 동북아로 진입하는 교두보로 삼기 위해서는 부두를 건설할 필요가 있었다. 일제는 1906년부터 1910년까지 5년 계획으로 부산세관설비공사를 시행하였다. 이 계획의 하나로 1부두의 건립공사가 진행되었다. 현재 북항 1부두 바로 옆에 부산세관이 있다. 수출입을 통제하고 관세를 부과하는 '세관'과 선박이 출입하는 항구의 '부두'는 기능상 함께 묶일 필요가 있었다. 1부두 공사는 제방 일부가 물에 잠겨 파손되는 일이 있었지만 1912년에 이르러 근대의 설비를 갖춘 모습으로 준공되었다. 부두는 파도를 막는 '매축제방突堤'과 배를 대고 사람과 물건을 내릴 수 있는 '접안시설棧橋'로 이뤄졌다. 최초로 건립된 1부두도 돌제와 잔교로 구성되었다. 돌제의 폭은 약 33미터, 길이는 약 343미터에 달하였다.[46] 돌제 위에는 열차가 다닐 수 있는 선로가 설치되었다. 잔교는 쉽게 말해 바다 위에 뜬 다리다. 과거에는 바다에 쇠기둥을 박아 잔교를 세우고, 상판은 나무판을 연결하여 만들었기에 '목잔교'라고 하였다. 여러 번의 공사를 거치며 1부두의 잔교는 완전히 사라졌지만 당시 쌓았던 제방 일부는 세관 건물의 서남쪽에 남아 있다.

처음 건설되었을 때 1부두 위는 어떤 건축물도 없는 밋밋한 상태였다. 1911년부터 1918년까지 부산축항공사가 시행되며 부두 위에 대합실, 사무실, 매표소, 다과점 등을 갖춘 상옥上屋이 건설되었다. 1부두 바로 옆에 2부두가 만들어진 것도 이때였다. 2부두는 완공도 되기 전부터 시베리아로 출병하는 군인과 군수품을 위해 사용되었다. 부산항의 1·2부두 체제는 1930년대까지 지속되었다. 부산항의 물동량은 급속히 증가하여 수출입 화물이 1917년은 143만 톤, 1935년은 248만 톤에 이르렀다.

1930년대 일제가 만주사변과 중일전쟁을 일으킨 탓에 대륙으로의 인적·물적 수송이 급격히 늘어났다. 부산의 1·2부

제1잔교가 건립된 부산항 풍경(위)과 부산항 잔교에 도착한 창경환(아래). 부산박물관 제공.

두는 혼란스러운 시장 같았다. 당시 기사에서는 '대륙부대의 범람으로 부산 부두가 대혼란'이라고 썼다.[47] 1939년 3월 25일 하루 사이에 홍안환과 덕수환이 2,800여 명을 부산 부두에 토해버린 탓에 부산 잔교는 그야말로 여객 홍수로 범람이 되었다. 부산 잔교에는 북경행 국제열차가 초만원의 여객을 싣고 떠나면서 대혼란이 되었다고 하였다. 대륙으로 떠나는 사람과 물자들로 인해 부산 부두가 홍역을 치르자 일본은 3·4부두를 축조할 계획을 세웠다. 1930년대 중반부터 '부산항 확장계획'이 수립되었다. 1940년에는 제3부두, 1944년에는 제4부두가 지금의 초량동 해안가에 나란히 축조되었다.[48]

　　3·4부두는 거의 70년간을 동고동락했지만 얼마 전 부산항 국제여객터미널 공사로 인해 제3부두가 사라졌다. 그뿐인가. 1부두와 2부두는 형제처럼 지근거리에서 백여 년을 바쁘게 달려왔건만 2부두의 북쪽 면은 재개발공사로 인해 매립되었다. 이제 제1부두만 외로이 남은 상태다. 2020년 2월, 당국은 역사와 미래를 아우르는 부산항구를 만들겠다며 '부산항 북항 통합개발 계획'을 발표하였다.[49] 이 청사진이 과연 부산항의 역사까지 아우르는 계획일까? 최소한 제1부두를 보존하고 인근 공유 수면 매립을 포기하지 않는 한, 이 계획은 주변 경관과 역사를 잠식하는 개발에 지나지 않는다. 진정 부산항 통합개발에서 역사를 배제하지 않으려면, 1부두로 돌아가서 부산항의 역사 위에 서봐야 할 것이다. 부산항 부두의 공사를 추진한 주체는 일제였지만 오로지 막노동으로 흙을 단단히 쌓아 부두를 건설한 사람은 '조선인'이었다. 조선인 노동자들은 낮은 임금과 민족 차별을 받으면서도 피땀 흘려 부두 건설에 참여하였고, 때때로 흙더미 매몰사

고로 인해 목숨을 잃기도 하였다.

　　조선인의 모진 노동으로 탄생한 부산항 부두는 우리나라 근현대사의 백 년 스토리를 고스란히 품은 장소다. 특히 나이가 제일 많은 제1부두에는 우리 민족의 많은 사연이 얽혀있다. 일제강점기 내내 부관연락선에 탑승한 조선인의 아픈 사연이 드나드는 곳이자, 해방 후에는 귀환 동포가 무거운 짐을 내리고 희망을 디딘 곳이었다. 한국전쟁기에 미군이 도착한 장소도, 피란민을 위한 구호품이 수송된 장소도 바로 제1부두였다. 현대기에도 부산항 제1부두는 우리나라 무역과 외교의 중추적인 역할을 하였다. 해방 이후 일본과의 국교 단절로 부두의 생명이 다하자 1963년에는 1부두 위에 부산 종합어시장이 운영되었다. 한일협정 체결로 다시 일본과의 외교가 정상궤도에 오르자 1부두를 확장하여 국제여객터미널이 건립되었다. 우리나라 근현대사를 오

부산부를 중심으로 한 명소 교통도

롯이 담은 제1부두를 보존하지 못한 채 '역사를 아우르는 북항
통합개발'을 한다는 말은 빛 좋은 개살구에 불과하지 않겠는가.

2
달라진 부산, 근대의 시공간

매축공사와 부산의 신시가지

나는 부산 역사에 대해서 강의를 할 때 수강생들에게 자주 묻는다. "부산은 살기 좋은 도시입니까?" 돌아오는 대답은 한결같이 "예, 물론이죠" 또는 "당연히 그렇습니다"이다. 이런 우문愚問을 던지는 이유는 근대 이전의 부산의 지리와 환경을 생각해보자는 이유에서다. 근대 이전의 부산은 바다와 산으로 둘러싸여 사람들이 살 수 있는 평지는 좁은 상황이었다. 부산은 지리적으로 사람이 대거 정주하고 큰 마을이 조성되기에는 좁고 불편한 땅이었다. 인구가 적었던 전근대기에는 이런 환경이 문제가되지 않았다. 하지만 근대와 함께 들이닥친 인구 증가는 부산의자연환경을 개선할 필요성을 대두시켰다. 설령 조선시대는 이런필요성을 인식하였다 하더라도, 사람이 지형을 바꾼다는 것은그야말로 언감생심이었다. 하지만 근대의 토목기술은 전근대에서 상상조차 할 수 없었던 해안의 대규모 매립을 통해 지형 변경을 가능하게 만들었다.

부산 최초의 매축공사는 1887년에 시작된 '부산해관부지 매축공사'였다. 부산해관이 개관됨으로써 대형선박이 정박할 수 있도록 지금의 부산데파트 앞바다를 매축한 공사였다. 이 공사는 부산해관이 주도하였고, 공사비는 조선 정부가 댔다. 1년 남짓의 매축공사로 생긴 부지에는 해관잔교와 보세창고保稅倉庫 등을 건립하였다. 이때의 매축공사는 시가지가 생길 정도로 대규모로 진행된 것은 아니었다. 부산의 해안 지형을 뒤바꾼 대규모의 매축공사는 1900년대 들어 일본인의 주도로 이뤄졌다.

부산 북항의 매축사업에 첫발을 뗀 인물은 일본인 사업

북항 매축 공사

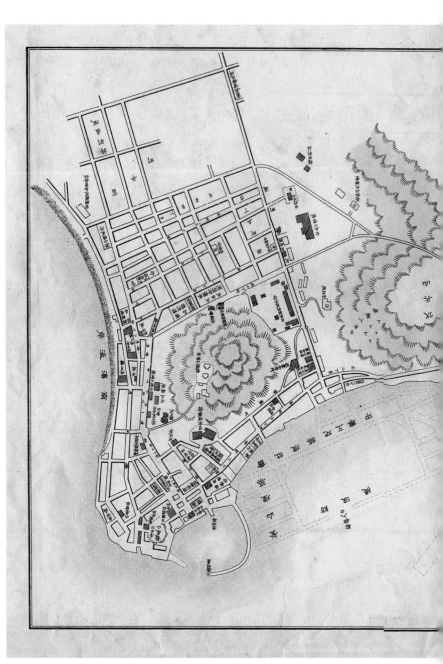

부산항시가와 부근 지도(1903년). 1903년 발행된 부산항시가도이다. 매축되기 전의 부산항 지형이 잘 나타난다. 해안가에 쌍산이 접해 있고, 부산매축과 부산정거장 예정지가 표시되어 있다. 용두산 주변에는 일본영사관을 비롯한 관공서 등의 입주 사실에 대해서도 알 수 있다.

가 '사토준조佐藤潤象'였다. 그는 부산항이 무역항으로 적당하지만 해안가가 산과 바로 맞닿아 있고 평지가 좁아 부두로서 제대로 기능할 수 없다고 생각하였다. 이대로 두어서는 경부철도와도 연결될 수 없으므로 한국 유일의 관문으로서 효용성이 떨어질 것으로 판단하였다. 1900년 그가 조선 정부에 매축 신청서를 제출하면서 일본 공사 하야시곤스케林權助에게 보낸 편지에는 이렇게 쓰여 있다. "만약 활 모양의 한 끝에서 활시위 모양으로 그어서 다른 한 끝에 이르기까지 방파제를 만들고 이것을 매축하면 수만 평의 평지를 얻을 뿐만 아니라 동시에 완전한 선류船溜(배를 정박하는 곳), 잔교 등을 설치할 수 있다." 굴곡이 심한 해안의 끝과 끝을 일직선으로 연결하여 제방을 쌓고 안쪽을 매립시키면 엄청난 부지를 얻을 수 있다는 것이다. 이어서 그는 "부산항이 장래 경부철도와 서로 조응하여 한국 무역의 정문 역할을 하는 것이 결코 어렵지 않다"라고 하였다. 궁극적으로 부산의 매축공사는 선박과 철도를 연계하기 위한 것이다. 부산을 대륙 진출의 관문으로 삼기 위해서는 매축공사가 선행되어야 할 작업임을 강조한 것이다.[50]

사토준조는 부산 거류민 등 관계기관과 협의를 마치고, 조선 정부로부터 매축권을 따냈다. 그러나 공사를 추진하기 위한 자금을 확보하는 데 난항을 겪었다. 그는 일본의 재벌 오쿠라구미大倉組의 회장 '오쿠라기하치로大倉喜八郎'를 끌어들여 부산매축주식회사를 설립한 덕에 공사를 진행할 수 있었다. 부산매축주식회사가 시행한 북빈매축공사는 1기(1902~1904)와 2기(1907~1908)로 진행되었다. 두 차례의 매축공사로 약 4만 평의 부지가 생겨났다. 매축 시에 필요한 토사는 부산 거류민의 협조를

매축지 위에 부산역 및 부산세관 등이 조성된 부산항 전경

얻어 조계지와 적기(우암동) 등에서 조달하였다. 서로 연결되었던 용두산과 복병산은 이 공사로 인하여 능선이 깎여 중간에 큰 길이 생겨났다. 이것이 현재 대청로다.[51] 내가 부산의 근대사 답사를 진행할 때 대청로를 건너 백산기념관 아랫길(대청로 134번길)로 가는 이유도 이 때문이다. 백산기념관의 아랫길은 매축공사 이전에는 해안가였다. 이 골목을 두고 아래쪽이 바다였다는 사실을 주지시키면 답사객들은 당시 어마어마한 공사 규모를 떠올리며 놀라곤 한다.

　　북빈매축공사가 끝난 후 일본인들은 매축지를 자신들이 일궈낸 땅으로 홍보하기 위한 지명을 붙였다. 예컨대, 매축회사의 간부 이름을 따서 '대창정大倉町, 안본정岸本町, 좌등정佐藤町' 등으로 하거나 경부철도와 매립지의 의미를 살려 '경부정京釜町, 매립신정埋立新町'으로 정하였다.[52] 새로 조성된 땅에 붙인 일본인 지명은 조선 정부의 권한은 배제된 채 이 신천지가 식민지로 가는 경로였음을 보여준다. 당시의 매축지는 공공기관에는 비교적 싸게 분양되었다.[53] 민간에게도 매각하거나 임대하였다. 그리하여 부산역, 부산세관, 부산우편국, 부산수산경찰서 등 공공기관이 설립되고, 회사, 창고, 여관 등이 들어섰다. 그 사이로 간선도로가 확충됨에 따라 점차 신시가지의 모습을 갖추게 되었다.

근대 시공간의 중심, 새마당과 부산역

부산 근대사 답사를 할 때 기점이 되는 곳은 중구 중앙동 사거리에 있는 '새마당매축기념비'다. 새마당은 그 이름처럼 근대의 토목공사로 인하여 '새로 생긴 넓은 땅'이란 뜻이다. 이 비는 1902년부터 1912년까지 현재의 중앙동 일대를 매축하여 '새마당'이라는 넓은 평지가 만들어진 것을 기념하기 위하여 1983년에 세워졌다. 정석빌딩 앞에 있는 기념비는 규모가 제법 큰데도 이 거리로 다니는 사람들이 거의 없어서인지 주목을 받지 못하고 있다. 그럼에도 이 일대가 인위적 매축을 통해서 새로 조성된 땅이라는 점을 보여주는 데 '새마당매축기념비'만큼 좋은 교재는 없다.

개항기의 중심지였던 용두산 일대는 매축공사로 인하여 그 중심 기능을 새마당에 내주어야 했다. 새마당은 부산의 근대가 시작되었던 공간이자 우리나라 근대 시공간의 압축을 상징적으로 보여주는 장소다. 현대 문명이 주지하다시피, 시간과 공

중구 중앙동의 새마당매축기념비(1983년)

간은 별개가 아니고 밀접하게 결합된 것이다. 시공간에 대한 인식, 즉 '거리가 가깝다, 멀다', '시간이 빠르다, 느리다'라는 관념은 속도에 따라, 시공간에 따라 상대적이다. 예컨대 조선시대 부산에서 서울까지는 멀고도 험한 행로이지만 고속열차 철로를 달리는 현대에는 그리 멀게 느껴지지 않는다. 근대의 특징은 무엇보다 시공간의 단축을 들 수 있다. 산업혁명 이후로 자동화와 기계화의 진전은 분명 교통의 발달과 속도의 증가, 시공간의 압축을 가져왔다.

기념비를 보여주고 나서 이동하는 다음 코스는 약 100미터 떨어진 부산무역회관이다. 이 건물의 정문 쪽 계단을 오를 때면 답사객들은 왜 이곳에 왔는지 의문을 품는다. 여기를 굳이 답사코스로 고집하는 이유는 이 계단에 올라서 발돋움을 해야 서쪽 나무숲 건너 철로가 보이기 때문이다. 그런 뒤 나는 곧 질문을 던진다. "지금 경부선의 종착역인 부산역은 초량에 있는데 왜 이곳까지 선로가 깔려 있을까요?" 의외로 이 질문에 답하는 답사객들은 많지 않다. 1953년 화재사건이 있기 전까지 이 새마

경부선 기공식장 전경(위)과 경부선 개통식 전경(아래)

당에 부산역이 있었다. 제1부두까지 철도가 연결되어 있었으니 어렴풋이 보이는 철로가 그 당시 부산역의 흔적이다.

경부선은 1901년 기공식을 시작으로 약 4년 공사 끝에 1905년 5월 28일에 개통식이 열렸다. 이때 경부선 구간은 서울 남대문 역에서 부산 초량역까지였다.[54] 걸음마를 시작한 경부선이 제1부두까지 연결되지 못하고 초량에서 끝난 이유는 무엇일까? 그것은 지금의 초량동과 중앙동 사이에 영선산營繕山과 영국영사관산英國領事館山이 있었기 때문이다. 영선산은 해안에 바짝 붙어 굽이 도는 높이 50미터의 낮은 산이었다. 비록 높지도 길지도 않지만 교통로의 부설을 저해하는 가로막이었다. 이 쌍산雙山이 있는 한, 항로와 철도는 연계될 수 없거니와 늘어나는 인구에 비해 좁기만 한 거류지를 확장하는 사업도 불가능하였다.[55] 그리하여 부산의 일본인 거류민단은 두 산을 착평鑿平하고자 청원서를 제출하였고 조선 정부로부터 허가를 받았다. 1909년에 시작하여 1912년에 끝마친 이 공사를 이른바 '부산착평공사(또는 영선산 착평공사)'라고 한다. 이 공사는 일거양득의 효과를 가져왔다. 산을 제거하여 약 4만 4천 평의 평지가 드러났고, 여기서 얻은 토사로 바다를 매립하여 10만 평 이상의 부지가 생겨났다. 한편 영선산의 해체는 일본인과 조선인의 생활 경계를 무너뜨렸다. 일본인 거류지(용두산)와 조선인 마을(초량)의 생활권역을 구분하던 경계가 사라짐에 따라 양자의 교류가 더 확대되었다.

근대의 토목공사로 생겨난 새마당 위에는 부산역과 세관이 건립되었고, 지척으로 부두가 연결되었다. 앞으로는 부산의 간선도로가 지나가고, 동래온천장으로 향하는 전차도 여기에서 출발하였다. 부산 새마당의 탄생으로 철도와 항로가 연결되고,

비로소 일제는 대륙 진출의 교두보를 확보하게 되었다. 특히 부산역은 부관연락선과 경부선이 만나는 '교통의 거점'이자 다시 자동차, 전차로 갈아타는 시발점이다. 부산역은 부산의 주요 장소나 관광지의 거리를 표시할 때 기점이 되었다. 당시에 발행된 관광안내도의 중심을 차지하는 곳은 부산역이었다. 무릇 새마당의 부산역은 근대 시공간의 중심지였다.[56]

부산역사는 1910년 3월에 준공되었지만 낙성식은 그해 10월에 개최하였다. 총 공사비가 35만 원이 소요된 이 역사는 일본의 주요 역사와 버금갈 정도의 규모였다. 부산역사는 내부에 다양한 시설을 갖춘 근대건축물이었다. 1층에는 승차권 발매소, 대합소, 개찰구, 안내자 대기실, 매점, 서양식 변소 등이, 2층에는 철도호텔과 식당, 사무실, 전신실 등이 있었다.[57] 부산역의 중심에는 시계탑이 세워졌다. 근대의 교통수단이 발착하고 연결되는 장소에 가장 필요한 것은 근대의 시계였다. 아름다운 르네상스식의 붉은 2층 벽돌 건물이었던 부산역 지붕의 가운데에 기계시계가 설치된 첨탑이 우뚝 솟아 있었다. 부산역을 찾은 사람들은 이 웅장한 근대건축물의 최상부에 솟은 시계탑을 우러러봐야 했다. 사람들은 부산역 시계가 가리키는 시간에 맞춰 광장에서 역사를 거쳐 플랫폼으로 일사불란하게 이동하였다. 4면이 시계로 둘러싸인 이 거대한 시계탑은 부산의 표준시를 알려주었거니와 사람들에게 근대의 시간을 가르쳐 주었다. 사람들은 정해진 시간표에 따라 바쁘게 움직이며 근대의 시간을 체화하였다.

부산역 광장 주변에는 부산세관, 부산우편국, 산업장려관 등 근대건축물들이 함께 건립되어 근대의 위용을 자랑하였다. 이 건축물은 조선인의 눈을 휘둥그레하게 만들었다. 부산에

서 유동인구가 가장 많은 곳도 부산역 광장이었다. 예컨대, 1932
년경 부산역을 통해 승하차하는 여객이 100만 명을 넘었다. 여행
객뿐만 아니라 실업자, 뜨내기, 부랑자들이 부산역 주변으로 모
여들었고, 이를 뒤쫓아 장사치, 사기꾼, 소매치기 등도 흘러들어
왔다. 이에 부산 교통의 거점이자 근대의 중심지로 성장한 부산
역 광장은 사람들의 물결로 인하여 덩달아 각종 사건과 사고가
난무하는 곳이 되었다.

부산진 매축지와 도심 속 오지마을

부산역에 갈 때 자동차로 달리는 길이 '충장대로'와 '중
앙대로'다. 이른바 '부두길'이라 부르는 충장대로를 달리면 이곳
이 과거에 바다였다는 사실을 어느 정도 짐작할 수 있다. 왜냐면
바로 서쪽에 펼쳐진 바다와 진행 중인 '북항 재개발사업 매립공
사'가 목전에 보이기 때문이다. 그런데 근대기에 매립된 땅은 이
보다 훨씬 넓었다. 간략히 말하면, 중앙대로 동쪽으로 펼쳐진 부
지는 거의 매축된 땅이었다. 부산 사람이 생활하는 공간의 상당수
가 근대의 매축으로 탄생하였다. 과학기술로 무장한 근대는 부
산의 지도를 완전히 바꿀 정도로 지형을 변화시켰다.

눈으로 보는 것을 넘어 매축된 땅을 직접 밟고 싶다면
'매축지 마을'로 가봐야 한다. 영화 「친구」에 등장하여 유명해진
매축지 마을은 다닥다닥 붙은 판잣집과 좁은 골목길 등 부산의
산동네와 주거환경이 비슷하다. 하지만 그 탄생의 기반은 전혀
다르다. 부산의 산동네는 산복도로 주변 고지대에 위치한 반면,
매축지 마을은 바다를 매립한 평지 위에 조성되었다. 다시 말해
부산의 산동네는 자연스러운 생태 환경 위에 섰지만 매축지 마

을은 인위적으로 만든 평지 위에 선 것이다. 열악한 주거 환경이
야 비슷한 수준이어도 각각이 처한 인문 환경은 다르다.

　　　매축지 마을은 '부산진 매축사업'으로 탄생한 마을이다.
이 매축사업은 주거지를 조성하기 위해서 시행된 것은 아니었
다. 이 공사로 만들어진 부지는 항만과 철도용지, 공업지대로 사
용되었다. 부산진 매축사업은 크게 1기와 2기, 이후로 나눌 수 있
다. 1기 사업(1913~1922)은 나고야名古屋 자본가들이 투자한 조선
기업주식회사가 주도하였다. 이 매축공사로 인하여 15만 평의
부지(지금의 부산진역 일대)가 탄생하였다. 이 부지의 반은 철도국
이 사들여 경부선 철도를 확장하고 정거장을 만드는 데 썼다. 나
머지 부지는 동양척식주식회사가 매입하여 창고와 공장 등을 건
립하는 데 사용하였다. 2기 사업(1926~1932)은 매축권을 양도받
은 부산진매축주식회사가 공사를 시행하였다. 이로써 약 16만

부산진매축기념비(1939년)

평의 매축지가 생겨났다.

2기 사업 이후에도 15만 평을 더 매축하는 3기 사업이
이뤄졌다. 2기와 3기 사업으로 조성된 매축지에는 미곡 창고, 철
도관사, 부산진역, 공업시설 등이 들어섰다. 부산동부경찰서 정
문 옆에 있는 '부산진매축기념비'가 3기 사업의 증거다. 이 비석
은 매축공사를 끝낸 것을 기념하기 위하여 1939년 4월에 세워졌
다. 이 비석의 건립 이전까지 3기 공사가 벌어진 것으로 보인다.
이 공사로 인하여 비로소 매축지 마을의 터전이 탄생하였다.[58]

부산진 매축공사로 엄청난 규모의 육지가 생겼지만 그
쓰임새는 그리 성공적이지 못했던 것 같다. 공사 과정에서 매축
면허권을 다른 회사에게 자주 넘긴 것도 그렇지만 매축지의 상
당 부분이 매각되지 못하고 공지로 남아 종종 이 공지 위에 대규
모의 행사가 벌어지기도 하였다. 일본의 대륙 침탈이 본격화되
면서 일본군이 빈터를 차지했다. 매축지 마을이 위치한 범일 5동
일대는 일본군의 군마軍馬를 관리하던 시설들이 있었던 곳이다.
매축지 마을의 주민들이 예전에 이곳에 마구간이 있었다고 강조
하는 것도 이런 이야기를 들었기 때문이다. 부산진 매축지는 말
과 인연이 깊었다. 1930년 서면에 경마장이 개장되기 전까지 부
산진 매축지에서 경마대회가 자주 열렸다. 이때 구름 같은 인파
가 몰렸으며, 동래 권번의 기생들도 관람하여 화제가 되었다.[59]

한동안 현존하는 매축지 마을의 주택 일부가 마구간을
고쳐 쓴 건물로 소개되었다. 하지만 이것은 추측일 뿐이다. 광복
이후로 일본에서 귀환한 조선인들이 매축지로 들어왔다. 한국전
쟁 이후로 피란민들까지 대거 몰려오면서 일제강점기의 시설을
이용한 것은 맞다. 그런데 1954년 4월 미군들이 사용하던 송유

좌천동 쪽에서 바라본 매축지 마을 원경(1950년대)

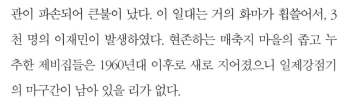

관이 파손되어 큰불이 났다. 이 일대는 거의 화마가 휩쓸어서, 3천 명의 이재민이 발생하였다. 현존하는 매축지 마을의 좁고 누추한 제비집들은 1960년대 이후로 새로 지어졌으니 일제강점기의 마구간이 남아 있을 리가 없다.

부산진 매축지는 '땅은 정주공간 또는 생활공간'이라는 전근대의 토지 개념을 바꾸어 놓았다. 이 매축지는 일본인에게는 철도, 산업, 항만, 군사 용지 등 식민지 근대화의 붐을 일으키는 신천지로 여겨졌다. 하지만 조선인의 삶과는 괴리되었던 공간이다. 전근대 부산의 해안가는 구불구불하고 오르막과 내리막 길이 많았어도 사람들의 생활과 단절된 공간은 아니었다. 그러나 국가적 목적에 따라 특별한 용도로 사용되었던 매축지는 조선인의 삶과 연결되지 못하고 단절된 토지였다. '단절된 땅, 괴리된 부지'는 사람이 살기에 부적합한 땅이 아니겠는가. 아마도 한국전쟁과 같은 역사의 절벽이 없었다면 매축지에 살기 위하여 들어가는 사람은 거의 없었을 테다.

매축지 마을은 '도심 속 오지'라고 불린다. 평지에 위치하였음에도 산동네 끝자락만큼이나 오지인 이유는 철도와 도로, 군사시설(55보급창) 등 근현대 시설의 울타리로 둘러싸여 폐쇄되었기 때문이다. 매축지 마을은 단지 평평한 땅일 뿐 따뜻한 삶과 수평으로 연결된 토지는 아니다. 하지만 전쟁 이후에는 폐쇄된 울타리를 넘고자 하는 사람들이 많았다. 산업화 시기에는 '인생 막장을 경험한 사람들'이 이 마을로 흘러왔다. 이곳에서 오래 살았던 주민조차 매축지 마을을 '도둑놈 소굴'이었다고 표현할 정도였다.[60] 그리하여 매축지 마을은 소외된 부산 사람들이 마지막으로 정착하는 시간이 멈춘 마을이 되었다. 바다를 억지로 메워

매축지 마을 등 동구 좌천동 일대에 큰 화재가 난 모습(1954년)

다진 인공의 터전 위에 산다는 것은 그만큼 어렵고 힘든 일이었을 게다.

근대거리 장수통의 탄생

부산시청이 연산동으로 옮겨가기 전까지 광복동은 서울의 명동에 버금가는 번화한 거리였다. 1990년대 들어 광복동 주변의 행정기관이 이전함에 따라 상권도 쇠퇴하고, 그 위상까지 동반 추락하였다. 그런데 다른 사례를 봐도 도시가 커지고 발전할수록 과거 중심지가 쪼개져 여러 곳으로 분할된다. 도시가 다핵 체제를 갖는 것은 불가피한 사실이다. 부산의 경우에는 직할시 승격 이후 새로운 상권으로 서면이 부상하였다. 이후로 해운대 센텀, 연산동 로터리, 동래역 부근도 부산의 대표적 상업 중심지로 부상하였다. 그러나 새로운 상권이 뜬다 해도 과거의 역사까지 베낄 수는 없는 법이다. 요컨대, 서면과 해운대 등의 상권은 경제적 규모와 이익에서는 앞설 수 있겠지만 광복동의 역사적 정체성을 따라잡을 수 없다. 광복동은 우리나라에서도 거의 최초로 형성된 '근대의 거리'였다. 예전부터 볼거리와 먹거리, 살거리 등 거리에서 누릴 수 있는 가장 많은 '~거리'가 있는 곳이었다.

광복동光復洞은 해방 이후 행정 지명을 바꾸면서 붙여진 이름이다. 한국인의 광복을 기념하기 위하여 상징적으로 만든 동명洞名으로, 개항 이후로 일본인에 의해서 거류지가 조성되고 일본인으로 북적거렸던 마을의 이미지에서 벗어나고자 했다. 광복동의 번화가는 이른바 '광복로光復路'라는 거리다. 이 거리는 부산데파트 앞에서 시작되어 용두산 문화거리를 지나쳐 패션거리로 이어진다. 이 거리에 입주한 상점들은 대개 의류와 신발 등을 취급하며 중간에 음식점과 커피숍들이 끼어 있다. 대개의 상점 가가 그렇듯이 광복로 역시 간판과 쇼윈도, 마네킹과 의상들로 손님들의 눈을 유혹한다. 밤이 되면 광복로는 제때를 맞은 듯, 야 간 조명과 네온사인들로 더 화려해지고 손님들도 더 많아진다. 돌이켜보면, 현대 상점가의 특성은 근대로부터 물려받은 것이다. 광복로의 시계를 백 년 전으로 돌려보면, 여기에는 우리나라 최 초의 근대거리인 '장수통長手通'이 펼쳐진다.

장수통의 역사 아래에는 오랫동안 물이 흘렀다. 흥미로 운 점은 이 물이 역사적으로 상권商圈과 밀착되어 흘렀다는 사실 이다. '긴 거리'라는 뜻의 장수통은 원래 행정구역상 변천정辨天 町에 속해 있었다. 초량왜관 시절 용두산의 신사 중 하나가 변천 (辨天 또는 辨才天)을 모시는 신사였다. 일본에서 변천은 재복, 음악, 지혜의 덕을 가진 '칠복의 신'으로 여겨졌다. 상관商館의 기능을 하는 초량왜관이므로 재복을 불러일으키는 '변천의 신'을 중요 시하였던 것 같다. 변천은 변천정의 유래가 되었으니 이 또한 이

'조선도회' 중 앵천 일대 부분도. 교토대학 부속도서관 제공.

윤을 추구하는 상업과 무관하다고 할 수 없을 것이다.

포산항견취도를 보면 중산(용두산)의 동남쪽을 휘감으며 흐르는 개천에 '사쿠라천サクラ川'이라 표기되어 있다. 일본인들은 하천 인근에 벚꽃나무를 많이 심어 사쿠라가와(앵천, 櫻川)라고 불렀으며, '중천中川'으로도 썼다. 앞 장의 조선도회에는 앵천의 남쪽에 두부집, 다다미 가게, 술집 등 왜관에 거주하는 일본인들의 생활에 필요한 상점들이 늘어서 있다. 이 앵천은 북쪽의 대관가와 남쪽의 상점가를 서로 가르는 경계가 되었을 것이다. 왜관 시절의 앵천은 물을 확보하는 수원으로 톡톡한 역할을 하였다. 하지만 10개 이상의 다리가 있었던 것으로 보건대 자유로운 통행에는 걸리적거리는 존재였다. 그래서인지 일본인 거류지가 조성되면서 이 앵천은 복개되어 사라지고 그 위로는 도로가 개설되었다. 물이 길로 바뀌면서 상권은 더 확대되었다. 이익을 노린 일본인 상인들이 이 거리로 몰려들었고 상점들이 늘어나면서 장수

1890년경 복개 작업이 이뤄진 장수통

통의 모습을 갖추기 시작했다.

소비문화의 최전선, 야점과 백화점

근대 사진엽서를 보면, 장수통의 거리 양쪽에 각종 상점이 줄을 이었다. 가운데엔 전차 선로가 지나고, 일본인들이 선로를 아랑곳하지 않고 활갯짓하며 걸어가고 있다. 흰옷의 조선인들도 많이 보인다. 1917년 장수통에는 전철이 부설되며 상업환경이 완전히 바뀌었다. 조선인들의 접근성도 높아졌다. 사진속 왼쪽 3층의 양옥 건물 아래로 '삼중정 오복점三中井 吳服店'이라는 간판이 눈에 띈다. 양옥 건물 오른쪽의 상점도 전봇대에 간판이 일부 가려졌지만 오복점으로 추정된다. 장수통 상권의 중핵

1920년대 장수통 거리 전경. 부산박물관 제공.

을 차지하는 상점은 의복과 직물을 팔던 오복점吳服店, 신발류 등을 판매하는 이물점履物店, 그리고 생활 잡화를 살 수 있는 잡화점雜貨店이었다.[61] 이 외에도 양복점, 가구점, 완구점, 도기점, 시계점 등 다양한 상점들이 장수통에 입주하였다.

근대기 유행을 선도하면서 상권을 좌우하던 상점은 직물류를 판매하는 가게였다. 소설 『추월색』에서도 부산의 오복점이 등장한다. 정임이가 일본으로 건너가기 전에 부산의 오복점에 들러 일본 옷을 한 벌 사 입는 장면이다. 삼중정(미나카이) 오복점은 1916년부터 부산에서 영업을 시작하였다. 처음에는 오구미 오복점을 인수하여 시작하다가 1926년 옆 건물 부지를 사들여 멋진 서양식 건물을 건립하였다. 한동안 삼중정 오복점은 두 건물을 동시에 사용한 것으로 보인다. 사진에서도 간판은 일본식 목조건물에 걸려 있으며, 양옥 앞에는 자전거 옆으로 이름과 마크가 표시된 안내판이 서 있다. 건물 1층은 쇼윈도로 장식되어 있어서 밖에서도 내부에 진열된 상품을 볼 수 있었다. 근대 상점의 특징은 유리를 이용하여 안팎의 경계를 지으면서도 내부를 환하게 보여주어 고객의 소비심리를 자극한다는 점에 있다.

상점 앞에는 깃발과 각종 장식을 달아서 화려하게 치장하여 손님을 유인하였다. 적극적으로 판매 전략을 세우고 상품 마케팅을 하는 것도 근대 상점의 속성이었다. 예컨대, 장수통의 오복점들은 특정 시기에 대 바겐세일에 들어가고, 전람회, 진열회, 강습회 등 여러 행사를 열어 고객을 유치하였다. 미나카이 오복점은 본점과 지점을 가리지 않고 다양한 상품을 살 수 있는 상품권을 판매하기도 하였다. 장수통의 상점들은 최대한 사람들의 지갑을 열 수 있는 판촉행사를 기획하고 시행하였다. 이는 현대의 백화점이 벌이는 마케팅의 기원이 되었다.

근대거리의 백미는 밤에 열리는 '야점夜店'이다. 야점은 전근대에서는 운영이 불가능한 점포다. 전근대 생활주기에서는 낮과 밤의 차이가 명확했다. 해가 저물면 집 안에 머무는 게 일상이었다. 하지만 근대의 전기는 낮과 밤의 경계를 허물고 되레 밤에 활동을 유혹하는 힘이 있었다. 사진 속에서는 거리 양쪽에 전선이 어지럽게 매달린 목제 전봇대가 줄지어 서 있고, 간판 위로 설치된 조명등이 보인다. 부산에 전기가 본격적으로 도입된 계기는 1910년 조선와사전기朝鮮瓦斯電氣㈜의 설립이었다. 이 회사는 부산전등㈜과 부산궤도㈜를 인수하였으며, 전기철도, 전등 전력, 와사(가스)사업에 뛰어들었다. 1911년 조선와사전기는 873호의 집에 4천여 개의 백열등을 공급하였다.[62] 1916년에는 장수통에 전등점화공사가 완성되어 야점이 활성화되었다. 1927년 가로조명등까지 설치되어 밤거리를 환하게 비추어주었다.[63] 전기 보급에 힘입어 장수통은 그야말로 불야성을 이루었고 야점이 꽃 피웠다. 이런 분위기는 대창정과 대청정 등 인근의 근대거리로 확산되었다. 각종 장식등의 불빛으로 한층 화려해진 장수통 거리는 야점을 더 끌어들여 밤의 소비를 촉진시켰다. 그리고 새로운 도시문화를 만들었다.

1937년경 장수통의 풍경이 크게 변화하였다. 근대거리를 대표하는 명물이었던 미나카이 오복점이 장수통 입구에 6층 짜리 백화점을 신축하여 이전하였다. 다음 장의 사진은 지금의 부산데파트 방향을 보면서 촬영한 것이다. 거리 끝에 신축한 웅장한 미나카이 백화점이 시선을 장악하면서 장수통 거리 상점들을 왜소하게 만들고 있다. 백화점의 등장은 근대의 거리가 '소비

미나카이 백화점이 들어선 장수통 거리 전경. 부산박물관 제공.

문화의 최정점'으로 가고 있다는 사실을 보여준다. 미나카이 백화점은 경성 본점을 신축하고, 평양과 대구에 이어 부산에서도 백화점을 출범시켰다. 오복점에서 백화점으로의 전환은 건물 규모도 그렇지만 판매 규모와 방식도 달라짐을 의미한다. '오복점 시대'에서 '백화점 시대'로 진입하면서 판매 대상이 의식주 상품 전체로 확대되었거니와 이를 조직적으로 구분하여 진열하였다.

　　백화점의 주요 특징은 모든 상품을 백화점 내에서 구입할 수 있도록 하는 것이다. 또한 고급화 전략을 통해 일반 상점과는 다른 분위기를 연출한다. 미나카이 백화점도 1층은 식료품,

화장품, 장신구 등, 2층은 부인아동신사복, 운동용품 등, 3층은 오복류 일반, 4층에는 가구류와 잡화류 등, 5층에는 문방구, 완구 등, 6층에는 낚시도구 등으로 층별로 판매 상품의 종류를 달리 배치하였다. 5층에는 대식당과 갤러리 등 행사장을 두었고, 6층에는 부산항을 조망할 수 있는 옥상 전망대까지 설치하였다. 근대의 백화점은 소비공간에 국한되지 않았다. 여가공간, 문화공간 등으로 영역을 확장하여 고급화된 공간 전략을 도모하고, 소비와 여가를 적절히 결합하였다. 그러나 미나카이 백화점이 등장한 시대는 군국주의의 칼날이 번뜩일 때였다. 상업과 소비 환경은 악화일로를 걸었다. 미나카이 백화점에서도 전쟁 야욕을 선전하는 전시와 행사가 열렸다. 본래의 상업적 목적을 벗어나 군국주의에 기여하는 정치의 장으로 변모되었다.[64]

미나카이 백화점은 부산에 최초로 세워진 백화점이다. 백화점은 그야말로 최상위의 고급 상점이다. 하지만 부산 사람들에게는 값비싸고 화려한 상품보다 건물 자체가 구경거리이자 진기한 명물로 보였을지도 모른다. 부산에서 가장 높은 건물이었던 미나카이 백화점을 보는 것도 신기하였고, 그 유명한 엘리베이터를 타는 것도 색다른 경험이었다. 해방 후에도 부산 사람들은 '백화점 간다'를 '미나카이 간다'로 비유하였다. 이 말을 통해 미나카이 백화점이 부산에 미친 사회적·문화적 영향을 판가름할 수 있다.

부산의 명물이었던 미나카이 백화점은 산업화 시기를 맞아 그 위상이 흔들거렸다. 1960년대부터 상공회의소로 넘어가 회관으로 사용되었다. 1987년 이후로는 부산시청의 별관으로 사용되다가 1998년 철거되었다. 일제 말기 장수통의 입구에 우뚝

서서 근대 상권을 사로잡던 미나카이 백화점이 해방 후 현대거리인 '광복로'로 바뀌면서 그 역할이 축소된 것은 역사적 운명일지 모른다. 하지만 이 장소가 품었던 상업적 기운은 당분간 식었을 뿐, 완전히 사라진 것은 아니었다. 2009년에는 미나카이 백화점이 철거된 자리 위에 L 백화점의 광복동 지점이 새로 생겨났다. '역사는 반복된다'는 옛말을 다시 한번 떠올리게 한다.

부산부의 팽창, 동래군의 축소

일제강점기 부산은 행정구역과 인구, 도시시설 등에서 크게 발전한 것이 사실이다. 강제적 한일합방이 있던 해(1910)에 부산부의 면적은 35.4km에 불과하였다. 1936년 4월에 동래군 서면과 사하면 암남리를 편입하면서 112.12km²로 넓어졌다. 1942년 10월에는 동래군 동래읍과 사하면, 남면 일원을 흡수하여 241.12km²로 확장되었다. 30여 년 세월이 지나면서 행정구역 면적이 약 8배 증가하였다.[65] 물론 이것은 부산부가 동래군의 면적을 흡수한 단순한 결과로 볼 수 있다. 즉, 전통도시였던 동래부가 근대도시 부산부로 바뀌는 과정에서 생긴 행정구역의 변천으로 말이다.

하지만 다른 도시와 달리 부산은 해안 매립을 통해서 행정구역 면적이 증가하였다. 시가지의 변동 폭도 매우 컸다. 앞서 말했던 부산북빈 매축공사와 부산착평공사, 그리고 부산진 매축공사 외에도 적기만 매축공사, 영도 대풍포 매축공사, 부산 남항 매축공사 등으로 인하여 새로운 시가지가 만들어졌다. 이로 인해 부산의 지도는 완전히 바뀌었다. 부산진 매축공사의 연장선에서 시작된 적기만 매축공사(1934~1944년)는 부산진에서 우암동에 이르는 17만여 평의 매립지를 탄생시켰다. 이곳은 항만시설, 기업부지, 저유시설과 군사용지로 사용되었다.[66]

영도 대풍포 매축공사(1916~1926)와 부산 남항 매축공사(1929~1942)는 수산업의 기지로서 어항漁港을 개발하기 위해 진행된 사업이었다. 원래 영도의 대풍포待風浦는 '바람을 기다린다'는 뜻으로, 큰 바람을 피할 수 있는 천혜의 자연조건을 가진 곳이었다. 이곳은 바다가 드나들면서도 섬과 육지로 둘러싸인 간석지였다. 일본인들은 대풍포를 어선의 정박지, 선박의 건조와 수리소로 삼고자 4만여 평을 매축하였다. 지금의 대평동, 대교동, 남항동 일대는 이 공사로 탄생한 땅이다.

1929년, 부산축항합자회사가 부산 남항 매축공사를 진행하였다. 남포동에서 부평동, 완월동으로 이어지는 이 해안가를 '남빈南濱'이라고 하였다. '포산항견취도'에서도 보이듯 이 해안가는 용미산에서 몰운대까지 둥그렇게 이어졌다. 이 부근은 몽돌밭과 모래밭으로 이뤄졌다. 지하철 1호선이 지나가는 구덕로와 충무대로 일대는 공사 이전에는 바닷가였다. 부산축항합자회사는 남빈 해안가에 방파제를 건설하고, 바다를 메워 선박 접안시설을 만들었다. 이 공사로 인해 남항 및 수산물 집하기지로 사용될 14만 5천 평의 용지가 생성되었다. 자갈치 간선도로와 송도로 가는 길도 생겨났다.

일본인들이 근대의 토목건축 기술을 바탕으로 진행한 부산 매축공사는 식민성과 근대성을 모두 아우르는 것이었다. 식민지 도시를 건설하기 위해서 매축공사가 이뤄졌고 그로 인해 도로와 건물 등 새로운 시가지가 조성되고 근대 문물이 성립되었음을 부인키는 어렵다. 한편, 부산의 매축공사는 부산부의 행정구역을 점차 확장하는 기반이 되었다. 도로와 교통수단이 연결되지 못하여 생활권이 단절되었을 때는 근대도시로 편입시키기 어려웠으나 매축공사로 도로를 개설하고 서로 연결하여 하나의 행정구역으로 포함할 수 있었다. 일례로, 부산진 매축공사로 인해 서면이 부산부로 편입될 수 있었다. 남항 매축공사는 부산부가 사하면까지 확장되는 기회를 줬다.

행정구역의 확장과 함께 부산부의 인구도 꾸준히 증가하였다. 일본인 거류지의 인구 밀집도는 상당히 높은 수준이었다. 일제가 러일전쟁에서 승리한 이후인 1906년 현재, 부산의 일본인 인구는 조선의 주요 도시 중 제일 많은 15,875명이었다.[67]

부산안내도(1939년)

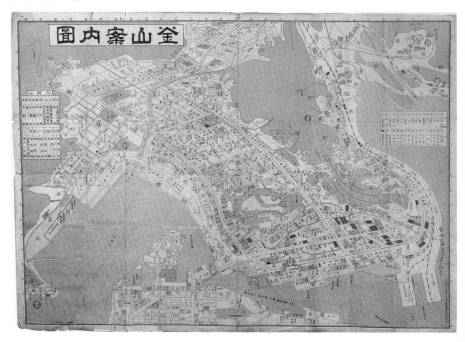

강제적 한일합병 조치가 있던 1910년 현재, 부산부의 인구는 조
선인 20,990명, 일본인 21,928명이었다. 도시기반시설을 일본인
들이 구축하였거니와 인구비율로 따져도 부산은 일본인이 우위
인 도시로 볼 수 있다. 하지만 동래 지역의 일부를 점차 편입시
킴에 따라 인구비율도 역전되었다. 1922년 부산부 인구에서 조
선인이 42,971명, 일본인이 34,915명을 차지하였다. 1930년은 조
선인이 85,585명, 일본인이 44,273명으로 조선인의 비율이 훨씬
높아졌다.[68]

　　1930년 부산은 인구 13만 명에 달하는 대도시가 되었
다. 식민지 조선에서 도시 인구가 증가하고 도시 정비의 수요가
늘어나자 일제는 1934년 '시가지 계획령'을 공포한다. 이 계획령
에 따라 조선총독부는 경성, 인천, 부산, 마산 등 전국의 17개 주

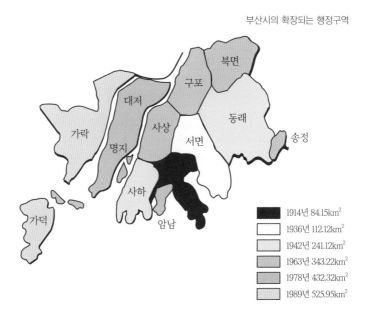

부산시의 확장되는 행정구역

■	1914년 84.15km^2
□	1936년 112.12km^2
▨	1942년 241.12km^2
▨	1963년 343.22km^2
▨	1978년 432.32km^2
▨	1989년 525.95km^2

일제강점기 경남도청 건물. 부산박물관 제공.

요 도시 현황, 인구증가율, 물산의 생산과 집산, 상하수도 시설, 상공지구와 주택지구 등을 조사하여 새로운 시가지 정비계획을 수립하였다.[69] 그리하여 1937년에 부산 시가지 계획구역을 발표하였다. 놀랍게도 이 시가지 계획의 목표 연도는 1965년이었다. 1965년의 계획인구는 40만 명, 총면적은 84,156,300m²이다. 1937년 현재 인구가 21만 3,142명이다. 30여 년 뒤 인구가 두 배 증가할 것을 고려하여 부산 시가지를 확충한다는, 완전한 식민지 도시 설립 계획을 세운 것이다.[70]

　　이처럼 일제는 부산을 40만 명을 수용하는 대도시로 목표를 설정하고, 그에 맞춰 도로와 시가지, 상하수도 시설 등 도시기반시설을 구축하려고 하였다. 부산근대역사관 전시실 중앙에 걸린 대형 지도인 '부산시가지계획도'(1936)에서도 일제가 꿈꾸는 대도시 부산의 조성 계획을 가늠할 수 있다. 이 계획도에는 송도, 서면, 남면 지역이 부산부로 편입됨을 알 수 있다. 자성대에서 우암동에 이르는 해안 및 남부민동 해안을 매축하여 도로망을 확충한다는 계획이 잘 드러나 있다.

부산부의 도시기반시설이 갖춰지고 위상이 강화됨에 따라 일제는 경남도청을 진주에서 부산으로 옮기려고 하였다. 진주는 경상남도의 서쪽에 위치하여 경제와 교통상으로 중심지가 되기 어려울 뿐만 아니라 여러모로 불편한 곳이었다. 일제는 경남도청을 부산으로 이주시켜, 행정의 중심과 경제, 교통, 교육, 문화의 중심을 일치시키고자 하였다. 이로써 얻는 효과가 막대하다고 여겼다. 진주는 물론이고 마산, 창원, 통영, 고성, 사천, 함안, 의령 등 서부권의 주민 130만 명이 이전반대운동을 벌였다. 하지만 일제는 1925년 4월 경남도청을 부산으로 옮겼다.[71] 대륙 진출의 관문이거니와 영남권의 경제, 무역, 교통의 중심지였던 부산으로의 도청 이전은 양보할 수 없는 식민지 건설 사업이었다. 1930년대 일제는 부산부청 건물을 새로 건립하는 공사를 추진하였다. 부산부는 용두산 남쪽에 위치하였던 이사청 건물에 입주한 뒤로 그 자리를 벗어나지 않았다. 부청 업무가 늘어나고 부서와 직원이 증가함에 따라 2층의 목조건물이 비좁아졌다. 그리하여 1932년부터 용미산을 허물고 청사를 짓는 공사를 전개하여 1936년 3월에 엘리베이터 시설까지 갖춘 신청사를 완공하게 되었다. 이 신청사는 1998년 연산동으로 부산시청이 이전하기 전까지 사용되었다.[72]

용두산 아래의 부산부청(위)과 신축된 부산부청(아래). 부산박물관 제공.

3
관광지로 전락한 동래

해체되는 성곽도시

부산이 근대도시로서 모습을 갖춰갈 무렵, 동래는 어떤 상황이었을까? 1914년 전국적인 행정구역 개편 때 부산부를 분리하고 동래는 기장의 일부와 합하여 동래군이 되었다. 조선시대 동래부가 1910년에 부산부로 이름을 바꾸고 1914년 들어서 부산부와 동래군으로 쪼개진 셈이다. 행정구역 개편은 일제의 식민지 통치를 위한 것임은 두말할 필요가 없다. 주민 구성이나 도시시설에서 부산부와 동래군은 다른 행정구역으로 분리될 만큼 이질적인 존재가 되었다. 하지만 부산에서 요동치던 근대의 바람은 이내 동래군에도 몰아쳤다. 전통적인 성곽도시였던 동래의 해체가 불가피해졌다.

동서양을 막론하고 근대도시로 전환하는 과정에서 성곽은 매우 불편한 존재였다. 산업혁명 이후 서양 도시에서도 성곽이 해체되고 도로가 건설되었다. 따라서 식민지 조선에서 벌어졌던 성곽의 해체 이유를 일제의 침탈로만 단정 지을 수는 없다.

하지만 일제가 성곽 철거를 통해 기존의 통치 질서를 해체하는 동시에 식민지 건설을 용이하게 하였던 것은 분명하다. 조선의 주도권을 장악한 일제는 1907년부터 성벽처리위원회를 구성하여 대구와 진주의 성벽을 철거하기 시작했다. 식민지 도시와 근대 시가지 건립이 일차적 목적이었다. 성벽 철거 과정에서 조선인의 입장이 배제되었음은 물론이다.

동래읍성에서 먼저 철거된 시설은 세병문(남문)이었다. 1912년 지적원도에서는 이미 세병문은 사라졌고, 지목도 '도로'로 변경되었다.[73] 군청으로 들어가는 주도로에 있던 세병문은 덩치가 큰 겹문이었다. 동래선 남문역이 설치되면서 이와 연결되는 도로를 건설하기 위해 일찍이 철거한 것으로 보인다. 성곽 철거가 본격적으로 시작된 때는 1920년대 중반이었다. 1925년부터 동래에서도 시구개정市區改正 사업이 본격적으로 진행된 탓이었다. 성곽은 도로 건설의 일차적 장애물이었다. 식민지 도시화 과정에서 성곽과 근대 도로의 병존은 애당초 불가능하였을 게다.

시구개정은 일제가 추진한 도시계획의 일환으로 도시계획에서 중요한 문제는 도로를 정비하고, 건축물을 짓는 것이었다. 시구개정은 도로의 선, 폭과 연장 등 도로 정비에 주안점을 두었다. 동래에서는 시구개정 사업으로서 직선형 도로를 건설하려다 보니 도로가 물린 곳에 사는 주민들의 반발이 끊이질 않았다. 그런데 주민들의 요구는 성벽 철거와 도로 건설을 아예 취소하라는 것이 아니었다. 예정된 도로선을 일본인의 이익을 위해 변경하지 말고 공명정대하게 추진하라는 것이었다.[74] 성벽 근처에 사는 주민들은 시구개정으로 인한 불편함이 이만저만이 아니었다. 특히 동래읍성 서문에서 동래고보에 이르는 동서 간 도로를 건설할 때 인근에 사는 주민들의 가옥이 철거되었다. 가옥을 잃은 주민들은 어쩔 수 없이 토굴 생활을 면치 못하기도 했다. 이런 판에 동래군청의 숙직실과 정문이 도로에 포함되었다는 이유로 직선형을 유지하지 않고 도로 선형을 바꾸려 하자 동래 주민들이 시민대회를 개최하고 조직적으로 반발하게 된 것이다.[75]

1930년에 이르러 동문에서 남문, 다시 서문에 이르는 성곽은 모두 철거되고 그 자리에 도로가 개설되었다. 시구개정이 완성되면서 평지에 있는 동래읍성 성곽은 거의 철거되고, 마안산에서 망월산으로 이어지는 능선 부분만 남았다. 1930년대 동래는 전통도시로서 모습을 상실한 셈이었다. 동래읍성 내부도 격자 모양의 신작로와 새로운 건물이 세워졌다. 반면, 조선시대 동래부에 속했던 건물들은 철거되거나 이전되었다. 지금의 동래 만세거리를 통과하는 중앙통中央通(지금의 명륜로 112번길)과 군청전통郡廳前通(지금의 충렬대로 237번길)의 개설이 미친 여파가 컸다. 이 도로가 동헌 부지를 관통함에 따라 동헌 건물들을 허물거나 이전하는 것이 불가피해졌다. 그리하여 망미루와 독진대아문도 아무런 연고도 없는 금강공원으로 옮겨졌다(최근 동래부 동헌 복원사업으로 원래의 자리에 복원되었다). 그 와중에 충신당(동래부 동헌의 정당)은 군청사로 쓰였기 때문에 허물어지지 않고 보존될 수 있었다.

보존된 충신당과 달리, 위계가 가장 높았던 객사가 사라진 이유는 무엇일까? 근본적인 이유는 조선 왕조가 망했기 때문이요, 둘째는 동래가 근대도시로 진입하면서 도시시설의 기능이 분화되고, 장소가 재정립되었기 때문이다. 동래부 객사는 봉래관蓬萊館(왕의 전패를 모신 객사의 正殿), 식파루息波樓(객사의 대문)를 비롯하여 부속 건물들이 일곽을 이뤘다. 그 위치는 지금의 동래시

일제강점기 금강공원 입구로 옮겨진 망미루. 부산박물관 제공.

장 일대다. 구한말 이후로 지방의 객사 건물들은 학교로 전용되
는 사례들이 많았다. 대개 객사는 조선시대 건조물 중에서 규모
가 가장 크거니와 앞에는 넓은 마당이 있어서 공립학교로 사용
되기에 적당했다. 동래부 객사도 1907년 개교한 동래공립보통학
교 건물로 사용되었다.[76]

　　시간이 지날수록 동래의 요지를 차지하고 있는 학교를
이전해야 한다는 주장이 강해졌다. 하지만 마땅히 대체부지를
마련하지 못하고 있는 형편이었다. 그런데 오일장이 열릴 때마
다 객사 앞 주도로를 점유하고 있는 시장 상황에 대한 비판이 커

객사 건물을 교사로 사용한 동래제일공립보통학교

졌다. 오일장이 되면 읍내 중요한 시가지가 시장용지로 변하여 도로가 아예 막혔고, 주변이 불결하여 주민들의 보건에도 문제가 있으니 동래읍이 나서서 다른 공간으로 읍영邑營 시장을 이전해야 한다는 지적이었다.[77] 하지만 예산이 넉넉하지 못한 동래읍이 시장부지를 마련하여 옮기는 방안을 추진하기는 역부족이었다.

동래읍은 수년간 명분을 쌓은 덕에 조선총독부의 지원을 받을 수 있게 되었다. 학교용지를 사들여 공설시장을 설치하였다. 동래제일공립보통학교는 학교용지를 파는 대신 지금의 내성초등학교 부지를 사서 이전하였다.[78] 그나마 학교 건물로 쓰일 때 어느 정도 보존될 수 있었지만 이도 저도 아니게 된 객사 건물의 앞길은 어둡기만 했다. 1936년 2월부터 착공한 동래공설시장은 1937년 6월에 준공되었다. 이 공사로 인해 객사는 철거되어 자취를 감추게 되었다.[79] 매달 초하루와 보름이 돌아오면 왕이 있는 궁궐을 향해 망궐례望闕禮를 행하였던 객사에 근대 학교가 입주한 것만으로도 조선의 위상은 추락했다고 볼 수 있다. 나아가 신성한 객사를 허물고 그 터 위에 세속적인 상설시장을 세운 것은 이미 망해버린 조선일지라도 비참한 일이었을 게다. 일제에게 성곽도시의 전근대 통치 질서를 해체하지 않고서 근대의 새로운 공간을 확보하는 것은 불가능했을지 모른다. 1920~1930년

20세기 초반 난전으로 가득 찬 동래읍내장. 부산박물관 제공.

292

대 동래에서 벌어진 도로망의 신설과 전근대 건물의 철거는 조
선과 함께 성곽도시가 역사의 뒤안길로 사라져 갔음을 의미한다.

동래로 들어온 전깃불 괴물

동래의 농심호텔 정원 대나무 숲 사이에는 노인상이 서
있다. 두루마기와 모자를 착용한 노인상은 정원 모퉁이에 홀로
서 있거니와 찾아오는 이도 없다. 쓸쓸해 보이는 이 노인상에게
도 화려한 과거가 있었다. 근대기 동래온천장 전차역에서 관광

허심청 정원 앞의 노인상

객들이 나오면 제일 먼저 반갑게 맞아준 이가 바로 이 노인상이었다. 노인상은 관광 안내자이자 여행 길잡이였다. 현대에 들어 새로운 관광지 발굴과 동래온천 주변의 난개발은 바빴던 동래온천 노인상을 퇴락시켜 '하릴없는 라디오 스타'로 만들었다. 동래온천의 흥망성쇠를 품고 있는 노인상은 무엇보다 근대 전차의 운행과 연동되어 있었다. 동래온천 노인상의 일생을 이해하기 위해선 동래온천장까지 연장된 전차 운행의 연유를 먼저 살펴보아야 한다.

일제는 경부·경의선을 비롯하여 남북으로 이어지는 간선 철도망을 건설하였다. 지방에서도 이와 연결되는 교통망이 필요하였다. 애초에 철도 부설은 정치, 군사, 물류 등의 목적으로 신속한 인적·물적 이동을 위한 것이지만 점차 관광업에 이바지하는 비중이 커졌다. 1909년 11월경 완료된 동래선 철도는 동래온천의 관광을 위하여 부설된 것이다. 일본인 자본가가 주축이 되어 설립한 부산궤도주식회사는 부산의 일본인들이 동래에 가서 온천 관광을 할 수 있는 교통 루트를 건설하고자 하였다. 왜관 시절부터 동래온천에서의 입욕에 대한 욕망도 컸다. 개항 이후로 부산에 정착한 일본인들이 급증하였으므로 더불어 온천욕 수요도 증가하였다. 1897년 이후로는 일본인이 동래온천에서 온천욕장을 운영하는 것이 가능해졌다. 일본인에 의한 온천 개발도 가속화되었다. 하지만 영선산이 버티고 있는 터라 동래선 구간은 부산진성에서 동래온천장까지였고, 정작 일본인들이 살고 있는 부산항까지 연결되지 못하였다.[80]

당시 동래선은 경편철도輕便鐵道였다. 흔히 말하는 증기철도다. 경편철도는 궤도 간격이 좁고 객차량도 적었다. 대규모

294

토목공사가 어렵거나 지역 자본이 부족한 경우에 경편철도가 부설되었다. 비록 동래선은 증기기관차로 움직이는 경편철도였으나 조선에서는 최초의 사설 철도로서 그 의미가 컸다.[81] 1910년 조선와사전기가 부산궤도사를 인수하면서 동래선에 대한 권리도 조선와사전기로 넘어갔다. 1912년 조선와사전기는 기존 동래선의 궤도를 개량하고, 노선을 바꾸어 새로 개통시켰다. 예컨대, 철도 노선을 부산진 매축지까지 연장하였으며, 동래성 남문 가까이 이동시켰다.[82] 전통적 시가지에 살던 조선인들의 이용 가능성은 커졌으나 동래읍성 철거도 불가피해졌다.

철도 시설이 개선될수록 동래선 구간을 확대하여 부산

동래 온천장을 지나는 경편철도

동래의 경편철도

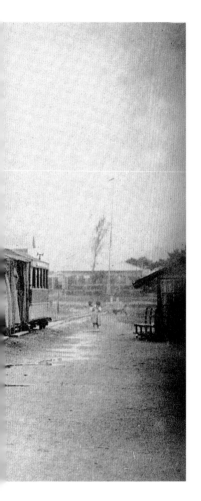

항까지 연결하자는 여론이 비등했다. 시내 교통수단으로 유행했던 전기철도로 변경시켜야 한다는 주장에 힘이 더 실렸다. 전기철도는 이른바 '전차'다. 전기를 에너지로 하여 레일 위를 달리는 교통수단으로 노면전차라고 한다. 근대 전차는 19세기 미국에서 운행을 시작한 후 여러 나라로 전파되었다. 식민지 조선에서는 경성, 평양, 부산에서 운행되었다. 조선와사전기는 구시가지 일주 구간(부산역~중앙동), 신시가지 일주 구간(토성동~부민동), 동래선과 연결 구간(부산항~부산진) 등 세 노선으로 부산에서 전기철도를 구축한다는 계획을 세웠다. 영선산 착평공사가 끝난 뒤라 동래선과 연결되는 구간의 공사는 비교적 수월하게 이뤄졌다. 1915년 고관(수정동)에서 부산진까지의 전철 공사를 진행하면서 부산진 성벽의 대부분이 철거되었다. 부산진성 일대의 전통적 시가지도 해체되기에 이르렀다. 기존의 동래선은 전철노선과 맞춰 궤도의 폭을 개량함으로써 증기기관차와 노면전차가 모두 운행이 가능해졌다.[83]

1915년 10월 31일 부산 동래온천장 앞 광장에서는 성대한 전차 개통식이 열렸다. 화려하게 장식된 전차에 귀빈들을 태워 부산, 초량, 부산진 등에서 행사장까지 운행하는 사전 이벤트가 진행되었다. 개통식에 참여한 손님은 400명에 달했다. 조선 부산 우편국 거리를 지나는 전차. 부산박물관 제공.

와사전기 회장의 개회식을 시작으로 각계 인사의 축하가 이어졌다. 맛있는 음식이 풍성하게 차려진 연회식이 뒤따랐고, 기생들의 공연도 펼쳐졌다. 다들 부산 전차의 앞길은 이날의 개통식처럼 화려하고 눈부실 것으로만 생각했다.[84] 과연 그러했을까? 기껏 우마차와 인력거나 타보았던 조선 사람들은 전차를 처음 보자 그 위용에 놀라면서 '전깃불 잡아먹고 달리는 괴물'로 여겼다. 그도 그럴 것이 육중한 몸체로 시속 20km 이상의 속도로 달렸다. 그뿐만 아니라 공중 전기 케이블에서 번쩍번쩍 나는 방전 불빛이 전근대 사람들의 눈에는 괴물과 다름없었다.[85]

전깃불 잡아먹고 달리는 괴물은 이따금 사람 잡는 괴물로 돌변했다. 1916년 9월, 영가대 정류소를 출발한 전차가 조선인 일행을 덮쳐 한 명이 목이 잘려 숨지고 나머지 사람들은 중상을 입는 교통사고가 발생했다. 일본인 전차 운전사가 차내에서 경찰서 순사와 잡담을 하느라 전방 주시를 게을리했기 때문이다. 이 사건으로 분노한 5백여 명의 군중이 전차에 돌을 던졌다. 운전사를 난타하고 전차 유리창을 깨뜨리다 못해 전복시켰다.[86] 야누스와 같은 두 얼굴의 괴물은 빠르고 편리한 근대 교통의 혁신을 가져온 동시에 숱한 인명 살상의 교통사고를 일으킨 장본인이었다. 주로 어린이와 노약자가 그 대상이었다. 레일 주변에서 놀거나 전차 레일을 걷다가 괴물에게 깔리는 사고를 당하였다.

전차 내 민족 차별도 조선인에게 아픈 상처를 남겼다. 1920년대 이후로 부산 전차는 일본인과 조선인 가릴 것 없이 가장 많이 이용하는 대중교통 수단이 되었다. 1930년 현재 부산 전차를 탄 승객이 연간 천만 명을 넘었다. 이용객이 일일 평균 2만

7천여 명에 이른 것이다. 당시 부산 인구가 13만 명이었으니 부산 인구 중 21퍼센트가 하루에 한 번은 전차를 탄 셈이었다.[87] 하지만 전차 내 분위기는 일본인 일색이었다. 전차를 운행하는 운전사가 대부분 일본인일뿐더러 정거장에 도착할 때마다 일어로 정류소 이름을 말해서 일어를 모르는 조선인들은 내릴 정류소를 놓치거나 몇 정거장을 더 가기가 일쑤였다. 내려달라는 말도 무시하고 운전하는 막무가내식의 운전사 때문에 급하게 내리다가 사고를 당하기도 했다.[88] 부산을 방문하는 조선인 여행객들에게도 이런 불친절한 대우는 마찬가지였다. 1929년 부산에 온 한 여행자는 좁고 불결한 동래 전차와 불친절한 운전사의 말씨는 '범어사 부처'라도 노하지 않을 수 없다고 일갈했다.[89]

근대의 유흥지가 된 동래온천장

동래선 부설로 인하여 근대의 통로가 부산에서 동래까지 연결되었다. 그러나 부산은 도심이요, 동래는 도심에 부속된 교외였다. 동래온천장의 개발은 동래를 '정치와 경제의 중심지로 부상한 부산'에 딸린 휴양지로 변모시켰다. 조선시대 행정 중심지였던 동래는 관광객의 욕망과 기생들의 가무가 뒤섞여 볼썽사나운 풍경들이 연출되는 근대의 온천장으로 전락하였다. 부산에 사는 욕객들은 전차를 타고 동래온천장까지 도착할 수 있었다. 하지만 정거장이 온천천 바깥에 있었으므로 온천장까지는 걸어서 들어와야 했다. 욕객들의 불만이 커지자 조선와사전기는 1927년 전차 역사를 지금의 부산은행 온천장 지점으로 이전하고 전차 노선을 온천장 안쪽까지 연장시켰다. 노인상은 동래온천장까지 전차의 연장 운행을 기념하기 위하여 전차 종점에 세워졌다.

동래 온천장역 앞에 서 있는 노인상. 부산박물관 제공.

　　노인상은 동래온천장까지의 전차 노선이 최종적으로 완성되고,
온천장이 부흥하던 시기를 보여주는 상징물이었다.

　　　　1930년대 들어 일제는 동래온천 개발에 속도를 냈다.
1930년에는 제방공사를 시작하여 온천천을 깔끔히 정비했다.
1933년에는 신식 전차인 보기차寶器車를 투입시켰다. 48분이나
걸렸던 구식 전차는 사라지고 시속 60km의 보기차가 부산역을
출발하여 15분 만에 온천장에 도착했다.[90] 교통 체계의 개선은
관광객들의 수를 증가시켰으며 노인상도 더 바빠졌다. 1930년대
10만이 넘는 관광객들이 찾던 동래온천은 명실공히 조선을 대표

溫 泉 場 全 景
（佐々木商店發行）

멀리서 바라본 동래온천장 전경. 부산박물관 제공.

하는 근대의 관광지였다. 그런데 온천은 목욕하는 곳으로, 무엇
보다 욕탕과 숙박 시설이 갖춰져야 했다. 동래온천장을 대중적
관광지로서 화룡점정을 찍은 시설은 다름 아닌 여관이었다.

근대의 여관은 숙박만을 하는 시설이 아니었다. 숙박업
과 목욕업, 그리고 요리집까지 복합적 기능을 갖는 종합적 휴양
시설이라 할 만했다. 개항 이후 부산의 일본인들은 동래온천에
서 입욕권을 얻는 것에 만족하지 않고 여관을 설립하기 시작했
다. 동래온천에서 최초로 '야스씨八頭司 여관'이 개업한 이후로 일
본인 여관들이 우후죽순 들어섰다. 1903년 일본인 전용 여관인

동래온천장 본정거리(위)와 동래관 객실 풍경(아래). 부산박물관 제공.

'광월루光月樓'가 입주하였고, 1907년 토요타豊田福太郎가 온천을 파서 '호라이관蓬萊館(봉래관)'을 지었다. 무역업자인 토요타가 세운 봉래관은 객실과 욕탕 등 숙박과 목욕 시설 규모 면에서 동래온천장에서 제일 큰 여관이었다. 1930년대에는 2천 평이 넘는 정원에 인공연못을 조성하여 손님들이 낚시와 뱃놀이까지 즐길 수 있도록 하였다.[91]

동래온천장에는 봉래관을 중심으로 숙박과 유흥시설 등 50여 호가 운집하게 되었다. 동래온천장 여관들은 대부분 내탕內湯 시설을 갖추어 관광객들은 여관에 묵으면서 목욕까지 동시에 할 수 있었다. 조선인들이 운영하는 여관도 생겨났다. 이 여관들은 비교적 규모가 작고, 중심지에서 떨어진 곳에 있었다. 동래 인근에 사는 한량과 부자들은 조선 사람의 여관을 찾아서 풍류를 즐겼다.[92] 동래온천장은 관광객들을 위한 다양한 행사를 개최하였다. 봄철에는 벚꽃축제와 씨름대회, 각종 공연을 열어 욕객들을 맞이하였다.

동래온천장의 물은 언제나 맑고 따뜻하였지만 근대의 여울목에 접어들면서 풍속은 점점 탁해졌다. 세계적인 '치료와 휴양의 장'이었던 온천장은 관광객이 증가하면서 점차 '레저와 유흥의 장'으로 변모해갔다.[93] 동래온천장은 돈과 기생, 술과 도박 등으로 혼란스러운 유흥지였다. 동래온천장을 소개한 김남주金南柱는 "그때는 정토淨土였고 지금은 음탕한 곳으로 여지없이 변하고 말았습니다. 기생, 자동차, 창녀, 여관, 요리집으로 발달이 되었다면 상당 이상으로 그렇다고 하겠습니다"라고 하였다.[94] 일본인과 조선인 모두가 찾는 동래온천장의 밤거리는 기생의 장구 소리와 게

이샤의 샤미센 소리가 섞여 들려오는 공간이었다. 동래온천장에는 기생조합이라 부르는 '권번券番'이 있었다. 동래온천에 몰려든 전국의 풍류꾼들은 동래 기생들을 여관과 요정으로 불렀다. 동래온천의 독특한 기방 문화도 이때부터 발전하였다.[95] 일본 기생인 게이샤藝者도 조직적으로 권번券番을 결성하여 동래온천에 진출하였다. 온천장 거리에서는 하얗게 가부키 화장을 하고, 기모노와 나막신 차림의 게이샤들과 쉽게 마주쳤다. 이들은 술자리에서 시중을 들며, 일본의 전통 현악기인 샤미센三味線을 튕기며 노래를 불렀다.

이처럼 동래온천장은 세속적인 문화의 전파지인 동시에 우리나라 목욕 문화를 바꾼 원천이었다. 동래온천장에서 공중욕탕시설이 조성되어 따뜻한 물에서 목욕하는 근대의 생활문화가 조선인들에게로 퍼진 것이다. 이는 가히 '현대 목욕문화의 원조'라 할 만하였다. 동래온천 공중욕장 사진은 근대와 조선이 묘한 대조를 이루고 있다. 사진 속 왼쪽 건물은 동래읍에서 운영하던 공중욕탕으로 조선 여인들이 들어가고 있다. 건물 오른쪽에는 조선시대 온정개건비와 수조가 나란히 보인다. 그러나 이미 그 기능을 상실하여 어딘가 어색한 모습이다. 온정개건비는 1766년(영조 42) 동래부사 강필리가 동래온정을 대대적으로 고쳐 지은 것을 기념하기 위해서 퇴임 한 달 전에 세운 것이다.[96] 사진 속 공중욕탕과 온정개건비는 나란히 서있지만 각각 다른 운명을 맞이했다. 근대적 공중욕탕은 번창으로, 조선시대

온정개건비는 쇠락으로. 이는 일제강점기 부산과 동래가 서로
다른 길을 걸었던 것과 마찬가지였다.

동래온천 공중욕장에 들어가는 여인들. 오른쪽에 수조와 온정개건비가 있다. 부산박물관 제공.

4
일제에 맞서는 부산 사람

쫓겨난 가난한 조선인들

식민지 시기의 역사를 바라보는 관점은 크게 '수탈론'과 '근대화론'으로 나눠볼 수 있다. 수탈론은 식민지 시기 일제가 조선을 착취하고 억압했다는 사실에 초점을 두는 반면, 근대화론은 이 시기 일제에 의해서 경제가 발전하고 근대화가 촉진되었다고 보는 시각이다. 2000년대 들어서 탈민족주의(또는 탈식민주의) 입장에서 수탈론과 근대화론을 모두 비판하면서 양자의 회색지대를 찾아보는 '근대성론'도 생겨났다.

학자들은 자신의 견해를 학술적으로 정립하려 한다. 통계와 수치들을 끌어들여 이론화를 모색하는 경우가 많다. 그러다 보면 실제로 당대 사람들의 삶과는 동떨어진 결론에 도달할 수 있다. 특히 근대화론자들은 경제학의 관점에서 수량으로 확인되는 경제 발전의 추이를 맹신하고 있다. 이는 통계의 오류에 빠지거나 당대 사람들의 삶을 간과할 위험이 크다. 일례로, 경제가 발전한 선진국 가운데에도 자살률이 높은 나라가 있는가 하면 후진국이지만 삶의 만족도가 높은 나라가 있다는 사실을 과연 경제적 통계로만 설명할 수 있을까. 사람의 실제 생활과 만족도는 경제적 수치로 설명되지 못하는 영역이 있다. 때로는 민주주의와 자유, 개인의 행복이 더 중요할 수가 있는 법이다.

일제강점기에 진행된 '부산의 근대화'를 마냥 긍정적으로 보기에는 불편한 사실이 한두 가지가 아니다. 일제가 부산 시가지를 개발함에 따라 원래 그 땅에 살고 있었던 조선인들이 쫓겨났다는 사실도 그렇다. 도로와 택지 개발로 밀려난 조선인들은 살 곳을 잃었다. 산으로 올라가 게딱지 같은 집을 짓고 살아야 했다. 어민들의 삶도 궁핍해졌다. 부산포 일대는 물고기가 많이 서식하는 곳이다. 곳곳에 어살이 설치되어 있었으나 항구 개발로 인해 어민들이 더는 고기잡이를 할 수 없게 되었다. 도시화 과정에서 큰 문제는 몇몇 일본인 지주가 대부분의 토지를 독식하였다는 점이다. 하자마 후사타로迫間房太郎와 같은 일본인들은 토지와 가옥을 대거 매입하고, 조선인에게 비싼 임대료를 받았다. 그들은 토지를 사려는 조선인들에게 시가의 4~5배를 부를 정도로 무리한 금액과 부당한 요구를 하였다.[97]

한편, 타지에서 고향을 떠난 농민들이 부산으로 몰려들었다. 일제의 식민지 농업 정책은 토지에 기대어 살던 농민들을 고향에서 쫓아내 도시로 내모는 결과를 가져왔다. 당시 농민들의 이농은 매우 심각한 수준이었다. 1927년 한 해에만 14만 7천여 명의 농민이 고향을 떠나서 도시, 일본, 만주 등지로 흩어져 남부여대男負女戴하였다. 삯일을 얻으면 그나마 다행이고 유리걸식流離乞食하기가 일쑤였다.[98] 부산으로 몰려든 농민들은 잠재적 임노동자들의 숫자를 증가시켜 노동력의 공급이 넘쳐났고 결국은 임금이 낮아지는 결과를 초래하였다. 이들은 하루 품삯으로 근근이 연명하는 비참한 삶을 살아야 했다.

부산 시가지는 겉보기엔 화려해졌지만 깊이 들여다보면 주거 환경은 더 악화하였다. 1921년, 부산에는 일정한 거처도 없이 시가지를 방황하다 낮에는 품팔이를 하고 밤에는 봉놋방에서 등걸잠을 자는 노동자가 1,500여 명에 달했다.[99] 여기에 일본에 가지 못한 도항 노동자들이 포함되었는지는 모른다. 실제로는 훨씬 더 많은 이들이 부산역과 항구 주변을 헤매었을 것이다. 당시 부산경찰서장은 머무를 곳 없이 떠도는 노동자들로 인해 불안함을 느꼈는지 무료숙박소를 세워야겠다고 언급하기도 하였다. 부산은 폭리를 탐하는 일본인 지주에 대한 분노, 시가지 개발로 쫓겨난 철거민들의 원망, 이를 구제하려는 시민대회의 아우성이 범벅이 되어 언제든지 폭발할 수 있는 '열기 가득한 도가니'와 같았다.[100]

일제강점기의 근대화는 부산 사람들의 삶을 낫게 하였을까? 일제의 정책 지원으로 부산에서 성공한 일본인들은 늘어가는 반면 조선인은 오히려 궁핍해졌다. 빈민이 증가함에 따라 산에는 빈민굴(빈민촌)들이 생겨났다. 빈민굴은 양철, 가마니와 판자 조각으로 얼기설기 엮은 돼지우리 같은 모습이었다. 1923년 부산을 방문했던 '소춘小春'이라는 자는 부산을 '무서운 굴혈窟穴이자 소굴'이라 했다. 대신동은 빈민들이 사는 최악의 주거지이자 조선의 부를 착취하는 일본인 유력가의 소굴이라는 의미다. 그런 빈민굴마저도 모두 하자마 후사타로의 땅이었다. 1922년 부산에서 대략 조선인 만여 호, 일본인이 8천여 호를 보유하였는데, 만 호의 조선인이 가진 부를 합쳐도 하자마의 부를 당해내지 못했다고 한다. 그러하니 소춘은 이렇게 통탄하였다. "조선인의 경제적 망상亡狀(망한 상태)의 표본을 보라. 그것은 부산의 조선인 이다. 또는 조선에 있는 일본인의 발전의 표본을 보라. 그것은 부산의 일본인이다."[101]

부산은 민족 차별과 갈등이 어느 도시보다 심한 지역이었다. 가난한 조선 사람들이 고지대에 정착함에 따라 부산의 거주공간은 '일본인이 사는 평지'와 '조선인이 사는 산지'로 양분되었다. 가난하고 힘없는 조선인은 대개 지금의 영주동, 대신동, 아미동, 구덕골 등의 산지에서 살아야 했다. 일제강점기 서울과 평양 등 대도시에는 빈민들이 많았다. 그중에서도 부산의 열악한 상황은 전국적으로 유명하였다. 1934년 『동아일보』의 한 기자는 부산 빈민굴의 현장을 직접 취재한 기사에서 '부산처럼 빈민이 많기는 조선 천지에 짝이 없다고 한다.'고 썼다. 당시 영주정(현 영주동) 산리는 부산의 도심과 가깝다는 지리적 이점 탓에 1,500호의 빈민들이 몰려 있는 최대의 빈민촌이었다. 기자는 산리의 총대總代(마을 대표)를 만나 이런 대화를 나눴다.[102]

"인구수는 얼마나 됩니까?"

"한 7,000여 명 됩니다."

"그들은 모두 무엇을 연명하여 삽니까?"

"산다는 것보다 죽지 못하는 것이지요, 하여튼 뱃머리에 가서 하루 몇 전 벌어 사는 사람이 많고 그 나머지는 모두 지게꾼과 걸인들이지요."

총대의 답변처럼 산리의 빈민들은 그야말로 죽지 못해 사는 꼴이었다. 이들은 부산항에서 등짐을 지어 간신히 연명하였다. 거지꼴인 자들도 많았다. 보란 듯이 신시가지를 개발한 일제건만 빈민촌의 환경에 대해서는 수수방관하였다. 산리에는 토막土幕(움집)과 바라크(양철로 만든 가건물)가 무질서하게 들어섰다. 그 사이로 꼬불꼬불한 길들이 거미줄처럼 엉켜 있었다. 비라도 오면 진흙이 휩쓸려 내려와 흙 바다를 이룬 탓에 미끄러지지 않고는 다닐 수가 없었다.

빈민촌의 가장 열악한 문제는 분뇨와 오물 처리 그리고 식수 구하기였다. 마땅한 화장실과 쓰레기장이 없으므로 비가 올 듯하면 산비탈에 분뇨를 버리는 사람들로 인해 그 아래에 사는 사람들은 똥 감투를 쓰는 꼴이었다. 길가와 개천에는 각종 오물이 쌓여 썩어갔다.[103] 상하수도 시설도 있을 리가 만무하니 물 기근을 면한 날도 없었다. 그나마 있는 공동 샘물의 수량도 턱없이 모자라서 부인네와 어린 처녀들이 서로 물을 길으려 싸우는 풍경이 연출되었다. 6천여 명이 사는 대신동 일대의 빈민촌,[104] 1천여 호가 밀집된 곡정谷町 아리랑 고개 빈민촌의 상황도 영주의 산리와 크게 다르지 않았다.[105]

1933년에는 시급히 구제를 요하는 가난한 조선인이 인구의 35퍼센트에 달하였다.[106] 그중 부산 조선인들의 삶은 두말할 필요가 없었다. 의식주 생활은 물론이고 생활 환경도 예전보다 더 나빠졌다. 아이들 교육은 엄두도 못냈다. 유지들이 기부금을 모아 빈민촌에서 야학이라도 열라고 하면 경찰서에서 중지를 시켰으니 참으로 딱한 형편이었다.[107] 이렇게 삶이 피폐해진 조선인들에게 일제가 추진했던 근대화가 어떤 의미가 있을까? 설령 일제강점기에 경제가 괄목할 만한 발전을 이루었다 해도 그 혜택은 일본인들이 누렸을 뿐 민족 장벽에 가로막힌 조선인에게는 돌아가지 못하였다. 이것이 식민지 시기 부산의 근대화를 논할 때 통계학적 검토와 아울러 민족 차별이 없었는지, 조선인의 실생활은 어떠했는지까지 논의되어야 하는 까닭이다.

부산에 울려 퍼진 독립만세운동

3·1 운동은 일제강점이 시작된 이후로 축적된 민족 모순이 폭발적으로 분출된 독립운동이다. 200여만 명의 조선인들이 참가할 정도로 대중적 참여가 돋보였다. 이로써 향후 독립운동의 향방도 결정되었다. 조선인들은 식민지의 모순과 민족의 독립을 자각하고, 대한민국 임시정부와 같은 독립운동의 결정체를 탄생시켰다. 대한민국의 국가 정통성은 3·1 운동에서 싹이 트였다고 해도 과언이 아니다. 부산에서도 3·1 운동은 광범위하고 다발적으로 발생하였다. 지금까지 알려진 것만 해도 '일신여학교 만세운동', '동래장터 만세운동', '구포와 기장의 만세운동' 등 부산의 여러 곳에서 만세운동이 들불처럼 일어났다.

부산에 독립선언서가 배포된 게 3월 3일경이었으며, 독립만세운동이 처음 발생한 때는 3월 11일이었다. 이즈음에서 3·1 운동이란 용어를 쓰는 게 맞는지에 대한 의문이 들 것이다. 3·1 운동이란 명칭은 서울의 주요인사 33인이 3월 1일 탑골공원에서 만세시위운동을 계획했다는 사실에서 말미암은 것이다.[108] 서울에서 멀리 떨어진 경남 일대는 대부분 3월 10일 이후로 발생했는데, 부산은 서울과 먼 지역임에도 이른 시기에 운동이 시작되었다.[109] 이는 경부선을 통한 인적 교류가 활발하였기 때문이다. 실제로 부산의 3·1 운동이 촉발된 계기는 서울의 만세시위에 참석하고 고향으로 돌아와 불쏘시개 역할을 한 부산 사람들이었다.[110]

부산에서 최초로 만세운동이 시작된 곳은 '부산진일신여학교'이다. 일신기독병원에서 정공단을 지나서 부산진교회를 따라 고갯길을 오르다 보면 숨이 차오른다. 그 무렵, 서양식으로 지어진 2층짜리 벽돌 건물이 보인다. 작고 아름다운 이 건물은 과거 부산진일신여학교의 교사校舍였다. 지금은 학교 역사를 보여주는 전시관으로 꾸며졌다. 그런데 잘 살펴보면 조적조組積造이긴 한데 아래층과 위층의 건축양식이 다르다. 1층은 돌로 쌓았고, 2층은 붉은 벽돌로 쌓았다. 건축양식만큼이나 건물에 담긴

좌천동에 위치한 부산진일신여학교 교사

역사도 오래되었다. 부산진일신여학교는 1895년 호주 장로선교회(여자전도부)가 한 칸의 초가집에서 소학교를 개교한 것에서 시작되었다. 그러다 1909년에 돌을 쌓아 1층 건물을 지었으며, 학교가 커지자 다시 1931년에 벽돌로 증축하였다. 증축 당시에는 캐노피와 베란다를 설치하면서 지금의 건물 구조를 갖추게 되었다. 부산진일신여학교는 '부산 최초의 근대 여성학교'로서 숱한 여성 인사를 배출하였다.[11]

이 교사의 정원에는 '부산진일신여학교 3·1 운동 만세 시위지'라는 안내판이 설치되어 있다. 현재 동래여고 교정에도 '부산진일신여학교 만세운동기념비'가 세워져 있다. 부산 최초로 독립만세시위가 펼쳐진 이곳은 그 의미가 남다를 수밖에 없다. 1919년 3월 11일 일신여학교의 주경애, 박시연 선생은 여학생을 규합하여 좌천동에서 태극기를 들고 만세시위를 전개하였다. 시위가 저녁 늦게까지 지속되자 군경軍警이 출동하여 시위를 주동한 선생과 학생을 전원 연행하면서 끝이 났다. 부산지역 독립만세운동의 신호탄이 된 일신여학교 시위는 인근의 동래 시위로 이어졌다. 4월 초까지 좌천동에는 시위가 몇 차례 더 발생하였다.

동래고등보통학교(지금의 동래고) 학생이 주축이 된 동래면 시위는 3월 13일에 발생하였다. 동래고보 학생대표였던 엄진영이 망미루에 올라 독립만세를 외친 즉시 동래장터에서 200여 명이 만세운동에 참가하였다고 한다. 이미 서울에서 내려온 학생대표가 동래 학생들에게 독립선언서를 전달한 바 있었다. 한편, 동래 출신으로 서울에 있던 곽상훈(동래고보 졸업생)도 독립선언서를 가지고 귀향함으로써 동래 지역에는 독립만세운동의 분위기가 한껏 무르익었다. 3월 13일 시위 이후로는 범어사 명정학교 학생들이 주도하는 시위가 발생하였다. 한용운이 2월에 범어사 주지를 만난 바 있었다. 또, 명정학교 졸업생 김법린이 독립선언서를 가지고 내려옴으로써 불교계 학생들의 만세시위도 곧 일어날 태세였다. 18일부터 시작된 이 시위는 19일까지 이어졌고, 수십여 명이 검거되어 재판을 받았다.

구포면 만세시위는 군경이 발포까지 하고 부상자도 상당수 발생한 매우 격렬한 시위였다. 구포면 시위도 이 지역 출신으로 경성의학전문학교를 다니던 양봉근이 독립선언서를 구포 청년들에게 전달하면서 막이 올랐다. 3월 29일 구포 상날에 발생한 이 시위에는 천여 명이 참가하였다. 시위 청년들이 구포주재소를 공격하자 군경이 발포하였다. 이 시위로 인해 군중뿐만 아니라 군경도 크게 다쳤다. 기장면 시위는 구포면 만세시위에 버금가는 대규모 시위였다. 동래면 시위에서 배포된 독립선언서가 기장면 유지들에게 전달되어 4월 5일 기장 장날에 맞춰 수백 명의 군중들이 독립만세를 외쳤다. 이날 군경 진압은 오히려 민심을 자극하였다. 다음 장날(4월 10일)에는 천여 명의 주민들이 참가할 정도로 확대되었다. 기장면 시위는 장안면에도 영향을 미쳐 4월 9일 좌천장터 시위가 발생하기도 하였다.

부산 동래에서 발생한 만세운동의 동향을 살펴보면 한 가지 의문이 생긴다. 왜 부산의 중심에서는 독립만세운동이 일어나지 않았을까. 부산 변두리인 좌천동, 그리고 동래군에서 집중적으로 시위가 발생하였으나 부산의 도심(지금의 중앙동, 광복동 일대)에서는 '대한독립만세'가 울려 퍼지지 않았다. 이것은 식민 도시 부산의 역사적 배경이나 지정학적 특징과 맥락을 같이 한다. 부산부 중심에는 일제의 행정기구나 경찰기관이 밀집되어 있거니와 일본인들이 집중적으로 살고 있었기에 식민지 조선의 독립에 대한 열망과 분위기가 잘 조성되지 않았다. 설령 대한독립을 외치려는 사람들이 있더라도 군경의 감시와 통제로 인하여 사전에 발각되어 진압될 것이 뻔하였다.

부산은 식민과 근대를 함께 품은 모순을 지닌 도시였다. 부산은 일제의 권력이 확고하게 점령한 식민도시인 동시에 독립운동 소식이 빠르게 전파될 수 있는 근대도시였다. 부산과 동래의 만세운동에는 재경在京 부산 인사들이 큰 영향을 미쳤다. 비교적 이른 시기에 시위가 발생한 배경에는 근대의 교통체계, 즉 철도를 통해서 서울과 부산의 인적 교류가 매우 활발해졌다는 사실이 있다. 경부선을 타고 도착한 독립선언서는 독립운동에 열의를 품은 부산과 동래 사람들의 심장을 쿵쾅거리게 했을 것이다. 그 뜨거운 심장들은 지체 없이 독립만세운동의 현장으로 뛰어나갔다.

독립만세운동이 대부분 장터에서, 장날에 맞춰 일어났다는 사실도 중요하다. 1919년 부산은 도시화가 상당히 진척되었지만 동래는 여전히 전근대적 풍속이 주류를 이뤘다. 그렇기에 장터가 사람들이 많이 모이는 장소였고, 사람들이 많이 외출하는 때도 오일장이 열리는 날이었다. 시위는 많은 사람에게 그 의미를 일러주고, 동참할 수 있도록 하는 집단적 행동이다. 농촌사회였던 동래에서 동래장터, 구포장터, 기장장터, 좌천장터는 만세시위가 열리기에 적당한 장소였다.

지배기구의 심장에 폭탄을 던진 박재혁

영화 「암살」은 광복 70주년을 맞이한 2015년에 개봉하여 크게 흥행을 거뒀다. 그 파장은 여러 곳에 미쳤다. 김원봉을 비롯한 의열단의 활동이 주목을 받은 한편, 그간 이념이 다르다는 이유로 도외시되었던 사회주의자의 독립운동에 대한 관심도 커졌다. 의열단은 조선총독부와 종로경찰서, 동양척식주식회사 등 식민지 지배기구를 대상으로 폭탄을 던지는 과감한 활동으로 일제의 간담을 서늘하게 만들었던 단체다. 의열단의 강렬하고 은밀한 투쟁은 조선 독립에 대한 국제적 이목을 불러일으켰다. 특히 박재혁朴載赫의 '부산경찰서 폭탄 투척 사건'은 의열단 투쟁의 신호탄이 되었다.

박재혁 선생은 1895년 5월 17일, 부산 범일동 183번지에서 박희선과 이치수 사이에서 장남으로 태어났다.[112] 그는 사립 육영학교(지금의 부산진초등학교)를 다녔다. 이 학교는 정공단과 관련이 깊었다. 정공단은 임진왜란 때 왜적과 맞서다 숨진 정발장군을 추모하는 제단으로, 박재혁이 거사를 감행하기 직전에 들려서 참배할 만큼이나 마음 깊은 곳에 둔 '항일의 고향'이었다. 육영학교는 부산진의 유지들이 정공단 내에 설치하여 운영하던 육영재育英齋란 서당을 근대식 학교로 개편한 것이다. 이곳에 발을 디딘 박재혁의 마음에 항일에 대한 신심이 자연스럽게 자라났음을 예상하기 어렵지 않다.

육영학교를 졸업한 박재혁은 1912년 부산공립상업학교에 입학하였다.[113] 박재혁은 동기였던 최천택, 오재영(오택)과는 도원결의할 정도로 평생의 동지로서 깊은 관계를 맺었다. 부산공립상업학교 시절부터 박재혁과 그 벗들은 항일운동의 매서운

박재혁 열사

벌판으로 뛰쳐나갔다. 그들은 조선의 역사를 알아야 한다는 생각으로 일제가 금지한 『동국역사』를 몰래 등사하여 배포하다 체포되었다.[114] 항일비밀결사체인 '구세단救世團'을 조직하여 활동하다가 일경에게 모진 고문을 당하기도 하였다. 학교를 졸업한 이후 박재혁은 잠시 조선와사전기에서 전차 차장으로 일하였다. 경북 왜관역에 가서 곡물 무역상으로 종사하기도 하였다.

그러다 대개의 독립운동가가 그러하듯이 일제의 감시가 심한 조선을 벗어나 중국으로 갔다. 그는 상해와 싱가포르를 왕래하면서 인삼 무역에 종사하였다. 이 과정에서 중국에서 활동하던 여러 독립운동가와 교류하였고, 독립투쟁에 대한 열의를 불태우게 되었다.

'의열단義烈團'은 만주의 길림에서 김원봉과 황상규의 주도하에 1919년 11월 결성되었다. 의열은 '정의를 맹렬히 실행한다'라는 뜻이다. 그 이름처럼 의열단은 조선의 독립이란 큰 과제를 이루기 위해 일제의 기관과 정치인, 친일파에 대한 암살과 파괴까지를 적극적으로 실행하는 비밀단체였다. 주목할 점은 의열단 구성원 가운데 상당수가 경남 밀양 출신이었고 인근 부산의 독립운동가들과도 교류가 깊었다는 사실이다. 박재혁은 1920년

부산경찰서와 부산부청. 계단 오른쪽 건물이 부산경찰서다. 부산박물관 제공.

4월에 의열단에 가입하였고, 그해 8월 상해에서 김원봉으로부터 부산경찰서장을 살해하라는 지시를 받았다.

　박재혁이 귀국하던 1920년 9월은 의열단에 대한 탄압과 감시가 극에 달했던 시기였다. 3~4월에는 의열단원이 폭탄을 밀양 등지로 몰래 옮기다가 부산경찰서에 적발되었다. 6월에는 서울에서 회의를 진행하던 의열단원이 체포를 당했다. 그런 와중에 부산으로 들어와 경찰서에 투탄投彈을 한다는 것은 스스로 호랑이 굴로 들어가는 셈이었다. 하지만 호랑이 굴에 들어가야 호랑이를 잡을 수 있는 법이다. 부산경찰서장 하시모토橋本秀平가 중국 고서적에 관심이 많다는 소식을 들은 박재혁은 9월 14일 고서상으로 위장하여 과감히 경찰서로 들어갔다. 박재혁은 서장실에서 하시모토에게 다가가 고서古書 사이에 있던 폭탄을 집어 던졌다. 굉음과 함께 삽시간에 유리창이 전부 깨지고, 서장실 내 집기들이 부서졌다. 하시모토 서장은 무릎을 다쳐 피를 흘렸다. 박재혁 역시 상처를 입고 쓰러졌다. 이 사건으로 부산 전역에 비상경계령이 내려졌다. 『부산일보』에서는 이 사건과 관련한 호외를 발간하기까지 하였다.

　투탄사건 이후 최천택과 오재영을 비롯한 50명 이상의 청년들이 검거되고 고문을 당하였다. 박재혁은 끝까지 혼자서 벌인 일이라 주장하였다. 박재혁은 부산지방법원의 1심 판결에서는 무기징역을 선고받았다. 하지만 경성고등법원의 최종 판결에서는 사형을 선고받았다. 당시 신문에서는[115] 박재혁이 폐병으로 대구 감옥에서 사망했다고 보도하고 있으나 실제로는 단식으로 목숨을 끊은 것으로 박재혁은 왜놈에게 사형을 당하는 것 자체를 수치스럽게 여겼다. 최천택이 면회를 갔을 때 왜놈에게 사형을 당하는 것이 싫어 단식을 한다면서 사식私食을 물리쳤다는 일화가 전해진다. 박재혁의 부산경찰서 투탄사건은 일제 고관과 친일파에게 충격과 공포였다. 폭탄을 가지고 당당히 경찰서에 들어가 서장에게 폭탄을 던졌다는 사실이 그들에겐 믿기지 않았다. 그것도 조선으로 들어가는 관문도시이자 '제2의 오사카'라고 불렸던 부산에서 말이다. 박재혁과 의열단이 지배기구의 심장부 테러를 통해 노린 바도 바로 이것이었다.

부산부두와 조선방직 노동자 파업투쟁

부산의 근대 공업은 일본인 거류지에서 시작되었다. 개항 이후로 정미업과 장유양조업醬油釀造業 등 식료품을 만드는 산업이 기지개를 켰다. 부산의 일본인들이 필요로 하는 식료품들이 대개 거류지 내에서 생산되었다. 1910년대 이전까지 부산의 공업은 매우 조악한 수준이었다. 그런데 대규모 매축으로 공업지대가 조성되어 공업이 성장할 수 있는 발판이 놓였다. 일제강점기에 부산을 대표하던 기업은 조선방직과 일본경질도기 등을 들 수 있겠다. 특히 지금의 범일동에 있는 '조선방직'은 2천여 명의 노동자가 근무하는 부산 최대의 공장이었다. 조선방직은 식민지의 값싼 노동력을 기반으로 직접 면제품을 생산하고자 조선에 진출한 일본 기업이었다. 1920년대에는 조선인이 운영하는 공장도 설립되었다. 주로 막걸리와 고무신을 제조하는 기업이었다.[116]

부산에서 기업이 설립되었다는 사실은 공업화가 진행되고 자본주의적 생산관계가 구축되기 시작했음을 의미한다. 자본주의는 경제를 발전시키는 바탕이지만 필연적으로 자본과 노동의 모순이 싹트는 구조로 되어 있다. 식민지 시기에는 민족적 모순까지 중첩되어 일본인 자본가와 조선인 노동자 사이의 갈등은 깊어져갔다. 일제강점기 부산에서는 부두 노동자 파업, 인쇄 노동자 파업, 고무공장 노동자 파업, 조선방직 노동자 파업 등 쟁의 사건이 숱하게 일어났다. 자본과 노동의 갈등이 처음으로 크게 분출된 곳은 '부산부두'였다. 부산항의 수출입 물품들이 증가함에 따라 택산형제상회澤山兄弟商會, 내국통운회사內國通運會社를 비롯한 하역업을 전문으로 하는 회사들이 생겨났다. 이에 하역 노동에 대한 수요도 증가하여 1920년대에는 부두 노동자의 수가 4천여 명에 달하였다.

당시는 항구에서 모든 물품을 사람의 손과 어깨로 움직이던 시대였다. 부두 노동자들 없이는 하역작업이 불가능하였다. 부두 노동자의 노동 환경은 열악하기가 이를 데 없었다. 수출입 상선들이 매일 오는 것이 아니므로 노동자들의 작업 일수는 한 달 평균 보름 이하였다. 하여 임금이 십 원이 못 되는 경우가 많았다. 회사에 밉보이면 일자리를 얻지 못하는 것은 물론이요, 거친 작업으로 다치는 사람도 많았다.[117] 하지만 보상은커녕 되레 쫓겨나기 일쑤였다. 쌓여가던 부두 노동자의 불만이 폭발한 사건이 1921년 9월의 '부두 노동자 대파업'이었다. 토지를 잃고 부산에 온 농민들은 대개 부산부두에서 하루 벌이로 근근이 먹고 사는 형편이었다. 그런데 회사 측이 물가가 떨어졌다는 이유로 임금을 3할(30퍼센트)이나 깎아버리자 노동자들의 분노가 폭발한

것이다. 부두 노동자들은 4할에서 5할까지의 임금
인상을 요구하였다. 회사가 무시하자 16일과 17일
에 파업을 단행하였고, 26일에도 총파업에 돌입하
였다.

결과적으로 1할 정도의 임금 인상을 얻
는 데 그쳤지만 1921년 부산 부두 노동자 대파업
은 우리나라 노동운동사에 발자국을 남길 정도의
사건이었다. 5천여 명의 노동자들이 일사불란하게
총파업을 단행한 것은 처음이었으므로 다른 부문
의 노동운동에 큰 영향을 미쳤다. 노동자들에게 갑
질하던 고용자 측에겐 큰 충격을 주었다. 부산항에
서 하역이 중단되어 물류가 마비되자 하역업자들
은 경제적으로 엄청난 타격을 입었다. 탄압과 회
유, 생활고 속에서도 부두 노동자들은 15여 일간
단결하여 투쟁을 지속함으로써 식민지 시기 노동
운동사에 큰 족적을 남겼다.[118]

부두 노동자의 동맹 파업은 노동자를 결
속시킬 수 있는 단체의 필요성을 인식시켰다. 노동
단체에 대한 사회적 요구는 1922년 부산노동동맹
의 창립으로 이어졌다. 1920년대는 노동운동이 큰
변화를 겪은 시기였다. 1920년대 중반 부산지역에
도 사회주의 이념이 유입되었고, 이와 연계된 노동운동 조직들
이 만들어졌다. 하지만 사회주의가 분열의 씨앗으로도 작용하여
조직 간 갈등이 깊어졌다. 1927년 설립된 신간회의 부산지회는
조직과 이념으로 분열된 항일운동을 하나의 기운으로 모으는 역

조선방직 공장을 항공촬영한 사진

할을 하였다. 1930년 조선방직의 파업투쟁은 이런 민족운동세력의 부침 속에서 발생한 사건이었다.

범일동에 가보면 아직도 '조방'이 붙은 지명이나 상호들이 많다. 예컨대 조방낙지를 비롯하여 조방거리, 조방 앞, 조방갈비 등등이다. 그럼에도 조방에 대한 뜻을 모르는 부산 사람이 적지 않다. 조방은 다름 아닌 '조선방직'의 줄임말이다. 1917년 설립되어 1968년 해체되기까지 부산에서 가장 큰 규모의 공장이었던 조선방직은 사라졌지만 지명 속에서 여운을 남기고 있다. 일제강점기의 조선방직은 조선 노동자를 착취하는 구조 속에서 성장하였다. 1922년과 1923년에 임금 인상과 노동시간 단축 등을 요구하는 노동자들의 쟁의가 있었지만 특별한 성과가 없이 끝이 났다. 하지만 민족운동 세력의 성장 속에서 이념적·조직적 지원을 받게 된 조선방직 노동자들은 1930년 2천여 명이 참여하는 거대한 파업투쟁을 일으켰다.

1930년 조선방직 파업투쟁에서 눈여겨 볼 점은 여성 노동자들이 주도적으로 나섰다는 점이다. 당시 조선방직의 여성 노동자들은 1,200여 명으로, 전체 노동자의 거의 75퍼센트를 차지하고 있었다. 일제가 지도부 남성 노동자들을 검거하고 탄압하는 과정에서 여성 노동자들은 단식투쟁으로 파업의 불씨를 일으켰다. 기숙사에 있는 여성 노동자 770여 명이 시위를 벌이고 단식투쟁을 하였다. 전근대적 가부장제 아래 여성의 사회적 지위는 두말할 필요가 없었다. 도시로 내몰린 여성 노동자들은 경제적 착취뿐만 아니라 민족적, 성적 차별에 시달려야 하는 취약한 계급이었다. 당시 파업단의 요구 조건을 보면, 임금 인상, 8시간 노동제, 해고제 폐지, 부상자에 대한 위자료 지급 등과 아울러

'여공수 출문권 폐지'에 대한 사항이 있다. 출문권은 여성 노동자들을 열악한 기숙사에 몰아넣고 회사가 일상생활까지도 관여하는 전근대적 갑질 권한이었다. 출문권이 있는 고용자는 간수看守나 마찬가지였다. 그러니 기숙사는 감옥, 노동자들은 죄인이나 다를 바 없었다.[119]

1930년 1월 조선방직 여성 노동자들은 파업지도부의 구속과 검거, 회유와 협박 속에서도 회사 측과 협상을 시도하고, 투쟁을 벌여나갔다. 신간회 부산지부를 비롯한 부산의 사회단체도 조선방직 파업투쟁에 관심을 가지고, 파업 현장을 방문하는 등 지원 사격을 해줬다. 일제와 회사의 강고한 파괴공작으로 파업은 막을 내리고 실제적인 성과도 미미했다. 하지만 조선방직 파업투쟁은 여성 노동운동사를 다시 쓴 사건이었다. 여성 노동자들이 주체적으로 파업에 나섰을 뿐만 아니라 대규모로 참여함으로써 대중적 여성 노동운동의 지평을 열게 되었다.

일제 말기에도 멈추지 않았던 부산학생운동

1929년 광주항일학생운동은 일본 학생이 조선 여학생을 희롱한 사건을 계기로 전국적으로 퍼진 항일시위다. 언론 보도 통제로 인하여 잘 알려지지 않았지만, 이 학생운동에 버금가는 사건이 부산에도 있었다. 1940년 11월에 발생한 '부산항일학생의거'다. 이 사건을 이른바 '노다이乃台 사건'이라고 부른다. 이 명칭은 부산항일학생의거의 본질을 왜곡시키는 결과를 가져왔다. 국방경기대회의 심판장이었던 '노다이'는 조선학교에 대한 편파적인 판정으로 부산항일학생의거를 초래한 인물이다. 노다이가 부산항일학생의거를 촉발한 계기가 된 것은 사실이지만,

징병으로 끌려갈 때 가슴에 부착했던 학도병 일장기. 부산박물관 제공.

이 사건은 1938년 국가총동원법 반포 이후로 일제가 세계를 침략하고, 학교를 병영화하였던 전시체제가 배경이 되었다는 점에 주목해야 한다.

　　부산 학생들은 항일투쟁의 전선에서 끊임없는 활동을 해왔다. 학생들은 부산지역 만세운동에서의 기폭제 역할은 물론 만세운동 이후에도 식민지 노예교육을 반대하는 투쟁을 벌여왔다. 동래고보 및 부산공립상업학교 학생들은 일제 식민지 교육과 민족적 차별에 대항하며 동맹휴학을 하다가 퇴학과 구속을 당하기도 하였다. 또 식민지의 민족문제를 깊이 있게 고민하고 토론하는 독서회를 은밀히 구성하기도 하였다. 동래고보 적기회와 부산상업학교 흑조회는 이러한 성격의 비밀결사체였다. 학생운동으로 다져진 인물들은 졸업 이후 항일운동의 전선에 나섰다. 학생들의 결사체는 곧 '독립운동가가 되는 교실'이었다.

중일전쟁 이후 광폭해진 일제는 미국과의 전면전을 선포하였다. 일제는 조선을 전쟁의 병참기지로 삼았다. 조선의 산업체를 무기를 생산하는 공장으로 삼은 것은 물론이요, 집안의 숟가락과 식기까지도 무기 재료로 빼앗아갔다. 그뿐인가. 조선인들을 징용하여 광산으로 끌고 가고 학생들을 학도병으로 징병하여 목숨마저 앗아갔다. 이 참혹한 현실에서 학교는 본연의 교육 시설이 아닌 일제의 황군皇軍을 키워내는 훈련소가 되어 버렸다. 부산항일학생의거가 일어난 배경이 된 '전력증강 국방경기대회'도 학교를 병영화시키려는 목적에서 개최된 행사였다.

1940년 11월 23일 부산공설운동장(지금의 구덕운동장)에서 '제2회 경남학도 전력증강 국방경기대회'가 열렸다. 이 경기대회의 경기 종목을 보면 과연 학교에서 진행될 만한 종목인가 의문스럽다. 모의 수류탄을 던지다가 모래 가마니를 짊어진 채 달리며, 환자를 들것에 싣고 4명이 뛰었다. 더 가관인 종목은 바지만 입고 누워 있다가 총소리가 나면 무장을 해서 달리고, 수십 명이 무장한 채 서로 줄을 잡고 달리는 행군이었다. 이것은 운동 경기가 아니라 해괴망측하기 이를 데 없는 '전쟁 연습 게임'이었다. 그런데 이런 변태적 경기마저 공정성을 잃은 채 일본군 심판관들의 편파적 판정으로 얼룩졌다. 행군경기에서 동래중학교(동래고보)가 1등으로 들어왔으나 줄이 끊겼다는 이유로 일본계 부산중학교에 1등을 준 것이다. 이에 분노한 동래중학교와 부산상업학교의 학생들이 가두시위를 벌였다. 야간에는 심판관 노다이 대좌의 주택까지 습격하였다. 이 사건으로 인해 200여 명의 학생

이 검거되었고, 주동자들은 징역형을 선고받았다.[120]

1940년 부산항일학생의거는 군국주의 말기 부산 학생들의 기개를 보여준 사건이었다. 일제의 동원과 탄압이 정점으로 치달았던 암울한 시대였음에도 부산의 학생들은 쫄지 않고 과감히 일제 파쇼에 대항하였다. 당시는 언론 통제가 극심했던 때라 일방적으로 경남 경찰부장의 입장을 싣고, '시국을 모르는 행동'으로 왜곡 보도되었다.[121] 만약 사건의 본질이 제대로 알려졌다면 제2의 광주항일학생운동에 상응하는 항일투쟁이 발생했을지도 모른다. 부산항일학생의거는 독립만세운동으로 분출된 부산 학생들의 항일투쟁이 중단 없이 일제 말기까지 지속하였음을 보여준 사건이었다. 아울러 우리나라 민족민주운동에서 학생운동의 굳건한 위상을 확인해준 투쟁이었다.

3부
조선의 부산

: 들끓는 가마솥의 탄생

5장

조선의
가마솥이 된
부산

―――― 1
조선시대 가마솥의 탄생

열을 온기로 전도시키는 가마솥

조선시대 부산釜山의 역사는 '들끓는 가마솥'이었다. 어찌 된 영문인지 조선 전기에 부산富山이 부산釜山으로 바뀌게 되었다. 부자 富가 아닌 가마솥 釜를 쓰면서 부산의 역사도 쉼 없이 끓었다. 가마솥은 '가마+솥'을 합친 단어로, 주생활과 식생활이 결합된 우리나라 사람들의 특별한 도구였다. 부뚜막에서 뜨거운 장작불로 달궈진 가마솥은 따뜻한 밥과 누룽지를 주었다.[1] 이따금 그 안에서는 산모를 위한 미역국이 끓기도, 아이들을 위한 엿물이 끓기도 하였으니 가마솥은 그 자체로 부엌이자 어머니였다. 무쇠로 된 무거운 몸이 뜨거운 열을 참아낸 대가로 우리 몸을 살리는 음식을 만들어냈다. 그 온기는 방으로 퍼져나가 한 가족을 편안히 감싸줄 수 있었다.

　　우리나라 역사에서 부산은 가마솥과 같은 역할을 하였다. 역사의 최전선에 선 부산이 뜨거운 열을 은근한 온기로 전도시키지 않았다면 우리나라는 쏟아지는 외적들의 총탄을 피할 수

5장 조선의 가마솥이 된 부산

없었으리라. 부산이 가마솥이 된 이유는 우리나라 해안가를 괴롭히는 왜구들 때문이었다. 어찌 보면 골칫거리인 왜구들은 역사의 '뜨거운 불'이었다. 이 뜨거운 불을 견뎌야 할 공간으로 낙점된 곳이 삼포三浦(현재의 창원, 부산, 울산)였다. 조선 정부는 날뛰는 왜구들을 안정시키고자 삼포를 열어줬다. 삼포 개항은 우리나라 해안가 전방위로 형성된 왜구와의 전선戰線을 세 포구로 축소시켜 대응하려는 외교 전략이었다. 아울러, 동서남 해안을 가리지 않고 출몰해 약탈, 방화, 살인, 납치 등을 서슴지 않는 야수들을 달래고 안정시키기 위한 회유책이었다.

　　하지만 삼포 개항 후에도 왜구들의 해적 성향이 완전히 사라진 것은 아니었다. 이들을 한곳에 모아 둔 삼포는 언제 터질지 모르는 지뢰밭이었다. 왜구와의 전선을 효율적으로 관리하기 위한 최전선이 되어 버린 삼포는 거센 화력으로 부글부글 끓는 가마솥 같았다. 그렇게 끓다가 결국 넘쳐버린 사건이 삼포왜란을 비롯한 왜변倭變들이었다. 연이은 왜변으로 인하여 삼포 개방의 시대는 막을 내리고 오직 부산포만을 개방하는 시대가 열렸다. 단독 개항지가 된 부산은 우리나라의 유일한 가마솥으로 그 역할이 강화되었다. 왜인들로 붐비는 부산은 말도 많고 탈도 많은 포구가 되었다. 조선 정부와 일본 정부의 따가운 시선이 집중되었으니 부산의 어깨는 늘 무겁고 거동은 불편하였다.

　　들끓던 부산이 엎어지거나 무너지면 우리나라가 풍전등화의 위기로 치닫는다는 사실을 보여준 게 임진왜란이었다. 개항지 부산은 일본과 지리적으로 가장 가까울뿐더러 왜인들이 살면서 무역하는 포구였다. 또 한양으로 올라가는 일본 사신들의 첫 상륙지였다. 그러하니 왜인들에게 열려 있던 부산포는 첫 번째 교전지로서의 숙명을 면치 못했다. 처참했던 임진왜란 기간, 부산포는 왜적들이 드나드는 해두보海頭堡로 전락하였다. 전쟁 동안 겪었던 물리적·정신적 상처는 조선 후기 부산의 역사를 통째로 규정하는 요인으로 작용하였다.

군사와 외교의 도시, 부산

부산의 존재감은 임진왜란 이후 훨씬 커졌다. 군사적 요충지이자 외교의 중심지로 부상한 부산은 일본을 제압하는 동시에 일본과 교류해야 하는 모순적 위치에 섰다. 일본을 방어하기 위해서 부산은 군사도시의 성향이 더 짙어졌다. 동래부는 변방 군사권을 독립적으로 행사할 수 있는 독진獨鎭이 되었으며, 양산과 기장까지의 군사를 관할하게 되었다. 동래부 안에도 장관청, 군관청, 별무사청 등 무인이 근무하는 여러 개의 무청이 세워졌다. 조선 후기 무청에서 일하는 무인이 1천3백여 명에 달하였으며, 동래 출신 무과 급제자들도 60여 명에 이르렀다. 반대로, 조선 후기 동래에서는 문과 급제자가 단 한 명도 배출되지 못했다.

이 사실만으로도 부산은 문치文治보다 무치武治가 강했던 군사도시임을 알 수 있다. 부산은 동래의 육군과 수영의 수군이 양날이 되어 방어하는 군사도시였다. 이리 저리로 옮겨 다니던 경상좌도 수군본부인 경상좌수영이 현재의 수영동에 정착한 후로 240여 년을 지속하였다. 경상좌도 바다를 왜적들로부터 안전하게 지키기 위하여 경상좌수영 아래에는 부산포, 다대포, 개운포 등 주요 진들이 강고히 편성되었다.

충렬의 도시로 재정비된 부산은 곳곳에 그 흔적이 남아 있다. 임진왜란 때 전사한 송상현 동래부사를 비롯하여 정발과 윤흥신 첨사를 배향하기 위한 사당과 제단이 세워졌다. 숨진 그들은 말이 없지만 전사한 그들의 충성스러운 일화는 물리적 실체로 만들어져 후세에게 전해졌다. 요컨대, 동래 충렬사와 송공단, 정공단과 윤공단, 그리고 순절도 등은 임금에 대한 충성을 고양하기 위하여 빚어낸 작품이었다.

외교도시 부산의 최대 결과물은 '초량왜관'이었다. 왜구에게 포구가 개방되면서 자연스레 왜관도 형성되었다. 단일 포소浦所가 된 부산포 왜관의 역할이 더 커졌다. 임진왜란으로 잠시 멈칫했던 왜관은 포로 송환 협상으로 다시 길이 열렸다. 절영도 임시왜관과 두모포 왜관을 지나 초량왜관에 이르러 절정을 맞이하였다. 중세사회에 200년 동안 지속한 초량왜관은 세계적으로 찾기 어려운, 매우 특별한 외국인 마을이었다. 이 초량왜관은 조선 정부의 일관된 햇볕정책이 왜적들의 갑옷을 벗게 하고 병기를 내리게 한 교린정책의 마중물이었다. 초량왜관의 200년은 200년의 조일 평화를 가져왔다. 조선과 동래부가 쏟은 막대한 노력과 열정은 헛되지 않고 나름의 열매를 거둔 셈이었다.

능청거림의 미학, 제3의 문화지대

행정과 군사의 측면에서 부산이란 수레를 이끄는 두 바퀴가 '동래'와 '수영'이었다. 동래와 수영은 부산다운 문화를 창출하는 무대이기도 하였다. 경상좌수영의 역사를 근간으로 수영야류, 수영어방놀이, 수영농청놀이 등 수영의 놀이 문화가 자라났다. 수영 문화의 특징은 어방漁坊과 농청農廳이 어우러져 생겨났다. 어방은 어업을 위한 협동조직이요, 농청은 농사를 위한 생산조직이다. 둘 다 인력에 의존하는 낮은 생산력을 사람과 사람

의 힘으로 모아 이겨내기 위한 협업 공동체였다. 힘겨운 생산 과
정에 악센트를 주고 피곤을 잊게 하는 놀이와 민요가 빠질 수 없
었다. 그것이 현대에 와서 어방놀이, 농청놀이로 재탄생하였다.

동래는 춤의 고장이다. 동래야류, 동래학춤, 동래한량
춤, 동래고무 등 다양한 춤이 지금껏 전승되는 이유는 개방적인
문화가 큰 몫을 했다. 무릇 정치적·이념적으로 억압된 사회에서
는 자유로운 문화가 발전할 수 없는 법이다. 사대부가 사회문화
를 지배한 경기, 충청 지역과 달리 동래는 무인과 향리, 향반 등
이 비교적 자유롭게 교류하였다. 특히 동래에서는 끼 많은 한량
의 주도 아래 세시행사와 모임이 이뤄졌다. 그런 연회에서는 춤
과 음악이 빠짐 없이 등장하여 윤활유가 되어주었다. 부산의 전
통연희를 특색 있게 규정지었던 것은 '덧배기'다. 덧배기는 춤이
요, 장단이었다.

덧배기의 미학은 '능청거림'에 있다. 바닷바람에 좌우로
흔들거리는 보릿대 같기도, 절구통을 위아래로 찧는 아낙의 어
깻짓 같기도 하였다. 아니, 술에 취해 간신히 고개를 넘는 장돌뱅
이의 꼬인 스텝 같기도 하였다. 이 덧배기는 경상도 특유의 투박
하면서도 느긋한, 절제된 미학을 보여준다. 결국 '능청거린다'는
것은 흔들리는 것이요, 까딱거리는 것이요, 멈춤 없이 움직인다
는 것이다. 즉, 뜨거운 열기를 폭발시키는 게 아니라 내면에 잠재
우면서도 조금씩 수증기로 토해내고 온기로 전달하는 가마솥 문
화와도 직결된다.

초량왜관은 색다른 외국의 문물을 수용하고, 조선의 문
화를 전달하는, 그야말로 문화교류의 창구였다. 초량왜관을 통
해서 일본과 서양의 상품들이 조선에 퍼졌거니와 조선과 일본의

문화가 만나 '제3의 문화지대'가 형성되었다. 조선과 일본의 건축양식이 만난 것도, 일본의 주문을 받아 왜관 내 도자기를 굽던 부산요도 제3의 문화지대로 명명할 만하다. 하지만 초량왜관에서 양국의 대립적 운명 또한 피할 수 없었다. 부단히 타국의 외교 정보를 수집하여 자국을 이롭게 하려는 '첩보 전쟁'이 일상적이었다. 조선인과 일본인의 자유로운 교류, 특히 성적 만남을 통제하려는 날카롭고 차가운 시선들이 맴돌던 장소이기도 했다.

군불이든 센 불이든 아궁이에 불이 피어오르면 가마솥은 무엇인가 부지런히 만들어 내는 법이다. 고슬고슬한 밥을 짓기도, 메주콩이 삶아지기도, 뻣뻣했던 볏짚도 부드러운 소여물로 탄생하는 곳이 가마솥이다. 아, 조선시대 내내 부산은 우리나라 가마솥이었다. 우리나라 반도 끝에서 해양세력의 문물과 침입을 뜨거운 불로 삼아, 부산은 그 거친 무쇠 몸뚱이를 벌겋게 달군 끝에 따뜻한 음식을 만들어 조선인에게 제공하였다. 조선시대 부산이 아니었다면, 우리나라 가마솥이 아궁이에 걸리지 않았다면 외침의 뜨거운 불길을 막아내지 못했을 것은 물론이고, 차가운 역사의 구들장에 맨몸으로 부대꼈던 조선인의 몸을 덥혀준 음식의 맛도 느끼지 못했을 것이다.

2

『해동제국기』의 富山

삼포 개방의 시대

흥리왜선興利倭船(왜인의 무역 선박)이 각 포구에 흩어져 정박하여 병선

兵船의 허실虛實을 엿보고 있으니 실로 편안하지 않습니다. 전번에

도절제사都節制使가 의정부議政府에 보고하여 좌우도도만호左右道都萬

戶가 방어하는 곳에 와서 정박하도록 하였으나 여러 섬의 왜선에게

그 까닭을 두루 알리지 못하여 전과 같이 각포各浦에 흩어져 정박합

니다.(『태종실록』, 권14, 태종 7년(1407) 7월 27일)

2019년 5월, 부산항 개항 시기를 두고 부산시청에서 세
미나가 열렸다. 논점은 개항 시기를 1876년에서 1407년으로 올
려 잡는 문제였다. 즉, 강화도 조약에 따른 근대 개항이 아니라
조선이 일본에 자주적으로 포구를 연 1407년까지 개항 시점을
앞당겨야 한다는 것이다. 하지만 세미나에 참가했던 학자들은
많은 반론을 제기하였다. 한마디로 찜찜하다는 분위기였다. 그도

그럴 것이, 자주적 개항이라고 주장하는 근거가 『태종실록』에 나오는 앞의 기사였기 때문이다.

조선시대는 행정구역이 경상남도와 북도로 구획되지 않고, 임금이 위치한 한양에서 내려보는 대로 경상좌도와 우도로 구분하였다. 그리하여 왜적이 빈번히 출몰하는 경상좌도 동래현 부산포釜山浦(현 부산 동구 좌천동 일대)와 경상우도 김해부 내이포乃而浦(현 창원시 진해구 제덕동 일대)에 각각 수군 도만호(종4품의 무관)를 파견하여 방어하도록 하였다. 1407년에 처음으로 경상좌우도 도만호가 있던 부산포와 내이포에 흥리왜선을 정박하도록 하였으니 조선 최초 개항이라 볼 수 있는 근거가 된다.

하지만 문제는 간단치 않다. 1407년의 기사일 뿐, 개항이 언제부터 시작되었는지 무슨 이유인지 명확하지 않거니와 구체적 개항 방식에 대해서 알 수가 없다. '자주적 개항'이란 거창한 말을 쓰기에는 뭔가 미흡한 게 많다. 적어도 개항이라면 개항 방식에 대한 상호 조약이 뭔지는 알 수 있어야 한다. 그저 정박을 허가했다는 것으로는 구체적 사실이 가늠되지 않으며, 중세의 포구 개방을 근대식으로 자주적 개항이라 할 수 있을지도 의문스럽다.

그런데 조선은 왜선의 정박을 왜 허락했을까. 조선은 부산포와 내이포의 개방으로 해안가를 뒤흔드는 왜구 창궐의 국면을 전환하고자 했다. 1392년 개국한 신생 조선은 나라의 기틀을 잡기 위해선 무엇보다 정국 안정이 필요했다. 하지만 고려를 위기로 몰고 갔던 왜구들은 여전한 탓에 조선은 걸음도 제대로 떼지 못하고 거꾸러질 위기에 놓였다. 이때 왜구들의 '불법적 약탈'을 '합법적 무역'으로 전환시킬 포용의 정책으로 내놓은 대안이

포구 개방이었다.

조선 초기 일본에 문을 연 삼포三浦는 부산포, 내이포(제포), 염포鹽浦(현 울산시 북구 염포동 일대)다. 모두 경상도 해안의 주요 포구였다. 삼포를 연 것은 일본과의 지리적 요인과 교통상 이유 때문이었다. 특히 대마도 사람들이 다니기에 가깝고 편리한 장소가 경상도였고, 조선의 처지에서 군사적으로 잘 대처할 수 있는 장소가 삼포였다. 잘 알려졌듯이 대마도는 왜구들의 본거지였던 한편, 한일외교의 거점 기능을 했다. 조선시대 부산포에서 대마도까지 순풍이 불 때면 뱃길로 하루면 도착할 수 있었다. 경상도 해안가에서 한양까지 걸어서 열흘 이상 걸렸던 것을 고려하면 경상도와 대마도는 지리적으로 하나의 생활권역이었다. 이렇다 보니 대마도는 일본 본토와 거래하는 것보다 조선 경상도에서 무역하여 얻는 것이 훨씬 효율적이었다.

흔히 '삼포 개항'이라 표현하므로 세 포구가 한꺼번에 개방된 것처럼 생각할 수 있다. 하지만 염포는 따로 1426년(세종 8) 1월에 개방되었다. 부산포와 내이포가 개방된 지 20여 년이 흘렀을 때다. 대마도 사신이 조정에 와서 부산포와 내이포 외에 염포에서도 상선商船이 정박하여 무역을 청하자 조선 정부가 허락해 준 것이다.[2] 부산포와 내이포에 상선이 많이 몰리자 추가로 개항을 요구한 것으로 볼 수 있다. 앞문을 열어줬더니 손님이 더 몰려 이제는 뒷문도, 옆문도 열어 달라고 요구한 셈이다.

삼포 개방은 국가적으로 통 큰 외교 전략이었지만 직접 왜인倭人과 마주하는 변방의 입장에서는 어깨가 무거운 짐이었다. 개항은 쉽게 말해 선박, 사람, 물자가 항구를 통해서 들어오는 것을 허락한 것인데, 왜인이 아예 거주하면서 생기는 문제들은 예측하기 어려웠다. 삼포에 하나둘 왜인 거주자가 증가할수록 생각지도 않았던 다양한 문제들이 발생하고,[3] 그때마다 왜인은 조선 정부가 해결해달라고 목소리를 높였다. 배의 정박과 무역을 허가해주자 고마워했던 처음과 달리 자꾸 요구사항을 늘려가며 조선 정부를 압박했다. 조선 정부는 예측하지 못한 왜인과의 잡다한 사건 사고에 골치가 아팠다. 엄밀히 말하면, 조선 정부 관료보다 문제를 직접 해결하고 정부에 보고해야 하는 포구의 군 책임자(만호 등)와 지방 수령들은 속이 썩었을 게다. 조선 정부는 교린交隣의 마음으로 삼포의 문을 힘껏 열어줬는데 정작 열쇠를 들고 문시기 노릇을 해야 했던 지방 관리들은 조심스럽게 살얼음판을 걸어야 했다.

어염을 팔아 사는 왜인들

대마도는 사람이 살기에 매우 거칠고 박한 땅이었다. 1440년(세종 22) 쓰시마 영주 종정성宗貞盛(소 사다모리)이 조선의 사신 고득종高得宗을 만났을 때 "쓰시마섬은 산에 돌이 많고 척박하여 경작할 만한 땅이 없는 것은 대인大人의 눈으로 보는 바입니다"라고 하였다. 또 '대마도 섬사람들은 오로지 고기 낚는 것을 생업으로 삼기 때문에 여기서 굶어 죽는 것보다는 죽기를 무릅쓰고 조선에 가서 낚시질하는 것이 낫다고 하였다'고 한다.[4] 타국이지만 본국보다 가깝고 유익한 영토인 조선에서 생업을 할 수 있도록 부탁한 것이다. 하지만 달리 생각하면 완곡한 협박으로 들릴 수 있는 말이다. 왕래의 길이 막힌다면 대마도 사람들은 언제든 어민과 상인의 옷을 벗고 죽음을 무릅쓴 해적으로 변할 수 있기 때문이다.

농토가 부족한 대마도 사람들은 고기를 잡고 소금을 생산하여 이를 매매하는 것이 주요한 생업이었다. 『해동제국기海東諸國記』(일본국기)에서는 "대마도는 사방이 모두 돌산이라 토지가 메마르고 백성들이 가난하여 소금을 굽고 고기를 잡아 팔아서 생활한다"라고 하였다. 반면, 우리나라 인근 해역에는 주요 어장들이 많았음에도 농업을 중시하고 다른 산업을 천시한 까닭에 어업이 활성화되지 못하였다. 어업과 제염업에 능숙했던 대마도 사람들은 물 반 고기 반인 조선의 바닷가가 천혜의 보고로 생각되었을 터다.

이따금 중국 어선들이 떼거리로 몰려와 쌍끌이로 우리 영해를 휘저으며 치어의 씨까지 말리는 풍경을 뉴스에서 볼 수 있다. 출동한 해경들에게 무기를 휘두르는 중국 어민들을 보자면 해적과 어민의 경계선이 무엇인가 의심스럽다. 조선시대 왜선倭船들도 마찬가지다. 조선 해안가에 출몰한 왜인 어선들은 실제로 해적선으로 돌변하기도 하였다. 조선 초기 왜인의 상선商船들은 대개 수산물을 거래하러 오는 경우가 많았다. 조선의 백성들과 대마도 어민들이 일차적으로 무역하기를 원하는 물품은 먹거리였다. 대마도 어민들이 수산물을 가지고 오면 조선의 백성들은 곡물이나 채소를 내놓았다. 어디든 해양세력과 육지세력의 물물교환은 대개 물고기와 소금(해양), 곡물과 채소(육지)의 거래로 시작되는 법이다.

실은 삼포 개방 이전에도 우리나라 각 포구에서 왜인들과 어물과 소금의 매매가 이뤄졌다. 1423년(세종 5) 조선의 사신으로 일본에 갔던 박안신朴安臣과 이예李藝에게 대마도 관리들은 "전에는 어염魚鹽(생선과 소금)을 매매할 때 각 포에 통행할 것을 허락하였는데, 지금은 내이포와 부산포 이외에는 통행하지 못하게 한다"라고 불만을 토로했다.[5] 합법이든 불법이든 포구 개방 이전부터 조선인과 왜인들의 물물교환이 성행했는데, 부산포와 내이포를 개방하면서 조선 정부가 어염의 매매를 두 포구로 제한하니 왜인들로선 되레 어염을 거래할 수 있는 포구가 줄어들어 불만이 커진 셈이다.

　왜인들은 조선에서 고기잡이할 수 있는 어장을 확대하려고 갖은 애를 썼다. 1427년(세종 9)에는 일본 사신이 내이포와 부산포뿐 아니라 고성의 구라량仇羅梁(현 경남 사천시 대방동 앞바다)에서도 고기잡이를 허가해달라고 서신을 올렸으며, 1439년(세종 21)에는 조선 해변에서 고기잡이하게 해달라고 요청했다. 그런데 왜인들이 가장 욕심을 냈던 어장은 고초도孤草島(현 전남 여수시 삼산면의 섬) 주변이었다. 1440년(세종 22)과 1444년(세종 26)에 연이어 왜인들은 고초도에서의 고기잡이를 허락해달라고 요청했다. 삼포 개항 이전부터 왜인들은 적게는 40~50척, 많게는 70~80척씩 선단을 조직하여 고초도에 가서 물고기를 잡아 생활하였다. 그들은 우리나라 병선兵船에 적발되면 해적선으로 돌변하여 무기를 휘두르는 자들이었다.

　경상도 삼포에서는 고기잡이할 수 있었기 때문에 왜인들은 전라도에 어업의 전진기지를 확보할 요량이었던 것으로 생각된다. 그러나 조선 정부는 처음에는 이를 단호히 거절했다.[6] 이미 삼포를 개항하여 각 포에 호시互市가 조성되어 조선인과 왜인들이 어염을 거래할 수 있게 하였으므로 더 이상의 포구 개방은 어렵다는 판단이었다. 왜인이 겉으로는 고초도에서 고기잡이를 원하지만 실제로는 삼포에서처럼 전라도에 머무를 수 있는 곳을 마련하려는 술책일지도 몰랐다. 조정은 왜인들이 어선을 빙자해 우리나라 해안을 항해하다 민가를 약탈하는 일도 빈번하거니와 어장이 확장될수록 조선 어민들과 충돌하는 일이 발생할 것을 우려했다. 하여, 조정에서는 왜인들이 고기잡이를 나갈 때 왜선에 노인路引(통행증명서)을 발급해주고, 우리나라 사관射官 2명을 태우게 하였다. 그러나 사관들은 언제 풍랑을 만나 물귀신이 될지도 모르는 어선에 타기보다는 몰래 왜인의 집에 숨어 있다가 입항할 즈음에 포구로 나가 점검하고자 했다. 왜인과 뒷거래하는 사관들도 있었다. 어업 철이면 수백의 왜선이 한꺼번에 바다로 나갔기 때문에 사관으로 동원될 수백의 무사武射들을 찾기도 어려운 형편이었다.[7]

왜인들은 삼포 생활이 안정을 찾자 조선인들의 어량魚梁에까지 손을 대기 시작했다. 어량은 흔히 어전漁箭, 어살이라고 한다. 어전은 해안가에 나무로 울타리를 쳐서 들어온 고기를 잡는 함정 어법이고, 어살은 조석간만의 차이를 이용하여 어량에 갇힌 물고기를 빼오기만 하면 되었으니 풍랑과 싸우면서 고기잡이를 하는 것보다는 훨씬 수월한 어법이었다. 삼포 왜인들은 조선인을 따라 목 좋은 곳에 어량을 설치하려다 서로 충돌하기도 했다. 1494년(성종 25) 2월에는 제포 왜인이 백성들과 어량을 두고 다투다가 이를 조정하기 위해 온 관리들까지 구타하는 일이 발생했다.[8] 조선 조정은 이 문제를 따지기 위해 대마도에 사신을 파견하려고 하였다. 조정에서는 '불가不可하다'와 '가可하다'를 놓고 한차례 열띤 논쟁이 있었다. 성종은 "이와 같은 일이 일어나면 천자天子도 흉노에 사신을 보냈을 것이다"라며 '가하다'의 편을 들어줬다. 왜인에게 포구를 열어준 지 90여 년이 지난 즈음에 일어난 이 사건은 왜인들의 삼포 생활이 안정기로 접어들었다는 방증이다. 아울러, 거친 바다와 싸우기보다 조선인의 안정적 텃밭에도 야욕을 뻗치기 시작했음을 보여주는 사건이었다.

커지는 복심의 병

삼포 개방 이후로 왜인 인구는 점차 증가하였다. 세종 대 삼포에 항상 거주하는 항거왜인恒居倭人의 호수戸數를 60호로 정해줬다. 사람 수가 아닌 호수로 정한 이유는 가족들이 함께 이주하여 살 수 있도록 한 조치로 보인다. 그러나 제포 30호, 부산포 20호, 염포 10호 등 60호의 거주 제한은 애당초 비현실적인 조치였다. 한 호수를 4명으로 잡아도 고작 240명에 불과하다. 왜인의 처지에서 본다면 이러려고 삼포 개방을 요구했던 것은 아닐 터다.

우리나라의 입장에서 왜인의 증가는 매우 거북한 일이었다. 조정의 관료들은 삼포에 머무는 왜인들을 '뱃속의 종기' 혹은 '복심腹心의 병'에 빗대어 왜인의 증가를 "종기가 뱃속에 맺히는 것과 같아 언젠가 썩어 터질 것"으로 전망하였다. 이러한 비판의 이면에는 왜변에 대한 짙은 두려움이 깔려 있었다. 왜인 증가는 필연 변방의 안보를 위협하는 사태를 불러올 수 있기 때문이다. 개항 30여 년이 지난 1440년(세종 22)만 하더라도 부산포에 와서 장사하는 왜인이 6천여 명이 되었다.[9] 부산진에 소속된 군사가 8백 명에 불과한데 수천 명의 왜인이 사변이라도 일으키면 부산포가 적들의 손에 넘어갈 것은 뻔한 일이었다.

하지만 한번 센 바람을 탄 돛배는 아무리 반대편으로 노를 저어도 멈추기가 어려운 법이다. 삼포 왜인의 인구는 계속 늘어났다. 1466년(세조 12)에는 1,650여 명(제포 1,200명, 부산포 330여 명, 염포 120여 명), 1494년(성종 25)에는 3,105명(제포 2,500명, 부산포 453명, 염포 152명)까지 증가하였다. 세종 초기 동래현 인구가 2,400여 명에 불과했던 사실을 생각하면 삼포 왜인의 인구는 가히 조선의 변방을 뒤집을 수 있는 어마어마한 숫자였다.[10]

조선이 허가해준 것보다 어떻게 10배나 많은 왜인이 들어와 살 수 있었을까. 요새처럼 출입국 검사장에서 일일이 여권과 비자를 확인하여 입국시키는 시스템에서는 거의 불가능한 일이다. 하지만 과학적 시스템을 갖춘 오늘에도 여전히 불법체류자들은 있지 않은가. 조선시대 삼포의 불법체류자들은 무역을 빌미로 상선을 타고 포구에 도착한 뒤에 차일피일 귀국을 미루다 아예 궁둥이를 붙이는 경우가 잦았다. 당시에는 풍향을 보고 배를 타고 나갔으므로 기후가 좋지 않거나 산더미만 한 파도가 친다고 핑계를 대며 못 간다고 버티면 억지로 보낼 수도 없었다. 이런저런 이유를 대면서 장기 체류하며 돌아가지 않는 왜인들이 계속 증가하였다.

이따금 조선 정부는 왜인의 등을 쳐 돌려보내기도 하였다. 왜인의 수가 임계점에 다다를 때마다 조선 조정은 대마도 도주에게 삼포 왜인 쇄환刷還(돌려보냄)을 요구했다. 1436년(세종 18)에 내이포 왜인 253명, 염포 왜인 96명, 부산포 왜인 29인 등 378명을 돌려보낸 것을 시작으로, 세조와 성종 대에도 여러 차례 쇄환을 명하였다. 하지만 쇄환은 제대로 이루어지지 않았다. 조선 정부는 직접 나서서 왜인들을 강제로 보내기를 꺼렸다. 그러다 왜인과 큰 싸움이 날 수도 있으므로 대마도 도주에게 쇄환을 위임했다. 하지만 대마도 도주는 안이한 자세로 미적거렸고, 설령 쇄환이 이루어진다고 해도 몇 해가 지나면 다시 그 수가 제자리로 돌아가기 일쑤였다. 근본적인 문제는 세금이었다. 대마도 도주는 삼포에 머무는 왜인들에게 세금을 거두고 있었다. 삼포에 거주하는 왜인들이 늘어날수록 재정이 증가하는데 굳이 쇄환에 적극적으로 나설 이유가 없었다.

조선 중기에 이를 즈음 삼포는 왜인에겐 즐겁고 행복한 땅, 즉 낙토樂土가 되었다. 연산군 조정은 흥청망청하기에 바빠 변방에 신경 쓸 겨를이 없었다. 당연히 삼포 왜인에 대한 관리도, 정찰과 안보의 끈도 느슨해질 수밖에 없었다. 삼포에 대한 조정의 관심이 멀어질수록 왜인에겐 낙토가 가까워졌다. 연산군 시절 꼿꼿했던 정인인鄭麟仁은 삼포 왜인의 상황에 대해서 우려하며 이런 글을 조정에 올렸다.

신이 직접 제포의 왜인을 검찰하여 보니 호의 총수 4백, 인구 2천여 명으로 출생이 날마다 불어나니, 염포鹽浦, 부산포釜山浦 역시 반드시 이럴 것입니다. 마치 종기가 뱃속에 맺히는 것과 같아 언젠가는 썩어 터질 것이므로 식자識者들이 한심하게 여깁니다. 또 본도本島의 남녀가 삼포 왜인과 혼인하여 와서 사는 자도 퍽 많습니다. …… 남자는 바다에 나가 해산물을 캐고, 여자는 여염閭閻에서 장사하여 모두들 넉넉하게 지내고 나아가서는 많은 일꾼을 두고 부유하게 사는 자까지 있으니, 정말 낙토樂土입니다.[11]

제포에 온 항거왜인들이 아이를 낳거나 본도(대마도) 사람들과 결혼함에 따라 인구가 증가하였다. 남자는 바다에 나가 수산물을 잡고, 여자는 장사하여 돈을 벌어 노비를 둘 만큼 부자가 된 왜인들이 많아졌으니 제포는 말 그대로 낙토였다. 그럴수록 '복심의 병', 아니 '범을 기르는 골'은 우환이 커져갔다. 정인인은 '범을 기르는 골에는 피해가 없다虎育之洞不爲害'라는 속담을 들면서 삼포에 좀도둑의 근심은 없어졌으나 아주 큰 화가 생길 것을 우려하였다. 요컨대, 삼포를 개방하여 항거왜인들이 증가함으로써 잦은 노략질은 줄어들었지만 언젠가 큰 변란이 생길 수 있다는 것이다. 그의 말대로 항거왜인은 범이었다. 범이 무서워 도둑은 오지 않으나 다 자란 범은 언제 자기를 길러준 주인을 물지 모른다. 연산군이 정인인의 충언을 수용하여 미리 예방하였다면 엄습할 삼포왜란의 싹을 미리 제거할 수 있었을지도 모른다.

부글부글 끓는 제포

역사는 우연과 필연이 뒤섞인 결과다. 당시에는 우연과 필연을 명확히 나누기 어려운데 훗날 필연만큼은 도드라져 보일 때가 있다. 필연은 시간과 공간이 맞아떨어지는 부분에서 발생하기 때문이다. 예컨대, 서울은 한반도의 지리적 여건상 수도로서 기능할 수밖에 없는 공간이다. 고려가 망하고 조선이 흥할 때, 개성에서 한양으로 천도가 되었으니 시공간이 필연으로 연결되어 수도 한양이 탄생했다.

왜구와 대적했던 변방의 최전선, 삼포도 마찬가지다. 해양세력의 침입이 거세질 때 문호를 열어야 하는 곳이 삼포였고, 국력이 신장되어 해양으로 진출을 도모할 때 항구로 개발되었던 곳이 삼포다. 이렇게 삼포는 해양세력이 드나드는 출구였다. 역사의 필연은 다시 관성으로 작용한다. 근대 이후로 우리나라 최고의 항구로 개발된 부산과 울산, 그리고 포화 상태에 이른 부산

항을 대체하려고 '부산신항(제포 인근)'을 개발하였다. 조선의 삼
포와 현대의 무역항이 거의 일치한다.

　사람은 시공간의 연결축에서 역사를 생산하는 동시에
파괴한다. 왕조가 전복된 후 새 왕조는 옛 왕조의 흔적을 애써
지우거나 왜곡하려 하였다. 자본주의 사회는 경제 개발이라는
핑계로 역사를 파괴하였다. 조선처럼 생산력이 낮은 사회에서
파괴의 힘은 크지 않았으나 생산력이 괄목하게 높아진 현대에는
한순간에 역사를 매장할 수 있었다. 근대 항구 개발을 위해 진행
된 토건 사업은 포구의 역사를 폐기물과 함께 바다 깊이 매립시
켰다. 그러하니 삼포에서 필연의 역사를 찾기는 거의 불가능한
것으로 여겨졌다.

　그런데 역사는 사라지는 것이 아니라 잠시 묻혀 있다가
언젠가 드러나는 것이다. 2019년 3월, 역사의 뒤안길로 사라졌다
고 생각했던 제포왜관 터가 부산신항 배후부지 도로 공사를 위
해 야산을 허무는 중에 발견되었다. 축대와 담장 등 건물의 흔적
과 아울러 도자기와 기와 파편들이 무더기로 쏟아졌다. '대명정
덕팔년춘조大明正德八年春造'라는 명문이 적힌 기와도 발견되었다.
1513년(명나라 정덕 8년) 봄에 만든 기와였다. 포구의 민가는 대개
흙집이므로 대규모 건물지와 기와의 출토는 그 자리에 주요한
관공서 건물이 있었음을 말해준다. 『해동제국기』의 '웅천제포지
도'에서도 포구 쪽에 가까운 산 아래에 왜관이 표시되었으므로
발견된 유적을 제포왜관 터라 여겨도 큰 무리가 없다. 하지만 수
백 년 만에 깨어난 왜관을 두고 논쟁이 가열되고 있다. 문화재청
이 제포왜관 터를 보존하려고 하자 지역 주민들이 반대하고 나
선 것이다. 주민들은 제포왜관 터의 문화재 지정과 보존 조치로

『해동제국기』의 웅천제포지도. 국립중앙박물관 제공.

인해 자신들의 사유재산권이 규제받을까 심히 걱정하고 있었다.[12]

왜관은 여러 의미로 사용된다. 왜관은 일본 관리들이 사는 공관公館, 무역하는 상관商館, 일본 사신들이 머무르는 객관客館으로서 기능한다. 왜관 주변에는 일본인 마을인 왜리倭里가 조성되었다. 광의적 의미에서는 왜관을 '재팬타운Japan Town'처럼 '삼포 왜인들의 거주지'를 가리키기도 한다. 왜관은 제포와 부산포를 개방한 직후에 설치된 것으로 추정된다. 한양에 있는 동평관東平館(일본 외교사절이 숙박하는 객관)은 1409년에 건립된 바 있다. 왜관은 왜인이 와서 거주한 곳이지만 조선의 교린정책을 잘 보여주는 공간이기도 하다. 다시 말해, 조선이 변방을 괴롭히는 왜구를 넓은 마음으로 포용한 곳이다. 왜관을 건립할 때도, 보수할 때도 조선 정부가 항시 관여하였다.

항구 건설과 토목 공사로 인해 부산포와 염포 왜관이 완전히 사라진 지금, 유일하게 남은 제포왜관 터의 역사적 가치와 보존의 중요성은 두말할 필요가 없다. 더구나 제포는 조선 전기

조선 전기 왜관이 있었던 창원시 진해구 제포(위). 부산박물관 제공.
인근 산 위에서 바라 본 웅천제포의 풍경(아래)

가장 번성했던 포구였다. 왜인의 수가 최고조에 달한 1494년에는 인구수가 2,500명이었다. 부산포, 염포의 왜인 숫자를 합한 것에 세 배다. 이렇게 왜인이 많았으니 그만큼 정박한 선박은 물론 무역하고자 찾는 조선 사람들도 많았을 것이다. 1407년부터 조선 조정은 제포에 왜인들이 몰려드는 것을 심각하게 우려했다. 당시 경상도 병마절도사 강사덕姜思德은 '방어의 요충지인 내이포(제포)에 일본의 무역선과 사신 배들이 항상 와서 정박하니 도만호가 잠시도 떠날 수가 없다'라고 고충을 털어놨다. 이처럼 개항 직후부터 제포에는 왜인과 왜선들이 끊이지 않았다.

　　제포에 가보면 '더도 말고 덜도 말고 왜관의 입지로는 이곳이다'라는 생각이 들 것이다. 왜관의 입지는 일본인이 살기 좋은 동시에 조선이 방어하기도 수월한 곳이어야 했다. 제포는 대마도와 가깝거니와 경상도 해안의 주요 뱃길을 타기 쉬운 곳이며 황금 어장으로 둘러싸인 포구다. 포구 주변으로 넓은 들판이 펼쳐져 많은 왜인이 살 수 있었다. 남산에서 천자봉으로 이어지는 낮은 구릉이 이 들판을 에워싸고 있다. 지금도 정상에는 제포성薺浦城이 일부 남아 있다. 제포성은 조선 전기에 왜구를 방비할 목적으로 쌓았는데, 성에서 바라보면 입출항하는 왜선들과 왜인들의 동태를 한눈에 감시할 수 있었다. 여기서 끝이 아니라 구릉을 넘으면 북쪽에는 다시 웅천읍성이 버티고 있다. 웅천읍성 일대는 불모산, 팔판산, 굴암산으로 연결되는 험한 산맥들이 감싸고 있다. 이렇게 제포 일대는 구릉과 산맥이 거대한 울타리를 치고 있는 형세이므로 지리적으로 제포에 왜관이 들어선 것은 역사적으로 필연이 아닐 수 없다.[13]

『해동제국기』에 실린 삼포

개항 이후 삼포는 코리안 드림을 꿈꾸며 들어오는 왜인들로 인해 무척이나 혼란스러웠다. 실은 혼란의 원인은 조일 외교관계의 기본 지침이 정비되지 못했기 때문이다. 왜사倭使에 대한 예우, 입항하는 왜선의 수와 체류일, 체류자에 대한 식량 지급 등의 기준이 없으니 조선 조정과 지방관들이 우왕좌왕했다. 그러다 1443년(세종 25)에 대마도주와 '계해약조癸亥約條'를 체결하여 삼포에 들어오는 세견선歲遣船(무역선)을 50척으로 제한하는 등 외교 무역의 골자를 만들었다. 그런데 계해약조의 조항은 기록상 아직 밝혀진 바가 없어 상세한 내용을 알 수가 없다. 조선 초기 일본과의 외교 기준을 정리한 시기는 성종 때였다. 1471년 (성종 2) 성종은 신숙주에게 해동제국(일본 오키나와)의 조빙, 왕래, 예접禮接 등에 대한 규례를 편찬하라고 명하였다. 이때 신숙주가 편찬한 책이 『해동제국기』였다. 이 책은 편찬 이래로 대일관계의 항해를 결정하는 방향키로 작용하였다.

성종은 왜 신숙주에게 이 책을 편찬하라고 하였을까? 조선 전기 가장 탁월한 외교관을 꼽으라면 '신숙주申叔舟'와 '이예李藝'를 들 수 있다.[14] 신숙주는 단종을 저버리고 세조에게 간 탓에 그의 행정 능력과 자질이 상대적으로 저평가되었다. 하지만 신숙주만 한 외교관은 없었다. 정치적 동료인 한명회는 조정에서 사신을 파견하는 문제가 대두되자 "이제 사신을 일본에 보내고자 한다면 모름지기 고려의 정몽주나 조선조의 신숙주 같은 자를 택해서 보내는 것이 옳을 것입니다"라고 하였다.[15] 그러나 정몽주나 신숙주 모두 죽은 때였으니 그만한 인물을 찾기란 애당초 불가능하였다.

외교관으로서의 정몽주와 신숙주의 능력은 일본에서도 화제였다. 임진왜란 때 대마도 외교 승려 현소玄蘇는 조선에 통신사 파견을 요청하면서 '황윤길黃允吉 같은 무리를 보낼 바엔 보낼 필요가 없다'면서도 '정몽주와 신숙주 두 사람은 수백 년 동안을 무사하게 하였으니 그 사람들의 현능賢能(현명하면서 재간이 있음)함을 알 수 있다'라고 추켜세웠다.[16] 신숙주는 1443년(세종 25) 9개월간 일본에 통신사 일행으로 다녀왔다. 그때 신숙주는 26살의 젊은 나이로 서장관書狀官의 임무를 맡았다. 서장관은 통신사 정사正使와 부사副使를 보좌하면서 사행을 기록하는 직책이다. 신숙주는 주요한 정치적 역할을 맡았던 변효문(정사)과 윤인부(부사)에 비하면 오히려 일본의 상황과 풍속에 대해서 꼼꼼한 관찰이 가능했을 터다.

『해동제국기』의 울산염포지도. 국립중앙박물관 제공.

신숙주는 『해동제국기』의 서문에서 일본과의 교린관계를 강조했다. 신숙주는 왜인을 '습성은 강하고 사나우며, 무술에 정련精練(잘 연습함)하고 배를 다루는 것이 익숙한 사람'으로 여겼다. 이렇게 사납고 강한 왜와 조선은 지리적으로 바다를 사이에 두고 서로 바라보는 형국이었다. 그는 왜인들을 힘으로 대할 것이 아니라 도리로 대하여야 조선이 화평할 수 있다고 보았다. 한마디로 햇볕정책론자였다. 신숙주는 "그들을 도리로 대하면 예절을 차려 조빙_{朝聘}하고, 그렇지 않으면 함부로 표략_{剽掠}(남을 협박하여 뺏는 행위)을 했던 것입니다"라고 하였다. 그는 눈을 감을 때도 성종에게 "부디 일본과의 화친을 끊지 마소서"라고 하였으니 교린에 대한 신심이 누구보다 두터웠다고 하겠다. 일본이 신숙주를 현능한 외교관으로 인정한 이유도 평생 조선과 일본의 공존 관계를 유지하려고 애를 썼기 때문이다.

후대 사람들은 『해동제국기』를 보고 들은 사실 위주로 기록한 견문록보다는 일본에 대응하기 위한 외교 실무 지침서로 여겼다.[17] 그만큼 이 책의 중요성이 컸다는 얘기다. 그런데 이 책이 더 소중한 이유는 유구국(오키나와), 대마도, 본토 등 일본 지도 외에 우리나라 삼포의 지도도 권두에 포함되었기 때문이다. 웅천제포지도_{熊川薺浦之圖}, 동래부산포지도_{東萊富山浦之圖}, 울산염포지도_{蔚山鹽浦之圖} 등은 우리나라에서 최초로 제작된 지방 지도다. 그런데 이 지도를 제작하게 된 계기가 흥미롭다.

삼포 왜관에 왜인들의 수가 증가하면서 더불어 왜인들의 집도 늘어났다. 삼포의 왜인들은 흙을 바르고 이엉을 덮은 토실_{土室}(흙집)에서 살았다. 조선 후기 초량왜관 같은 번듯한 기와집이 아니라 이런 흙집에서 살았던 것이다. 땅은 좁은데 사람은 조밀하여 지붕의 이엉이 서로 붙어 있으니 한번 불이 붙으면 대형 화재를 피할 수 없었다. 이렇게 왜관에 화재가 일어나 이재민이 발생하면 비록 외국인이라 하더라도 관리를 보내 구제하고 식량을 지급하는 것이 관례였다. 물론 이것도 교린정책의 일환이었다.

조선 전기, 왜관에 여러 차례 화재가 있었다. 1474년(성종 5) 1월에 난 화재가 가장 컸다. 공교롭게도 같은 날에 부산포와 제포에 화재가 발생하여 부산포 왜인 80여 집과 제포 왜인 3

백여 집이 불에 타버렸다. 다행히 사상자는 많지 않았지만 워낙 피해가 컸기 때문에 조선 정부는 예조좌랑 남제南悌를 보내 수습하게 하였다.[18] 그런데 남제를 보낸 막후의 이유는 따로 있었다. 왜인들의 집이 증가하면서 무질서하게 세워지다 보니 조선의 만호가 근무하는 영청營廳까지 연접하였던 것이다. 영청의 둘레에 울타리도 없어 왜인들이 딴마음을 먹고 습격이라도 하면 앉아서 당하는 꼴이었다. 조선 조정은 남제를 보내 공간을 구획하고 담장을 쳐서 왜관과 영청의 경계를 구분하였으며, 관문關門을 단단히 세워 방비 체계를 정비했다. 남제는 왜인들의 호구와 인구 조사를 하고 왜인이 침해한 논밭까지 조사하였다. 이렇게 남제는 삼포를 현장 조사한 뒤에 지도를 그려서 왔는데, 이 지도가『해동제국기』에 고스란히 실린 것이다.

삼포 지도는 산과 바다, 하천과 길, 그리고 관청과 왜관 등을 간략히 표시하였다. 조선 후기 지도처럼 상세히 그려지지 않았어도 시급히 재난을 처리하고 그 상황을 조정에 보고하기 위한 행정 지도로 적합해 보인다. 웅천제포지도(353쪽 참고)를 보면 제포 바닷가에 집들이 다닥다닥 붙어 있다. 좌측에 영청이, 오른쪽에 왜관이 있으며 웅신현熊神峴이라는 고개를 넘으면 웅천관熊川官에 도착한다. 웅천읍성은 석성石城임을 강조했다. 사방을 단단한 돌로 세 겹을 둘러친 모양새다. 흥미로운 것은 왜관 주변에 11개의 사찰이 배치되었다는 점이다. 불교를 숭상하는 왜인들의 신앙 활동을 위하여 왜관 일대에는 사찰들이 세워졌다. 왜인들은 조선으로부터 선진적인 불교 문화를 수용하기 위하여 끊임없이 대장경을 보내 달라고 요청한 바 있다. 왜관 주변의 사찰을 통해서 조선의 불교 문화가 전파되었을 터다. 이는 일본으로 전래하여 불교 부흥의 밑거름이 되었을 것이다.

부산의 탄생지는 어디인가

동래부산포지도는 부산포 일대를 그린 가장 오래된 지
도다. 영청營廳(부산진성)과 왜관 남쪽에는 파도가 묘사되어 있고,
동쪽으로는 흘러온 하천이 바다와 만나고 있다. 지도의 중심은
현 동구 좌천동과 범일동 일대로서 지도에 그려진 하천은 동천東
川이다. 범일동과 문현동을 가로지르는 이 하천이 부산진성의 동
쪽을 흐른다고 해서 붙여진 이름이다. 근대기에는 공장이 이곳
에 집중됨에 따라 폐수가 흐
르고 악취가 난 까닭에 얼마
전까지 '똥천'으로 불렸다.
지금은 일대가 매립되어 하
천 폭이 매우 좁아졌지만 지
도상에는 바다와 접경 지역
의 폭이 꽤 넓게 나타나 있
다. 왜관에는 집들이 빼곡히
묘사되었으며 '견강사見江寺'
라는 절도 그려져 있다. 왜
관과 견강사 아래에 납작하
고 볼록한 산이 지금의 자성
대가 위치한 곳이다. 왜관과
좀 떨어진 영청 북쪽에는 제
법 산세가 가파른 산이 버티
고 있다. 이 산은 현재의 금

『해동제국기』의 동래부산포지도. 국립중앙도서관 제공.

360

성고등학교 뒤편에 있는 '증산甑山'이다.

　동래부산포지도 머리에는 우리가 알고 있는 '부산釜山'이 아니라 '부산富山'으로 표기되어 있다. 그렇다. 고려시대부터 조선의 성종 대까지 '釜'가 아닌 '富'를 썼다. 부산富山이라는 지명은 고려시대 부산부곡富山部曲에서 유래했다. 부곡部曲은 고려시대 천민들이 사는 행정구역을 뜻하는 것으로 알려졌지만 근래에는 '특정한 역役이 부과된 사람들'이 사는 공동체로 설명되기도 한

부산시 동구 증산 일대 풍경. 부산박물관 제공.

20세기 초 부산진과 자성대 전경. 산 정상에 위치한 왜성이 뚜렷하게 보인다. 부산박물관 제공.

다. 1392년(태조 1)에 사헌부가 올린 상소엔 "고려 시대 5도道 양계兩界의 역자驛子, 진척津尺, 부곡部曲 의 사람들은 모두 태조太祖 때에 명령을 거역한 사 람들이었으므로 모두 천역賤役에 당하게 했던 것 입니다"라고 하였다. 부곡은 고려 개국에 반대한 이들을 모아 천역을 시킨 집단 거주지로 이해할 수 있을 것이다.[19] 여하튼, 고려시대 부산부곡은 현 재의 부산을 탄생시킨 씨앗이었다.

그런데 부산이 어떤 산을 가리키는가에 대해서는 의견이 분분하다. 그동안 '부산=증산설' 이 주류를 이뤘다. 이 설은 가마釜와 시루甑가 모 두 불을 때서 음식을 만드는 취기炊器라는 사실에 착안하였다. 동평현으로 개명되는 신라 경덕왕 이 전, 이 일대는 대증현大甑縣에 소속되었다. 이 '대증 현'에서 '증산'이 유래되었고, 곧 '증甑'은 같은 화 기火器인 '부釜'를 써서 부산이 되었다는 설이다. 이 에 반론을 제시하며 '부산=자성대설'을 주장하는 편은 증산을 널리 사용하기 시작한 때는 임진왜란 이후라고 주장한다. 대개 왜군이 축조한 왜성을 증산성이라 부 르는 사실을 들어 '증산'은 '부산'이 아니라고 주장한다. 이 설은 1663년에 제작된 '목장지도'에서 현재의 자성대공원 위치에 '부 산釜山'을 뚜렷이 명시한 것을 근거로 자성대의 산이 부산을 가리 키는 것이라 주장한다.[20]

1486년(성종 12)에 완성된 『동국여지승람』의 동래현東萊 縣 편에서는 "부산釜山은 동평현東平縣에 있으며, 산이 가마솥 모양

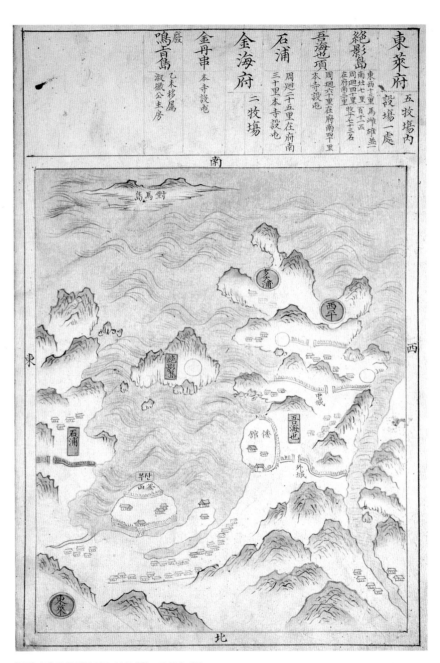

'목장지도' 중 동래부 지도. 부산대학교 도서관 제공.

과 같아서 이렇게 이름을 지었다. 그 아래가 바로 부산포釜山浦인데, 상주하는 왜인의 집들이 있으며 북쪽으로 현까지의 거리는 21리다"라고 썼다. 이 기록이 설명하는 부산 풍경은 『해동제국기』의 동래부산포지도를 통해서 더욱 생생히 다가온다. 『동국여지승람』의 편찬에 참여했던 노사신, 양성지 등의 학자들도 1474년(성종 5) 남제가 화재사건을 수습하면서 그려온 삼포 지도를 참고했을 것이다. 산 아래에 부산포가 있고 상주하는 왜인의 집들이 있는 풍경을 떠올리면 부산은 동래부산포지도의 중앙에 있는 납작한 산(자성대의 산)으로 보는 것이 설득력이 높다. 지도의 거리상 영청 뒷산(증산)은 해안가와 상당히 떨어져 있다. 게다가 조선시대 시루와 가마는 불을 이용하는 기물이라 하더라도 생김새가 다르므로 '부산=증산설'을 펴기에는 무리가 있다.

富山에서 釜山으로: 그 숨은 비밀을 찾아

그런데 두 가지 설 모두 '富山은 왜 釜山으로 변하였을까'를 간과하고 있다. 공교롭게도 성종 즉위년(1469년)부터 富山이 아닌 釜山이 등장하기 시작한다.[21] 성종 즉위년에 가마같이 생긴 산이 불쑥 솟은 것도 아닐 텐데 어떤 이유로 하여 富가 釜로 바뀌었을까. 새로 생겨난 산이 아니라 원래부터 존재했던 산의 이름이 바뀌었다면 특별한 이유가 있는 게 당연하다. 자연물을 보는 시각에는 사람들의 인식과 사회적 배경이 반영된다. 예컨대, 하나의 바위를 두고도 불교의 시각에서는 '보살상'으로 보이지만 간절히 잉태를 기도하는 민중의 눈에는 '삼신바위'로 보일 수 있다. 자성대 산이 과연 가마솥을 닮았는지도 의문스럽지만 납작하고 둥그렇게 생긴 살림 도구가 많은데 하필이면 가마를 형상화한 데에는 뭔가 특별한 역사적 배경이 작용하였을 게다.

결론부터 말한다면, '富'가 '釜'로 바뀐 배경에는 부산포 일대의 소금 생산이 큰 영향을 미쳤을 것으로 생각된다. 조선시대는 지금과 같은 햇볕과 바람에 말려 생산하는 '천일염'이 아니라 바닷물을 염전에서 농축하여 아주 짠 물을 만든 뒤에 끓여서 소금을 생산했다. 이런 소금을 '자염煮鹽'이라 불렀다. 자염을 생산하기 위해서 가장 중요한 시설이 소금가마(釜 또는 盆)였다. 조선시대 염전에는 소금가마를 가운데 두고 짠물을 끓이는 염막들이 설치되었다. 그리하여 염전을 셀 때도, 염세를 매길 때도 소금가마를 단위로 하는 경우가 많았다. 부산시 남구 용호동 일대를 예전에는 '분포盆浦 혹은 분개'라고 부른 이유도 소금을 굽던 가마들이 해안가에 널려 있었기 때문이다.

부釜의 등장에는 소금에 대한 수요가 증가한 데 따른 생산 결과가 반영되어 있다. 수요와 공급의 증가는 주변 풍경의 변화를 가져오고, 사람들의 인식과 지명의 변화로까지 이어졌다. 현대인들은 기계에서 마구 생산되는 소금을 하찮게 여기지만 근대까지만 하더라도 소금은 매우 귀한 상품이었다. 인간은 소금을 먹지 않으면 살 수 없거니와 예전에는 소금이 음식 맛을 내는 주요 조미료였다. 더구나 조선시대에 세금을 징수하는 주요 원천이 어염魚鹽이었다. 국가는 소금을 전매하려고 했고, 소금을 팔아서 부를 이루는 상인들도 많았다. 요컨대 소금 '염鹽'은 부자 '부富'로 상징될 수 있으며, 소금을 생산하는 가마 '부釜'는 부자 '부富'와 연결되었다.

부산포 근처에는 고려시대부터 소금을 생산하는 염전이 있었던 것으로 추정된다. 1425년(세종 7)에 편찬된 『경상도지리지』(동평현)에서는 '부산포富山浦에 소금가마가 39좌座가 있다.' 라고 기록하였다.[22] 『세종실록』「지리지」(동래현)에서도 동래현에 염소鹽所 세 군데가 있는 것으로 기록하였다.[23] 조선 전기 부산포에서 소금 생산이 활기를 띠게 된 건 포구 개방에 따라 왜인이 증가하였기 때문이다. 1440년(세종 22) 예조판서 민의생閔義生은 "부산포에 항상 거주하는 왜인은 60여 호인데, 장사하러 오는 왜인은 무려 6천여 명이나 됩니다"라고 하였다. 상주하는 왜인들도 늘어났으며 장사하러 온 수천 명의 왜인은 한동안 부산포에 머물면서 숙식을 했다. 음식 수요의 증가와 함께 소금 수요도 늘어났을 터다. 또한 조선 전기 왜인들은 주로 어염의 유통을 위하여 삼포에 들어왔거니와 어업을 주요한 생업으로 삼았다. 그러니 수산물을 염장하는 데도 엄청난 소금이 들어갔을 것이다.

부산포 주변은 조선인과 왜인들이 뒤섞여 소금을 생산하고 유통하는 짜디짠 풍경이 펼쳐졌다. 이건 내 추측이 아니라 실제로 그러했다. 1475년(성종 6) 경상도 관찰사는 이런 풍경이 심히 우려되어 "부산포의 사염장私鹽場은 왜인과 더불어 뒤섞여서 판매하여, 혹 흔단釁端이 생길까 두려우니 청컨대 철거하게 하소서"라고 요청하였다.[24] 흔단은 '틈이 생기게 되는 실마리'를 뜻하는 것이다. 풀어보자면, 부산포의 사염장에서 조선인과 왜인이 소금을 유통하다가 사이가 벌어지고 종국에는 분란의 실마리가 될까 염려스럽다는 것이다. 조선인과 왜인 사이에 소금 판매가 활기를 띠었기에 이윤을 두고 마찰이 심해졌다는 얘기다.

하천과 바다가 접하는 지역에 분포한 모래밭 또는 뻘밭은 염전을 조성하는 데 안성맞춤이다. 인근에 땔감까지 구할 수 있는 산이 위치한다면 일석이조다. 이런 지리적 이점이 있는 부산포 왜관 주변이었으니, 바로 곁에 소금가마가 없을 리가 없다. 1525년(중종 20)에 특진관 안윤덕安潤德은 "부산포 왜관은 으슥한 곳에 있습니다. 부산포 왜관의 북쪽에 성을 쌓을 만한 곳이 있었는데, 그 외부에 소금가마가 있습니다"라고 아뢰었다.[25] 중종 시절의 사료이긴 하지만 세종이나 성종 시절에도 부산포 왜관 옆에 소금가마가 있었고 소금을 생산했다는 증거로 봐도 무방하다.

삼포 개항 이후 소금의 소비와 공급의 증가는 필경 생산의 증가로 귀결되었다. 부산포 염전의 소금가마에는 부글부글 짠물이 끓어 바닷바람에 짠 내가 요동을 쳤을 것이다. 이런 소금가마들이 점차 늘어나 부산富山 바로 인근에서도 소금가마를 흔히 볼 수 있었다. 이쯤 되면 '부산富山'은 '부산釜山'이다. 설령 자성대 산이 가마솥을 닮지 않았더라도 근처에 널린 소금가마가 부산을 가마솥 산으로 인식하게 하였을 터다. 성종 대 『동국여지승람』의 기록이나 지명의 변화는 이러한 사회적 배경을 품은 것으로 보인다.

_____ 3

해두보海頭堡로 전락하다

임진왜란 전초전, 삼포왜란

임진왜란에 비해 삼포왜란은 잘 알려지지 않았다. 역사 교과서에도 삼포왜란은 간단히 서술되어 있을 뿐, 자세한 내용은 소개하지 않고 있다.[26] 삼포왜란은 대마도와 삼포 왜인들이 조직적으로 연계하여 변방을 공격한 큰 전투였다. 여기에 일본의 군사적 지원이 더해졌다면 임진왜란과 같은 국가 대 국가의 전쟁으로 비화할 수 있었다. 삼포왜란은 개항 후 100여 년 지속되던 변방의 평화를 깨뜨린 사건이었다. 조선 정부가 우려했던 복심의 종기가 드디어 터진 난이었다. 그럼에도 삼포왜란에서 얻은 역사적 교훈을 조일 관계와 국방체계에 철저히 반영하지 못했던 조선은 결국 임진왜란이라는 더 큰 위기를 맞았다.

전쟁은 국제정세의 급격한 변화 속에서 발생한다. 대마도주 종씨宗氏 일가가 맞은 위기는 기존의 평화적 틀을 불안하게 하는 요인이었다. 대마도 종씨는 원래 본거지를 일본 지쿠젠주筑前州(후쿠오카)에 두었으며, 구주九州(규슈) 지역에서도 상당한 영지를 보유한 세력이었다. 그런데 구주에서 오우치씨大內氏와의 패권 싸움에서 종씨가 패하면서 20만 석의 영지를 상실하고 대마도 내의 세력으로 전락하였다. 이런 혼란스러운 상황에서 종씨가 보유한 토지와 식량이 감소하여 군사력이 약화하였다. 이에 조선 연해에서의 약탈 사건도 빈번해졌다.[27]

일본 내의 복잡한 사정은 접어두고서라도 언젠가 큰 전투가 발발할 것임은 일찌감치 조선 정부도 예측하였다. 어쩌면 100년의 평화는 겉으로 드러난 모습일지 모른다. 내부적으로는 삼포에서 권한을 강화하려는 왜인들과 이를 통제하려는 지방 수령 간의 갈등이 격화되었다. 연산군 시절 삼포에 대한 통제가 느슨해지면서 왜인들은 호시절을 맞았지만 반정으로 정권을 잡은 중종은 엄격하게 통제를 하였다. 사실 엄격이라기보다 원칙을 충실히 지켰다는 게 옳은 표현일지 모른다. 각종 불법으로 배를 불리던 삼포 왜인들에게는 원칙을 고수하는 조정의 분위기가 옥죄는 것으로 느껴졌다.

왜인의 대응도 거세졌다. 왜인이 숙배肅拜(조선 임금의 전패에 절하는 의식)할 때 자신을 희롱하는 조선인을 궐문 밖에서 쇠사슬로 목을 매어 끌고 갔다. 기분이 언짢은 일이 생기면 변방의 수령들까지 구타하였다. 심지어 한양 동평관에서도 왜인이 칼을 휘두르며 도성 안을 헤집는 사건도 발생했다. 왜인의 막가파식 행동이 넘지 말아야 할 선을 한참 넘고 있었다. 왜인들은 공격적 성향을 보이면서도 한편으로 머지 않아 조선군이 자신을 공격할 것이라 두려워했다. 왜인들은 산에 올라가 망을 보고, 번을 나누어 대오를 지어 야반에 순찰하였다. 그런데 왜인들에게 이런 정보를 누설하는 쪽은 다름 아닌 조선인이었다. 조선인과 삼포의 왜인들은 타국인이 아닌 형제, 이웃처럼 지내면서 왕래하였기에 조선의 내부 사정이 여과 없이 흘러들어갔다.[28]

왜인들을 달래고 삼포를 지켜야 할 변장邊將들은 경솔하고 무모하였다. 잔악한 왜인들을 통제하기 위해서 우악스러운 행동을 하였을지 몰라도 왜인을 경멸하는 행동은 그들의 내면에 도사리는 해적 성향을 부추기는 꼴이었다. 1509년(중종 4) 4월 부산포 첨사로 부임한 이우증李友曾은 왜인들을 위력으로 누르고자 했다. 그는 항거 왜인들을 기와를 굽고 숯을 만들거나 김매는 일에 동원하였다. 어떤 때는 왜인의 머리를 끈으로 묶어 나뭇가지에 매단 채로 활을 쏘아 그 끈을 맞추는 비인간적인 행동을 서슴지 않았다.[29] 평소에도 이우증은 왜인에 대한 강력한 통제로 악명이 높았던 터라 이런 돌발 행동은 불에 기름을 끼얹는 셈이었다.

삼포 왜인들은 이런 상황을 빌미로 대마도에 파병을 강력히 요청했던 것으로 보인다. 1510년(중종 5) 4월 4일 대마도 왜군들이 1천 척의 병선을 이끌고 전쟁 거점을 확보하기 위하여 거제도 영등포永登浦를 공격하였다. 처음에는 거제도 군민들이 이를 물리쳤으나 재차 침입하는 왜군에 함락을 당하였다.[30] 거제도 영등포를 장악한 대마도 왜적들은 삼포의 항거 왜인과 연합하여 제포와 부산포를 공격하였다. 왜변이 일어나기 하루 전에 이 정보를 들은 부산포 백성이 알렸지만 이우증은 되레 꾸짖기만 하고 방비를 허술하게 하였다. 5천여 명의 왜인이 제포와 부산포를 무자비하게 공격하자 변장들은 허둥지둥 도망가기에 바빴다. 제포첨사 김세균은 성을 넘다가 적에게 사로잡혔고 황급히 뜸草芚 밑에 숨었던 이우증과 그의 동생은 적에게 발각되어 살해당했다. 경상우도절도사 김석철金錫哲 등이 군사를 이끌고 와서 웅천읍성을 둘러싸고 왜적들과 싸웠지만 적들의 저항이 만만치 않아 후퇴하였다.

4월 8일 삼포왜란을 보고받은 조정은 황형黃衡을 경상좌도방어사, 유담년柳耼年을 경상우도방어사로 삼아 경군京軍을 파견하였다. 또 부산포첨사의 후임으로 이보李俌와 제포첨사의 후임으로 이권李菤을 임명하는 등 전력을 정비하였다. 제포와 부산포를 함락시킨 왜인들의 기세는 하늘을 찌를 듯해 주변 포구와 내륙까지 공격하였다. 범전리(현 서면 범전동)에 진을 친 왜인들은 주변 민가에 불을 지르고 동래성으로 진입하려 하였으나 동래군東萊軍이 활을 쏘며 대응하자 퇴각하였다. 삼포왜란 초창기에는 소규모지만 여기저기서 동시다발적인 전투가 벌어짐에 따라 조선군이 우왕좌왕할 수밖에 없었다. 하지만 제포와 부산포, 웅천읍성을 함락시킨 이후로 왜인들은 별다른 전과를 올리지 못하였다. 조선군의 전력이 점차 보강되자 왜인들은 부산포에서 물러나 제포로 집결하였다. 그동안 노략질한 재물도 가덕도와 절영도 등에 옮겨두고 도망갈 준비를 하였다.

황형 등이 이끄는 5천여 명의 군사가 웅천현에 도착한 때는 4월 18일이었다. 대군이 도착하자 겁먹은 왜적들은 성을 비우고 나가 제포성 주변의 산봉우리에 진을 쳤다. 현 제덕동 포구의 북·동·서쪽을 둘러싼 낮은 구릉에 왜인들이 몰린 형국이었다. 먼저 황형 부대가 선봉에 나서 교전을 벌였지만 큰 성과가 없었다. 하지만 유담년 군대가 앞 고지에 올라가 시석矢石(화살과 돌)을 난사하자 동쪽 봉우리의 왜적들이 달아났다. 서쪽 봉우리의 왜적들까지 전의를 상실하고 흩어지면서 조선군은 승전의 고삐를 바싹 당겼다. 60여 척의 병선이 나타나 해상을 봉쇄하고 공격하자 왜적들은 그야말로 물에 빠진 생쥐 꼴이었다. 이날 조선 군은 3백여 명의 왜적을 죽였을 뿐만 아니라 붉은 투구를 쓰고 금갑옷과 홍치마를 입은 왜장 5명을 사로잡았다.[31]

삼포왜란은 보름 만에 진압이 되었음에도 그동안 조선이 입은 피해는 막대하였다. 제포와 부산포, 웅천을 점령한 왜적들은 조선 전함을 불태웠고 인근 민가를 약탈하였으며 90여 명의 조선인이 살해당했다. 삼포왜란이 끝나자 조선 정부가 대마도와 외교 관계를 단절한 것은 당연한 일이었다. 하지만 1512년 일본 사신들이 삼포왜란 주모자들의 머리를 베어와 사죄하고 통교를 요청하자 조선은 '임신조약壬申條約'을 체결해주었다. 임신조약은 삼포에 왜인들의 거류를 불허하고 세견선歲遺船을 절반(50척에서 25척으로)으로 줄이는 조약이었다.[32] 이런 단속 조치에 왜구들의 불만이 커져갔고, 1544년(중종 39) 고성군 사량진을 공격하는 이른바 '사량왜변'을 다시 일으켰다. 사량왜변으로 조일 관계가 단절되었으나 대마도주의 간청으로 1547년 '정미조약'이 체결되었다. 이 조약은 부산포의 왕래만을 허락한 조약으로서 기왕의 삼포 개방 체계가 막을 내렸음을 의미하였다. 정미조약으로 삼포의 운명도 크게 바뀌었다. 삼포의 우두머리였던 제포의 기세가 꺾이고, 부산이 본격적으로 고개를 든 것이다.

임진왜란 첫 격전지, 부산의 숙명

개국 이래로 200여 년 태평성대를 구가한 조선은 문치주의가 강화됨에 따라 국방과 전력이 약해졌다. 권세가들이 늘어나고, 세금을 걷을 토지와 국가 재정은 부족해졌다. 또 부정부패가 만연하고, 힘없는 백성들만 군역을 져야 했으니 민심의 이

반도 심각했다. 반면, 일본은 심각한 내홍을 거치면서 국력이 상승했다. 숱한 내전으로 점철된 군웅할거群雄割據의 센고쿠시대戰國時代를 평정하고 전국을 통일한 도요토미 히데요시豊臣秀吉는 명나라를 침략하려는 전의를 불태웠다. 일본은 포르투갈 상인과 무역을 시작한 이후로 서양의 소총을 수입하여 새롭게 무장을 하였다. 조총은 빠르게 일본 전역으로 보급되었고, 봉건체제를 위협할 정도의 강력한 무기로 등장했다. 그리하여 일본은 언제라도 전쟁이 터질지 모르는 상황이었다. 일본 내 평화와 집권 세력의 안정을 위해서는 들끓는 전쟁의 야욕을 바깥으로 돌려야 했다. 이런 상황에서 일본이 전쟁을 일으킨다면 조선의 백전백패는 예견된 일이었다.

조선 조정에서도 일본의 정세를 모르지 않았다. 당연히 국방을 강고히 하고 전쟁을 대비해야 했다. 그러나 조선의 위정자들은 동서로 분당이 되어 당쟁을 격화시켰다. 외침이 서서히 다가오고 있음에도 파벌 싸움으로 인해 국제 정세를 제대로 바라보지 못했다. 일본의 정치 상황을 탐색하기 위해 파견했던 통신사들도 의견의 일치를 보지 못한 것도 당연했다. 조선통신사와 회견을 한 뒤 도요토미는 명나라를 정벌하는 데 조선이 앞장서라는 답서를 전했다. 황윤길 정사는 일본이 수많은 병선을 준비하는 것을 보니 반드시 전쟁이 있을 것으로 보고했던 데 반해, 김성일 부사는 일본이 침략해올 조짐을 보지 못했다는 상반된 보고를 하였다. 내부 분란으로 인해 결국 조선 조정은 안일한 대응을 할 수밖에 없었다. 국난을 예측한 몇몇 선구자들이 군사를 정비하고 성을 보수하는 등의 조취를 취했음에도 결국 민족 최대의 참사인 임진왜란을 피하지 못했다.

『선조실록』은 도요토미 히데요시가 관백關白이 되기까지의 과정을 전하고 있다. 그는 오다 노부나가織田信長의 신임을 얻기 위해서 별별 짓을 다 한 것으로 기술되어 있다. 하급 무사로서 꼴을 베어 생활하던 도요토미는 오다의 출행길을 나체로 막으면서 변소지기를 시켜달라고 졸랐다. 오다는 냄새 없이 깨끗한 변소를 만든 도요토미의 성실함에 기뻐하며 신을 삼는 일을 시켜봤는데, 역시 완벽한 신을 만들어 바쳤다. 하루는 오다가 금술잔을 우물에 빠뜨리자 도요토미가 물동이 수백 개를 구하여 물을 급히 퍼내어 금술잔을 빼내어 바쳤다. 이 일로 오다는 도요토미를 완전히 신임하게 되었다.[33] 오다와 도요토미의 운명은 전국 통일을 목전에 두고 갈리게 되었다. 도요토미는 오다를 사다리로 삼아 최고 권력에 올랐다. 오다가 믿었던 가신인 아케치 미쓰히데明智光秀에게 배신을 당하여 죽게 되자, 도요토미가 복수의 칼로 이들을 제압하고 관백의 자리를 차지하게 되었다.

실권을 장악한 도요토미는 막바지에 달한 전국 통일의 위업을 달성했다. 도요토미의 야망은 일본의 통일에서 멈추지 않았다. 그는 아시아의 중심이던 명나라까지 정벌하고자 조선에 길을 내어달라고 요구했다. 조선이 이에 응하지 않자 도요토미는 조선에 전쟁을 선포했다. 영주들에게 병사와 군비를 할당시켜 15만 대군을 편성한 도요토미 히데요시는 전쟁 준비를 끝냈다. 조선을 침략한다면 그 첫 번째 전쟁의 관문은 부산이 되는 것은 필연이었다. 1592년(선조 25) 3월부터 부산에서는 전쟁의 불씨가 타오르고 있었다. 대마도주 '소 요시토시平義智'가 직접 배를 끌고 부산포에 와서 정발 첨사에게 도요토미가 병선을 정비하여 조선을 침략할 계획을 세우고 있음을 서신으로 알렸다. 대마도주는 도요토미의 명을 거역할 수는 없었지만 조선과의 교류가 필요한 입장이었다. 하지만 정발 첨사가 길을 내어달라는 내용에 분개하여 대마도주 일행을 쫓아보내자 이들은 앙심을 품고 돌아갔다.[34]

변방의 최전선이자 바다의 관문이었던 부산은 풍전등화의 상황이었다. 1592년 4월 13일, 고니시 유키나가小西行長가 이끄는 선봉부대인 제1군이 부산포를 향하여 서서히 다가왔다. 1만 8,700여 명의 군사가 탄 7백여 척의 병선이 부산 앞바다를 집어삼킬 기세로 밀려왔다. 절영도에 사냥을 나갔다가 왜선이 습격해왔다는 전갈을 받은 정발 첨사는 부산진성으로 돌아와 전투를 대비했다. 살벌한 전운이 감도는 가운데 부산진성의 군민들은 하루를 넘겼다. 4월 14일 새벽, 우암포에서 진을 쳤던 왜군은 부산진성에 공격을 시작했다. 무기와 병력에서 절대적으로 우세한 왜군들은 성을 완전히 포위하여 조총을 발사하고 성을 넘으려 하였다. 정발 장군을 따르는 조선군과 백성도 화살로 대응하며 혈전을 벌였다. 하지만 화살이 다 떨어지고 정발 장군이 적탄에 맞아 숨지자 조선군의 사기도 꺾였다.

부산진성을 함락시킨 왜군은 다음날 동래읍성으로 쳐들어갔다. 송상현 동래부사는 동래읍성의 남문에 올라 전투를 지휘하였으나 중과부적衆寡不敵의 왜군을 당해내지 못하였다. 왜국 사신으로 조선에 다녀갔던 차에 송 부사와 알고 지냈던 다이라노 시게노부平成寬가 먼저 들어와 그를 피신시키려 했지만 따르지 않았다. 『선조실록』과 달리, 서인이 편찬한 『선조수정실록』에서는 송상현의 최후를 더 장렬히 묘사하고 있다. 송 부사의 최후 장면을 "적들이 송 부사를 생포하려 하자 발로 걷어차면서 항거하다가 끝내 살해당했다"라고 했다.[35] 여기에서는 송 부사가 죽기 전에 부채에다가 손수 적어 노비를 시켜 부친에게 전달한 순절시를 기록하고 있다. 고립무원孤立無援의 상황에서 최후의 순간까지 저항했지만 고독하기만 했던 송상현 부사의 심정이 잘 녹아 있다.

> 외로운 성에 적은 달무리처럼 에워쌌는데孤城月暈
> 여러 군대 진영에는 기척도 없습니다列陣高枕
> 임금과 신하의 의리가 무거워서君臣義重
> 부모와 자식 사이의 은정을 가벼이 합니다父子恩輕

전쟁 기운이 최고조에 오른 상태에서 변방의 최전선에 파견되었던 관리의 운명은 이런 것이었을까. 조선의 관문을 지키던 정발 첨사와 송상현 부사는 '외로운 성에 달무리처럼 에워싼 적들'과 싸우다 결국 죽을 운명에 처했다. 부산진성과 동래읍성이 무너진 이후 부산은 조선으로 들어오는 왜군들의 해두보海頭堡로 전락하였다. 7년간 왜군이 장악한 부산은 조선의 최전선이 무너졌을 때의 아찔한 상황들이 전개되었다.

순절도 두 점을 보면서

임진왜란을 설명할 때 반드시 등장하는 유물이 '부산진순절도'와 '동래부순절도'다. 부산에서 벌어진 임진왜란 전투 상황을 잘 묘사하고 있는 이 두 유물은 각각 보물 제391호와 보물 제392호로 지정되었다. 운 좋게도 나는 2008년에 부산진순절도와 동래부순절도를 직접 빌려와 전시한 적이 있다. 그동안 부산박물관 조선시대 전시실에서 복제본을 전시해왔는데, 박물관 개관 30주년을 맞이하여 특별히 진품을 대여해왔다. 두 유물은 원래 부산 충렬사에서 계속 보관하다가 군사정권 시절(1963년)에 육군박물관으로 이관되었다.[36]

이 순절도는 조선시대 기록화로서 가히 '말하는 그림'이었다. 내가 말하는 그림이라 부르는 까닭은 순절도가 부산성과 동래성 전투 이야기를 그림으로 담아냈기 때문이다. 문맹률이 높던 시대였기에 문자로 읽히기보다 그림으로 보이는 것이 기록의 효과가 훨씬 컸다. 순절도殉節圖는 나라를 지키기 위하여 목숨을 바쳐 싸우다 죽은 인물들, 당시 동래부사였던 송상현과 부산첨사 정발의 의로운 순절을 기리는 그림이다. 다시 말해, 이 그림들은 중과부적으로 쳐들어온 왜적에 맞서는 정발 장군과 송상현 부사를 중심으로 부산에서 벌어졌던 임진왜란의 전투에 관해서 이야기하고 있다.

임진왜란의 첫 격전지를 설명하는 이 그림은 실제로는 한참 시간이 지난 뒤 그려졌다. 순절도가 처음 제작된 때는 임진왜란이 종전되고 60년이 지나서였다. 1658년 동래부사로 부임한 민정중이 화가를 시켜 순절도를 그리게 하였다. 1709년 권이진 동래부사도 송상현 부사와 정발 장군의 숭고한 뜻을 후세에 전하고자 순절도를 제작하여 걸어두게 하였다. 50여 년의 세월이 흘러 그림이 퇴색하자 이를 안타깝게 여긴 홍명한 부사가 1760년 동래부 소속 화가였던 변박에게 순절도를 재차 그리게 하여 충렬사에 보관하였다. 이것이 현재 육군박물관이 소장하고 있는 보물들이다.

부산진순절도에는 부산진성에서 벌어졌던 조선군과 왜

군의 격렬한 전투 장면이 생생하게 묘사되어 있다. 오른쪽 상단에는 부산진성이 산세를 따라 둥그렇게 배치되어 있고, 왜군들이 성곽의 둘레를 몇 겹으로 에워쌌다. 벌떼처럼 몰려온 왜병들에 비하여 성가퀴 위에서 싸우는 조선군은 몇 마리의 나비처럼 수가 적다. 성문 앞에는 왜군의 시체가 나뒹굴어 언덕마냥 쌓여있으나 조선군의 전세가 오히려 위태롭다. 그림의 왼쪽 하단을 가득 메운 왜선들과 거기에 탄 왜군들은 총포를 쏘아대며 끊임없이 밀고 나갈 태세다. 단지 그림으로 보는 내 마음도 이렇게 답답한데, 당시 전투에 임했던 조선군의 심정은 오죽했으랴.

성의 문루 위에 서 있는 정발 장군은 전투를 진두지휘하면서 왜적들에게 화살을 쏘고 있다. 활의 민족답게 조선군은 소수임에도 성 위에서 용감히 화살을 쏘면서 왜군의 공격을 막아냈다. 하지만 칼을 든 왜군 사이로 군데군데 조총을 든 왜군이 보인다. 일본은 포르투갈 사람들에게 조총 제작법을 배워 대량생산 체계를 갖췄다. 이 신무기는 활의 민족을 무너뜨린 장본인이었다. 시간이 지날수록 전세는 역전되었다. 왜군들이 허술한 북쪽 성곽을 넘어왔으며, 조선군에게 중요한 무기인 화살도 떨어졌다. 급기야 용맹한 정발 장군이 왜적이 쏜 탄환에 맞아 전사하고 말았다. 이내 조선군은 무너졌고, 성을 점령한 왜군은 사람과 짐승을 따질 것 없이 무차별적으로 살육하였다. 일본 측에서 작성한 기록인 『요시노일기吉野日記』는 "남자, 여자, 개와 고양이 할 것 없이 모두 살해하였다"고 적고 있다.

부산진성을 폐허로 만든 왜군은 이튿날 동래부로 향한다. 송상현 동래부사는 죽음을 각오하고 성문을 굳게 닫은 채 성루에서 전투를 대비하고 있었다. 동래부순절도는 송상현 동래

부산진순절도

부사와 성민들이 왜군의 동래성 침략을 맞서 싸운 4월 15일 그날의 장면을 그린 것이다. 그림에서 송 부사는 빨간 갑옷을 입고 성루에 서 있다. 그런데 그림에서 궁금증을 일으키는 물체가 있다. 남문 밖에 있는 2개의 푯말이다. 하나는 왜군들의 손에 들려 있는 '가아도假我途'라 쓴 것이고, 또 하나는 땅바닥에 내동댕이쳐진 '가도난假途難'이라 적힌 것이다. 이 푯말은 전투의 시작을 알리는 징 소리였다. 동래성을 포위한 왜군은 "싸우고 싶거든 싸우고 그렇지 않으면 우리에게 길을 빌려달라戰則戰矣 不戰則假我道"라는 목패를 남문 밖에 세웠고, 송상현 부사는 "싸워서 죽는 것은 쉬워도 길을 빌려주기는 어렵다戰死易假道難"라고 쓴 목패를 왜군에 던지도록 했다. 중과부적의 상황에서도 송 부사는 결사 항전의 자세를 보여줬다. 조선에게 명나라를 치러 갈 테니 길을 비켜달라는 말은 곧 무릎을 꿇고 항복하라는 뜻이다. 이에 송 부사는 '차라리 싸우다 죽겠다'는 결의를 보여준 것이다.

안타깝게도 동래부순절도는 비극으로 끝을 맺는다. 동래읍성의 군민은 처절하게 싸웠음에도 왜군이 성벽을 파괴하고 침입함으로써 급격히 진영이 무너졌다. 그림에서도 왜군들이 동문 위쪽의 성벽을 무너뜨리고 떼거리로 몰려오고 있다. 창칼을 휘두르는 왜군이 파도처럼 밀려오자 좁은 성안은 순식간에 아수라장이 됐다. 하지만 그 와중에도 백성들은 손에 잡히는 대로 낫과 칼, 그리고 맨손으로 저항하였다. 그림의 남문 위쪽을 보면 지붕 위로 올라간 선비 김상金祥과 여인 두 명이 왜군들에게 기왓장을 던지며 저항하고 있다. 동헌 건물의 담장을 넘는 한 여성도 눈에 두드러진다. 누굴까. 송상현 부사의 애첩인 금섬金蟾이다. 그녀는 함흥의 기생 출신으로 송상현 부사를 따라 동래까지 왔

동래부순절도. 이 그림에서 송상현 부사는 2번 출현한다. 아래쪽 송상현 부사는 왜군들에게
목패를 던지며 싸우고 있고, 위쪽 송상현 부사는 죽음을 맞는 최후의 모습이다.

는데, 동래성 전투에서 송 부사의 시중을 들다가 왜군들에게 잡혀 죽임을 당했다. 이 장면에서 송 부사가 다시 등장한다. 중앙에서 조복을 입고 앉아있는 인물이 송상현 부사다. 오른쪽에 서 있는 사람들은 동래성 전투에서 함께 싸우다가 순절한 노개방盧蓋邦 교수의 일행이다. 순절도가 전하려는 핵심적인 장면은 송상현 동래부사가 순절하는 이 마지막 이야기다. 송부사는 성이 함락되자 죽음을 예감하고 갑옷 위에 조복을 입은 채로 의연히 앉아 최후를 맞이한다.

동래부순절도는 용기와 비겁을 동시에 말하고 있다. 극한 대비는 오히려 전달력을 높여준다. 그림 왼쪽 상단에는 흰 말을 탄 장군이 휘하의 군사들과 함께 성을 탈출해 어디론가 도망가고 있다. 이 비겁한 인물은 도대체 누구일까. 경상좌병영의 수장인 좌병사 이각李珏이다. 그는 왜군이 침입했다는 소식을 듣고 동래성에 들어왔으나 절대적으로 불리한 판세를 깨닫고는 '동래부사는 이 성을 지켜야 할 것이요, 우리는 뒤에서 지원할 것이다'라는 말을 남긴 채 성문을 열고 도주했다. 이후에도 진지와 군사를 버리고 도망가는 일을 되풀이하다가 결국 참수됐다. 참수만 된 것이 아니라 죽은 영혼까지도 구설수에 올랐다. 계속해서 조선의 반역자로 선조의 입방아에 올랐을 뿐만 아니라 순절도의 한 장면으로 장식됨으로써 두고두고 후손들에게 욕을 먹는 처지가 됐다.

해자에서 발굴된 참혹한 풍경

1598년 노량해전 이후로 왜군은 거의 물러났지만 임진왜란이 부산에 남긴 상처는 도저히 씻을 수 없는 것이었다. 쑥대밭으로 변한 동래에는 남은 살림집도 많지 않았다. 유랑민들이나 돌아온 백성들이 살긴 했어도 민심이 안정되지 못한 상태였다. 조정에서는 민심을 다독일 수 있는 문관을 파견하자는 주장이 득세하였으나 무관이든 문관이든 완전히 폐허가 되버린 동래를 되살릴 수 있는 묘안은 없었다.[37] 그리하여 전쟁이 끝난 10년 후에도 부산은 물리적인 복구뿐만 아니라 심적으로도 평상시로 돌아가지 못하는 형편이었다.

1608년 2월경 동래부사로 부임한 이안눌李安訥은 4월 15일에 비참한 광경을 목격했다. 집집마다 곡哭을 하기에 놀란 이안눌 부사는 늙은 아전에게 물었다. "통곡소리가 어찌 이리 참혹한가." "임진년에 왜구가 쳐들어와 성안이 피바다를 이뤘지요. 천 명 중에 한두 명이 살아났습죠. 이날에는 술잔을 바치고 죽은 자를 곡한답니다." 차마 다 들을 수 없는 이야기로 이안눌의 뺨에 뜨거운 눈물이 흘러내렸다. 아전이 다시 말을 이어갔다. "곡할 사람이 있다면 그래도 슬프지 않아요. 온 가족이 다 시퍼런 칼날에 죽어서 곡할 이조차 없는 사람들이 얼마나 많은데요."[38] 이 부사는 참담한 심정으로 이런 시를 남기기도 했다.

성 아래 무너진 해자엔 백골이 쌓여 있네城底廢壕堆白骨

비 내리고 차가운 도깨비불만 황혼에 비치네雨中寒燐照黃昏

아픈 마음에 차마 임진 계사년을 묻겠는가傷心忍問龍蛇歲

남은 노인들이 쳐다만 보고 감히 말을 못하네遺老相看不敢言

해자垓字는 성을 보호하기 위하여 성곽 둘레에 물이 흐르도록 한 시설이다. 이안눌 부사가 동래에 왔을 때도 무너진 해자에 죽은 해골들이 쌓여 있었던 것이다. 그는 부산을 복구하기 위해 여러 사업을 펼쳤다. 가난하고 농사를 지을 형편이 못 되는 백성에게 세금을 면제해주고, 팔순이 넘은 노인에게 식량과 소금 등을 지급하는 방안을 마련하고, 좌수영에서 왜군과 싸웠던 25인의 용사를 기리는 일을 하였다.

전란 복구에 최선을 다했던 이 부사도 허물어진 동래성을 복원하는 일은 엄두도 내지 못했다. 조선 정부의 재정 상황도 그렇지만 전란 직후 수만의 백성들을 부역시키는 축성 사업을 감히 기획할 수 없었을 게다. 동래성 복원 사업은 종전終戰 1세기 하고도 반세기가 더 지난 후에야 가능했다. 1731년 정언섭鄭彦燮 부사가 동래에 도착했을 때 동래성은 임진왜란 때 무너진 상태 그대로였다. 내주축성비萊州築城碑의 비문에 따르면 "동래는 임진년에 성이 함락된 후부터 140여 년 사이에 그 주변의 옛터가 무너져 백성들의 집이 되어 한 조각의 울타리를 친 설비도 없게 되

동래사적공원에 위치한
내주축성비(1731년)

었다"라고 하였다. 성곽이 무너진 자리에는 백성들의 민가가 들어섰고, 한 조각의 울타리도 없었으니 동래부와 마을의 구분이 완전히 사라진 상태였다. 정 부사는 동래읍성의 수축을 더는 미룰 수 없었다. 조정으로부터 어렵게 동래읍성 복원 사업의 재가를 받아 땅을 파니 임진왜란 때 전사한 병사들의 해골들과 화살촉이 쌓여 있었다. 임진왜란의 역사는 사라지지 않고 피해의 흔적이 드러나면서 되풀이되었다. 정 부사는 유골을 염殮하여 관에 넣어 묻어주었으며, 그후에 발견된 유골들도 장례를 치렀다. 비교적 형태가 완연한 유골들은 모아서 삼성대 서쪽 언덕(현 내성중학교 부근)에 무덤을 만들어 안장했다. 이 무덤이 현재 금강공원으로 옮겨진 '임진동래의총壬辰東萊義塚'의 시초다.

임진왜란의 슬프고 아픈 역사는 현재까지 이어지고 있다. 2005년 4월 14일, 부산 도시철도 4호선 공사 구간의 수안역 건설 부지의 공사가 갑자기 중단되었다. 공사현장에서 동래읍성의 시설로 추정되는 유적이 발견됐기 때문이다. 곧이어 경남문화재연구원에서 발굴조사를 시작했는데, 치열했던 동래성 전투를 알려주는 유적과 유물이 쏟아졌다. 전투에서 피살된 인골들도 무더기로 출토됐다. 언론과 학계, 그리고 시민들까지 모두 놀라며 가슴을 쓸어내렸던 소식이었다. 동래부순절도에서 보았던 전투 장면이 고스란히 드러난 것이다. 수안역 위치는 동래성 남문과 근접한 곳으로 가장 치열했던 전투가 벌어진 장소였다. 처음에는 이를 동래읍성의 성벽으로 추정했으나 조사를 더 해보니 해자였음이 밝혀졌다. 왜적들이 동래성을 점령한 후에 이 해자에다가 죽인 조선군의 시체와 무기들을 버리고 간 것이 400년이 지나 세상에 다시 떠오른 것이다.

온천동 금강공원 내 임진동래의총

임진왜란 시 군인들이 착용했던 비늘갑옷札甲과 투구를 비롯해서 큰 칼과 활, 그리고 화살촉 등 200여 점의 무기류가 나왔고, 청동숟가락과 그릇 등 생활용구도 150여 점이 발굴됐다. 또 80여 구의 인골이 확인됐다. 남자 외에도 여자와 유아의 인골까지 있었다. 나는 임진왜란 특별전을 준비하며 인골들을 다루면서 경악을 금치 못했다. 두개골이 예리한 칼날에 의하여 잘렸고, 화살을 맞아 구멍이 뚫렸다. 총탄에 부서진 유아의 두개골도

임진왜란 시 조선군이 썼던 투구와 찰갑. 부산박물관 제공.

동래읍성 해자 발굴 당시 드러난 인골들

있었다. 모두 근접한 전투에서 왜적의 병기에 살해된 흔적이다. 그때를 떠올리니 손이 부들부들 떨릴 정도로 참혹했다. 수안역 부지에서 출토된 이 유물들은 정리 과정을 거친 후에 현재는 부산박물관 조선시대 전시실에서 동래성 전투 유물로 전시되었다.

동래성 전투의 흔적이 발견되고 그로부터 6년이 지난 2011년, 부산 도시철도 4호선의 개통과 함께 수안역사 안에는 동래읍성 임진왜란 역사관이 개관되었다. 동래의 후손으로서 이 아픈 현장을 말하지 않고는 안 되었기에 그 자리에 별도의 역사관을 세웠다. 이 역사관에는 2005년 발굴조사 당시에 출토된 해자의 석축을 그대로 옮겨와 복원했다.[39]

적선 100여 척을 파괴한 부산포해전

부산진성과 동래읍성을 함락시킨 이후로 왜군들이 영남 끝자락인 문경을 넘기까지는 10여 일이 채 걸리지 않았다. 신립 장군이 충주 탄금대 전투에서 대패한 때가 4월 28일이었다. 왜군은 그야말로 파죽지세로 한양까지 쳐들어갈 기세였다. 여러 원인이 있겠지만 부산이 함락되어 왜의 거점공간으로 전락한 것이 큰 이유였다. 왜군이 안정적으로 군대를 상륙시킬 교두보와 식량을 마련할 수 있는 보급지로서 부산 동래를 장악하였다.

조선 정부는 오래전부터 왜군에 대하여 잘못된 인식을 갖고 있었다. 요컨대 "섬 오랑캐가 수전水戰에는 장점이 있어도 기전騎戰에는 단점이 있으며, 우리나라는 기전에는 장점이 있어도 수전에는 단점이 있다"는 생각이었다. 그리하여 왜군 전투에는 전함戰艦으로 응전하지 않고 육지로 끌어들여 기병騎兵으로 친다는 전략을 세웠다.[40] 그러나 열도로 이뤄진 일본이 섬을 옮겨

다니기 위한 교통수단으로 선박이 발전한 것은 사실이지만 숱한 내전을 거칠 때에 대부분 해전이 아닌 육상 전투를 수행해 왔으므로 조선 정부의 이런 인식은 편견이었다.

신립 장군이 지세가 험한 조령에서 방어하자는 종사관의 말을 듣지 않고 탄금대에서 배수진을 친 이유도 여진족과의 전투로 다져진 기병 전투에 자신이 있어서였다. 하지만 그 결과는 참패였다. 탄금대 전투의 패전으로 인해 조선 정부는 망연자실하게 되었다. 왜군이 해전에 강하다는 선입견과 부산진성과 동래성 전투에서의 연이은 패전 소식은 조선의 수군을 일찍이 무너뜨렸다. 경상좌수사 박홍은 언양으로 도망을 갔다. 경상우수사 원균은 출격도 하지 않고 전함 100여 척과 무기를 모두 침몰시킨 후에 곤양 쪽으로 대피하였다. 임진왜란 초기 우리 수군은 왜군의 기세에 눌려 아무런 대응도 하지 못하고 허둥지둥하는 모습이었다.

백척간두에 선 조선 바다에 울타리를 다시 세운 것은 이순신 장군과 전라도 수군이었다. 궁지에 몰린 경상도 수군이 구원 요청을 해왔을 때 전라도 수군이 참전하기까지는 열띤 논쟁이 있었던 것도 사실이다. 하지만 경상도도 우리의 땅이라는 인식하에 단일 대오를 갖춘 이순신 휘하의 전라도 수군이 5월 여수를 출발하여 경상도로 진격하면서 남해안의 전세는 완전히 바뀌었다. 옥포, 당포해전에서 큰 전과를 올린 우리나라 수군은 같은 해 7월 한산도에서 왜의 수군과 싸워 대승을 거두었다. 이제 조선과 일본 모두가 조선 수군에 대한 편견을 깨달았으니 기왕의 패러다임에서 벗어나 다른 전략을 세워야 했다.

한산도대첩 이후로 제해권을 장악한 조선 수군이 화룡

점정으로 왜의 수군을 육지로 깨끗이 몰아낸 사건이 '부산포해전'이었다. 부산시는 일찌감치 부산포해전을 전국에 알리려고 노력해왔는데 결과는 그리 신통치 않았다. 예컨대, 1980년 '부산시민의 날'을 두고 갑론을박을 한 결과 부산포해전에서 승전한 날인 10월 5일(음력 9월 1일)으로 정했지만 이후로 특별한 사업을 벌이지 못했고 '시민의 날'의 시원조차 모르는 사람이 많다. 최근 부산대첩기념사업회가 설립되어 부산포해전과 이순신 장군을 기리는 사업의 단초를 마련하고자 하였다. 이를 위해선 먼저 부산포해전에 대한 고증과 학술사업들이 선행되어야 할 것으로 보인다.

한산도대첩 이후 다음 전투를 대비하던 이순신 장군은 왜군이 노략질한 물건을 가지고 낙동강으로 도망간다는 첩보를 들었다.[41] 8월 24일 출격한 전라도 수군은 경상우수사 원균과 함께 연합함대를 꾸려 8월 28일 가덕도까지 집결하였다. 8월 29일 김해 앞바다에서 여러 척의 왜선을 격파한 조선 연합함대는 9월 1일 가덕도를 떠나 드디어 부산포로 향한다. 조선 수군은 몰운대, 다대포 등을 거쳐 가며 왜선 수십여 척을 수장시켰고, 초량목을 지나 부산포까지 도달하였다. 이때까지 왜군들은 속수무책으로 당하기만 하고, 아무런 대응도 하지 못하였다. 부산진성과 배 안에 숨어 있던 왜군들이 부산진성 동쪽 언덕에서 진을 재편성하여 전열을 다듬은 이후로 본격적인 전투가 진행되었다.

이순신 장군이 전투 상황을 보고한 『임진장초』에 따르면, 부산포해전에서 우리 수군은 장사진長蛇陣을 짜서 부산포로 돌진하였다.[42] 우리나라 사람들은 한산도대첩의 '학익진鶴翼陣'은 알아도 부산포해전의 '장사진'은 잘 모른다. 장사진은 쉽게 말해

긴 뱀의 형상을 한 진이다. 부산포는 해역이 좁기 때문에 뱀처럼 일렬로 진을 짜서 전투하는 것이 효율적이었다. 뱀은 머리와 꼬리가 길게 줄처럼 늘어졌지만 어느새 꼬리가 머리 쪽으로 오기도 하고, 머리가 꼬리 쪽으로 내빼기도 한다. 이런 뱀처럼 안팎을 효율적으로 막아내고 공격하기 위해서 이순신 장군은 좁은 해역의 부산포에서 장사진을 썼던 것이다.

이순신 수군의 명성을 익히 들어온 왜군들은 바다로 나오지 못했다. 왜군들은 낮은 산으로 올라가 부산포를 내려다보면서 조선 수군에게 철환과 화살을 우박같이 쏘아댔다. 주발만한 대철환이 조선 수군의 배 위로 떨어지는 아찔한 상황이었다. 하지만 조선 수군은 죽음을 무릅쓰고 일제히 총통을 발사하며 종일 전투를 이어갔다. 부산포해전의 결과는 적선 100여 척을 격파시킨 대승이었다. 왜선들이 바다로 출격하지 못했기 때문에 해상에서의 전투는 없었다 하더라도 전과에 있어서는 한산도대첩을 크게 능가하였다. 부산포해전으로 인해 일본 수군은 와해되고 부산포를 벗어나 남해를 넘보지 못하게 되었다.

치열했던 전투로 아군도 피해를 입었다. 부산포 해전의 선봉자로 나선 정운鄭運 녹도 만호鹿島 萬戶가 최전선에서 왜선을 부수다 적들이 쏜 총탄에 맞아 숨졌다. 이순신 장군은 "내 팔이 잘렸다"며 통곡했으며, 직접 제문을 짓고 제사를 올렸다. 몰운대에 가면 정운의 8대손 정혁鄭爀이 다대포 첨사로 부임하여 부산포해전에서 숨진 선조를 기리며 세운 정운 순의비鄭運 殉義碑를 볼 수 있다.

왜성, 중첩된 역사 위에 서서

대개 임진왜란을 매일 치열한 전투가 있었던 것으로 생
각하지만 실제로는 전쟁 기간 동안 전투가 없는 날이 훨씬 많았
다. 전투가 없었던 날에 왜적들은 무엇을 하고 있었을까. 1592
년 여름 이후 조명연합군은 평양성 전투에서 일진일퇴를 거듭하
다 성을 되찾았다. 이 전투에서 명나라는 우습게 알았던 섬나라
왜군의 기세가 만만치 않음을 깨달았다. 낯선 땅에서 혹독한 한
파가 닥쳤고 남해의 보급로까지 끊긴 왜군들도 절체절명의 위기
에 놓였다. 양국은 서로의 동태를 살피면서 눈치껏 강화 협상에
나설 수밖에 없었다. 막상 협상 테이블이 꾸려지자 명과 왜는 합

의가 불가능한 안을 두고 시간만 질질 끌었다. 그러자 정작 속이 타들어간 측은 조선이었다.

전쟁은 물리적 전투뿐만 아니라 심리전으로도 진행된다. 현대전에서 대량의 삐라를 살포해서 적군의 마음을 흔들고 전쟁 의지를 꺾는 것처럼 왜적들은 명나라 사신들에게 가짜 정보를 흘리면서 민심을 교란시켰는데 대표적인 것이 '부산 분할론'이었다. 조선 정부가 부산을 분할하여 일본에 주고 계패界牌(국경표지)까지 세웠다는 가짜뉴스를 유포한 것이다. 선조는 명나라 장군에게 이 가짜뉴스의 허황됨을 설명하기 위하여 상당히 애를 썼다.[43]

협상이 장기화되면서 왜적들은 주로 경상도 일원에서 진을 치고 대비하였다. 유성룡은 경상도에 머무르는 왜적의 상황을 이렇게 보고했다. "흉적이 동래, 부산을 소굴로 삼고, 울산, 기장, 김해, 창원을 머리와 꼬리로 삼고, 양산, 밀양을 허리와 등으로 삼고 있으면서 아군과 중국군이 저쪽을 구원하면 이쪽을 공격하고 서쪽을 방어하면 동쪽을 공격하면서 기회를 타고 비어 있는 지역에 출몰합니다."[44] 전쟁 기간 경상도 일원이 왜적들에게 넘어갔는데, 특히 부산은 왜적의 소굴이었다.

왜적들은 식량을 비축하기 위하여 경상도 백성들을 농지에 정착시키고자 했다. 그들은 투항한 조선 사람들과 포로들을 모아서 둔락屯落을 만들었다. 둔락은 일종의 진지에 딸린 마을로서 군량을 대는 기능을 하였다. 투항한 자들 중에서 대표를 뽑아 둔장屯長으로 삼고 백성들을 모아서 왜적들과 같이 농사를 짓게 하였다. 둔장은 권농관勸農官의 역할을 하는 자로 왜장이 극진하게 대우할 정도였다. 이들 가운데는 머리를 깎고 이를 물들이는 등 왜적의 풍속까지 따라 하는 자들도 있었다. 권율 장군은 "왜적이 변경에 머무는 지가 오래되자 어리석은 백성들이 왜적을 위하여 농사를 지어 조세를 바치고 그들의 노역에 이바지하면서도 부끄러운 줄 모르고 그들과 동화하고 있다"고 하면서 분을 금치 못했다.[45]

왜적들이 경상도를 기반으로 우리나라를 공격하기 위하여 심혈을 기울여 만든 진지가 '왜성倭城'이다. 왜성은 부산·경남의 해안가 혹은 강가의 절경에 올라 아름다운 풍광을 감상하는 찰나에 눈엣가시(?)처럼 등장하는 유적이기도 하다. 낙동강을 한 아름 품고 있는 구포와 김해 죽도, 푸르른 기장 앞바다를 만끽할 수 있는 죽성리와 임랑포 등에서 이 불청객을 보고 기분이 나빠지는 사람들이 있다. 하지만 우리나라 역사는 좋았던 시절보다 나빴던 시절이 더 많았다. 역사란 그 자체로 희극보다는 비극일 수 있다는 사실을 감안하면 왜성을 눈엣가시로만 볼 수 없을 게다.

임진왜란이 장기전의 수렁에 빠지자 왜군들은 자신들이 안전하게 머무를 진지를 구축하기 시작했다. 1593년(선조 26) 2월에 경상좌도 관찰사 한효순이 보고한 바에 따르면 "왜적들이 부산, 동래, 서평, 다대포 등지에 성을 쌓으려고 성터를 설계하고 지역을 구획하려 하였는데 주위가 대략 50여 리는 된다"고 하였다.[46] 왜군의 진지는 본국으로부터 수월하게 군대와 무기를 보급받는 것과 더불어 높은 곳에서 조선군들의 동향을 잘 살필 수 있는 곳이어야 했다. 최악의 경우에는 군수물자를 모아 쉬이 도망갈 수 있는 요건을 갖춰야 했다. 이런 입지를 갖춘 곳은 전망이 좋은 해안가나 강가다. 현대인에게 절경으로 보이는 관광지가 왜군의 눈에도 왜성을 짓는 데 안성맞춤의 공간으로 보였음은 당연지사였을 것이다.

1599년(선조 32) 2월 왜적들이 물러간 뒤 선조는 호조판서 이광정李光庭에게 왜성에 대해 물었다.

"적의 성채城寨(성과 둘러싼 목책)가 매우 험난하다고 하는데 어떻게 쌓았던가?"

이광정은 이렇게 답했다.

"성을 쌓은 돌이 아주 무거워 운반하기 어려울 정도였고 성의 토대는 대단히 넓었으나 윗부분은 차츰 뽀족한 모양이었으며, 성문의 길은 구부러져 곧장 달려 들어가기가 어렵게 되어 있었습니다. 석성石城의 높이는 2장丈이고 석성 위에 또 토벽土壁을 1장 높이로 쌓았습니다."

이어서 선조가 왜성을 함락시키기 어려운 이유를 물었다. 이광정은 '성이 견고한 데다 철환을 비 오듯 쏘아대므로 함락시키기가 어려운데 부산과 서생포에 있는 성이 모두 다 그러하다'고 답을 하였다. 이는 당시 왜성의 형태와 조선 정부의 인식을 단적으로 보여주는 장면이다.[47]

현재까지 잔존 상태가 좋은 부산 죽성리왜성을 비롯해서 울산의 서생포왜성 등은 해안가에서 멀지 않은 낮은 산을 평탄하게 하고 그 위에 지은 납작한 성곽이다. 이는 멀리서 보이는 모습이며, 가까이 가보면 성곽이 몇 겹으로 복잡하게 둘러싸인 형태다. 적군이 한 구역을 치고 들어가더라도 마치 미로에 빠진 듯한 느낌이 들어 당황할 수밖에 없는 구조다. 또 수직으로 높이 올린 우리나라 성벽과 달리 성돌을 비스듬하고 두껍게 쌓아 안쪽을 잔돌과 흙으로 채워나갔다. 이런 왜성 축성법은 우리나라의 축성법보다 훨씬 견고하기 때문에 오래갈 수 있었다. 이로 인

구포왜성 본환本丸(망루) 동쪽 우각부 성벽 전경(위).
죽성리왜성 본성 본환 동벽 전경(아래). 부산박물관 제공.

하여 왜성은 별다른 보수조치를 하지 않았음에도 해안가에 지금까지 남아 있는 것들이 많다.

왜군들이 임진왜란 시 우리나라에 쌓은 왜성이 동남해안가에만 30여 개에 달한다. 그중 왜군들이 가장 공들여 쌓은 성은 부산의 증산왜성과 자성대왜성이었다. 지금은 증산공원과 자성대공원 주변에 파편처럼 군데군데 남아 있지만 일제강점기만 하더라도 두 왜성은 매우 견고한 형태로 존재했다. 증산왜성은 도요토미 히데요시의 충복이었던 모리 데루모토毛利輝元가 부산진성을 허물고 서북쪽의 증산 위에 쌓은 것이다. 이 증산왜성을 방어할 목적으로 1km 떨어진 곳에 축조한 성이 자성대왜성이다. 증산왜성과 자성대왜성은 왜군들이 부산을 병참기지화 하기 위하여 먼저 축조하였으므로 이후 왜성의 모델 역할을 하였다.[48]

산꼭대기에 있는 증산왜성은 접근이 쉽지 않아도 부산진시장 근처 자성대왜성은 범일 지하철역에서 10분만 걸으면 도착한다. 이곳을 흔히 '자성대子城臺 또는 부산진지성釜山鎭支城'이라고 부른다. 우리나라 성곽은 본성本城과 지성支城의 2성 체제로 구축된 것은 찾아보기 어렵다. '부산진지성'의 개념에는 '증산왜성(본성)을 방어하려는 목적으로 외곽에 지은 딸린 왜성(지성)'이라는 뜻이 내포되어 있다. 다시 말해 우리나라 성이 아닌 왜성의 구조가 반영된 명칭이다. 얼마 전 부산진지성의 문화재 명칭을 '부산진성'으로 바꾼 것은 이런 연유다. 하지만 조선 수군이 자성대왜성을 접수한 뒤로 부산진성으로 증축하여 사용하였으므로 왜성의 구조가 남아 있었던 사실은 부인하기 어렵다.

한편, 자성대왜성은 임진왜란 때 왜군 선봉장인 고니시 유키나가小西行長가 주둔하였고, 나중에는 명군으로 조선에 온 만

천만리 영양천공비 앞, 뒷면. 부산박물관 제공.

만공단 비석 앞, 뒷면. 부산박물관 제공.

세덕萬世德 장수가 진주하였다. 자성대에는 만세덕 장군의 전공을 기리기 위한 비석이 있었는데 이를 자성비子城碑라고 하였다. 1709년 권이진 동래부사는 자성대 위에 만세덕을 위한 제단인 만공단萬公壇을 지었다. 현재는 만세덕과 관련한 흔적은 없으며 진남대 옆에는 천만리 장군의 공덕을 기리는 '천만리영양천공비千萬里潁陽千公碑'가 세워져 있다. 명나라 장수 천만리는 종전 이후에도 만세덕과 이승훈의 뒤를 따라 고국으로 가지 않고 조선에 남아서 영양 천씨의 시조가 되었다.

이처럼 자성대왜성에는 조선과 일본, 그리고 중국의 역사까지 혼종되어 있다. 즉, 조선 전기 부산진성을 허물고 다시 왜성을 축조한 역사, 왜성 위에 다시 조선 후기 부산진성을 수축한 역사가 중첩되었거니와 이곳에 주둔한 명나라 장수의 이야기까지 섞여들었다. 그야말로 엎치락뒤치락의 역사이고, 시간과 장소의 층위가 중첩된 역사가 아닐 수 없다.

4

관방關防과 충렬의 최전선

독진獨鎭과 무청武廳

동래시장 앞에 조선시대 동래부 동헌이 있다는 사실을 아는 부산 사람은 많지 않다. 하긴 지하철을 타고 지하의 수안역을 통과하거나 자동차를 타고 지상의 충렬대로를 지나가는 사람들에게 도심 깊숙이 존재하는 동래부 동헌이 보일 리가 없다. 아무리 오래된 조선시대 동헌이라 해도, 중앙대로를 지날 때 눈에 확 띄는 부산시청과는 무척 대조적이다. 주어진 권한으로 따져 본다면 부산시청보다 동래부가 훨씬 강했다고 할 수 있겠다. 현대의 부산시청은 지방자치제도에 근거한 행정기관에 불과하지만 조선시대 동래부 동헌은 행정, 사법, 외교, 군사까지 총괄하는 관아였다. 동래부 동헌의 한편을 장식하고 있는 솟을대문인 '동래독진대아문東萊獨鎭大衙門'이 그 증거다.

동래독진대아문은 동래부 동헌의 바깥대문이었다. 동래부에는 행정 통치권 외에 군사권과 외교권이 더해졌다는 사실을 알리기 위하여 바깥대문外三門에 큰 현판을 걸어 과시하고자 했

동래부동헌의 동래독진대아문

다. 이 대문에는 '동래독진대아문' 현판 말고도 두 개의 간판이
더 걸려 있다. 오른쪽의 '진변병마절제영鎭邊兵馬節制營'은 '진변을
지키는 병마절제사兵馬節制使의 영營'이란 뜻이요, 왼쪽의 '교린연
향선위사交隣宴餉宣慰司'는 '대일외교를 위한 일본 사신을 접대하
는 관청'이란 의미다. 이 현판은 동래부사가 지역의 군사권을 가
진 병마절제사와 대일외교의 창구를 맡은 선위사의 직무를 모두
수행하는 목민관임을 가리킨다.

　　세 현판의 역사적 의미를 응축시킨 단어가 '독진獨鎭'이
다. 독진은 말 그대로 '독립된 진영'이란 뜻으로 동래부는 독립적
으로 군사작전을 수행할 수 있다는 뜻이다. 현대에 와서는 전쟁
에서 공중전이 중요해졌다. 전투기가 한번 뜨면 인근 국가까지

가는 데 수십 분도 걸리지 않는다. 지상전에서도 도로만 제대로 있다면 한반도 내에서는 몇 시간 안에 전장까지 도달할 수 있다. 하지만 조선시대에는 가장 빠른 기마전騎馬戰을 수행하더라도 한 양에서 변방까지 가려면 며칠이 소요되었다. 임금이 군사 동원을 결정하여 군대를 파견하면 이미 승패가 결정 났기 때문에 대개가 사후약방문인 꼴이다. 그래서 지역별로 진을 설치하여 명령체제를 구축하고, 지방 수령들에게도 군사권을 부여하게 된 것이다.

조선시대 군사체계는 여러 차례 변화가 있었지만 기본적으로 '진관체제鎮管體制'를 근간으로 하였다. 진관체제는 전근대 사회의 시공간적 한계 속에서 효율적인 군사 대응을 모색한 체제였다. 조선시대 한반도에는 남쪽 해안가와 북쪽 변방에 숱한 진이 있었다. 이 진들은 일련의 군사체계 속에서 배치되었다. 즉, 각 도에는 '주진主鎮'이 있고, 그 아래 '거진巨鎮'이 설치되고, 다시 하부 단위로 '제진諸鎮'이 설치되었다. 이런 진들을 지방 수령이 관리하도록 하였다. 예컨대, 주진을 총괄하는 자가 관찰사라면 거진은 도호부사, 제진은 군수가 맡는다. 거진과 제진은 주진의 군사작전을 따라야 한다. 동래부는 기존에 거진으로 경주진관慶州鎮管에 속해 있었다. 하지만 1655년(효종 6)에 이르러 동래가 중대한 군사요충지임이 고려되어 독진獨鎮으로 승격되었다. 동래부가 단독 진으로 승격됨으로써 주변의 양산과 기장의 군사까지 동원할 수 있게 되었으니 군사도시로서 권한이 강해졌다고 하겠다. 여하튼, 동래는 남해 관방의 최전선으로서 때로는 왜적과 대응하여야 하고 때로는 일본 사신을 접대해야 하는 모순적인 위치에 있었다. 이런 성격이 외삼문의 현판에도 반영되었다.

군사도시로서의 동래를 보여주는 또 하나의 증거는 동래읍성 내에 존재했던 다양한 '무청武廳'이다. 무청은 무인武人이 근무하는 관청으로, 일제강점기 이후 도시화로 인해 무청 건물들도 거의 사라졌으나 장관청將官廳과 군관청軍官廳은 지금까지 남았다. '장관將官'은 일종의 명예직 군인으로 볼 수 있고, '군관軍官'은 장관에 비하면 다소 하위에 속하여 실질적인 군사업무를 담당하던 군인으로 이해할 수 있다.[49] 군관청은 군관의 집무소로 사용되던 건물이었다. 문화재 훼손의 우려로 인해 1982년에 충렬사 뒷산 깊숙한 곳으로 옮겨져 접근 자체가 어렵다. 동래의 장관들이 근무했던 장관청은 수안 장로교회 옆에 자리를 잡고 있다. 명륜로에서 조금만 발품을 팔면 건물 숲 사이에 존재하는 옛 무청의 양식을 확인할 수 있다. 팔작지붕의 'ㄱ'자의 구조를 가진 장관청은 많이 변형되었긴 해도 한옥이 거의 사라진 동래에서는 귀한 옛 건조물이다. 이 건물의 대문에는 '장관청'이라는 현판과 함께 '동래기영회'라는 간판이 걸려 있다.

조선시대 변방에서 군대를 이끄는 소임을 맡은 무인들을 '무임武任'이라고 했다. 관방關防의 최전선인 동래부에는 '장관청, 군관청, 별무사청別武士廳, 수성청守城廳' 등 8개의 무청이 설치되었다. 중앙에서 군사지휘권을 실제로 가지고 있는 '중군中軍'이 파견되는 다른 지역과 달리, 동래에서 자체적으로 지휘했다는 사실은 매우 중요하다. 모두 군사도시로서 동래부의 특징을 보여주는 증거물이다. 인구 통계로 봐도 동래부는 군사도시였다. 동래부에서는 무청에서 일하는 전문적 무임이 1천3백여 명에 달했으며, 군역을 지는 백성까지 합한다면 만 명이 넘었다. 조선 후기 동래의 인구가 1만 9천여 명(남자 9천6백여 명, 여자 9천4백여 명)

동래 장관청(위)과 동래 군관청(아래)

에 불과하였으니 동래부의 주된 고민은 군다민소軍多民少를 해결하는 것이었다.[50] 조선시대 군인들은 군포軍布로 대체하는 장정들이 대부분이라 해도, 동래부가 무임들이 집중적으로 몰린 군사도시였음은 부인하기 어렵다. 통계를 더 언급해보면, 동래지역에서는 조선시대를 통틀어 문과 급제자가 단 한 명에 불과했지만 무과 급제자는 59명에 이르렀다.[51] 과거 급제자를 통해서도 무인의 도시였음이 확인되는 것이다.

하지만 동래를 조선 왕조의 보편적인 현상인 '문인 중심의 통치 체제'나 '유교 이데올로기'를 넘어선 도시로 오해해서는 안 될 법이다. 조선 전기 동래는 왜인들을 상대하는 곳이라 무관을 수령으로 보냈지만, 임진왜란이 수습되고 일본과 화의가 이뤄지자 문관을 임명하였다. 군사 통치권이 중요했던 동래부 수장 자리를 무인이 아닌 문인이 꿰차게 되었다는 것은 아이러니하게 생각될 수 있으나 조선 정부는 당연시한 일이었다. 동래는 한양에서 머나먼 변방이었음에도 조선 왕조의 땅이었고, 유교 이데올로기에 편입된 지역이었다. 동래의 향반鄕班들은 문인 중심의 향청鄕廳을 근간으로 뭉쳐 있었으며, 무임들의 인사에 개입하여 자신의 의도를 관철하고자 했다. 군사도시였던 동래가 조선시대를 지배했던 문치주의의 선을 넘지 못했다는 사실도 아울러 알 필요가 있다.

동래시장 속 동래부 동헌

이따금 나는 '동래부 부산면'과 '부산시 동래구'에 대해서 생각해본다. 전자는 조선시대 행정구역이고, 후자는 지금의 행정구역이다. 단순히 비교해보면, 과거의 동래부가 현재의 부산시이고, 현재의 동래구가 과거의 부산면이다. 시대가 바뀌면서 동래는 부산 안으로 쪼그라들었고, 부산은 동래를 편입하며 확장되었다. 식민지로 왜곡된 근대가 없었다면, 조선이 순조롭게 대한민국으로 이어졌다면, '동래부 부산면'이 '동래시 부산구'라는 행정구역으로 개편되었을지도 모른다.

동래구청 일대에 가보면, 파란만장했던 부산의 역사가 상기되고, 이뤄지지 못한 동래시청을 상상해보게 된다. 그 상상의 나래를 자극하는 원동력은 동래구청에서 동남쪽으로 2백여 미터 떨어진 조선의 부산시청인 '동래부 동헌'이다. 이 동헌은 동래부의 행정을 맡은 기관이자 동래부사가 머무르던 치소治所다. 낮은 담장으로 둘러싸인 동래부 동헌에 들어가면 잔디밭에 오래된 충신당忠信堂과 연심당燕深堂 건물이 있고, 서쪽에는 얼마 전 복원된 찬주헌贊籌軒(비장이 근무하는 곳), 독경당篤敬堂(동래부사의 휴식공간)이 처마가 맞닿을 정도로 가까이 있다. 북쪽에는 완대헌緩帶軒(동래부사의 휴식공간), 고마청雇馬廳(말을 관리하던 곳), 약사청藥師廳(약방)이 있다. 작은 대지에 많은 건물을 복원해서인지 조선시대 부산시청이라 부르기에 다소 옹색한 느낌이 든다.

충신당은 동래부사 정양필이 1636년 창건한 건물로서 동래부 동헌의 정청正廳에 해당된다. 즉, 동래부사가 업무를 처리하는 집무소로서 동헌에서도 가장 중요한 건물이었다. 일제강점기에는 동래군청사로 사용되었고, 1970년대 양산군 보건소로 사용되면서 건물도 심하게 개조되었다. 충신당 양측에 있었던 행랑도 사라졌으며, 이 외에도 많은 부속 건물들이 근대에 헐려 옛 위용은 사라졌다. 그럼에도 부산의 고건축물 가운데 단일 규모로 가장 크고, 동래부의 심장부에 해당되기에 일찍이 부산시 유

동래부 동헌 전경(위), 동래부 동헌의 충신당(아래)

형문화재 1호로 지정되었다.

임진왜란으로 인해 동래부 동헌의 주요 건물들은 거의 불타거나 훼손되었다. 왜적이 물러난 직후 부임한 동래부사가 왔을 적에는 그나마 잔존 상태가 좋은 건물에서 근무를 하였을 것이다. 열악한 재정 상황도 있었겠지만 조선시대 동헌 건물들은 완벽한 청사진 아래 설계도면에 의해 준공된 것이 아니었다. 필요에 따라, 사정에 따라 짓다 보니 충신당을 비롯한 건물들의 건립 연대가 각각 다르다. 게다가 중간에 건물 이름이 바뀐 것도 있어서 건물 연혁을 정확히 살피기가 어렵다. 『동래부지』(1740)에서 확인해 보면, 제일 빨리 조성된 건물은 공수청公須廳(1626년)이요, 늦게 조성된 건물은 연심당(1731년)이다. 이로써 거의 100여 년 동안 건물들이 지어졌던 사실을 알 수 있다. 조영造營 시기로 보면 숙종 때 60건으로 제일 많고, 그다음에 영조 때로 23건의 공사가 있었다. 숙종(1674~1720)과 영조(1724~1776)가 재위기간이 길었음을 고려하면 현종(1659~1674) 때 20건의 공사가 있었으니 밀도로 따져보면 현종 시기가 최고다.[52]

동래부 동헌은 동래 상설시장과 시장 골목으로 둘러싸여 있다. 멀리서 보면 동래시장에 속한 앞마당이나 부속 건물로 생각될 수도 있다. 조용한 문화유산 답사를 생각하고 동래부 동헌에 갔다가는 시끄러운 시장 분위기에 그 기대가 무너질 수 있다. 우리가 보기에 옛 관청과 전통시장의 공존은 무질서하거나 두 장소가 무관하게 느껴질 수 있지만, 돌이켜보면 예로부터 시장과 상권은 늘 관공서 주변에 형성되었고, 정치와 행정은 경제를 견인하는 요인이었다. 동래부 동헌 일대를 마지막으로 촬영한 것이나 다름없는 20세기 초의 사진을 보더라도 관청과 시장

A CROWD OF WHITE ROBED PEOPLE IN
THE VILLAGE OF TORAI, THE SUBURBS OF FUSAN.
白衣雜踏せる東萊邑內 (釜山郊外)

20세기 초 동래부읍내장 풍경. 사진 왼쪽 상단이 망미루다. 부산박물관 제공.

鎭海驛要塞司部許可濟

의 상관관계가 이해된다. 동래부 동헌과 동래부 읍
내장은 떨어질 수 없는 사이였다. 동래부 동헌 앞
길을 인파로 가득 채운 읍내장은 2일과 7일에 열리
는 5일장이었다. 동래부 읍내장은 『동국문헌비고東
國文獻備考』(1770)에도 기록되었을 정도로 오래된 시
장이었다.

길 가운데까지 노점이 가득 차서 흰옷을
입은 군중의 발길이 더디기만 해 보인다. 사진 속
엔 이미 일본식 건물들이 보인다. 기모노를 입은
일본 여성도 군중 속에 있는 것으로 보아 1900년
초반에 찍은 것으로 추정된다. 사진 왼쪽에 보이는
2층 누각이 '망미루望美樓'(290쪽 사진 참고)다. 동래부
동헌의 대문 노릇을 했던 이 누각은 일제강점기에
금강공원으로 가는 길로 옮겨졌다가 얼마 전 다시
동래부 동헌으로 이전하여 모퉁이에 복원시켜두었
다. 이 누각에 가보면 한쪽에는 망미루, 반대쪽에는
동래도호부 관아의 대문이라는 뜻의 '동래도호아
문東萊都護衙門'이라는 현판 2개가 걸려 있다. 이 누
각에는 사대문의 개폐와 정오를 알려주는 큰 북이
걸려 있었다고 전한다.

사진 아래쪽 중절모를 쓴 사람을 비롯해 몇 명은 고개를
들고 사진기를 쳐다보고 있다. 전체적 풍경으로 보아 사진사가
건물 위에서 아래를 향하여 찍은 구도다. 촬영한 높이가 망미루
와 거의 비슷하다. 사진기사가 높은 누각에 올라 촬영할 때, 아래
에 있던 백성들이 쳐다본 그 순간이 눈 앞에 그려진다. 그 누각

은 지금은 사라졌지만 망미루 북쪽 가까운 거리에 있던 식파루息 波樓나 정원루靖遠樓였을 것이다.

정원루는 임진왜란 전 지금의 송공단 자리에 있던 누각 이다. 이곳에서 송상현 부사가 숨졌다. 그러다 1708년 한배하韓 配夏 동래부사가 광장 쪽에 정원루를 새로 지었다. 식파루는 객사 로 들어가는 정문이었다. 객사는 임금을 상징하는 전패殿牌를 모 셔두고 수령들이 망궐례를 행하는 공간으로 대개 북쪽에 위치하 였다. 동래부 객사 본관의 이름은 봉래관蓬萊館이었다. 이 봉래관 은 왕권을 상징할 만큼 위용 있는 건물이었으나 일제강점기에 동래공립보통학교 교사로 활용되었다가 허물어졌다.

망미루, 식파루와 정원루의 사이에는 넓은 광장이 존재 하였고, 이 광장은 동래 읍내장이 열릴 때 사람들의 왕래가 가 장 잦았다. 1919년 동래지역 만세운동도 이 광장에서 일어나 확 산되었다. 광장은 남문과 서문에서 오는 길이 서로 교차하는 곳 이자 인생문으로 통하는 샛길까지 연결되는 삼거리였다. 동래부 관아 건물은 이 광장을 중심으로 기능별로 배치되었다. 예컨대 북쪽에는 객사가 위치하였고, 동쪽에는 행정기관인 동헌과 작청 作廳(향리들이 근무하는 청사)이 자리를 잡았다. 남서쪽에는 장관청 과 군관청 등 무인들의 관청이 모여 있었다.

풍수 좋은 동래읍성

조선시대 주요 도시는 대개 읍성邑城이었다. 임금이 거 주하는 한양을 서울 도성이 감싸고 있듯이 수령이 거주하는 지 방 도시도 읍성으로 둘러싸여 있었다. 읍성은 도시를 보호하는 울타리이자 공권력을 상징하는 물리적 테두리였다. 곧, 성 안팎은 단순한 거주공간의 차이가 아니라 지배와 피지배를 가르는 구분이자 나아가 문화적 차이가 있는 공간으로 인식되었다.

　　발굴조사를 통해서 과거 국군통합병원이 있던 수영구 망미동 일대에 동래고읍성이 있었던 사실이 밝혀졌다. 수영강을 거슬러 수시로 침략하는 왜구들로 인해 고려 말 동래읍성이 지금의 동래구 복천동(및 수안동) 일대로 옮겨온 것으로 추정된다. 그런데 왜 복천동 부근이었을까? 가야와 삼국시대의 고분군이 있던 복천동은 고대부터 사람이 살기 좋은 입지조건을 갖추고 있었다. 복천동 고분군을 보면 풍수지리 사상이 틀을 갖추기 이전부터, 선조들이 바람을 막고 물을 얻기에 적합한 자연환경을 구하고자 하였던 사실을 알 수 있다. 요컨대, 우리나라의 풍수지리설은 살기 좋은 자연환경에 관한 축적된 경험에서 출발했을 터다. 고려시대에는 풍수지리설이 도참사상과 결부되어 정치 활동의 이념적 토대가 되었다. 민간에서도 집터와 무덤을 잡는 생활적 근거로 널리 사용되었다. 국가 수도에서부터 지방 읍치邑治에 이르기까지 주요한 행정공간의 선정에 풍수지리설이 크게 작용하였다.

　　복천동 일대의 동래읍성도 당시에 유행했던 풍수지리설에 근거하여 선정되었을 게다. 조산祖山을 금정산으로 하고, 윤산輪山을 진산鎭山, 마안산馬鞍山을 주산主山으로 하는 산세가 이어진다. 마안령에서 내려오는 양쪽의 산줄기가 좌청룡 우백호로 동래부를 감싸고 있다. 앞쪽 안산安山으로는 농주산이, 그리고 동래읍성을 따라 흐르는 온천천 바깥으로는 배산, 황령산으로 산세가 이어진다. 이 일대는 부산에서는 그 어느 곳보다 풍수지리설의 조건에 알맞은 공간이었다.[53] 그리하여 동래읍성 일대가 학이

날개를 펴고 진산으로 날아가는 모양으로, 칠산동의 학소대鶴巢臺 일대를 대조포란형大鳥抱卵形(큰 새가 알을 품은 형태)의 모습으로 해석하기도 한다.

한편, 읍치의 입주에서 생활용수도 빠질 수 없는 조건이었다. 특히 식수는 읍성의 선정 과정에서 중요한 조건이었다. 복천동福泉洞은 그 이름처럼 맑은 물이 샘솟아 복을 받은 동네였다. 복천동의 옛 지명은 옥미정동玉未井洞, 대정동大井洞, 야정동野井洞 등으로 우물과 깊은 관련이 있다. 『동래부지』(1740)에서도 동래 읍성 안에 6개의 우물이 있다고 하였다. 근대까지도 '큰샘'(동래구 청사 뒤), '옥샘'(옛 동래여고 자리), '들샘'(내성초 앞), '골샘'(유성탕 뒤쪽) 등은 유명한 우물이었다. 하지만 도시 개발 과정에서 거의 사라지고 현재는 '골샘'만이 남아 있다. 골샘에 가보면 조선시대 옛 우물의 형식을 알 수 있다. 우물의 형태를 돌로 짜서 만들었는데 정확히 '정井' 자다. 근현대기 시멘트로 조성된 둥그런 우물만 봐온 이들에게는 왜 우물 정 자가 井이라고 쓰였는지 깨닫게 되는 곳이다. 이 우물이 유성탕이라는 오래된 목욕탕 뒤쪽에 있다는 사실도 재밌거니와 우물로 들어가는 골목에 있는 이발소의 이름이 옥샘 이용원이라는 점도 흥미롭다. 옥샘은 옛 동래여고 자리(현 우성베스토피아 아파트)에 있던 샘인데 동래여고의 교지명이기도 하였다.[54]

1387년(고려 우왕 13) 박위朴葳가 풍수 좋은 복천동 일대에 동래읍성을 축성하였다. 1447년(세종 29)에는 동래현령 김시로金時露가 둘레 3,090척으로 개축하면서 읍성의 면모를 갖추게 되었다. 하지만 동래읍성이 풍수지리 좋은 터에 입주했다 한들 강한 외세의 침략은 당해내기 어려웠다. 동래부순절도에서 보이

는 것처럼 임진왜란 이전의 동래읍성은 매우 협소했다. 이 읍성은 왜적들에 의하여 한순간에 무너져버렸다. 임진왜란이 끝난후에 140여 년 동안 동래읍성은 제 모습으로 정비되지 못하고방치되었다. 동래부 동헌 건물들이 새로 건립되는 와중에도 동래읍성은 허물어진 그대로였다. 담은 없고 집만 있는 꼴이었다. 읍성을 정비하지 못한 이유는 조선 정부가 청나라와 병자호란시 새로운 성담城墻을 쌓는 일을 불허한다는 '정축화약丁丑和約'을체결했기 때문이다. 그러다 이인좌의 난(1728)이 발생한 후로 지방에서 성곽 수축에 대한 요구가 커졌다. 영조의 측근인 정언섭鄭彦燮 동래부사가 부임하면서 동래읍성의 대대적 정비가 시작되었다.

요즘은 대규모 토목공사가 끝나면 어딘가에 기념탑을세우거나 전시관을 건립하는 일이 잦다. 조선시대에는 비석을세워서 후대에 기록으로 남기고자 하였다. 동래읍성의 정비공사가 끝나고 4년이 지난 후에 남문 밖에 세운 '내주축성비萊州築城碑'(지금은 동래읍성 북문광장으로 이전)에는 성을 수축한 내력과 동원된 인력 등이 소상히 기록되어 있다. 이 비문에 따르면 1731년 정월부터 성터를 측량하고 일을 분담하여 각 패장에게 맡겼다고 한다. 공사를 시작하고 백여 일 만에 견고한 성이 우뚝 솟았으니 사람들은 마치 귀신이 만들어놓은 것 같다고 여겼다. 140년 동안 폐허로 있던 터 위에 수십 자의 높이와 둘레가 8리나 되는 성곽이 갑자기 생겨났으니 귀신의 장난으로 여길 만했다. 하지만 영남 일대에서 차출당한 5만 2천 명의 일꾼이 동원되었으므로 이것은 결코 기묘한 신의 업적이 아닌 민중들의 피땀으로 일궈낸 성과였다.

정언섭 동래부사와 민초들이 새로 축성한 성곽의 규모는 예전과 확연히 달랐다. 이 읍성은 서남쪽은 평지에, 동북쪽은 산지에 축성된 타원형의 모습이었다. 임진왜란 이전 동래읍성이 북쪽으로는 복산동 행정복지센터 인근, 동쪽으로는 학소대 주변을 포괄하였다면 새로 지은 성곽은 북동쪽으로 마안산 줄기를 타고 이어졌으므로 면적상 6배나 증가하였다. 이런 까닭에 임진왜란 이전에 축성된 동래읍성을 '전기 동래읍성'으로, 1731년에 축성된 동래읍성을 '후기 동래읍성'으로 구별하여 부른다.

성벽과 함께 반드시 축조되어야 할 시설이 '문'이다. 동래읍성에는 사대문, 암문과 인생문 등 6개의 성문이 축조되었다. 사대문 가운데 남문이 특별한 형태를 띠었다. 성안에서 남문을 찍은 사진을 보면 홍예문 안쪽에 또 하나의 문이 보인다. 남문을 겹문의 형식, 즉 이중문으로 만든 것이다. 바깥문 이름은 세병문洗兵門, 뒷문의 이름은 주조문朱鳥門이었다. 주조문에는 '무우

동래읍성의 북문

루無憂樓'라는 이 층의 문루가 있었다. 남문에서 나와 부산으로 건너는 온천천의 돌다리인 '세병교'도 역시 이 세병문에서 비롯된 것이다. 세병洗兵은 '하늘의 은하수를 가져다 피 묻은 병기를 씻어낸다'는 뜻으로 두보의 시(「세병마」) 구절에서 따온 것이다. 군사의 최종 목적은 무기를 사용하지 않는 시대가 오는 것, 즉 사람을 살상하는 전투가 사라지고 평화를 염원하는 것이 아니겠는가. 무우루는 '근심을 없애는 문'이라는 뜻이다. 임진왜란 시 왜적과 격전이 있었던 이 남문은 역설적으로 일본의 사신을 맞이하던 문이기도 하였다. 외교와 국방의 근심을 없애고자 하는 염

20세기 초 동래읍성의 남문(세병문)

원인 동시에 국가의 권위와 탄탄한 국방 시설을 과시하고자 하는 뜻이었다.

만들어진 충렬의 도시

우리나라에는 충렬사忠烈祠가 여러 곳에 있다. 동래 충렬사를 비롯하여 통영, 인천 등지에도 충렬사가 있다. 모두 국가에 충성하다 죽은 자의 위패를 모시고 제사를 지내는 사당이다. 부산 충렬사는 송상현 동래부사와 정발 첨사 등 임진왜란 때 숨진 충신들을 모셨다. 통영 충렬사는 충무공 이순신을, 인천 충렬사는 병자호란과 신미양요 때 돌아가신 충신의 위패를 모신 곳이다. 동래 충렬사는 1624년(인조 2) 임금이 이름을 지어준 사당賜額으로서 '충렬忠烈'은 송상현 동래부사의 시호謚號다. '충렬'은 말 그대로 국가를 위해 숨진 충신忠臣이며 열사烈士라는 뜻이다. 동래는 임진왜란 이후 거의 150년 동안 전쟁 중에 숨진 충신들을 선전하는 작업에 매달린 결과 충렬의 도시로 만들어졌고, 그 중심에 충렬사가 있다. 이 외 송공단宋公壇, 정공단鄭公壇, 윤공단尹公壇 등도 모두 충렬의 도시를 위해 조성된 것들이다.

부산이 충렬의 도시가 된 까닭은 전쟁의 기억과 학습 효과 때문이었다. 조선 사회는 유교를 이념으로 하고 충효의 윤리를 강조하고자 했다. 그리하여 첫 격전지였던 동래(부산)를 충절의 도시로 만들 필요가 있었다. 전쟁이 끝나고 동래로 부임한 윤훤, 이안눌, 오윤겸 부사는 동래 전투의 참상을 목격했다. 이들은 서둘러 피해를 수습하고 민심을 다독여야 했다. 그 와중에 제일 중요한 일은 송상현 동래부사를 추모하는 기념사업이었다. 임진왜란 전투에서 첫 번째로 숨진 자는 정발 첨사였지만 그는 부산

충렬사 본전

진을 지키는 무신武臣이었다. 동래부를 대표하는 충신으로서는
문신文臣인 송상현 부사가 적임자였다. 박정희 시대 이후로 현대
에는 충신을 동상으로 제작하거나 기념공원으로 성역화하는 경
우가 많았다. 조선시대에는 무엇보다 죽은 자의 사당을 세우는
일이 주요한 선행과제였다. 하지만 사당에 누구를 배향하는가
의 문제는 간단치 않았다. 동래에 부임한 부사와 향반, 그리고 후
손들은 서로 다른 의견을 펼치면서 사당을 옮기거나 신주를 옮

기고자 하였다. 임진왜란 때 죽은 자는 말이 없었지만 산 자들은 '충렬의 도시' 부산을 자신의 뜻대로 만들기 위하여 부단히 정치 활동을 하였다.

1605년(선조 38) 윤훤尹暄 동래부사는 동래읍성 남문 밖 농주산弄珠山에 송공사宋公祠를 건립하고, 봄가을로 제사를 지냈다. 농주산은 지금의 동래경찰서 자리에 있던 작은 언덕이다. 동래부순절도에서는 동래성 남문 오른쪽에 작은 숲으로 묘사했다. 송공사는 애초 동래읍성의 주 출입구였던 남문 인근에 설치되었다. 이곳은 협소하고 저습하여 사당으로서는 적합하지 못했던 것으로 보인다. 그리하여 윤문거尹文擧 동래부사는 1652년(효종 3) 송공사를 허물고 내산萊山 아래 안락리로 자리를 옮겼다. 이때 사당이 아닌 서원의 구조에 따라 배치하여 지금까지 충렬사와 안락서원이 헷갈리곤 한다. 사정을 잘 모르는 사람들은 충렬사와 안락서원 중 무엇이 맞는지 질문하기도 한다. 조선시대는 서원과 사묘祠廟를 강당講堂의 유무로 구분했지만 충렬사의 경우는 이것조차 모호하다.

주세붕이 최초로 건립한 백운동 서원부터 제향 기능이 있었으므로 안락서원 안에 죽은 자를 모신 사당이 있다는 점은 문제가 없다. 흔히 향교나 서원의 구조를 '전학후묘前學後廟'라고 한다. 앞쪽에 공부하는 강당이 있고, 뒤쪽에 제사를 올리는 신실神室이 있기 때문이다. 그런데 이보다 더 핵심 문제는 사당에 누구를 배향하는가였다. 백운동 서원에서 고려 말 학자인 안향安珦을 배향하였듯이 대개가 도학자道學者를 모시는 경우가 일반적이다. 사림파는 서원을 보금자리로 삼아 향촌 사회에서 유교를 전파하여 정치적 기반을 구축하고자 하였으므로 유학자를 사당에

충렬사 제향을 지내는 모습

배향하고자 했다.

　그런데 안락서원에 임진왜란 때 순절한 문인인 송상현 뿐만 아니라 무인인 정발까지 배향하게 되자 논란이 벌어졌던 것으로 보인다.[55] 조선시대 무인이 학자로 인정받는 경우가 드물었기 때문이다. 권이진權以鎭 동래부사가 1709년(숙종 35) 남문 근처에 별도로 사묘祠廟를 세워 정발 장군의 신위를 옮기고 양산군수 조영규, 동래향교 교수 노개방 등의 신위를 모시게 되었다. 하지만 논란은 수그러들지 않은 채 성 안팎의 경계 논쟁으로 확대되었다. 본사와 별사가 나뉘어 있는 것도 그렇거니와 당시 별사別祀는 성안, 본사本祀는 성 밖에 있어 예우가 맞지 않는다는 주장이 대두되었다.

　지루한 논쟁의 마침표는 동래부사 최명상崔命相의 보고를 받은 경상감사 민응수閔應洙가 찍었다. 1735년(영조 11) 별사를 없애고 여기에 모셨던 신위를 본사로 합치자는 장계를 올려 임금의 허가를 받았다. 죽은 자가 강하降下할 뜻이 있으면 서원이니 사당이니 하는 데 구애받을 필요가 없다는 견해였다. 유학자를 모신 서원이 아니라 충신을 모신 사당의 기능이 강화되었으니 다시 충렬사로 바뀌었다. 하지만 강당을 그대로 남김으로써 이후에도 서원이니 사묘니 하는 논쟁거리는 남게 되었다.

이런 갈등의 싹을 뿌리채 뽑아버린 세력은 유신정권이었다. 박정희 정권은 1966년 아산 현충사 정화사업을 시작으로 조선시대 충절 인물을 모신 사당을 헐고, 보기에 번듯한 시설로 만드는 작업을 하였다. 우습게도 이런 사업들에 '성역화' 또는 '문화재 정화사업'이라는 이름을 내걸었다. 박정희 정권은 국민에게 충성 이데올로기를 강조하기 위하여 임진왜란 시 싸우다 숨진 충신들의 사당에 주목하였고, 이런 사당들을 재편하여 알리고자 하였다. 재편의 과정에 '정화淨化'라는 간판을 붙인 것을 보면 그들의 눈에는 조선시대 예스런 목조건물과 전통적 배치는 불순하고 더러운 것으로 보였음 직하다. 어처구니없게도 부산 충렬사도 1978년에 23억 원의 예산을 투여하여 사당의 경역을 넓히고, 기존 건물을 모두 부순 뒤에 웅장하게 보이는 콘크리트 건물로 갈아치웠다.[56] 인제 와서 충렬사를 1978년 이전으로 되돌려야 한다는 주장이 있지만 엄청난 세금을 들여 목조건물로 짓는다고 해도 충렬사를 처음 지었을 때의 엄숙한 의미와 분위기가 되살아날 수 있을지는 의문이다.

송공단宋公壇은 부산 동래시장 북쪽에 자리 잡고 있다. 충렬사가 위패를 모신 사당이라면 송공단은 비석들이 있는 제단이다. 제단은 죽은 자의 장소를 상징하는 곳이다. 송공단의 모태는 이안눌 동래부사가 농주산에 지은 전망제단戰亡祭壇이었다. 이 부사는 왜적으로부터 동래성을 지키다가 죽은 송 부사를 비롯한 관민들을 추모하는 장소가 필요하다고 여겨 제단을 지었다. 130여 년이 지났다. 1741년 부임한 김석일 동래부사는 이 초라한 전망제단이 마음에 들지 않았다. 김 부사는 송상현 동래부사가 순절한 장소인 정원루靖遠樓(동래 동헌 객사에 딸린 누각) 옛터에 제단

을 세우고 '송공단'이라 하였다. 전망제단에서 지내던 4월 15
일 기제사도 송공단으로 옮겨 지냈다. 1766년 강필리 동래부사
는 송공단을 크게 확충하고 송상현 부사와 정발 장군의 순절비
도 새로 세웠다. 하지만 이후로 동래읍성에서 순절하지 않은 정
발 부산첨사와 윤흥신尹興信 다대첨사는 정공단과 윤공단을 별도
로 설치하여 옮겨갔다. 충렬사는 통합의 과정을 거치면서 현재
는 93위의 위패를 모시게 된 반면, 송공단은 분리의 과정을 거치
면서 여러 제단으로 확대된 것이다.[57]

6장

가마솥

문화의 탄생

1

흰 모래밭에서 탄생한 수영 문화

수영다운 문화의 토양[58]

부산 수영구의 원래 중심지는 수영 로터리 인근의 수영동이었다. 수영동에서도 수영사적공원 일대가 수영의 심장부였다. 수영동, 수영강, 수영구는 모두 '수영水營'에서 비롯되었다. 수영은 정확히 말하면 '경상좌수영慶尙左水營', 즉 경상좌도수군절도사영慶尙左道水軍節度使營에서 비롯된 것이다. 경상좌수영은 조선시대 경상좌도의 바다를 책임지는 수군절도사(정3품의 무관)가 근무하는 진영이었다. 경상좌수영은 1652년(효종 3)에 수영사적공원 일대로 옮겨 온 뒤에 구한말(1895년) 영이 폐지될 때까지 기능했으니 거의 240여 년간 유지되었다. 경상좌수영은 동래부, 울산부, 기장현 등의 바다를 관할하는 수군 본부다. 그 아래에는 부산진, 다대진, 두모포진, 포이포진, 서평포진, 서생포진, 절영진 등 7개의 진이 편제되어 있었다. 가을이 되면 수영 앞바다에서는 경상좌수영에 소속된 수군과 전함들이 모여 합동으로 훈련하는 수조水操가 열렸다.[59] 수영 바다에서 거친 물살을 헤치며 수십 척의 전함들이 진을 편성하고 모의 전투를 벌이는 장면은 장관이었다. 이런 경상좌수영이 수영에 없었다면 현재의 수영구나 수영강이 없었을 것이요, 그런 역사적 정체성도 없었을 것이니 구의 이름도 광안구가 되었거나 아니면 남구로 편입되었을지도 모른다.

경상좌수영이 지금의 수영동으로 오기까진 우여곡절이 많았다. 조선이 개국한 이후 처음 경상좌수영은 동구 범일동의 부산포 자리에 있었다. 조선 초기 부산포에 '경상좌도 도안무처치사영都安撫處置使營'이란 이름으로 경상좌수영을 설치하였다. 하지만 부산포에는 왜인들이 왕래하고 있어 군사와 장수의 정보가 새나갈 수 있다는 지적에 따라 1459년(세조 5)에 울산 개운포로 옮겼다. 하지만 울산에 병영兵營과 수영이 동시에 있어 백성들의 부담이 과중하다는 문제가 제기되었다. 1544년(중종 39) 경상좌수영이 동래 해운포로 다시 옮겨온 뒤로도 잠시 동래 감만이포戡蠻夷浦로 이건移建했다가 1652년(효종 3)에서야 해운포에 정착하게 되었다.

조선시대는 수영 주변을 '해운포海雲浦'라고 일렀다. '해운海雲'이란 지명이 지금은 해운대구 쪽에 한정되어 있지만 조선시대에는 수영강 하구 일대를 광범위하게 지칭하였다. 동래현 읍치가 동래 쪽으로 옮겨가기 이전까지 해운포는 동래지역의 행정과 문화의 중심지였다. 지금의 망미동에 있었던 동래고읍성이 그 역사의 흔적이다.『신증동국여지승람』의 동래현 편에서는 "동남쪽은 돌로 쌓았으며, 서북쪽은 흙으로 쌓은 고읍성이 해운포에 있다"고 기록하였다. 고려 말까지 망미동과 수영동 일대는 동래현 관할이었고, 해운포는 바다로 진출하는 교통로였다. 고려시대에는 세곡稅穀을 운송하기 위한 수로가 크게 발달하였으므로 수영강을 통해 동남해로 뻗어갈 수 있는 해운포의 중요성도 커졌을 것이다. 하지만 수로 발달로 인한 세곡선의 운반은 되레 왜구들의 표적이 되었다. 고려 말에 인적·물적 중심지인 해운포를 공격하는 왜구의 등쌀에 못 이겨 읍치가 내륙 쪽으로 이동했을 것으로 추정된다.

따지고 보면, 해운포는 군선軍船을 정박하기에 좋은 입지조건이 아니었다. 조선시대의 군선은 대맹선大猛船, 중맹선中猛船, 소맹선小猛船 등으로 구분하였다. 『경국대전』에 따르면 경상좌수영에는 대맹선 2척, 중맹선 7척, 소맹선 6척 등 총 17척의 군선이 배치되었고, 여기에 소속된 수군은 760명에 이르렀다.[60] 이런 군선들이 정박하기 위해서는 필수적으로 선창船艙이 설치되어야

'동래고지도'의 부분도(동래읍성과 경상좌수영성 부분도). 동아대학교 석당박물관 제공.

수영사적공원 내 25의용단

한다. 선박을 건조하고 수리하는 선소船所도 있어야 했다. 그런데
수영강 하구에는 강을 따라 내려온 모래가 늘 퇴적되어 선박들
의 입출항에 장애가 되었다. 선창 앞으로 모래가 밀려오는 것을
방지하기 위하여 대규모로 석축을 쌓는 공사를 시행해야 했다.
이 모래톱은 천혜의 생태환경임에는 틀림없지만 항구의 기능을
유지하는 데는 애로사항이었다.

　　　수영구의 문화유산들은 거의 수영사적공원에 밀집되어
있다. 경상좌수영성지와 25의용단(시 기념물), 경상좌수영 남문(시
유형문화재) 외에도 천연기념물인 부산 좌수영성지 푸조나무와
곰솔이 오랜 역사를 품고 있다. 수영다운 문화를 알기 위해서는

수영사적공원에 있는
푸조나무(위)와 곰솔(아래)

수영의 토양에서 자라난 푸조나무와 곰솔을 봐야 한다. 나무는 자연환경의 상징이자 아울러 역사의 나이테다. 옛사람은 묘목을 심을 때 이 터가 굳건하고 나무가 오랫동안 무사히 생장하길 염원했다. 수백 년 살아남은 고목이 있는 터에는 늙은 껍질만큼이나 역사와 문화가 축적되었다. 푸조나무의 수령은 약 500년, 곰솔의 수령은 약 400년이다. 이 나무들의 수령은 이곳에 터를 잡았던 경상좌수영지의 생태와 역사를 입증해준다.

해송海松, 흑송黑松으로 불리는 곰솔은 우리나라 남쪽 해안가에서 자라나는 소나무다. 이런 소나무들은 어촌의 방풍림防風林 식재로 키웠으며, 군선을 만드는 재료로 사용되었다. 경상좌수영 곰솔은 '군신목軍神木'으로 여겨졌다고 전한다. 이 나무를 경상좌수영의 군선軍船을 보호하는 신으로 생각하여 제사를 지내고 수군들이 무사하기를 빌었다. 푸조나무 역시 단순한 고목이 아닌 신이 깃든 신목神木으로 여겨졌다. 오랜 역사의 무게에 눌린 탓인지 두꺼운 가지들이 땅 밑까지 축 늘어진 모습이 웅장하고 위엄이 있다. 마을 사람들은 이 푸조나무를 지신목地神木으로 신격화하였다. 지금까지도 마을의 안녕과 평화를 지켜주는 당산나무로 여기고 있다.

더불어 살기, 농청과 어방

지금까지 언급한 자연유산들의 토양인 경상좌수영성지는 어떻게 탄생했을까? 조선 전기부터 해운포에는 돌로 쌓은 성곽이 있었다. 경상좌수영이 완전히 자리를 잡은 뒤로 1692년에 좌수사 이만하李萬夏가 크게 개축을 하면서 성곽의 면모를 갖추게 되었다. 조선 후기 경상좌수영성은 평지와 구릉지에 축조된

평산성平山城으로 성곽의 길이는 약 1,480미터에 이르렀다.[61] 경상좌수영성 내부에는 객사(영파당), 동헌(관운당, 제승당, 운주헌 등), 비장청, 수성청, 길청 등 수십 채의 건축물이 중심부에 모여 있었다.

그러나 경상좌수영성지 위에 조성된 수영사적공원에 가보면 남아 있는 건물은 아무것도 없다. 1895년(고종 32) 군제개혁 때 경상좌수영이 혁파된 이후로 그 많던 관아 건물이 흔적도 없이 사라지게 되었으니 참 안타까운 일이다. 경상좌수영의 성벽은 수영사적공원을 비롯하여 수영동의 군데군데 노출되어 있다. 일부는 담벼락으로 사용되거나 일부는 주택 하단부에서 깔린 채로 발견되고 있다. 경상좌수영성에는 동문(영일문), 서문(호소문), 남문(주작문), 북문(공진문) 등의 사대문이 있었으나 모두 없어지고 남문만이 남아 있다. 이 남문도 문루는 사라지고 무지개 모양

경상좌수영성의 남문

으로 쌓은 홍예문만 덩그러니 있다. 마치 혹독한 전쟁을 겪은 듯
한 모습이다. 일제는 홍예문을 수영초등학교로 이전하여 정문
으로 사용하였다. 이후에 수영사적공원으로 옮겨와 공원의 정문
기능을 하고 있다. 그나마 홍예문 앞에 일본을 감시하다 언제라
도 짖을 것 같은 박견狛犬이 남아 있어 다행이다.

경상좌수영의 흔적은 무형의 문화유산에서도 발견된다.
수영사적공원 내 설립된 수영민속예술협회에서는 수영야류와 좌
수영어방놀이, 수영농청놀이와 수영지신밟기를 전승하고 있다.
이 무형문화재들은 수영의 존재로 인하여 마을이 형성되고 백성
들이 교류하면서 생성된 문화유산이다. 수영에서는 조선시대 농
업에서 싹튼 농청놀이와 어업에서 길어 올린 어방놀이가 모두
존재한다는 사실이 특별하다. 농청과 어방은 모두 협동조직이
다. 농청은 농사를 위한 조직이요, 어방은 어업을 위한 조직이다.
인적 자원의 협동체계가 무엇보다 중요했던 전근대사회의 생산
풍습을 보여주는 것이다.[62] 농청과 어방 풍습이 함께 존재하고
1960년대까지 지속하였다는 사실은 수영다운, 넓게는 부산다운
문화의 특징이다. 현대사회에서는 모든 생산조직이 기계화, 분업
화된다. 잘게 쪼개진 조직 내에서 나와 타인의 관계는 소원해지고
공동체적 삶을 이해하기 어렵다. 요즘은 서로의 힘을 합하여 생
산조직을 꾸려야 했던 전근대사회 풍속의 가치가 더없이 소중하
게 느껴진다. 개인주의가 만연한 시대에 농청과 어방의 특징인
'함께 모여 더불어 살기'의 의미를 생각해보는 것은 매우 뜻깊다.

조선시대에는 경상좌수영성의 인근에 여러 마을이 조성
되어 백성들이 모여 살았다. 마을의 지명도 성을 기준으로 지어
졌다. 예컨대, 성 안 마을은 동문안, 북문안, 남문안 등으로 불렸

수영어방놀이(위), 수영농청놀이(아래)

고, 성 밖에는 붕밖(북문 밖), 동밖(동문 밖), 남밖(남문 밖) 마을이 있었다. 성문은 성을 드나드는 주요 통로이기도 하였으니 사람이 몰려 사는 것은 당연한 일이다. 조선은 농업사회였으므로 농사가 최우선의 과제였다. 마을 주변에는 농사를 지을 넓은 들이 있었다. 수영사적공원 주변과 금련산과 백산 사이의 넓은 들판은 농사의 기반이 되었다. 물론 이 가운데는 수군들을 먹여 살려야하는, 경상좌수영에 딸린 둔전屯田도 있었을 테다.

조선시대에 대규모의 협업이 필요한 농사일은 농청農廳에 부쳤다. 농청은 농민들의 생산조직인 '두레'와 비슷한데, 수영 농청은 농민과 수군들의 협업조직이었을 가능성도 있다. 수영 농청은 붕밖 농청과 남밖 농청이 따로 있었다고 한다. 농청에는 대표인 집강執綱을 비롯해 행수行首(농사 총감독), 문서잡이, 집강執綱, 야장野長, 수총각首總角, 영각수令角手 등 집행부원이 있었다. 농청 아래에는 여성들로 구성된 내방청內房廳, 미성년 남성들로 이뤄진 모기청模技廳도 있었다. 16살이 된 모기청의 총각은 정식 농청원이 되기 위해서 일종의 농사꾼 시험 과정인 '손두듬'을 거쳐야 했다.[63]

수영농청놀이는 수영 일대에서 전승된 농요를 중심으로 '풀베기소리, 가래소리, 모찌기소리, 모심기소리, 도리깨타작소리, 논매기소리, 소싸움과 칭칭소리' 등으로 구성되었다. 이는 무형문화재로 지정하기 위하여 일 년 농사일을 과정별로 정리하고 그 중심에 농요를 배치한 것이다. 풀베기소리, 모찌기소리, 모심기소리에서는 여성의 역할이 두드러진다. 실제로 내방청이 조직될 정도로 수영 농사일에는 여성의 참여가 돋보였다. 수영농청놀이에서 여성들의 모찌기소리를 듣고 있으면 저 멀리 바다에서 불어온 바람이 수영 들판을 지나 가슴으로 밀려오는 듯하다. 그

가사는 이러하다.

한재야한섬 모를부아 잡나래이 절반일세
성안성밖에 첩을 두니 기생첩이 절반일세
바다겉은 이못자리 장구판만 남았구나
장구야판은 좋다만은 장구떨니 누있던고

고된 노동을 감내했던 내방청 여성의 처지에 반해, 잡나락 같은 첩을 끼고 장구판이나 벌이는 남성들의 행태를 비꼬는 내용이다. 이런 상황에서 여성들은 작은 못자리조차 망망대해로 느껴질 뿐이다. 듣는 이에게도 바다 냄새와 땀 냄새, 여성의 슬픈 이야기가 뒤범벅되어 짠한 감정이 밀려온다.

조선에서 두레는 매우 흔한 조직이었다. 하지만 어방은 해안가 일부에서만 전래되는 독특한 생산조직이었다. 수영 특유의 문화는 수군과 백성이 협업하는 과정에서 발생하였다. 이는 어방과 같은 독특한 군민軍民 협동체제에서 그 의미를 이해할 수 있겠다. 수영을 대표하는 민속놀이인 수영어방놀이는 수군과 어민들의 상호 부조와 공동 노동을 기반으로 한 어로 민속이 무형문화재로 재현된 것이다. 그물을 끄는 후리질은 엄청 힘든 작업이다. 일시에 많은 사람의 노동이 요구되므로 어방과 같은 수군과 어민의 협업조직이 필요했다.

수군들은 전투가 없는 평시에 제염업이나 어업에 자주 동원되었다. 대개 응방鷹坊, 교방教坊 등처럼 어방漁坊에서 방坊을 쓴 것도 관공서가 관여하거나, 관공서에 소속된 성격을 드러낸 것이다. 수군과 어민들은 어방 내에서 협업과 분업 체계를 이뤘

『1872 군현지도』 중 경상좌수영영지도형慶尙左水營營址圖形. 서울대학교 규장각한국학연구원/중앙도서관 제공.

고 획득한 수산품을 분배하였을 것으로 생각된다. 일례로 포이
포에 어방을 두고 수군의 부식 마련을 위하여 고기잡이에 힘썼
다는 구전이 있다.[64] 19세기 옛 지도를 보면 백산 아래로 포이포
包伊浦, 칠포漆浦, 축산포丑山浦, 감포甘浦 등 4개의 포구가 밀집되어
있다. 수군의 부식 마련을 위하여 포이진에 어방을 설치했으며,
그 해의 첫 어로 작업이 있을 때는 경상좌수사가 진조말산 인근
에 나와 낙망식落網式에 참여하고 어민들을 격려했다는 이야기도
전해진다. 수영의 포구 인근에는 어촌들이 있었으니 어민들과
수군들의 협동으로 고기잡이에 나섰던 게다. 수영강 하구는 민
물과 바닷물이 만나는 곳이므로 다양한 수산물을 얻을 수 있었
다. 봄철에는 멸치·농어·숭어 등, 여름철에는 농어·황어·붕장
어 등, 가을에는 꼬시래기·전어·숭어·황어 등을 잡았다. 후리

질로 잡는 대표적 어종은 '멸치'였다. 광안리廣岸里 앞바다도 대표적 멸치 어장이었다. 광안리에 여러 어막이 설치되었던 곳을 '남장南場'이라고 하였다.[65]

    조선시대 어민은 주로 연근해 어업에 종사하였다. 해안가에서는 그물을 바다에 설치하였다가 육지로 끌어내서 고기를 잡는 방식이 성행하였다. 이런 그물을 '후릿그물'이라 하고, 이런 노동을 '후리질'이라고 한다. 후리질은 그물의 한쪽 끝을 해안가에 두고 나머지 그물을 배에 싣고 바다로 나가서 둥글게 설치한 후 다시 그물의 다른 쪽 끝을 가지고 나온다. 고기가 갇히면 사람들이 힘을 합쳐 그물에 연결된 끌줄을 당긴다. 부산의 해안가에서도 이런 후리질이 곳곳에서 유행하였다.

좌수영어방놀이도 해안가의 모래밭에서 후릿그물을 끌어 멸치잡이하던 어로 작업을 민요를 중심으로 놀이로 재현한 것이다. 그 과정은 '그물 깁는 소리, 용왕 고사, 내왕소리, 사리소리, 가래소리, 칭칭소리'의 순으로 전개된다.[66] 이런 소리는 어로 과정에서 구성원들이 힘을 합치게 돕고 악센트를 줄 수 있다. 또 노동의 고단함을 잊고 즐겁게 하는 효과를 주었다. 예컨대, 사리소리는 고기가 달아나지 않도록 그물을 빨리 당겨야 하므로 "도망간다 오~호 사리여, 바삐 바삐 오~호 사리여, 땡기주소 오~호 사리여"라며 노동을 독촉한다. 어로 작업을 남녀의 연정에 빗대기도 한다. "처녀총각 오~호 사리여, 눈 맞듯이 오~호 사리여, 게기하고 오~호 사리여, 눈 맞추라 오~호 사리여"라며 고단한 노동을 즐거운 놀이로 전환하였다.

찰스 버스턴과 흰 모래밭

상전벽해桑田碧海란 말이 꼭 맞게 수영의 풍경은 많이 변하였다.[67] 수영강 하구의 매립으로 모래밭은 기껏해야 광안리의 좁은 해수욕장에서나 확인할 수 있다. 수영 문화의 지리적 출발점은 바다와 강이 만나는 기수역汽水域이요, 아름다운 백사장이야말로 수영 문화를 잉태한 환경이었다. 예전에는 수영동, 민락동, 광안동 일대에 모래밭이 널리 분포되어 있었다. 현재는 광안리廣安里로 쓰지만 예전에는 '넓은 모래 언덕의 해안'이란 뜻을 지닌 광안리廣岸里였다. 수영 문화는 동해와 수영강의 문화가 서로 접점을 이루는 곳에서 탄생한 것이다. 광안리 모래밭에서 말리던 멸치의 짠맛 위에 수영다운 문화가 탄생했다고 할 수 있다.

수영다운 문화를 보여주는 거점은 '백산白山'과 '진조말산真潮末山'이다. 백산과 진조말산은 수영강변에 바짝 붙어 있다. 백산 산줄기가 끊기듯 하다 다시 구릉으로 올라간 지형이 진조말산이다. 수영강 하구와 바닷가를 한눈에 조망할 수 있는 백산과 진조말산은 군사요충지였다. 이 일대에는 바다의 동정과 왜적의 침략을 살피는 '첨이대覘夷臺'가 있었다.[68] 백산과 진조말산 동남쪽에는 수영강을 따라 아름다운 흰 모래밭이 펼쳐졌고, 오래전부터 어촌이 형성되었다. 백산 동쪽의 포이포에는 '보리전마을', 그 아래로 '널구지 마을板串理' 등이 있었다.

한국전쟁은 수영강 어촌과 흰 모래밭에 소용돌이를 몰고 왔다. 수영강 하구(현재의 해운대 센텀시티 일대)에 설치된 수영비행장은 수영의 큰 변화를 예고하였다. 한국전쟁 시기 수영비행장에서 근무했던 치과 군의관 찰스 버스턴Charles J. Burstone은 주말이면 수영강으로 나가 수영 사람들의 생활 모습을 카메라에 담았다. 사람들의 삶과 생활에 관심이 많았던 찰스 버스턴은 전쟁이 아닌 수영 어촌과 모래밭 풍경을 사진과 영상으로 기록하였다. 그의 사진은 이후에 국립민속박물관에 기증되어 사진집으로 발간되면서 수영의 문화가 널리 알려졌다.[69] 수영강 하구의 아름다운 모래밭은 찰스 버스턴의 사진에 담긴 수영 문화 그 자체였다. 수영 사람들은 시도 때도 없이 모래밭에 나가서 조개와

1952년 옛 수영비행장(현 해운대 센텀시티 자리)

가재, 물고기 등 다양한 어패류를 잡았을 뿐만 아니라 여가 생활
도 즐겼다. 그의 사진에는 돌잔치로 추정되는 사진들도 있다. 모
래밭에서 귀여운 아이를 품고 있는 장면과 장구를 치며 노래하
며 노는 풍경이 고스란히 그의 사진에 담겼다.

　　　그가 주로 촬영한 어촌은 수영강 하구의 보리전 마을과
널구지 마을이었다.[70] 보리전 마을은 수영교 부근으로 백산 동쪽
의 경사진 곳에, 널구지 마을은 수영2호교(민락교) 부근으로 진조
말산 동쪽의 평평한 터에 위치하였다. 1980년대까지 두 마을은
부산 사람에게 추억을 떠올리게 하는 지명이었다. 마을 사이에
서는 꼬시래기를 주로 판매하여 부산의 명물이기도 했던 '꼬시
래기 횟집촌'이 있었다.[71]

　　　1963년 수영공항(현 센텀시티 일대)이 국제공항으로 승격

444

된 이후로 1965년 수영강 하구에 대대적 정비가 시작되면서부터 수영구의 변화가 시작되었다. 1960년대 수영강 하구에 고려제강 과 태창목재 등 공장이 입주했지만 1970년대까지는 한적한 어촌 의 모습이었다. 그러나 1970년대 중골산을 허물어 삼익비치아파 트 단지를 조성하고 1980년대 민락 공원 일대를 메우면서, 관광 과 상업의 중심지로 바다를 조망할 수 있는 수영이 인기 높은 주 거 단지로 탈바꿈했다. 이제 수영강 하구의 전통 마을이었던 보 리전과 널구지 자리에는 회색 아파트 단지만 무성할 뿐이다. 찰 스 버스턴의 사진을 보거나 광안리 모래밭에서 과거의 수영 문 화를 어슴푸레 회상해야 한다. 넓은 모래톱이 조성되었던 수영 강 하구, 수심이 얕아서 무릎까지 바지를 걷은 채로 조개를 잡던 그 시절을.

춤추고 술 익는 고장, 동래

무임과 향리, 양반이 어우러진 기영회

조선 후기, 중앙 출신 엘리트와 변방 출신 엘리트 사이에는 상당한 차이가 있었다. 중앙의 엘리트가 기호지방(경기, 충청 등) 사대부들로 굳어진 반면 변방의 엘리트는 다양한 출신들로 구성되었다. 사실 문과 급제자와 사대부 명문가는 전체 인구로 보면 한 줌에 불과하다. 그런 귀족 신분들이 변방에 오는 일은 귀양을 오거나 수령으로 부임하거나 둘 중 하나다. 지방 수령으로 온다 해도 그 자리를 관직의 사다리로 생각하고 오매불망 임금을 가까운 곳에서 모실 수 있는 요직으로 옮기고자 하였다. 따라서 한양에서 먼 변방일수록 중앙권력이 미치는 영향권에서 공백이 생긴 셈이었다. 향반鄕班 외에 무인이나 향리에게까지 지방 엘리트로 진출할 기회가 열려 있었다.

변방의 군사도시였던 동래에서는 향반이 되는 길도 다양했다. 예컨대, 동래의 모 성씨는 천민 부모에게서 태어났지만 하급 무임이 되었다가 다시 상급 무임으로 오르고 종국에는 향교에 출입하면서 향반의 자격을 얻었다.[72] 이렇게 되기까지 백년의 세월이 흘렀다. 천민에서 양반까지 변모하는 과정은 조선 후기 신분제의 변동과는 다른, 변방의 작동 원리가 있었다는 생각이 든다. 또한 향리가문에서 무임으로 진출하는 사례도 있었는데 이처럼 향리와 무임 집단이 서로 섞여들었다. 조선 후기 한양의 사대부들이 혈연적으로 굳어지고 자신들만의 독점적 유대관계를 통해 배타적으로 변모했던 것과 비교하면 동래지역에서는 지방 엘리트의 문호가 개방성과 다양성을 유지한 것이다.

이런 신분적 토대 위에서 동래만의 독특한 단체가 탄생하였는데, 바로 '동래기영회東萊耆英會'다. 늙은이 '기耆' 자에서 알 수 있듯이 기영회는 노인들의 모임이다. 한양에도 종친과 벼슬아치 노인들로 구성된 기영회가 있었다. 다른 지방에도 기영회가 흔히 있었지만 동래기영회는 조금 특별하다. 동래기영회는 1846년(헌종 12) 친목을 목적으로 동래부의 명망 있는 사람들이 조직한 이후 지금까지도 유지되고 있는 단체다. 이는 전국적으로 드문 사례. 동래기영회는 퇴직한 향리와 무임이 합동으로 기영계耆英契를 조직하면서 시작되었다. 원래는 향리와 무임이 별도로 모임을 해오다가 기영계로 뭉쳤는데, 이후로는 향반도 참여하였거니와 동래부사까지 이 모임에 들어왔다. 동래기영회 구성원들은 상당한 재산을 가지고 있었다. 동래부의 재정활동과 대일 무역에도 관여했다. 기영회는 후배들을 위해 경제적으로 지원을 해주었고, 향리와 무임의 인사권에도 개입하여 지역사회의 엘리트로서 주도권을 행사했다.[73]

동래기영회의 특징은 정치적·경제적 권한을 행사한 것뿐만 아니라 다양한 교육문화사업에 참여하고 지원했다는 점이다. 기영회는 당시 관료들의 모임이 다 그렇듯이 시사詩社 성격을 지니고 있었다. 서울의 사대부들까지 참여하는 시회詩會를 열기도 하였다. 개항 전후로 이들의 활동 폭은 더 넓어졌다. 송공단과 관황묘關皇墓(관우를 모신 묘) 제향 등 동래부 제사를 주도하였다. 여러 학교를 설립하였을 뿐만 아니라 장학사업과 애국계몽운동에도 관여하였다. 대표적으로 부산의 명문학교인 동래고등학교 (당시는 동명학교)를 설립한 단체가 기영회였다. 소속원들의 활동도 빛났다. 일례로, 동명학교 초대 교장, 면훈장 등을 지낸 박필채朴苾彩는 한학과 신학문에 밝았다. 그뿐만 아니라 영남권 주요 관료들과 교류하면서 영향력을 행사하고 지역사회의 여론을 주도하였다. 근대기 동래의 유력인사 중 웬만한 사람은 거의 기영회 출신이었다.

　　그런데 기영회의 활동이 여기까지였다면 나는 그다지 이 단체에 관심을 두지 않았을 것이다. 보폭이 넓었던 기영회는 동래부의 각종 문화 행사에도 관여하였다. 흥미로운 점은 기영회가 동래야류(동래들놀음), 동래학춤, 동래한량춤 등 '춤추는 동래'를 만드는 데도 이바지했다는 사실이다. 사람을 구분해 바라보는 방식이 여럿 있는데 이따금 나는 '춤을 출 수 있는 사람'과 '춤을 출 수 없는 사람'으로 나눠 본다. 이는 우리나라 사람들이 흔히 '끼가 있다/없다'라고 하는 말과 상통한다. '춤을 추는 것'은 노래를 부르는 것과 다르다. 사람의 육신 전체로 보여줘야 하는 춤은 몸의 굴신屈身과 흔들림이 있어야 하므로 신체적으로 뻣뻣해선 안 되고 정신적으로 굳어서는 안 된다. '춤을 추는 사람'이 '춤을 추지 않는 사람'보다 더 풍류를 즐길 수 있고, 멋을 알뿐더러 개방적일 확률이 높다.

조선 전기만 하더라도 임금이 궁궐 행사에서 춤을 추는 일이 잦았다. 조선 후기가 되면 이런 풍습이 사라진다. 이는 조선 사회가 점점 뻣뻣해져서 유연성이 부족해졌음을 의미한다. 하지만 변방의 문화는 궁궐과 사대부의 성리학적 문화와 같을 필요가 없었다. 동래의 춤 문화가 이를 잘 보여준다. 동래기영회는 향리와 무인, 그리고 향반까지 어울린 단체로서 신분도 그렇지만 문화의 측면에서도 개방적이었다. 이들은 봄과 가을의 계모임이 있을 때면 기녀와 광대를 불러 한바탕 춤판을 벌였다. 이들은 춤을 보는 것에 그치지 않고 일어나서 함께 덩실덩실 춤을 추었는

동래학춤을 추는 모습. 문화재청 홈페이지(동래구 제공).

데 그중에는 이름난 춤꾼들도 있었다.[74] 자신들의 단체 모임 외에 동래의 세시풍속 행사에도 기영회가 개입하였다. 정월 초순이 되면 동래에는 놀이꾼들이 악을 치면서 지신밟기를 하였고, 동부와 서부로 나누어 만여 명이 참석하는 거대한 줄다리기가 벌어졌다. 이럴 때 동래의 터줏대감으로 구성된 동래기영회가 관여하는 것은 매우 당연한 일이었다. 동래기영회에 속한 중인과 향반들은 한양의 사대부에 비해 신분적으로 자유로웠다. 백성들과의 문화적 교류 폭도 훨씬 넓었을 것이요, 각종 민속 행사를 매개하고 직접 참여하는 일이 많았다.

동래춤의 기본, 덧배기

전통예술에서 호남은 소리가, 영남은 춤이 강세를 보인다. 탈춤의 경우를 보더라도 영남에는 낙동강 문화권을 따라 곳곳에 들놀음, 오광대 등이 분포된 반면, 호남에서는 탈춤을 찾아보기 어렵다. 영남권에서도 특히 동래는 '춤의 고장'으로 알려졌다. 일례로 '동래 사람들은 팔만 벌리면 춤이 된다', '춤은 동부산(동래부산의 줄임말)이다'라는 말이 춤꾼들 사이에 공공연하게 통한다. 실제로 동래지역에는 동래들놀음, 동래학춤, 동래한량춤, 동래고무鼓舞 등 많은 전통춤이 전래된다.

전통춤의 전승에는 동래 한량들의 역할이 돋보였다. 동래학춤이나 동래한량춤이나 모두 한량들의 춤이었다. 그런데 한량閑良이란 무엇일까? 시대마다 한량의 의미가 조금씩 다르지만 대체로 '특별한 관직이 없이 한가롭게 사는 양반'이거나 '벼슬에 오르지 못한 무반武班으로 풍류를 아는 사람'으로 쓰인다. 요새도 "저 사람 참 한량이다"라고 하면, 특별한 직업이 없으면서도 '잘 노는 사람'을 지칭한다. 그렇다면 한량과 춤의 결합은 그 자체로 완벽한 궁합이다. 노는 한량에게 춤이 없다면 뭔가 어색하고, 춤판에 한량이 빠진다면 장구 없는 풍물놀이와 같다.

　　동래 한량은 꼭 사전적 의미의 한량이 아닌 향리와 무임, 양반까지도 포괄했던 것으로 보인다. 동래 한량은 신분적으로 사대부에 얽매이지 않았으니 그만큼 춤판을 벌이고 춤출 자유도 보장이 되었다. 그리하여 '동래 한량'이라면 다른 지역 한량에 비해 '잘 노는 사람'이란 뜻이 강하다. 그냥 주색잡기 식의 노는 사람이 아니라 멋지게 춤을 추는 한량이다. 동래의 토박이 노인들은 금정산 자락이나 정과정 주위에서 벌어진 봄철 불상추놀이와 가을철 단풍놀이에서 동래 한량들이 모여 춤과 노래를 즐겼다고 증언한다. 이런 놀이를 주관한 단체는 앞서 말한 기영회였다. 동래 한량들은 주요 잔치에서 멋진 춤을 추었고, 개중에는 천부적 소질로 장단을 익혀서 놀이판을 이끌어가는 악사들도 탄생하였다. 거문고와 가야금 등 현악기를 잘 켜는 음악성 높은 한량들도 있었다고 한다.[75]

　　지금은 동래한량춤과 동래학춤이 하나의 틀로 짜였지만 과거에는 춤사위가 도식화되지 않았었다. 그야말로 흥이 오른 동래 한량이 일어나 즉흥적으로 추는 춤이었다. 아무래도 남성들이 추다 보니 호탕한 기질과 큰 춤사위가 특징이다. 처음에는 느린 굿거리에 맞춰 여유롭게 추다가 장단이 강해지면서 흥이 오르고 배김사위로 풀어주었다. 대개 혼자서 추는 홀춤을 추지만 한량끼리 서로 대무를 하기도 하며, 기녀와 추는 쌍쌍무도 있었다. 마지막에는 한량들이 자신의 장기를 살려 병신춤, 곱세춤, 홍두깨춤 등 자유분방한 춤을 추기도 하였다. 동래학춤도 한량들의 춤에서 분화된 것이다. 도포를 입고 갓을 쓰고 너울너울 추는 모습이 학과 같이 보여서 '동래학춤'이란 이름이 붙여졌다. 동래학춤이라 명명되자 더욱 학의 형상이 강화되었다. 무형문화 재로 지정되면서 활갯짓 뜀 사위, 일자 사위, 돌림 사위, 모이어름 사위 등 춤사위가 학춤의 형식으로 도식화되었다.

동래한량춤, 동래학춤, 동래들놀음 등 동래춤은 모두 '덧배기'에서 가지를 친 춤이다. 덧배기는 동래를 넘어 영남춤의 기본이기도 하다. 덧배기의 '덧'은 '탈'과 같은 뜻으로, '덧났다'는 '탈났다'처럼 아프게 되었거나 비정상인 상황이 되었음을 일컫는다. 전통사회에서 덧이나 탈은 악귀惡鬼에서 말미암은 것으로 보았는데 결국 탈춤과 덧보기는 악귀를 즐겁게 하여 멀리 보내는 의식과 다름없었다. 남사당 놀이에서 '덧뵈기 놀이'는 곧 탈춤을 가리키는 말이었다. '덧'과 '탈'의 의미론적 뿌리가 같음을 쉬이 예측할 수 있다. 하지만 세월이 흐르면서 의미는 점차 달라지고 덧뵈기나 탈춤도 여러 갈래로 갈라졌다. 종교적 의미는 옅어지고 놀이적 의미가 강화되었다.

경상도의 덧배기는 '덧보기, 덧베기, 덧백이, 떨배기' 등으로 부르기도 한다. 덧배기춤은 영남에서 전래하는 전통춤으로, 원래는 형식에 구애받지 않고 즉흥적으로 추는 허튼춤을 일컫는다. 그럼에도 일자 사위, 좌우 활개 사위, 돌림 사위 등 춤사위의 기본 형태를 갖추고 있다.[76] 덧배기춤의 백미는 '배김사위'다. 배김사위는 점차 흥이 고조되면서 힘차게 뛰다가 땅을 누르듯이 일정한 동작으로 멈췄다가 풀어주는 사위다. 예컨대, 힘껏 뛰다가 순간적으로 멈추면서 한쪽 다리 무릎은 굽히고, 한쪽 다리는 편다. 배김사위는 춤을 추다가 한 번씩 맺어주는 기능을 하거니와 덧배기춤을 클라이맥스까지 한껏 끌어올리는 역할을 한다.

대학 시절, 나도 고성오광대의 말뚝이춤을 배운 적이 있다. 다른 덧배기춤도 재밌었지만 특히 배김사위가 흥미로웠다. 덧배기춤의 기본 장단은 굿거리다. 굿거리는 대개 느린 맛을 내는 것으로 생각했지만 영남춤에서 배김사위를 할 때의 굿거리는 힘찬 가락으로 역동적인 맛을 낸다. 힘차게 굴러서 착지하였다가 다시 슬슬 풀어주는 배김사위를 하고 있자면 '이거야말로 전통춤의 묘미구나!' 하는 생각이 절로 든다. 게다가 여러 춤꾼이 함께했을 때나 개성 있게 자유롭게 춤을 추다가 한꺼번에 배길 때는 가히 군무群舞의 장관이 펼쳐진다.

금정산성 막걸리 탄생기

금정산성 막걸리는 독특한 맛으로 전국적으로 알려져 있다. 산성 막걸리만을 고집하는 마니아층도 꽤 깊고 넓다. 술맛은 그저 그렇게 생겨난 게 아니다. 십 리만 떨어져도 풍속이 다르다는 옛말이 있듯 그 풍속을 가름하는 첫 번째 척도는 마을 입구의 고갯길 주막에서 마시는 탁주의 맛이었다. 탁주에서 올라오는 술맛의 깊이는 그 고을 역사의 깊이를, 술맛의 너비는 문화의 너비를 알게 해줬다. 그렇다면 금정산성과 막걸리는 어떤 연유로 문화적 발효를 이룬 것일까.

금정산성 막걸리의 역사는 금정산성이 축성되던 1700년대까지 거슬러 올라간다. 축성 공사에 동원된 수많은 백성의 고통과 피로를 덜어주던 술을 '산성 막걸리'라고 했다. 전통사회의 고된 노동에서 탁주는 빠질 수 없는 윤활유였다. 밥 대신 허기를 채우는 음료가 탁주濁酒였으니 금정산성 축성 시에 탁주를

고당봉 쪽으로 뻗어가는 금정산성의 성곽

마셨을 가능성은 충분하다. 하지만 금정산성은 탁주보다는 동래 누룩의 유명한 산지였다. 근현대 들어서야 금정산성 막걸리 브랜드가 생겨났다는 사실을 유의해야 한다. 금정산성 막걸리의 탄생기를 이해하기 위해서는 먼저 금정산성과 누룩의 결합을 살펴봐야 할 것이다.

금정산金井山은 부산을 대표하는 산으로 부산을 넘어 양산까지 걸쳐 있다. 부산에서는 가장 높은 산(고당봉 801미터)인 금정산의 능선을 따라 굽이굽이 흘러가는 금정산성은 자연과 역사, 그리고 사람이 빚어낸 최고의 걸작품이다. 금정산성은 1703년에 완공되었다. 그런데 축성의 필요성이 강하게 제기된 때는 그보다 한참 전인 1655년(효종 6)이었다. 당시 동래부사 임의백任義伯은 금정산성을 짓고, 동래부 관청을 산성으로 옮기자고 제안하였다. 군사상 중요한 위치에 있는 동래부가 언제 왜적으로부터 침략을 받을지 모르므로 요새화가 가능한 곳으로 옮기자는 것이었다. 하지만 읍치를 높은 산악으로 이전한다면, 전쟁 시 방어에는 효율적이지만 평시에 행정 기능을 하기에는 비효율적이었다. 게다가 산 위에 성곽을 짓는 일은 평지에 비해 몇 배 힘든 일이었다. 이에 조정에서 쉽게 결정을 내리지 못하고 흐지부지되었다.

당시 금정산에 삼국시대 이후로 만들어진 옛 성터가 완연히 남아 있는 상태였다. 금정산성의 축성은 결코 무無에서 시작하는 것이 아니었다.[77] 그리하여 1675년(숙종 즉위년) 권대재權大載에 의해서 산성의 축조가 다시 제기되었다. 지루한 찬반 논쟁을 거쳐 1701년(숙종 27)에 축성 사업이 결정되어 왜적의 통행로이자 군사적 요충지인 동래에 방어시설이 부족하다는 경상도관찰사 조태동趙泰東의 지적에 따라 성을 쌓기 시작되었다. 이 공사는 1703년에 완공되었다. 그러나 1만 6천 미터가 넘는 엄청난 규모의 산성은 되레 제 역할을 하기에는 역부족이었다. 장성長城을 만들어놓고도 이를 지킬 동래와 양산의 군졸이 턱없이 부족했다. 이런 문제점을 보완하고자 1706년(숙종 32)에 중성中城을 쌓기 시작해서 이듬해(1707년)에 완성하였다. 중성을 기준으로 남쪽을 내성內城으로, 북쪽을 외성外城으로 삼았다. 주로 내성을 운영한 것으로 보인다.[78] 하지만 이런 구분은 이후에 편의상 한 것으로, 실제로 일본 성곽처럼 애초부터 철저한 방어를 위해서 성곽을 겹으로 쌓았던 것은 아니었다.

산성이 만들어지면서 군사 지휘자 중군中軍을 비롯하여 주둔군을 위한 건물들이 세워졌을 것이고, 자연스레 사람들도 모여들었을 것이다. 이 과정에서 승군僧軍의 역할이 중요했다. 임진왜란 시 승려들의 혁혁한 전과는 이미 잘 알려진 바와 같다. 전쟁이 끝난 이후에도 특히 산성의 경우는 승군을 편성하여 지키고자 하였다. 승려들은 대개 산속에 있는 사찰에 거주하였기 때문에 산성을 지키는 군인으로 적합하게 여겨졌다. 금정산성에 총 3천여 명의 군인들이 편성되었는데 그중 승군이 400명으로서 유사시 주력 부대였다. 금정산성의 축성과정에서도 1703년 국청사國淸寺를 지었으며 승장僧將을 임명하였다.

1703년 금정산성의 완공 후 실제 거주자는 승려들이었다. 이들은 동래 누룩을 빚는 최초의 제조군이었던 것으로 보인다. 잘 알려졌듯 승려들이 부업으로 누룩을 만들어 팔았다. 동래의 범어사는 일제강점기까지도 매년 27~40톤의 누룩을 만들어 팔았던 사찰이었다. 국청사는 범어사 관할의 사찰이었는데, 범어사의 누룩 제조법이 국청사로 전수되었던 사실을 쉽게 예측할수 있다. 승려들이 제조한 누룩은 점차 산성마을 사람들에게도 전파되었다. 산성 누룩이 동래 일대로 퍼지게 되면서 '동래누룩'이란 명성을 얻었다. 산성 누룩은 그야말로 막누룩粗麯이다. 인위적으로 누룩종균을 이식시키는 게 아니라 밀을 갈아서 거칠게 만든 반죽을 발로 밟아 납작하게 만든 누룩에 자연스레 균이 생성되어 발효된다. 이런 막누룩이 발효되기 위해서는 기후환경이 중요할 수밖에 없다. 산성마을은 고산지대라 기후가 적당할뿐더러 물도 좋아서 누룩종균이 번식하기에는 최고의 환경을 갖추고있다. 금정산성 외에 남한산성 역시 누룩과 술로 유명한 고장이다. 금정산성과 남한산성의 누룩을 '산성 누룩'으로 아울러 부르기도 한다.[79]

동래누룩에서 산성 막걸리로

교통이 편리하지 못했던 전근대사회에서는 생산만큼이나 유통이 중요했다. 무거운 액체(막걸리)를 산에서 평지로 운반하기보다 납작한 고체(누룩)로 제조하여 싣고 가는 것이 수월하였다. 동래누룩이 동래지역뿐만 아니라 전국으로 배달되었다는

사실은 『숙종실록』을 통해서도 유추할 수 있다.[80] 지평 조태억趙
泰億이 좌승지 김덕기金德基의 비행을 낱낱이 파헤친 계啓를 보면,
"김덕기가 동래부사 시절 서울에 있는 가족들에게 국자麴子(누룩)
를 보냈다"라고 하였다. 그런데 이 누룩의 모양이 매우 두텁고
무게도 이상하여 심부름꾼이 쪼개보니 덩이마다 백은白銀이 십
수 편片씩이 들어 있었다. 이 심부름꾼은 은을 착복한 뒤 다른 누
룩으로 바꾸어 가족에게 전달했다. 시쳇말로 배달사고가 난 것
이다. 김덕기는 속은 줄 알면서도 자신의 부정이 알려질까 봐 감
히 이 심부름꾼을 징치懲治하지 못했다. 이 기록을 통해 동래 누
룩이 서울까지 배달되었던 사실을 알 수 있다.

금성산성이 수축된 뒤로 수비 병력이 부족했던 탓에 운
영이 중단되는 일들이 발생했다. 그러다 1806년(순조 6)에 이르
러서 금정진金井鎭을 복원하고 별장別將을 배치하였다. 금정진이
완전히 혁파되었다면 금정산성 누룩도 그 맥이 끊어질 수도 있
었다. 여러 부침에도 불구하고 금정산성의 군사적 기능이 유지
되면서 산성마을을 감쌌던 누룩의 구수한 향도 사라지지 않았
다. 1916년 일제가 주세령酒稅令을 발포함에 따라 집집이 제조했
던 가양주 풍속이 위기를 맞았으나 산성 누룩은 큰 변동이 없었
다. 산성마을의 한 집에서 매일 4~5백 장의 누룩을 판매하였다.
1929년경에는 산성마을에 6개의 누룩공장이 설립되는 등 누룩
산지로서의 위상에는 변함이 없었다.

누룩을 제조하는 곳에 탁주가 생산되지 않을 리 없다.
하지만 엄밀히 말해 '금정산성 막걸리' 브랜드가 탄생한 때는
1970년대였다. 해방 직후와 한국전쟁 혼란기에 느슨해진 틈을
타서 산성마을에는 '밀누룩'과 '밀주 제조'가 호황을 맞았다. 하

지만 이내 군사정부의 강력한 단속으로 인하여 산성마을도 위기를 맞았다. 그런데 엉뚱하게도 박정희 전 대통령의 부산 방문으로 '금정산성 누룩'에서 '금정산성 막걸리'로의 변화가 이뤄졌다. 주당이었던 박정희 대통령은 부산에서 군수사령관으로 재직 당시 산성에서 먹었던 막걸리 맛을 잊지 못했다. 그러다 동래 충렬사 낙성식에 참석해 산성 막걸리를 찾으면서 그동안 밀주였던 금정산성 막걸리의 합법적인 판로가 열렸다. 1979년 금정산성 막걸리는 '민속주 제1호'라는 이름을 달고 판매 허가를 받았다. 하지만 민속주 지역 제한이 강고하여 10년이 지난 뒤에야 겨우 부산 전역에서의 판매가 가능하였다. 당시 막걸리를 제공했던 산성마을 주민은 박 대통령에게서 술값을 지금까지 받지 못했다고 털어놨다.[81] 여하튼, 박 대통령의 취향과 산성 막걸리의 역사적 결합이 전통 민속주의 향방에 큰 영향을 미쳤던 일화다.

　　금정산성과 누룩의 조합, 그 기반에서 탄생한 산성 막걸리가 남긴 문화적 의미는 적지 않다. 성곽이 식생활을, 역사가 문화를 어떻게 보듬고 흐르는지를 보여주는 사례다. 왜적의 공격을 차단하기 위하여 산꼭대기에 난공불락의 산성을 지어 군사 요새를 만들기 위한 노력은 현실보다 이상에 충실한 시도였다. 하지만 임진왜란의 강력한 트라우마는 여러 논란을 잠재우면서 우리나라에서 가장 긴 산성을 동래에서 탄생시켰다. 그런데 역사는 엉뚱한 방향으로 흘러 생각지도 않은 문화를 창출하였다. 전시戰時를 위한 사찰이나 승군, 그리고 산 위에 조성된 산성마을은 금정산 누룩을 잉태한 결정적 산실이었다. 산성마을 사람들은 평상시에도 뭔가를 하면서 살아야 했다. 그런 궁리가 지리적, 기후적 요인과 만나 낳은 문화가 바로 누룩과 막걸리였다.

금정산성을 건립한 이후로 임진왜란과 같은 대규모의
전란은 없었으니 권대제와 조태동의 주장은 현실보다 한발 앞
선 주장이었다. 하지만 그들의 주장으로 탄생한 거대한 산성은
후세대에 안보의 불안감을 해소해주는 기제로 작동하였을 게다.
어떻게 보면 금정산성은 전쟁에 지친 사람들에게 긴장을 곰삭게
하는 누룩이요, 위안이 되는 막걸리였다. 누룩이 발효되면 전혀
새로운 물질을 만드는 촉진제 역할을 한다. 금정산 누룩이 금정
산성에서 새로운 역사를 발효시키고 문화를 촉진했다는 사실은
지금껏 술상 위에서 우리의 노곤하고 탁한 일상을 달래주던 '금
정산성 막걸리'가 증명하고 있다.

3
조일 문화의 접경지대, 초량왜관

초량왜관의 탄생

왜관은 조선시대 개항의 산물이었다. 조선 초 왜구들을 포용하기 위해서 제포, 부산포, 염포 등 3개 포구를 열었다. 이 개항지에는 왜인이 머무르며 무역하고 숙박할 수 있는 왜관이 세워졌다. 하지만 잦은 왜란으로 인하여 왜관 시스템도 위기를 맞다가 결국 임진왜란으로 인하여 중단되었다. 이후 조일관계가 회복 국면에 들자 왜관도 재생되었으나 조선 전기와 달리 오직 부산 인근에 설치되었다. 조선 중기 이후로 부산 왜관 역사는 잠시 절영도 왜관(약 7년)에서 숨 고르기를 하였다가 두모포 왜관(70여 년)에서 걸음마를 시작하였다. 이후 초량왜관에 정착하여 오랫동안(200여 년) 머무르다 개항 전후로 마감을 하였다.

임란 이후 조선은 숱한 논란에도 불구하고 이웃 나라와 평화롭게 지내자는 교린交隣정책의 큰 틀에서 왜관을 유지했다. 부산의 왜관은 해안가를 어지럽히는 난폭한 왜구들을 온순한 타협자로 전환하는 기능을 했다. 특히 200년의 역사를 지닌 초량왜관은 조일 외교사의 정점에서 탄생한 공간으로, 장구한 조일 교류의 산실이었다. 초량왜관은 양국의 정치, 외교, 무역의 접경지대로서 역할을 한 것은 물론이거니와 양국의 생활문화가 서로 충돌하고 복합되는 점이지대漸移地帶(중간지대)의 기능도 하였다. 초량왜관을 조성하고 운영하는 데 막대한 비용이 들었지만 일본의 군사적 압력을 누그러뜨리고 긴장을 완화하는 효과를 보았으니 국가적 손실로 볼 수는 없다.

임진왜란으로 인하여 왜관이 폐쇄되었지만 일본과는 포로 송환을 위해 교섭을 진행해야 했다. 왜사가 머무를 수 있는 객관客館도 지어야 했다. 1601년(선조 34) 일본 측의 강화교섭사 귤지정橘智正(다치바나모도마사)이 포로를 송환하러 오면서 절영도에 가왜관假倭館이 설치되었던 것으로 보인다. 1606년(선조 39)에 비변사가 올린 계에 따르면 절영도에 가왜관이 있었던 것을 알 수 있다. 하지만 절영도의 가왜관은 외국 사신이 머무르기에는 미안할 정도로 형편없는 시설이었다. 절영도 왜관은 약 7년 정도 운영되었는데, 사신을 접대하기에는 협소하고 불편한 시설이었음에도 국교 재개 과정에서 중요한 기능을 하였다.

조일 외교가 회복되면서 1607년 두모포 왜관을 열었다. 두모포 왜관은 조선 전기 삼포왜관에 비하여 그 역할이 크게 강화되었다. 왜사倭使의 상경이 금지되고, 서울의 동평관도 폐지되었던 터에 두모포 왜관이 유일한 왜관으로서 조일 교류의 중심지로 부상했다. 두모포 왜관은 부산진에서 서쪽으로 5리 떨어진, 지금의 수정동 바닷가 일대인 '두모포'에 위치하였기 때문에 두모포 왜관이라는 이름이 붙여졌다.[82]

두모포 왜관의 규모는 동서 126보, 남북 64보로 약 1만

평에 달하였다. 두모포 왜관에는 관수館守, 재판裁判, 대관代官, 동
향사승東向寺僧을 비롯한 500여 명의 일본인이 상주하였다. 두모
포 왜관은 크게 서관과 동관으로 구분되었고, 부대시설로 연향
청宴享廳 등이 있었다. 두모포 왜관에는 시간이 갈수록 체류자가
증가하고 임시 가옥들도 많아졌다. 부지의 협소함이 큰 문제가
되자 일본 측은 본격적으로 왜관의 이전을 요구하였다.

  왜관 이전에 관한 논의는 총 8차례나 진행되었을 정도
로 쉽지 않은 문제였다.[83] 1640년(인조 18) 대마도주는 역관譯官 홍
희남洪喜男을 만난 자리에서 두모포 왜관이 협소하고 외부로부터
방비가 어렵다는 이유를 들어 부산성으로 왜관을 옮겨달라고 요
구하였다. 조선 정부의 입장에서 부산첨사가 근무하는 부산성을
비워달라는 것은 도저히 용납할 수 없는 요구였기에 당연히 거
절하였다. 하지만 이후로도 일본은 포기하지 않고 번번이 차왜差
倭(외교 현안으로 파견한 외교 사절)를 파견하여 이관 교섭을 요구하
였다. 1671년에는 왜관 이전 교섭을 위해 동래에 왔던 평성태平
成太가 숨지는 일도 있었지만 조선 정부는 입장을 고수하였다. 그
런데 1673년(현종 4) 차왜 평성령平成令이 부산성과 웅천이 아닌
다대포나 초량으로의 이전도 괜찮다며 입장을 바꾸면서 이관 교
섭이 급물살을 탔다. 조선 정부는 초량이 왜관의 입지 장소로 무
방하다고 허가를 해주었고, 왜관의 이전 교섭은 일단락되었다.

  초량왜관을 건립하기 위해서 먼저 터를 조사해 확정하
는 작업이 이루어졌고 그 결과 용두산 주변의 약 11만 평의 공간
이 선정되었다. 하지만 초량왜관 공사는 순조롭게 진행되지 못
하였다. 현종이 승하하고 가뭄으로 인하여 공사가 연기되었다가
숙종 즉위 이후 1675년(숙종 1)부터 착공하여 1678년(숙종 4)에

변박의 '초량왜관도'(1783년).
국립중앙박물관 제공.

완공되었다. 초량왜관은 용두산을 중심으로 크게 동관東館과 서관西館으로 구분된다. 동관은 관수를 비롯한 일본인들이 항시 거주하는 공간이자 무역을 하는 상관商館이었다. 동관의 3개 대청이라 하면 관수가館守家, 재판가裁判家, 개시대청開市大廳을 일컬었다. 반면, 서관은 일본 사신과 수행원들이 단기 체류하는 게스트하우스客館로서 외교적 기능을 하였다. 여기에는 동대청東大廳, 중대청中大廳, 서대청西大廳 등 3개의 대청이 있었다. 『춘관지春官志』에서는 "두모포는 구관舊館이고, 초량은 신관新館이다"라고 하였다. 초량왜관이 설치된 이후 두모포는 구관舊館, 고관古館으로 취급되었다. 동구청 일대를 '고관'이라 부르는 이유도 초량왜관의 시작에서 말미암은 것이다.[84]

문화 접촉과 교류의 창구

왜관은 한일 문화 교류의 창구였다. 초량왜관에서 조선인과 일본인이 서로 만나고 교류하면서 상대의 문화와 접촉할 수 있었다. 이방인과의 접촉은 타국 문화를 수용하고, 자국에 전파하는 기회가 되어 문화 변동을 일으키고 새로운 문화를 창출시키기도 한다. 일례로 전쟁은 엄청난 인명 피해와 문명의 파괴를 초래하지만 양국의 문화가 접촉하여 상호 전파되기도 한다. 그렇기에 백성이 외국 문화를 접촉할 기회가 없었던 조선시대에 초량왜관처럼 합법적인 공간에서의 평화로운 상호 교류는 문화사적으로 눈여겨 볼 만한 곳이다.

초량왜관에서의 문화 교류는 일상적 교류와 비일상적 교류로 구분해볼 수 있다. 일상적 교류는 역관의 경우처럼 근무를 위해 왜관에 드나들거나 조시朝市(아침 시장)에서 물품을 파는 조선인과 일본인 사이에서 이뤄졌다. 비일상적 교류는 왜사倭使들이 부산에 왔을 때 동래부사가 연향을 베풀거나 반대로 왜사들이 왜관 내로 동래부사를 초대하여 잔치를 벌이는 등 큰 행사때 이뤄졌다. 이런 교류의 장에서 타국의 물품을 받고, 자국의 문화에 관한 이야기를 나누며 서로의 문화를 습득했다.

지금은 수입품이 넘쳐나는 시대이지만 조선시대에는 외국에서 들어오는 물건은 호기심의 대상이었으며, 아주 진귀한 것이었다. 하지만 부산 인근에서는 초량왜관을 통해서 일본산 물품을 구하기가 다른 곳에 비해서 수월했다. 이는 심노숭沈魯崇의 일기나 이학규李學逵의 시를 통해서 확인할 수 있다. 심노숭은 기장에서 1801년부터 5년간 유배생활을 하고 『남천일록南遷日錄』에 그 사실을 남겼다. 이 책에는 동래지역 사람들로부터 받은 선물들이 기록되어 있는데, 왜관에서 흘러나온 일본 제품들이 상당수 있었다. 심노숭은 기장에서의 유배생활 동안 다기茶器, 국수, 목함, 부채, 담배, 사발 등 다양한 일본 물건들을 구경하거나 선물로 받았다.[85] 초량왜관의 물품들이 기장에까지 유통된 사실을 알 수 있는 대목이다.

낙하생洛下生 이학규는 1801년 신유박해辛酉迫害에 연루되어 유배생활을 시작했다. 화순으로 유배되었다가 다시 김해로 귀양을 와서 24년간이나 유배생활을 하였다. 『낙하생전집』은 이학규가 남긴 글들로 엮은 문집이다. 이학규는 일본에 가는 지인을 전송하기 위해 왜관에 갔다가 보고 느낀 점을 시로 남겼는데 「초량왜관사草梁倭館詞」와 「금관죽지사金官竹枝詞」 등이 문집에 실려 있다.[86] 이 두 시에서 초량왜관의 생활문화에 대하여 묘사하고 있는데, 「초량왜관사」에서는 금칠한 상자와 바구니, 붉은 칠을 한 우산, 신선로 등이 등장하고, 「금관죽지사」에서는 접부채, 주사위 도박, 승가기勝歌妓(스키야키), 일본 양산 등이 나타난다. 아마도 왜관에 들어간 이학규는 이런 물건들을 보는 것에 그치지 않고 구매하여 애지중지 보관하거나 주변 사람들에게 선물로 주었을 것이다.

초량왜관의 남쪽에는 일본의 생활문화와 관련된 상가들이 밀집되어 있었다. 초량왜관도를 보면 신주방新酒房, 구주방舊酒房, 약재대관가藥材代官家, 소주가燒酒家 등이 대관가代官家 아래에 늘어서 있다. 왜관에서는 대낮부터 술판이 벌어지고, 술에 취해 난폭한 일들이 벌어졌다고 하였다. 이런 주방酒房이 있었기 때문이다.[87] 도로를 사이에 두고 최남단에는 조포가造泡家(두부집), 병가餠家(떡집), 면가麵家(국수집), 당가糖家(설탕 혹은 사탕집), 고색가藁索家(새끼줄집), 점석가簟席家(돗자리집), 다다미가多多味家(다다미집),

'초량왜관도'의 한 부분.

염가染家(염색집), 선인가船人家 등도 있다. 이런 상점들은 왜관에 거주하는 일본인의 의식주를 지원하기 위해 지어졌다. 아울러 일본의 생활문화를 조선인에게 전파하는 장으로 기능했을 게다.

타국과의 문화 접촉에서 가장 먼저 이뤄지고 특히 관심이 가는 소재는 역시 음식이다. 왜관에서 조선인과 일본 사신이 만나는 자리에서는 주로 음식을 서로 내놓았다. 접대를 위한 향응 음식이다. 새해를 맞이하여 조선의 역관이 왜관에 들어가면 일본 측 통역관들이 신년 축하 인사를 하고 음식을 내왔는데,[88] 이때는 조니雜煮(일본식 떡국), 소면素麺, 장국吸物, 사라모리皿盛(접시에 담은 생선과 채소), 술과 안주 등을 제공했다. 조선 측에서도 연향 의식이 끝나면 일본 사신들에게 대구와 상어, 과자, 메밀국수, 돼지 편육, 삶은 달걀, 돼지 곱창, 생밤, 생전복, 톳나물, 말린 해삼 등을 제공하였다.

조선인에게 화제가 된 일본 음식은 승가기, 왜면, 과자 등이었다. 승가기는 왜관을 통해 우리나라 양반층에게 잘 알려진 대표적 음식이다. 조선시대 문헌에서 승가기는 '승기악勝妓樂, 승기악이勝其岳伊' 등으로 표기하였다. 승가기는 일본에 가면 한 번씩 먹게 되는 '스키야키すき焼き'로, 채소와 고기, 두부, 양념, 국물 등을 넣은 뒤에 불로 자작하게 졸여서 먹는 우리나라의 전골과 비슷한 음식이다. 손님이 왔을 때 술안주로 먹기에 제격이다. 조선 후기 이덕무의『청장관전서青莊館全書』에서는 "승기악이는 가장 진미로 여기는 것인데, 도미·숙복熟鰒·달걀·미나리·파를 익혀서 만든 잡탕"이라고 하였다. 일본인은 조선인을 접대하는 중요한 자리에서는 이 음식을 꼭 내놓았다. 그러나 승가기가 조선인의 입맛에 잘 맞는 것은 아니었다. 통신사로 일본에 다녀

왔던 조엄趙曮은 "승기악이는 어육魚肉, 채소, 버섯 등을 얹은 다음에 장국을 부어 끓이는 신선로 음식인 열구자탕悅口子湯(입을 즐겁게 해주는 탕)보다 못하다"라고 하였다.

일본인이 제공한 접대 음식 중 조선인을 사로잡은 것은 과자와 왜면이었다. 특히 과자는 조선인들이 극찬하는 음식이었다. 지금도 일본으로 여행을 다녀오면 달콤하고 부드러운 과자를 선물로 사 온다. 초량왜관에서 과자는 식후에 디저트로 내놓거나 선물로 가져가기도 하였다. 초량왜관도에 그려진 당가糖家가 아마도 사탕과 과자류를 취급하던 곳으로 보인다. 조선인도 여기에서 달달한 음식들을 구할 수 있었을 것이다. 조선인이 왜과자에 빠진 이유는 설탕의 달콤한 맛 때문이다. 조선의 엿은 단맛을 내지만 딱딱하고 끈적거려 이에 달라붙는 불편함이 있었다. 달콤한 맛과 함께, 입에서 부드럽게 사르르 녹는 왜과자를 접한 조선인들은 그 맛을 쉽게 잊을 수 없었을 것이다.

왜과자 중 가장 인기가 높은 제품은 오화당五花糖, 낙안落雁, 오베리야스, 비자열매 등이었다. 오화당은 백설탕으로 만든 과자로 일본이 사무역을 통해서도 조선에 수출하였다. 낙안은 라쿠칸らくがん으로 설탕과 곡물을 섞어 만든 건과자다. 오베리야스오베리야스는 네덜란드식 와플 오블리에oblie에서 유래한 것이라 한다. 왜관을 통해서 이러한 유럽풍 남만南蠻 과자들이 조선에 소개되었다.[89] 그중 카스테라는 『청장관전서』에서도 가수저라加須底羅(카스테라) 제조법으로 소개되어 있다. 비자열매는 비자나무의 열매로 정초의 설음식으로 자주 쓰였다.[90]

면 종류는 세계적으로 분포된 누들noodle 음식이다. 조선에서도 국수나 냉면 등을 자주 먹었다. 왜면倭麪은 '소면素麪'이라

변지한의 '괴석죽호도怪石竹虎圖'(19세기). 초량왜관에
서는 조선의 회화작품도 교역되었다. 초량왜관을 통해
일본으로 수출된 그림은 주로 호랑이와 매를 그린
회화다. 부산박물관 제공.

고도 하는데, 조리법이 복잡하지도 않으면서도 손님 접대용으로 내놓을 만한 음식이었다. 왜관을 출입하는 조선인들은 일본 국수를 높이 평가했다. 소면은 양념을 하지 않고 간단히 채소류만 넣은 국수다. 이것은 건면으로 만들어 두었다가 필요할 때 삶아서 조리하였다. 왜면은 밀가루를 미리 소금물에 반죽하여 가닥으로 만들어 대나무에 걸어 말려놓고 잔치 때에 뜨거운 물에 삶아 조리할 수 있었다. 건면의 조리법은 초량왜관을 통해 조선의 여염집까지 널리 퍼졌던 것으로 보인다. 그 밖에도 닥나무 껍질을 이용하여 질기고 얇게 만든 미농지도 조선인이 좋아하는 상품이었다. 조선 후기 사대부들이 찬탄하였던 일본도日本刀, 홀공이忽空伊(세 개의 주사위로 노는 일본 도박) 등도 초량왜관을 통해서 조선 사회로 전파되었다.

초량왜관으로 유입된 일본 제품은 일본 고유의 것도 있지만 서양의 문물을 받아들여 만든 것들도 있었다. 왜관의 상품들은 조선인에게 상당한 문화적 충격이었다. 백성들에게는 호기심과 선망의 대상이었을 것이다. 200년간 유지된 초량왜관은 조선 사람들에겐 일본을 넘어 멀고 먼 유럽의 문화까지 느낄 수 있는 문화 교류의 역사적 창구였다.

융합과 잉태의 '제3의 지대'

초량왜관의 역사는 '가장 지역적인 것이 가장 세계적인 것'이라는 명제를 곱씹게 한다. 조선의 중심부도 아닌 먼 변방에서 초량왜관이 탄생한 것도 그렇지만, 세계 어디에서도 찾아볼 수 없을 정도로 장구하게 외국인 타운이 유지되었기 때문이다. 나아가 초량왜관은 기존의 문화 요소와 다른 나라의 문화 요

'조선도회' 중 관수가 향연 부분도. 교토대학 부속도서관 제공.

'조선도회' 중 관수가 일대 부분도. 교토대학 부속도서관 제공.

소가 접변하여 제3의 문화가 형성된 '융합'을 보여주는 곳이다. 이를 잘 보여주는 문화 요소를 몇 개 꼽으면 초량왜관의 건축물, 도자기, 담배 등이다.

초량왜관 공사는 3년이 걸린 대역사였다. 조선 측은 무역을 위한 동관의 여러 시설과 왜사倭使가 숙식하는 서관의 객관을 짓고, 일본 측은 일본인들이 생활하는 집을 짓는 것으로 역할을 나누었다.[91] 조선은 당시 왜목수倭木手 150명을 기용하였고, 일본의 조영기술을 수용하였다. 이처럼 초량왜관은 조일 간 건축양식이 접합된 건축물이었다. 그런데 건축물이 오래되면 수리가 불가피하고, 더욱이 해안가에 있는 초량왜관의 건물들은 습기로 인해 훼손의 가능성이 컸다.[92] 수리 공사는 조선의 주관 아래 시행되었다. 조선 정부는 특별히 '감동역관監董譯官'을 차출하여 수리 공사에 대한 논의를 진행시켰다. 수리를 할 때에도 조선은 왜목수를 불러들여 일을 시키고 역가役價를 지불하였다. 왜목수에게 일을 시킨 것은 초량왜관의 건물을 일본인이 사용할 뿐만 아니라 왜인의 집 짓는 기술을 제대로 전수받지 못했기 때문이었다. 조선 정부는 일본의 건축기술을 기이하면서도 정밀하다고 여겼다. 19세기 이후로는 우리나라 목수들이 본격적으로 동원되었다.

'조선도회'에서도 초량왜관의 독특한 건축 양식이 드러난다. 일례로 관수가館守家는 왜관의 책임자가 숙식하는 건물로 초량왜관의 중심인 용두산 남쪽 기슭에 위치한다.[93] 조선도회에 그려진 관수가는 정면에 팔작지붕의 장옥문長屋門을 갖추고 있는데 이는 일본 무가武家 가옥의 건축적 특징을 잘 보여준다. 건물 중앙 입구에는 현관인 '시키다이式台'가 설치되어 있다. 시키다이의 지붕은 박공의 중앙 부분이 아치형이고, 양 끝이 약간 올라간 카라하후唐破風다.[94] 하지만 관수가 일부의 지붕, 담장, 문 등은 조선의 양식과 흡사하다. 일본인의 생활을 고려해 일본식으로 건축물을 지으면서도 조선식 건축 양식이 혼합되었음을 알 수 있다.

또 하나는 도자기다. 일본의 도자기는 유럽에 진출하여 크게 유행하였다. 이는 조선의 도자기 문화를 수용하여 새로운 도자기 문화를 꽃피웠기 때문에 가능한 일이었다. 왜적들은 임진왜란 때 조선 도공을 폭압적으로 끌고 갔다. 생면부지의 나라에 정착한 도공들은 고국을 그리워하며 조선의 도자기 기술을 일본에 전수하였다.[95] 임진왜란 이후 일본에 평화로운 분위기가 조성되면서 공예의 미적 가치도 변화하였다. 불교 문화와 다회茶會에 필요한 다완茶碗 제작의 수요가 더 늘었을 뿐만 아니라 최고의 공예품으로 도자기를 생산하려고 하였다. 그리하여 '고려다완'의 본고장으로 알려진 조선에 주문서를 보내 도자기 제작을 요청하게 된 것이다. 이런 수요에 맞춰 왜관은 주문 도자기의 생산지로서 중요한 기능을 하였다.

1639년(인조 17) 부산요釜山窯가 처음으로 설치되었다. 일본 막부의 명령을 받은 대마도주는 조선 조정에 부산에 가마를 설치해달라 요청하였다.[96] 애초 막부 정부는 조선에서 명품 다완茶碗을 구하도록 하였으나 당시 조선은 투박한 백자 풍이 유행하던 때였다. 그러자 막부 정부는 다완 견본을 대마도로 보냈다. 대마도는 대군의 요청이라며 동래부에 주문서를 보냈고, 동래부는 예조의 허가를 받아 도공을 소집하고 다완을 구워 제공했다. 초기에는 왜관 바깥에서 다완을 제작하여 제공하였으나 이후로 두모포 왜관 안에 가마를 설치하였다. 초량왜관 시절에는 과거 부

부산요도釜山窯圖(19세기 말)

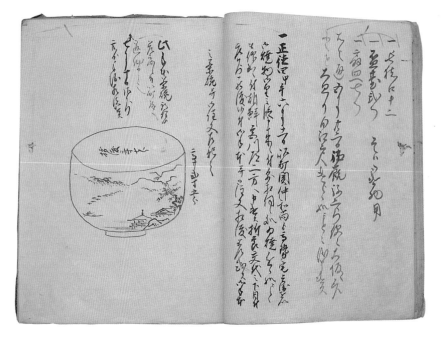

산부립병원이 있던 자리에 '부산요'가 있었다. 조선에서는 도공과 연료, 태토胎土를 왜관에 보내 다완을 제작할 수 있도록 도움을 주었다. 태토는 하동, 진주, 울산, 부산, 김해 등 경상도 일대의 좋은 흙을 사용했다. 하지만 태토와 연료의 지속적인 공급이 원활하지 않아 결국 1717년(숙종 43)에 부산요는 폐쇄되었다.

주문 다완은 일본 다인茶人들의 선호에 맞춰 조선의 자기를 일정한 조형으로 규격화했다는 것이 특징이다.[97] 주문 다완 중에서도 굽이 높고 기벽이 완만하게 올라가는 '오기다완吳器茶碗'이 널리 전파되었다.[98] 부산요에서 생산한 도자기는 조선 최고의 기술로 만들어진 도자기는 아니다. 하지만 주문 제작이라는 새로운 방식을 취해 조선 도자기의 기술을 바탕으로 일본의 기호와도 어울리는 독특한 도자기가 탄생하였다는 점에서 서로 다른 문화의 융합, 즉 '제3의 문화'라고 할 만하다.

조선 후기 우리나라의 생활문화를 뒤흔든 기호품은 단연 '담배'다. 담배는 스트레스를 해소해주는 기호품이지만 건강을 해치는 백해무익의 유해한 상품으로 논란이 끊이지 않는다. 이 담배는 다름 아닌 '초량왜관'을 통해 조선에 전래되었다.[99] 일본에 간 사신들이 담배 궤짝과 은담뱃대를 선물로 받기도 하였지만 그러나 대개는 왜관이 담배의 주요 거래지였다. 초량왜관도를 보면 동관의 응방鷹房 뒤편에 연대가烟代家라는 작은 집이 있다. 나는 연대가를 왜관에서 담배의 유통이 증가하면서 이를 전문적으로 취급했던 무역 상인으로 추정한다.

콜럼버스에 의해 담배가 유럽으로 전해진 것은 15세기다. 16세기에는 필리핀을 거쳐 일본까지 도달하였다. 이수광의 『지봉유설芝峯類說』에서는 "1616년과 1617년 사이에 바다를 건너와 피우는 사람이 있었으나 성행하지 못했는데, 1621년과 1622년 이래로는 그것을 피지 않는 사람이 없었다"라고 하였다. 담배는 17세기 초반에 들어와 10년 남짓한 시기에 급속도로 우리나라에 퍼진 것으로 추정된다. 포르투갈에서는 담배를 '타바코 tabaco', 일본에서는 '다바코タバコ'라 하였다. 조선에 수입된 이후로는 담배를 남령초南靈草, 담박괴淡泊塊, 담파고談婆姑, 연초煙草 등으로 기록하였다.

담배가 일본인 상인에 의해서 왜관으로 들어오던 초창기에는 약으로 대접을 받았다. 지금은 가장 유해하고 중독성 있는 기호품으로 취급받고 있으니 아이러니다. 조선시대 일본산

'초량왜관도' 중 응방 일대 부분도. 국립중앙박물관 제공.

담배는 현재와 비교도 할 수 없을 만큼 비싼 상품이었다. 연초 1
근이 은 1냥에 거래될 정도였으니 말이다.[100] 18세기 조선에서는
비옥한 토지가 곡물 재배지에서 담배 산지로 변모할 만큼 담배
재배가 성행하였으나 여전히 일본산 담배를 최상품으로 여겼다.
일본산 담배는 담뱃잎을 실처럼 잘게 썬 담배로 '왜지삼倭枝三'이
라 하였다. 이를 담뱃대 앞에 달린 작은 통에 채워서 피웠다.

초량왜관에서는 행사 시 군관과 소통사 등에게 일본산

담배를 지급했다. 그러하니 동래는 양질의 일본산 담배를 구하기가 수월했을 뿐만 아니라 담배에서 파생되는 문화가 전파되는 거점이었다. 초창기 담뱃대는 담배와 함께 왜관으로 수입되었는데 점차 동래와 울산, 경주, 김천 등 영남지역에서도 생산되었다. 담뱃대煙竹는 유기鍮器(놋그릇)와 더불어 동래의 히트상품이었다. 『춘향전』에서 "왜간죽 부산대에 담배를 너홀지게 담는다"라는 구절이 나오는 것으로 보아 동래 담뱃대가 제일 인기를 끌었던 것 같다. 흡연자가 많아지면서 자연스레 민요에도 반영이 되었다. 경상도 지역에서는 '담방귀 타령', '담배타령', '담배노래' 등 담배와 관련된 민요가 널리 전승되고 있다. 부산에서도 "구야구야 담바구야/동래울산 담바구야/너거국에 좋다더니/ 우리국에 어야왔소/가지왔소 가지왔소/ 담박꽃씨를 가지왔소"라는 담배타령이 전래된다.

외교전쟁과 문화충돌, 그리고 역관

초량왜관은 양국의 문화가 접경하는 지대로서 긴장을 완화시키며 큰 틀에서 교린을 유지하는 역할을 하였다. 그와 동시에 중대한 사건에서 사소한 사고까지 골치 아픈 문제들이 끊임없이 발생하는 곳이기도 했다. 어떻게 보면 언어와 문화가 다른 사람들이 접촉함에 따라 외교적 현안이 발생하고 파열음이 나는 것은 당연하다. 조선 조정은 왜관에서의 인적·물적 교류 역시 우려하였다. 예컨대, 왜관을 통해 일본으로 서적류가 반출되는 것을 큰 문제로 보았다. 국가 기밀과 관련된 책들까지 유통되었기 때문이다. 일본에 간 통신사들은 『징비록懲毖錄』과 같은 책들이 오사카 거리에서 버젓이 유통되는 사실을 확인하고 경악을 금치 못했다.

　한편, 왜관에서는 동아시아의 중요한 외교 정보들이 상호 교환되었다. 일본 막부 정부가 조선 정부와 국교를 회복하여 왜관을 살리고자 했던 목적은 무역으로 이득을 얻는 한편, 아울러 중국과 관련한 외교 정보를 수집하고자 했기 때문이다. 명과의 국교가 단절됨으로 인하여 일본은 동아시아에서 소외되었고, 국제 질서에 편입되지 못하고 겉돌았다. 명·청의 교체기를 기하여 일본은 중국과의 관계를 회복할 길을 모색하였다. 일본은 왜관에서 습득한 중국에 관한 정보를 매우 긴요하게 썼다. 조선 역시 왜관을 통해서 일본의 내부 정보를 수집하였다. 우리나라 역관들은 일본의 '조선어통사朝鮮語通詞'들과 교류하며 얻은 정보를 동래부사를 통해 조정에 보고하였다. 이는 일본의 정세를 파악하는 데 도움이 되었다. 초량왜관은 양국이 치열하고 발빠르게 정보를 수집하는 보이지 않는 외교전쟁이 벌어지는 장소였다.

　초량왜관을 운영하는 데 역관의 임무가 막중했다. 조선 정부는 외교 업무를 수행하기 위해 사역원司譯院의 역관을 왜관으로 파견하였다. 훈도訓導와 별차別差는 이러한 왜학역관倭學譯官으로 '양역兩譯'이라고도 하였다. 훈도와 별차는 함께 왜관에 출입하면서 외교 업무를 수행하였는데, 훈도가 중책을 맡았다면 별차는 보조적인 역할을 하였다. 별차는 나이도 어리고 수습생 격이었다. 별차는 훈도의 유고 시를 대비하고, 역관의 육성 차원에서 왜관에서 함께 근무하였다.[101] 훈도와 별차 외에도 차비역관差備譯官, 감동역관監董譯官 등 일정한 임무를 띠고 왜관에 온 역관들이 있었다. 이 외에도 훈도와 별차 아래에서 일하며 왜학을 익히는 생도生徒인 '소통사小通事'도 있었다.

유원각선생매안감고비柔遠閣先生埋案感古碑. 유원각 소속 통역관들의
업적을 기리기 위해 통역관 출신의 박기종 등이 세운 비석이다.

　　왜관에서는 사건 사고들이 끊이지 않았다. 특히 불법적
으로 무역하는 잠상潛商 행위, 일본인 남성과 조선인 여성 사이에
서 일어나는 교간交奸, 일본인이 왜관의 경계를 넘어 항의하는 난
출闌出 사건 등이 자주 발생하였다. 조선 정부는 초량왜관을 통제
하고자 했는데, 그중 교간에 대한 대응을 통해 일본과 조선의 문
화적 차이를 엿볼 수 있다. 성욕은 인간의 생리적 욕망이며, 남
녀의 성관계는 자연스러운 일이지만 왜관에서는 용납될 수 없는

불법 행위였다. 조선은 유교를 국시로 하여 사회기강을 세운 나라이므로 남녀 간 윤리에 대하여는 엄격하였다. 특히 일본인 남성과 조선인 여성의 성적인 만남은 결코 용납될 수 없는 일이었다.

하지만 일본인 남성들로 북적거리는 왜관은 유혹이 넘실대는 곳이었다. 성을 통제하려는 조선 정부와는 충돌할 수밖에 없었다. 교간 사건의 양상은 매우 다양하였다. 생필품을 파는 아침 시장朝市에서 서로 눈이 맞거나, 과감하게 왜관의 경계를 넘어 성매매를 하는 여성도 있었다. 주로 조선의 하층 계급 여인이 많았다. 양인이나 노비, 때로는 왜관 경비를 맡고 있던 자들이 교간 범행에 연루되었다. 조선 정부는 아침 시장에서 여성 대신 남자가 물건을 팔게 하거나 왜관에 담장을 높이 세웠다. 일본과 범간약조犯奸約條를 맺어 강력히 대응하였지만 성적인 관계를 완전히 차단하기 어려웠다. 그런데 교간 사건이 발생하면 조선 측은 칼을 들어 강력한 처벌을 하려는 데 반하여, 일본 측은 미적거리고 처벌을 미루기가 일쑤였다. 일차적으로 자국민을 보호하려는 입장이었고, 게다가 일본은 조선에 비해 성 문화가 개방적이고 관대하였기 때문이다.

왜관에서 이루어진 무역은 공무역公貿易, 사무역私貿易, 밀무역密貿易으로 구분된다. 공무역은 국가가 주관하고 역관이 담당하였다. 사무역은 '개시開市무역'이라고 하여 조선이 지정한 동래상인과 일본 대관 간 무역이다. 밀무역은 국가가 허가하지 않는 불법 무역으로 흔히 '잠상'이라고 한다. 왜관 근처의 상인들이나 관리, 역관, 아전 중에는 일본인과의 무역을 통해 부를 축적한 사람들이 많았다. 이들 중에는 밀무역으로 부를 거머쥔 자들도 있었다. 밀무역은 조정의 근심거리였다.

밀무역을 막아야 할 역관들이 되레 잠상을 조장하는 일
도 비일비재하여 막대한 이득을 챙기는 자들이 적지 않았다. 특
히 왜관의 일본인들과 일상적으로 접촉하는 소통사는 밀무역을
하기에 유리하였는데, 왜관과 동래부, 양국 관리들을 누구보다
잘 알고 있었기 때문이다.[102] 실제로 소통사들이 잠상을 주도하
다가 처벌되는 사건들이 한두 번이 아니었다. 소통사가 일본인
에게 매수되는 일도 많았으며 심지어 일본의 첩자 노릇을 하는

약조제찰비約條製札碑.
왜관 운영과 관련 금제조항을 알리기 위해 세운 비석이다.

경우까지 있었다. 부사직副司直 윤면동尹冕東은 상소문에서 "소통
사의 무리가 태반은 왜노倭奴들의 복심이 되어 누설되지 않은 일
이 없고 전해지지 않는 말이 없다"라고 한탄할 정도였다.[103]

1부 현대의 부산: 뜨거운 용광로의 탄생

1 여러 언론 기사에서 부산에 임시수도가 있었던 날을 '1,023일'로 잡고 있지
   만 실은 '1,025일'로 봐야 한다. 임시수도 1차 기간은 1950년 8월 18일에서
   10월 26일까지(70일, 10월 27일 서울로 환도), 2차는 1951년 1월 3일부터 1953
   년 8월 14일까지였기 때문이다(총 955일, 8월 15일 서울로 재환도). 1,023일로 잘
   못 알려진 이유는 종래 출간된 자료들에서 2차 임시수도 부산의 기점을 1
   월 4일로 하였으며(『임시수도기념관 전시관 개관 도록』의 임시수도부산연표 및 『디지
   털부산문화대전』), 윤년을 제대로 계산하지 않았기 때문이다. 2차로 부산에 다
   시 천도한 일시는 1월 3일이다. 1월 4일은 북한군이 서울을 다시 점령한 날
   짜이므로 부산으로의 환도 날짜로는 논리상 맞지 않는다. 『한국전란1년지』
   에 따르면 1월 3일에 정부가 부산으로 이전한 것으로 되어 있다. 또 1952년
   은 4년에 한번 오는 윤년으로 그해의 일수가 총 366일이므로 부산의 임시수
   도 기간은 총 1,025일이 된다. 그럼에도 이런 날짜 계산은 무의미할 수 있다.
   1953년 7월까지 각 정부의 부처들이 이미 서울로 올라가서 업무를 하고 있
   었기 때문이다. 8월 15일 광복절에 맞춰서 시행된 천도선포는 사실 형식적
   인 행사였다.
2 이 법은 '서울특별시행정특례에 법률(일명 서울시법, 1991.5.31.제정)'로 바뀌어
   지금까지 서울특별시는 수도로서 특수한 지위를 가지고 있다.
3 하지만 피란수도의 개념에도 문제가 없는 것은 아니다. 전쟁 동안 사람들이
   실제로 사용한 용어는 '임시수도'였기 때문이다. 예컨대 1950년대 기사들을
   살펴보면 거의 모든 신문이 '임시수도'를 사용하고 있다. '피란(난)수도'를 사
   용하는 용례는 몇 건 되지 않는다. 이것은 앞으로도 '피란수도' 부산의 연구
   에서 남은 과제다.
4 임시수도기념관 현관 위에는 '사빈당思邠堂'이라는 현판이 걸려 있다. 임시수
   도기념관을 개관할 즈음에 정중환 역사학자가 당호(건물 이름)를 짓고, 한형
   석 독립운동가의 글씨를 따서 만든 현판이다. 이 당호는 빈邠나라를 생각한
   다思'는 뜻이다. 여기에는 일반인들에게 좀 어려운 고사가 담겨 있다. 빈은

중국 은나라의 제후국으로 '고공단보古公亶父'란 인물이 다스렸던 나라다. 고공단보는 주나라 개국의 기초를 닦은 문왕의 조부祖父다. 고공단보는 덕과 의로써 나라를 다스렸기에 백성들은 그를 받들었다. 그러던 어느 날 북방의 오랑캐들이 침략하자 백성들을 살리기 위하여 빈나라의 땅을 내주고 남쪽으로 이주하였다. 빈나라 백성들은 고공단보를 따라왔을 뿐만 아니라 그의 덕망을 들은 이웃 나라 백성들까지 찾아왔다. 그리하여 고공단보는 다시 빈을 회복함은 물론이고, 중국의 패권을 장악한 주나라의 터전을 마련할 수 있었다. '사빈당'이라는 당호는 '고공단보와 빈'의 고사에 빗대어 한국전쟁 당시 북한의 침략 때문에 서울을 내주고 부산에 임시수도를 마련한 어려운 상황에서도 온 국민이 힘을 모아 빼앗긴 땅을 수복했다는 의미를 담고 있다.

5   부산일보사, 1985, 『임시수도 천일』, 30~40쪽.
6   국방부, 1951, 『한국전란1년지』, B12쪽.
7   장영민, 2013, 「한국전쟁발발 직후 이승만대통령의 라디오 특별방송 관련 자료」, 『한국근현대사연구』 67, 한국근현대사학회, 985쪽.
8   부산일보사, 1985, 『임시수도 천노』, 64~65쪽.
9   강성현, 2009, 「한국전쟁기 유엔군의 피난민 인식과 정책」, 『사림』 33권, 수선사학회, 78쪽.
10 부산 좌천동 출신의 양성봉 지사는 개방적인 아버지 덕분에 하와이에 유학을 다녀오는 등 일찍부터 근대 문물을 익혔다. 의료선교사이자 제약회사의 사장인 어을빈과 재혼한 인물이 양 지사의 둘째 누나인 양유식이다. 한때 양지사도 매형인 어을빈 회사에서 근무하였다. 그는 서양문화와 익숙하고 영어를 잘하기에 미군정과 돈독한 관계를 유지하였고, 군정 시절부터 부시장을 역임했다.
11 경무대는 경복궁의 건축물에서 유래한 이름이다. 지금의 청와대 일대는 조선시대 경복궁의 후원이었다가 고종 대에 경복궁을 중건하면서 여러 채의 건물이 지어졌던 곳이다. 그중 하나가 경복궁의 경景과 신무문神武門(궁궐 북문)의 무武 자를 따서 경무대景武臺라고 하였다. 일제가 이곳에 조선총독의 관저를 세웠으나 해방 후 이 대통령이 집무를 시작하면서 경무대라는 이름을 다시 사용하였다.
12 서만일, 2018, 「한국전쟁 초기 민사정책-부산의 피난민 통제 및 구호 그리고 경제복구-」, 『석당논총』 72권, 동아대 석당학술원, 271쪽.
13 국방부, 1951, 『한국전란1년지』, B19쪽.
14 강성현, 앞의 글, 85쪽.
15 강성현, 앞의 글, 95쪽.
16 양영조, 2003, 「한국전쟁시 대구지역 피난민 실태 분석」, 『군사 제50호』, 국방부 군사편찬연구소, 202~203쪽.
17 서만일, 앞의 글, 275~279쪽.
18 국방부, 1951, 『한국전란1년지』, B59쪽.
19 강성현, 앞의 글, 99~107쪽.

20 이승만 대통령은 서울에서 먼저 빠져나가면서 천도에 관한 지시를 남겼거나 다른 곳에서 지시했을 가능성이 크다.

21 제1회 국무회의록(단기 4284년 1월 2일).

22 국방부, 1951, 『한국전란1년지』, B83쪽.

23 업무와 관련성을 찾아서 산하기관의 청사를 사용한 부서도 있었다. '상공부' 는 당시 남선전기 사옥(지금의 토성동에 있는 한국전력공사 중부산 지사 건물로 등록문화재 329호로 지정)을 청사로 사용하였다. '교통부'는 부산역을, '체신국'은 부산우체국에 입주하였다.

24 『동아일보』, 1953년 7월 15일, '피난살이 삼년의 발자취(2) 관청편'.

25 한국신탁은행 부산지점, 1953, 『직업별요람부』. 입법부 소재지는 경상남도 도청과 같은 '부용동 2가 16'으로, 사법부 소재지는 '부민동 2가 5번지'로 표시되어 있다. 대검찰청도 사법부와 같은 주소다.

26 이 상무관은 얼마 전 동아대 부민 캠퍼스에 속한 건물을 짓기 위하여 철거되었다.

27 부산일보사, 1985, 『임시수도 천일』, 266~269쪽.

28 부산박물관, 2007, 『사진엽서, 부산의 근대를 이야기하다』, 68~69쪽.

29 서만일, 2008, 「한국전쟁기 부산지역의 피난민 유입과 정부의 대책」, 동아대 석사학위논문, 14쪽.

30 강성현, 앞의 글, 112~114쪽.

31 국립민속박물관, 2010, 『6·25 전쟁 60주년 기념특별전 '굳세어라 금순아!'』, 36~39쪽.

32 부산일보사, 앞의 책, 500~510쪽.

33 서만일, 2018, 「한국전쟁 초기 민사정책-부산의 피난민 통제 및 구호 그리고 경제복구-」, 『석당논총』 72권, 동아대 석당학술원, 286~287쪽.

34 『경향신문』 1952년 9월 19일, '긴급동의-유랑민편(5)-'.

35 『동아일보』 1953년 7월 16일, '피난살이 삼 년의 발자취(4) 원주민편'.

36 피란시절 임시주거를 대체로 '판잣집'으로 불렸지만 실제로는 '판장板裝, 천막, 콘셋(막사), 토막土幕' 등으로 다양하였다(『경향신문』 1952년 4월 24일, '사고방식(完) 슬픈 대조').

37 『동아일보』 1953년 7월 16일, '피난살이 삼년의 발자취(4) 원주민편'.

38 『동아일보』 1953년 7월 16일, '피난살이 삼년의 발자취(5) 주택편'.

39 차철욱 외, 2010, 「한국전쟁 피난민들의 부산 이주와 생활공간」, 『민족문화논총』 45, 영남대 민족문화연구소, 262~263쪽.

40 『경향신문』 1952년 9월 17일, '긴급동의(2) 판자집편'.

41 『동아일보』 1953년 7월 16일, '피난살이 삼년의 발자취(4) 원주민편'.

42 '차철욱 외, 앞의 글, 272~275쪽' 참조.

43 부산구술사연구회, 2011, 『이향과 경계의 땅, 부산의 아미동 아미동 사람들』, 부산대한국민족문화연구소.

44 『민주신보』 1952년 3월 21일, '적기 피란민 수용소를 차저'.

45 임시수도기념관, 2014, 『우암동 사람들의 공간과 삶』.

46 『동아일보』 1951년 3월 12일, '물부족 두달만 참으시오 오억원 드려 배수망 확장을 계획'.

47 부산일보사, 앞의 책, 524~534쪽.

48 『동아일보』 1952년 2월 20일, '물을 달라'.

49 『동아일보』 1953년 7월 20일, '임시수도 삼년의 실태'.

50 『동아일보』 1952년 8월 16일, '우물 수질 검사 이대약학부동원'.

51 『동아일보』 1953년 2월 1일, '부산 한복판에 일대 화해火海'.

52 『동아일보』 1953년 2월 1일, '발화원인은 석유 등불 음식점 춘향원 주인 구속 문초'.

53 『동아일보』 1953년 2월 4일, '양춤이 빚어낸 비극'.

54 『동아일보』 1953년 7월 24일, '피난살이 삼년의 발자취(9) 요정 다방'.

55 『동아일보』 1948년 11월 14일, '댄스홀 등 폐지 도지사 지시로'.

56 『동아일보』 1952년 6월 2일, '유한 댄스패를 급습'.

57 『동아일보』 1952년 8월 27일, '유한매담들 덜컥'.

58 서울역사박물관, 2010, 『1950년 서울, 폐허에서 일어나다』.

59 『경향신문』 1989년 10월 6일, '유행어에 비친 세태 만상'.

60 시초는 1951년 3월에 부산에서 개교한 서울의 피란학교들로 알려졌지만 1950년 9월에 시작된 경북 의성군의 피란학교라는 주장도 있다.

61 안경식, 2008, 「한국전쟁기 임시수도 부산의 초등 피란학교 연구」, 『2008 부산학연구논총』, 부산발전연구원(부산학연구센터), 21~24쪽.

62 『동아일보』 1953년 7월 19일, '피난살이 삼년의 발자취(6) 교육편'.

63 국립민속박물관, 2010, 『6 · 25 전쟁 60주년 기념특별전 '군세어라 금순아!'』, 94~97쪽. 일반적인 교과서도 있지만 전시생활에 대한 교재들을 보면 '싸우는 우리나라', '침략자는 누구냐', '우리는 반드시 이긴다' 등의 제목으로, 북한에 대한 적대의식과 반공을 강화하기 위하여 발간되었음을 알 수 있다.

64 연정은, 2005, 「전시연합대학과 학원통제」, 『사림(성대사림)』 24권, 수선사학회.

65 『동아일보』 1952년 2월 29일, '국제시장을 해부함: 동란 한국의 심장(상)'.

66 『동아일보』 1952년 3월 2일, '국제시장을 해부함: 동란 한국의 심장(하)'.

67 『동아일보』 1952년 2월 29일, '국제시장을 해부함: 동란 한국의 심장(상)'.

68 『동아일보』 1952년 3월 1일, '국제시장을 해부함: 동란 한국의 심장(중)'.

69 이상섭, 2010, 『군세어라 국제시장』, 도요, 38쪽.

70 『경향신문』 1952년 3월 5일, '얌생이란'.

71 『동아일보』 1955년 8월 20일, '해방 십년의 특산물(5) 얌생이'.

72 『경향신문』 1952년 4월 24일, '사고방식(완) 슬픈 대조'.

73 『동아일보』 1953년 7월 24일, '피란살이 3년의 발자취(9) 요정 다방'.

74 『국제신보』 1953년 5월 27일(부산시 중구, 2006, 『피란시절 부산의 문화』, 135쪽에서 재인용).

75 김동리, 1997, 『나를 찾아서』, 민음사, 274쪽.

76 문총은 1947년에 결성된 우익계열의 단체로서 문학인들을 비롯하여 화가,
    사진가, 연극 영화인 등까지 총망라하고 있었다.

77 부산시 중구, 2006, 『피란시절 부산의 문화』, 155~164쪽.

78 『동아일보』 1951년 1월 15일.

79 『동아일보』 1952년 5월 10일.

80 강성현, 앞의 글, 89쪽.

81 부산일보사, 앞의 책, 512쪽.

82 부산시사편찬위원회, 『부산역사문화대전』 '부평시장 죽거리'.

83 현재 부산에서 가장 오래된 원조 돼지국밥집으로 '하동집'으로 추정된다. 고
    故 손귀임이 평양에서 요리하다 남쪽에 내려와 운수업을 하던 남편 친구에
    게서 돼지국밥의 요리법을 전수하여 1952년 하동집을 차린 것으로 전한다(
    부산시사편찬위원회, 『부산역사문화대전』, '하동집').

84 부산발전연구원, 2010, 『부산의 음식 생성과 변화』, 103~104쪽.

85 차철욱·공윤경, 2010, 「한국전쟁 피난민들의 정착과 장소성-부산 당감동 월
    남 피난민마을을 중심으로-」, 『석당논총』, 동아대 석당학술원, 293~295쪽.

86 이호철, 2005, 『소시민·살』, 문학사상사, 255쪽 및 부산발전연구원, 2010,
    『부산의 음식 생성과 변화』, 225~226쪽.

87 김수자, 2004, 「이승만의 여당결성과 활용」, 『한국근현대사연구』 31, 한국근
    현대사학회, 241~242쪽.

88 김수자, 2005, 「1948~1953년 이승만의 권력강화와 국민회 활용」, 『역사와
    현실』 55, 한국역사연구회, 372~376쪽.

89 부산일보사, 앞의 책, 253~255쪽.

90 부산일보사, 앞의 책, 234~235 및 302~303쪽.

91 이호철, 앞의 책, 285쪽.

92 김일영, 1993, 「부산정치파동의 정치사적 의미」, 『한국과 국제정치』 9권 1호,
    경남대 극동문제연구소, 65쪽.

93 『동아일보』 1953년 7월 25일, '피란살이 3년의 발자취(완) 도의편'.

94 부산시사편찬위원회, 『부산역사문화대전』 '국민방위군 사건' 및 '중석불 사
    건' 참조.

95 부산일보사, 앞의 책, 183~187쪽.

96 『동아일보』 1953년 8월 24일, '마음의 재건보(5)'.

97 『동아일보』 1951년 3월 12일, '십자군'.

98 『동아일보』 1952년 3월 13일, '사바사바와 빽'.

99 『동아일보』 1953년 8월 24일, '마음의 재건보(5)'.

100 국방군사연구소, 1996, 『한국전쟁의 포로』, 20~65쪽.

101 국방군사연구소, 앞의 책, 197~208쪽.

102 전쟁 이전의 38도 선에 비한다면 서해안의 옹진군이 북한으로, 철원·금
    화·화천·인제·고성군의 일부가 남한으로 넘어왔을 뿐이다. 국토의 면적
    이 크게 달라진 것은 없었다.

103 『동아일보』 1952년 11월 23일, '환도문제'.

104 『경향신문』 1953년 5월 8일, '실질적 환도 급진'.

105 『경향신문』 1953년 7월 31일, '환도 풍경(완) 교통부'.

106 『경향신문』 1953년 8월 14일, '대망의 정부정식환도'.

107 『동아일보』 1953년 7월 20일, '임시수도삼년의 실태'.

108 차철욱 외, 2010, 「한국전쟁 피난민들의 부산 이주와 생활공간」, 『민족문화논총』 45, 영남대 민족문화연구소, 257쪽.

109 『경향신문』 1962년 12월 1일, '항도의 번영 이록'.

110 차철욱, 2013, 「직할시 승격 50년 부산의 성장과 평가」, 『부산직할시 승격 50주년 기념 특별전, '약진, 50년의 자취'』, 부산박물관, 226쪽.

111 『동아일보』 1961년 11월 18일, '군수 혁신에 큰 성과'. 당시 부산에는 군수기지사령부를 비롯하여 총포 타이어재생차, 거제리 군수창, 제8병참기지창, 조병창, 제7피복창, 인쇄공창, 병기기지보급창, 제3항만사령부 등의 부대가 운영되었다. 이는 한국전쟁 시 모든 군수물품과 지원시설이 부산에 있었던 것에서 기인한다. 부산군수기지사령부는 전군에 대한 군수지원을 책임지기 위하여 설립되었다.

112 『동아일보』 1962년 4월 25일, '5 · 16 혁명의 배경'.

113 『경향신문』 1961년 10월 4일, '부산직할시운동본격화, 각계각층 망라코 기성회 조직'.

114 부산은 직할시 승격 이후 눈부신 성장을 보였다. 30여 년 동안 부산시의 행정구역은 360km에서 529km²로 약 1.5배 늘어났고, 인구는 136만에서 389만으로 약 3배 증가하였다. 도시의 기반시설을 비롯하여 산업과 경제, 해양과 항만 등 모든 분야에서 괄목할 만한 발전을 보였다. 하지만 직할시 기간 부산시의 성장은 경제와 토건에 집중되어 경제의 평등과 분배, 도시환경과 재생의 문제 등은 소홀히 하였음은 부인하기 어렵다.

115 공식적 착공 일시는 1967년 2월이지만 실제 공사는 1967년 11월부터 시작되었다고 한다(손정목, 2003, 「도시50년사(12), 경부고속도로 건설과 도시 체계」, 『도시문제』 38권 411호, 대한지방행정공제회, 111쪽).

116 경부고속도로의 건설 과정에 대해서는 '손정목의 앞의 글'을 참조.

117 『동아일보』 1968년 12월 13일, '透視 1968년(연) (4) 고속도로'.

118 경부고속도로를 지나다 보면 경부선(철도 노선)과 달리 영남권에서 비효율적으로 우회하거나 이 일대로 진출하는 나들목이 많다는 사실을 느낄 수 있다. 박정희 개인적 경험과 주관이 충분히 반영되었을 것으로 볼 수 있다. 얼마 전 개통한 중앙고속도로의 일부 구간인 신대구-부산 고속도로(2006년 개통) 노선이 훨씬 효율적이라 생각된다.

119 『경향신문』 1980년 10월 8일, '개통된 항도 부산 도시고속도로, 도심을 뚫고 바다를 보며…'.

120 김대래 · 정이근 편, 2010, 『한국전쟁과 부산경제: 경부성장축의 강화』, 해남, 8~9쪽.

121 『매일경제신문』 1970년 6월 18일, '뉴코리아(4) 하이웨이 「고속도로」'.

122 포항제철이 설립되기 이전인 1960년대 부산의 철강업은 독보적이었다. 대한
제강, 동국제강, 극동철강 등 부산의 철강업체는 한국의 철강업을 견인하는
기능을 하였다. 이들은 한국전쟁 이후 부산에서 철물공장을 하다가 큰 철강
기업으로 성장하였다(김대래, 2014, 「한국전쟁 전후 부산 제조업의 입지 및 업종변화」,
『항도부산』 제30호, 부산광역시사편찬위원회, 35~36쪽).

123 서울의 중학생들이 이런 신발을 생산하는 기업이 부산에 있다는 것을 알 리
가 없었다.

124 부산의 신발과 여공에 대해서는 '부산여성가족개발원, 2009, 『부산여성사 I
-근현대 속의 부산여성과 여성상-』, 212~214쪽'을 참조

125 그들이 신발공장에 청춘을 바쳤던 생산 역사와 노동 가치에 대한 재평가가
꼭 필요하다.

126 『경향신문』 1970년 3월 5일, '콘테이너 이용가치와 문제점'.

127 『매일경제신문』 1970년 3월 12일, '수송혁명 컨테이너'.

128 최해군, 2001, 『해양수도 건설을 위한 내 사랑 부산 바다-부산항 변천사-』,
부산광역시, 354~355쪽.

129 『경향신문』 1978년 9월 29일, '준공식 거행, 부산항 종합개발 1단계 완공'.

130 『동아일보』 1978년 9월 29일, '부산 항도가 달라졌다'.

131 정이근, 2015, 「1960·70년대 부산항 무역 변동」, 『항도부산』 제31호, 부산광
역시사편찬위원회, 15~16쪽.

132 『동아일보』 1980년 4월 3일, '김 씨와 대화 (2) 김영삼 평화적 정권 교체 실현
이 숙원'.

133 김영삼의 정치 일대기에 관해서는 '김영삼, 2000~2015, 『김영삼 회고록 -
민주주의를 위한 나의 투쟁 1~3』, 백산서당'을 참조.

134 『국제신문』 2019년 9월 18일, '10월 16일 부마항쟁 국가기념일 지정'.

135 『한겨레신문』 1988년 10월 15일, '유신 종말의 기폭제 부마 10월 항쟁(1)'.

136 『한겨레신문』 1988년 10월 18일, '유신 종말의 기폭제 부마 10월 항쟁(3)'.

137 정승안, 2018, 「부마 민주항쟁시기의 한국경제와 지역사회의 여건」, 『사회사
상과 문화』 제21권 2호, 동양사회사상학회, 211~212쪽.

138 정주신, 2018, 「10월 부마항쟁의 진실과 역사적 성찰」, 『한국과 국제사회』 제
2권1호, 한국정치사회연구소, 29~30쪽.

139 『한겨레신문』 1988년 10월 18일, '유신 종말의 기폭제 부마 10월 항쟁 마산(4)'.

140 정주신, 앞의 글, 36~37쪽.

141 부마 민주항쟁이 없었다면 김재규 중앙정보부장이 궁정동 안가에서 박정희
대통령을 향해 총을 쏘는 일도 없었을 것이다.

142 『부산일보』 2019년 11월 1일, '피란시절 타지역 국밥과 퓨전…'.

143 역사학은 특정한 역사가의 눈으로 한 시대와 한 장소의 단면을 바라보고 해
석한 학문이다. '완전한 역사'란 있을 수 없고, 역사학 속에는 '객관과 주관'
이 혼재되어 있다.

144 물론, 노무현 변호사도 돼지국밥을 먹었을 것으로 생각된다. 그는 운동 전문 변호사가 되면서 승용차를 두고 버스로 출퇴근하였다. 고급 일식집 대신 시장통 국밥을 먹었다고 하였다. 부산에서 국밥은 거의 돼지국밥을 일컫는다(노무현 재단 엮음, 2010, 『운명이다-노무현 자서전-』, 돌베개, 81쪽).

145 노무현 재단 엮음, 앞의 책, 50~65쪽.

146 정재현, 2002. 6, 「부림사건에서 현대자동차 파업까지, 노무현 보고서」, 『월간 말』, 민주언론운동협의회, 148쪽.

147 정승안, 2019, 「부림사건과 부산지역 학생운동」, 『부산지역 민주화운동 학술대회 자료집』, 부산광역시, 76~77쪽.

148 『한겨레신문』 1988년 12월 25일, '진상 일요 특별기획 한국의 정치사건(8)'.

149 부산민주운동사편찬위원회, 1998, 『부산민주운동사』, 부산광역시, 397쪽.

150 민주공원, 2003, 『민주공원과 함께하는 부산민주운동사』, 90~92쪽.

151 『경향신문』 1979년 8월 1일, '불황 출판 전국 양서 보급 캠페인'.

152 『경향신문』 1978년 12월 20일, '서울양서협동조합발족'.

153 민주공원, 앞의 책, 229~230쪽.

154 동래별장과 정란각(부산 수정동 일본식 가옥, 국가등록문화재 제330호)은 안기부장과 박처장이 만나 김정남 간첩사건을 모의하는 곳으로, 舊 한국은행 부산본부(부산시 문화재 자료 70호)는 치안본부 신길동 분실로, 해운정사는 김정남의 은신처로, 舊 해사고등학교는 동아일보 사무실로 등장한다.

155 부산 미문화원 방화사건이 일어났을 때도 노무현 변호사는 여러 인권변호사와 함께 변론을 맡았다.

156 1985년 전국학생총연합(전학련)이 발족하고 산하의 투쟁조직으로 삼민투쟁위원회가 조직되었다. 서울의 미문화원 점거 농성 사건을 계기로 삼민투가 해체된 이후로 1986년 민민투(반제 · 반파쇼 민족민주 투쟁위원회)와 자민투(반미자주화 반파쇼 민주화 투쟁위원회)로 분화되었다. 이것은 우리나라 민주화운동권이 크게 NL과 PD로 나뉘는 배경이 되었다.

157 민주공원, 앞의 책, 129~130쪽.

158 문재인, 2011, 『문재인의 운명』, 가교, 42쪽.

159 김동길 외, 2000, 『변호가 김광일 평전, 참 멋진 놈 하나 만났다라』, 벼리, 140~142쪽.

160 부산민주운동사편찬위원회, 앞의 책, 538쪽.

161 정재현, 앞의 글, 153쪽.

162 부산민주운동사편찬위원회, 앞의 책, 546쪽.

163 당시 득표율은 노태우 후보 36.6%, 김영삼 후보 28%, 김대중 후보 27%, 김종필 후보 8.1%였다. 김영삼과 김대중이 후보 단일화만 이뤘다면 민주진영에서 처음으로 대통령을 당선시키는 쾌거를 이룰 수 있었을 것이다.

164 노무현 재단 엮음, 앞의 책, 96~109쪽.

165 노무현, 2019, 『노무현 전집1 여보, 나 좀 도와줘』, 돌베개, 89~90쪽.

166 노무현 재단 엮음, 앞의 책, 116쪽.

167 문재인, 1992. 3, 「부산 시민에게 고함」, 『월간 말』, 민주언론운동협의회, 70~73쪽. 문재인은 부산 시민이 삼당 합당 이전까지 김영삼을 지지해준 것은 부산 출신이어서가 아니라 그간 민주화 투쟁에서 옳은 길을 걸었기 때문이라고 하였다. 만약 그가 부산 출신이어서 맹목적으로 지지한다면 그것은 지역감정과 지역이기주의와 다름없다고 지적하였다. 이런 맹목적인 지지는 PK(부산·경남)를 끌어들여야 할 정권 창출이 가능한 TK(대구·경북) 정권이 오만에 빠지게 될 수 있다고 분석하였다. 14대 총선에서 TK 정권이 압승을 거두게 된다면 김영삼 용도폐기론으로 이어질 수 있다고 하였다.

168 민자당은 과반수(150석)에 1석이 모자란 149석, 민주당은 97석, 통일국민당은 31석, 무소속은 21석을 얻었다. 김영삼을 따르지 않았던 통일민주당 인사들은 민주당(이른바 꼬마 민주당)을 창당했다. 노무현을 비롯한 이들은 대부분 1991년 평민당과 야권 통합이 이뤄졌을 때 통합민주당에 참여하였다.

169 지역주의와 전면 투쟁을 벌인 노무현의 기질이 바로 '부산 사람의 기질'이다. 지역주의와 기회주의 속성은 부산 사람들의 기질과는 맞지 않는다. 부산 사람은 무뚝뚝해 보이지만 속이 깊고, 거칠고 촌스럽게 보여도 따스하다. 넓은 바다를 보면서 자란 부산 사람은 어느 지역 출신인가를 가리지 않고 따뜻이 맞이졌던 사실은 '어제의 역사'가 증명하고 있다. 한편, '내일의 역사'는 지역주의와 싸웠던 노무현이 결코 '바보의 길'을 걷지 않았음을 증명해줄 것이다.

2부 근대의 부산: 회색빛 관문도시의 탄생

1 조선이 일본에 준 동인銅印이다. 대마도 사람들은 이 동인이 찍힌 문서를 들고 초량왜관에 와서 무역할 수 있었다.

2 난출은 왜관의 경계를 벗어나 동래부에 진입하여 항의하는 사건이다. 아래는 '장순순, 2004, 「초량왜관의 폐쇄와 일본 조계화 과정」, 『일본사상』 제7호, 한국일본사상사학회' 참조.

3 손정목, 1982, 『한국 개항기 도시변화과정연구』, 일지사, 100~101쪽.

4 부산근대역사관, 2009, 『부산근대역사관 특별기획전, 사보담의 100년의 약속』.

5 부산근대역사관, 앞의 책, 81쪽.

6 '토지를 어떤 방법으로 얻느냐'에 따라서 두 용례의 차이가 있다. 'Concession'은 거류지의 땅을 열강의 정부가 일괄해서 빌리는 것이다. 'settlement'는 열강의 국민이 토지소유자와 개인적으로 접촉해서 빌리는 것이다. 그렇다면 부산의 일본인 거류지는 'Concession'과 'settlement' 중에서 무엇에 해당할까? 조일수호조규나 조일수호조규부록의 조문에서는 일본인들이 개인적으로 토지와 가옥을 임차할 수 있으므로 'settlement'에 해당하겠으나 실제로는 일본이 일괄적으로 용두산 부지의 11만 평의 거류지를 임차하는 'Concession'의 방식을 취했다. 부산과 마산의 일본인 거류지를 제외하고 원산과 인천 등 나머지 개항장에서는 거의 'settlement'의 방식으로 거류지가

조성되었다.

7 손정목, 앞의 책, 108~109쪽.

8 『독립신문』 1898년 2월 19일, '부산 절영도에다가 정부에서 각국 거류지를'.

9 한국 정부가 반대 의견을 표방한 재판가는 교환 대상에서 제외되었다. 조선
   은 여전히 왜관을 통제할 공간이 필요하였으며, 재판가에 최소한의 인원을
   상주시키고자 하였다(장순순, 2002, 「자료 소개: 새로 발견된 왜관지도 포산항 견취
   도」, 『한일 관계사 연구』 16, 한일 관계사학회, 141~142쪽).

10 「포산항견취도」에 대해서는 '장순순의 앞의 글' 참조.

11 서양식과 일본식이 절충된 화양식和洋式 건물이다.

12 강화도 조약이 체결된 직후 양국의 통상에 대한 약조인 조일무역규칙朝日貿易
   規則이 맺어졌다. 여기서 수출입 상품에 대한 무관세가 약정되었다.

13 전체적 연회 풍경이나 등장인물의 복식으로 보건대 완전한 기록화보다 상상
   이 곁들어져 연회 장면을 묘사한 그림으로 추정된다.

14 김재승, 2003, 「부산해관 개청과 초대해관장 W. N. Lovatt」, 『국제무역연구』
   제9권 제2호, 국제무역연구소, 8~10쪽.

15 부산근대역사관, 2014, 『부산항 감리서 방판 민건호와 그의 일기 해은일록』,
   122~124쪽.

16 16세기 이후로 포르투갈과 네덜란드 상인이 일본과 교역하였다. 기록에는
   남아 있지 않지만 이양선이 부산을 경유하거나 표착했을 가능성은 충분히
   있다.

17 한상복, 1993, 「부산항에 온 초기의 서양인들」, 『어항어장』 22권, 한국어촌어
   항협회.

18 김원모 완역, 1991, 『알렌의 일기』, 단국대 출판부, 22쪽.

19 고학윤은 부산에 거주하는 선교사들의 한국어를 가르치는 선생이었다. 앞서
   언급한 사보담의 한국어 교사도 고학윤이었다. 고학윤의 아들 고명우는 이
   후 세브란스 병원 의학교를 졸업하여 의사가 되었다.

20 박형우 편역, 2010, 『올리버 R. 에버슨이 지켜본 근대 한국 42년』, 청년의사,
   459쪽.

21 루돌프 차벨 지음, 이상희 옮김, 2009, 『독일인 부부의 한국신혼여행 1904』,
   살림출판사, 158쪽.

22 바츨라프 세로셰프스키 지음, 김진영 외 옮김, 2006, 『코레야 1903년 가을』,
   개마고원.

23 보장은 이후로 거류민 총대, 거류민장 등으로 개칭되었고, 일본인 자치기구
   인 부산거류민회도 부산거류민단 등으로 명칭이 자주 바뀌었다.

24 김승, 2012, 「개항 이후 부산의 일본거류지 사회와 일본인 자치기구의 활동」,
   『지방사와 지방문화』 15권 1호, 역사문화학회, 321~330쪽.

25 1905년 부산의 일본거류민 영업별 분포를 보면 1,438명 중에 예기(239명,
   16.6%), 음식물 행상(115명, 7.9%), 잡화상(94명, 6.5%) 등의 순이다. 이 통계에
   서는 미곡 유통상들은 제외되었다(김승, 2012, 「개항 이후 부산의 일본거류지 사회

와 일본인 자치기구의 활동」, 『지방사와 지방문화』 15권 1호, 역사문화학회, 316쪽).

26 『독립신문』 1899년 7월 17일, '부산쇼식'.

27 손정목, 1982, 『한국 개항기 도시변화과정연구』, 일지사, 105~106쪽.

28 『관보초존官報鈔存 통상보고通商報告』, 1890년 12월(차철욱·양흥숙, 2012, 「개항기 부산항의 조선인과 일본인의 관계형성」, 『한국학연구 26』, 인하대 한국학연구소, 23쪽에 서 재인용).

29 루돌프 차벨 지음, 이상희 옮김, 2009, 『독일인 부부의 한국신혼여행 1904』, 살림출판사, 159쪽.

30 개항기 부산에서 일본인의 토지 수탈은 광범위하게 이뤄졌다. 초창기에는 절영도를 중심으로 하였지만 전역으로 확산하였다. 1905년 부산에서 일본 인이 잠식한 토지는 공유지와 사유지를 합쳐 535만 평에 달하였다(박진우, 2006, 「개항기 부산에서 본 일본의 조선인식」, 『한일민족문제연구』 11권, 한일민족문제학 회, 192쪽).

31 『독립신문』 1896년 4월 18일, '부산에 있는 일본 인민을 이월에'.

32 일제강점기에는 '관부연락선關釜聯絡船'으로 쓰는 경우가 많았지만 여기서는 '부관연락선'을 사용하기로 하였다.

33 일기환은 시모노세키에서 출발하여 부산에 도착하면 11시간 30분이 소요되 었다. 이후로 속도가 빨라져 경복환(덕수환, 창경환)은 8시간, 금강환(홍안환)은 7시간으로 운항시간이 단축되었다.

34 최찬식 지음, 권영민 엮음, 2008, 『추월색』, 웅진 문학에디션 뿔, 33쪽.

35 조갑상, 1998, 「일제강점기 소설에 묘사된 부산과 그 의미」, 『항도부산』 제15 호, 부산시사편찬위원회, 315~317쪽.

36 쓰시마 마루는 매일 한차례 정기적으로 운항하였다. 시모노세키에서 저녁 8 시에 출발하여 부산에는 익일 아침 7시에 입항하였다. 부산에서 저녁 10시 에 출발하여 시모노세키에는 익일 아침 9시 30분에 입항하였다.

37 홍연진, 2006, 「부관연락선 종말과 부산부 일본인 인구변동」, 『한일민족문제 연구』 11권, 한일민족문제학회, 146~147쪽.

38 「馬關每日新聞」 1917년 8월 31일(류교열, 2006, 「제국과 식민지의 경계와 월경」, 『한일 민족문제연구』 11권, 한일민족문제학회, 219쪽에서 재인용).

39 『만세전』은 1922년 『신생활』에서 '묘지'로 3회 연재되었다가 중단되었고, 다 시 1924년 『시대일보』에서 '만세전'으로 제목을 바꾸어 연재하여 59회로 완 결하였다.

40 염상섭 지음, 최원식 등 엮음, 2016, 『20세기 한국소설 2, 염상섭 – 전화, 만 세전, 양과자갑, 두 파산』, 창비, 112쪽.

41 홍연진, 2006, 「부관연락선 종말과 부산부 일본인 인구변동」, 『한일민족문제 연구』 11권, 한일민족문제학회, 152~153쪽.

42 류교열, 2006, 「제국과 식민지의 경계와 월경」, 『한일민족문제연구』 11권, 한 일민족문제학회, 220쪽.

43 조갑상, 앞의 글, 335~337쪽.

44 허병식, 2011, 「식민지의 접경, 식민지의 공백-장소로서의 부산-」, 『한국문학연구』 40집, 동국대 문화학술원 한국문학연구소, 18~19쪽.

45 『동아일보』 1924년 5월 22일, '부산시민대회' 및 '시민대회 후보'.

46 남윤순·김기수, 2019, 「부산항 제1부두의 건립과 변화과정에 관한 건축적 고찰」, 『석당논총』 73집, 동아대학교 석당학술원, 403~404쪽.

47 『동아일보』 1939년 3월 27일, '대륙부대의 범람으로 부산부두 대혼란'.

48 차철욱, 2010, 「일제시대 부산항 설비사업과 사회적 의미」, 『한국학논총』 33집, 국민대학교, 401~408쪽.

49 『한겨레신문』 2020년 2월 13일, '부산항 북항, 역사·미래 아우른 항구로 재생'.

50 차철욱, 2006, 「부산북항 매축과 시가지 형성」, 『한국민족문화 28』, 부산대 한국민족문화연구소, 3~4쪽.

51 부산근대역사관, 2016, 『근대부산항 별곡』, 56쪽.

52 부산박물관, 2007, 『사진엽서 부산의 근대를 이야기하다』, 14~15쪽.

53 지금도 그렇지만 당시에도 매축한 땅은 공공기관에 팔거나 사업체에 임대하였다. 현재 북항 재개발도 역사성과 공공성을 잃는다면 속칭 '땅장사'라는 비판을 받는 것도 이 때문이다.

54 1901년 8월 20일 서울 영등포와 9월 21일 부산 초량 두 곳에서 각각 기공식을 열었다. 착공 4년 만인 1905년 5월 28일 서울 남대문역에서 경부선 개통식이 개최되었다. 당시 초량역은 현재의 부산광역시 동구 중앙대로 206(초량동) 일대였다.

55 영국영사관이 위치하였기 때문에 '영국영사관산'으로도 불렸으며, 영선산과 영국영사관산을 합하여 '쌍산雙山'이라고도 하였다. 이 쌍산을 제거함으로써 현재의 도시철도 중앙역에서 초량역(정발동상)까지의 평지가 생겨났다. 착평과 매립으로 총 14만 8천 평의 평지를 얻게 되었다.

56 김동철, 2011, 「근대 부산의 교통 발달과 기록-기차와 전차를 중심으로-」, 『한국기록관리학회지』 제11권 제1호, 한국기록관리학회, 259~261쪽.

57 『부산일보』 1910년 2월 18일.

58 부산시사편찬위원회, 『부산역사문화대전』, '부산진 매축기념비'.

59 『부산일보』 1928년 5월 6일.

60 부산광역시사편찬위원회, 2019, 『매축지 마을 사람들 이야기』, 46~67쪽.

61 전성현, 2014, 「일제시기 부산의 중심 상점가와 도시문화」, 『역사와 경계』 92, 부산경남사학회, 179쪽.

62 1902년 부산전등㈜은 부산에서 처음으로 용미산에 발전소를 설치하여 전기를 생산하였고, 장수통에도 여러 개의 가로등이 밝혀졌다(표용수, 2009, 『부산 전차운행의 발자취를 찾아서』, 선인, 45~48쪽).

63 『부산일보』 1916년 7월 1일, '夜店に 電燈' 및 1928년 1월 29일, '長手通りの 電飾美'.

64 부산근대역사관, 2013, 『백화점, 근대의 별천지』, 48쪽 및 전성현, 2014, 앞의 글, 205~207쪽.

65 김홍관, 1998, 「일제강점기 부산의 도시개발과 그 성격」, 『항도부산』 제15호,

부산광역시사편찬위원회, 288쪽.

66 부산근대역사관, 2016, 『근대부산항 별곡』, 112~113쪽.

67 당시 재한在韓 일본인 인구가 82,061명이었으며, 경성의 일본인이 11,484명
에 불과하였다.

68 김경남, 1999, 「한말 일제하 부산지역의 도시형성과 공업구조의 특성」, 『지역
과 역사』 제5호, 부경역사연구소, 230~242쪽.

69 『동아일보』 1935년 3월 3일, '십칠 주요도시의 시가지 계획조사'.

70 『동아일보』 1937년 11월 3일, '부산시가지계획개요' 및 김흥관, 1998, 「일제
강점기 부산의 도시개발과 그 성격」, 『항도부산』 제15호, 부산광역시사편찬
위원회, 289쪽.

71 김경남, 앞의 글, 241쪽.

72 부산박물관, 2007, 『사진엽서, 부산의 근대를 이야기하다』, 62쪽.

73 송혜영·서치상, 2015, 「일제강점기 동래부 객사 일곽의 소멸 과정」, 『건축역
사연구』 제24권 2호, 한국건축역사학회, 18~19쪽.

74 『동아일보』 1926년 10월 29일.

75 『동아일보』 1928년 10월 10일.

76 공립동래보통학교는 1911년 동래공립보통학교, 1925년 동래제1공립보통학
교로 개명하였다. 1947년 다시 내성공립국민학교로 바뀌었다.

77 『동아일보』 1933년 2월 1일.

78 송혜영·서치상, 앞의 글, 20~23쪽.

79 『동아일보』 1937년 6월 11일.

80 동래선 부설에 대해서는 '전성현, 2009, 「일제시기 동래선 건설과 근대식민
도시 부산의 형성」, 『지방사와 지방문화』 12권 2호, 역사문화학회'를 참조.

81 부산 출신으로 부산경무관을 지낸 박기종은 1898년 '부하철도회사釜下鐵道會
社'를 설립하여 부산 하단포 간 철도부설을 구상한 적이 있었다. 그러나 철도
건설을 위한 자본 부족과 지형상의 어려움 등으로 인하여 최초의 지역철도
의 구상은 수포가 되었다.

82 부산 궤도의 동래선은 동래천을 건너지 않고 금정산 자락을 따라 온천장까
지 진행하였다. 반면, 조선와사전기의 변경된 노선은 동래천(온천천)을 건너
동래성 남문 시가로 더 진입한 후 서문을 거쳐 동래온천장으로 들어갔다(전
성현, 2009, 「일제시기 동래선 건설과 근대식민도시 부산의 형성」, 『지방사와 지방문화』
12권 2호, 역사문화학회, 252쪽).

83 초기에는 경편철도의 증기기관차와 노면전차가 병행 운행하다가 1916년부
터 전차로 완전히 교체되었다(표용수, 앞의 책, 63쪽).

84 『부산일보』 1915년 10월 31일.

85 표용수, 앞의 책, 64쪽.

86 『매일신문』 1916년 9월 15일, 1916년 12월 28일.

87 김동철, 2011, 「근대 부산의 교통 발달과 기록-기차와 전차를 중심으로-」,
『한국기록관리학회지』 제11권 제1호, 한국기록관리학회, 265쪽.

88 『동아일보』 1925년 5월 22일.

89 그는 일본어로 지껄이며 부인을 희롱하는 운전사에게 분노하며 이렇게 말했다. "그것은 영업하는 자가 손님에게 하는 태도가 아니요, 형무소 간수가 죄수에게 하는 태도다."(차상찬, 1929. 8, '남대南隊'『별건곤』 제22호, 개벽사.)

90 김승, 2011,「일제강점기 해항도시 부산의 온천개발과 지역사회의 동향」,『지방사와 지방문화』 14권 1호, 역사문화학회, 219~220쪽.

91 온천장 개발과 붐의 상징이었던 봉래관은 1960년에는 동래관광호텔로 변모하였고, 1985년 농심에서 이를 인수하면서 농심호텔로서 개보수가 이뤄졌다.

92 1920년대 경 동래온천장의 일본식 여관으로는 호라이관을 비롯하여 도라이관東萊館, 나루토관鳴戶館, 요꼬이관橫井館, 아라이관荒井館, 와키아脇屋, 시즈노야靜乃屋, 마스바야松葉屋, 야마구치야山口屋, 유노모토여관湯乃本旅館 등이 있다. 한국인 여관으로는 침천관枕泉館, 김천관金泉館, 계산관桂山館, 일신관日新館, 명월관明月館 등이 설립되었다. 이어서 내성관萊城館, 동운여관東雲旅館, 이향원二香園, 벽초관壁初館, 산해관山海館 등도 영업을 했다.

93 영국 최고의 온천장으로 성장한 '배스Bath'가 이를 잘 보여준다. 건강에 좋은 광천수가 풍족하여 온천장으로 발전한 배스는 16세기에 귀족들이 자주 찾는 레저의 장이다. 온천장에 모여드는 손님들이 많아지자 배스는 다양한 오락거리와 여흥을 제공해야 했다. 아울러, 퇴폐적 유흥 풍속도 성행하였다. 온천욕은 뒷전이고 술과 성, 돈과 도박 등 타락과 방종을 추구하는 관광객들이 늘어났다.

94 김남주, 1929. 12.,『별건곤』 제24호, '동래온천정화東萊溫泉情話', 개벽사.

95 초창기 동래온천장 권번은 관기官妓들로 구성되었다. 관기 제도는 강제적 한일합방 시 해산되었으나 생계가 막연했던 관기官妓들은 조합을 만들고 동래온천에 진출하였다. 그들은 부채춤, 가야금, 장고 등의 악기를 능숙하게 다루고, 판소리와 예법까지 익힌 예인藝人들이었다.

96 현재 온정개건비와 수조는 동래온천번영회가 관할하는 온정각 내부에 세워져 있다. 온정개건비가 있던 곳은 예나 지금이나 동래온천을 상징하는 곳이다. 이곳은 동래부가 운영하는 온정에서 동래면이 경영하는 공중욕탕으로, 지금은 다시 동래온천번영회의 온정각으로 변하였다.

97 『동아일보』 1921년 8월 7일, '시구개정에 반하야 부산부의 주택난'.

98 박철규, 1998,「1920~1930년대 부산지역 빈민의 추이와 생활」,『항도부산』 15권, 부산광역시사편찬위원회, 422쪽.

99 『동아일보』 1921년 5월 27일, '천오백의 방랑자'.

100 『동아일보』 1921년 8월 7일, '시구개정에 반하야 부산부의 주택난'.

101 소춘, 1923. 4.,『개벽』 제34호, '부산의 빈민굴과 부민굴 - 남해일대를 어름 지내든 추억'.

102 『동아일보』 1934년 3월 31일, '부산빈민굴탐방기'.

103 서면의 농민들이 똥들을 수거해가면 일제가 한 통에 5전씩 세금을 걷었다고 하였다. 기자는 감사하기는커녕 되레 위생을 악화시킨다고 비판하였다(『동

아일보』 1934년 4월 1일, '부산빈민굴탐방기'(2)).

104 서대신동의 대표적 빈촌으로는 '고부도리', '대밭골', '황토굴', '딱박골' 등이
있었다.

105 곡정(아미동)에는 화장장과 공동묘지가 설치되면서 주민들의 상황은 더 악화
되었다. 기자는 산 사람이 그곳을 지날 때는 마치 지옥에서 나온 것 같아 무
시무시한 감정을 내게 하는 '지옥의 아리랑 고개'라고 하였다. 곡정은 부산
항 선창에서 떨어져 있는 곳이다. 이곳의 빈민들은 품팔이하기가 더 불리하
였다(『동아일보』 1934년 4월 2일, 이 자료는 '박철규, 앞의 글, 445~446쪽'에서 재인용하
였음.)

106 박철규, 앞의 글, 435쪽.

107 『동아일보』 1934년 4월 2일.

108 탑골공원에서 시위 계획은 무산되고 장소는 요릿집인 태화관으로 옮겨졌다.
평양의 경우는 서울과 같은 3월 1일부터 시위가 일어났으며, 기독교 신자가
많은 서북지역은 만세운동이 일찍 확산되었다.

109 지방에서 3·1 운동에 대한 개념은 더 신중히 사용할 필요가 있다고 보인다.

110 부산의 3·1 운동 동향에 대해서는 '홍순권, 2019, 「부산지역 3·1 운동 전개
양상과 특징」, 『항도부산』 제37호, 부산광역시사편찬위원회'를 참조.

111 부산진일신여학교는 1925년 복천동으로 이전하였으며, 다시 금정구 부곡동
으로 옮겨 지금의 동래여중과 동래여고가 되었다.

112 박재혁의 생애 및 활동에 대해서는 '박철규, 2019, 「의열단원 박재혁의 생애
와 부산경찰서 투탄」, 『항도부산』 37호, 부산광역시사편찬위원회'를 참조.

113 부산공립상업학교는 1923년 부산 제2공립상업학교로 개칭하였다. 해방 후
에 다시 부산공립상업학교(부산상고)가 되었고, 지금의 개성고등학교로 변화
하였다. 부산제1공립상업학교는 해방 후 경남상업고등학교를 거쳐 지금의
부경고등학교가 되었다.

114 사학자 현채가 편찬한 『동국역사』는 대한제국기에 간행된 보통학교 국사 교
과서로서 일제강점기에는 사용이 금지되었다.

115 『동아일보』 1921년 5월 17일, '대구에 수감중인 박재혁은 병사'.

116 김경남, 1999, 「한말 일제하 부산지역의 도시형성과 공업구조의 특성」, 『지역
과 역사』 제5호, 부경역사연구소, 248~249쪽.

117 『동아일보』 1921년 9월 27일, '오천 명 대파업', 9월 28일, '부산의 대파업 사
건 益々확대', 9월 29일, '쌍방형세거익강경雙方形勢去益强硬 부산 노동자의 대
파업 속보'.

118 김대상, 1964, 「일제하 부산의 노동운동」, 『항도부산』 4권, 부산광역시사편찬
위원회, 314~317쪽.

119 여성 노동자들에겐 미숙련 단순 업무를 맡겼으므로 남성의 1/2 수준의 임금
을 받을뿐더러 얼토당토않은 노동 조건에서 일해야 했다. 해고를 당해도 이
의를 제기하지 못하고, 노동조합에도 가입을 못 하는 등 노비문서에 가까운
계약조건하에 근무하였다(이송희, 2003, 「일제하 부산지역 방직공장·고무공장 여성

노동자들의 쟁의」, 『이화사학연구』 제30집, 이화사학연구소, 368쪽).

120 김형목, 2019, 「3·1운동 이후 부산지역 항일독립운동의 성격」, 『항도부산』 제37호, 부산광역시사편찬위원회, 178~182쪽.

121 『매일신보』, 1940년 12월 28일, '시국을 모르는 행동-경남경찰부장 담談'(김형목, 앞의 글, 182쪽에서 재인용).

3부 조선의 부산: 들끓는 가마솥의 탄생

1 잘 알려졌듯이 고대의 청동 가마솥은 신성한 왕권을, 집안의 무쇠 가마솥은 가족의 생활과 평안을 상징한다.

2 『세종실록』 권31, 세종 8년(1426) 1월 18일.

3 조선인과 일본인이 사소한 문제로 다투는 사건부터 마을에 큰 화재가 일어나는 대형 참사까지 다양한 문제들이 발생하였다.

4 『세종실록』 권89, 세종 22년(1440) 5월 29일.

5 『세종실록』 권26, 세종 6년(1424) 12월 17일.

6 나중에 고초도에서 고기잡이를 허용해주는 대신에 어세漁稅를 걷었다.

7 『연산군일기』 권49, 연산 9년(1503) 3월 25일.

8 『성종실록』 권287, 성종 25년(1494) 2월 27일.

9 『세종실록』 권 88, 세종 22년(1440) 2월 7일.

10 김동철, 「15세기 부산포 왜관에서 한일 양 국민의 교류와 생활」, 『지역과 역사』 22호, 2008, 부경역사연구소, 41~42쪽.

11 『연산군일기』 권49, 연산군 9년(1503) 3월 25일.

12 「반일 불똥 튄 '제포왜관'」, 『주간조선』 2570호, 2019. 8. 12. 오랫동안 묻혔던 왜관 터가 부산신항의 도로개발로 다시 드러났지만 생각만큼 대접은 받지 못하고 있다. 제덕동에 내걸린 현수막에는 "위안부 피해 할머니 사과도 없는 일본 놈 문화재 보존이 웬 말인가!"라는 문구가 서릿발처럼 날카롭고 차가웠다. 평상시라면 아픈 역사도 역사이며, 치욕스러운 역사도 보존되어야 한다는 논리를 폈을 터다. 하지만 현수막이 걸린 시점은 일본이 한국을 백색국가에서 제외하고 수출규제를 하면서 한일관계는 최악으로 치달았던 때다. 일본 여행을 자제하고 일본 상품을 불매하는 운동이 땡볕의 아스팔트처럼 달궈지는 엄정한 시기였으니 왜倭라는 말이 붙은 문화재는 현수막이 주장하는 대로 알레르기 반응을 일으키기에 충분했다. 하지만 왜관은 본질적으로 일본 문화재일까. 과연 위안부 피해 할머니와 일본 문화재 보존은 어떤 관계가 있을까 묻지 않을 수 없다.

13 웅천읍성은 세종 시절 제포의 왜인이 늘어나자 읍을 보호하기 위하여 돌로 축성한 방어시설이다. 왜관, 제포성, 웅천읍성은 조선이 제포를 개방함에 따라 거주와 감시, 그리고 확장과 방어가 상호 충돌하면서 하나의 세트로 탄생한 역사적 산물이다. 김해 장유와 창원 제포 사이는 거친 산맥으로 가로막혀

있다. 낮은 구릉을 넘어 웅천읍성을 점거한다 해도 왜인들이 쉽게 이 산맥을 넘어 김해나 창원을 넘볼 수 없었다.

14 고려의 대표적 외교관은 정몽주였다.
15 『성종실록』 권56, 성종 6년(1475) 6월 28일.
16 『선조실록』 권70, 선조 28년(1595) 12월 21일.
17 손승철, 2017, 「일본외교의 달인 신숙주, 『해동제국기』를 남기다」, 『기록인』, 국가기록원, 42쪽.
18 『성종실록』 권38, 성종 5년(1474) 1월 27일.
19 『태조실록』 권1, 태조 1년(1392) 8월 20일.
20 심봉근, 2014, 「부산포와 부산진성의 공간적 위치 분석」, 『문물연구』, 동아시아문물연구학술재단.
21 『성종실록』 권1, 성종 즉위년(1469) 12월 15일.
22 공염분 30좌座, 사염분 2좌, 군수염분 7좌를 합친 숫자다.
23 이 통계에는 부산포의 관할 염소도 포함되었을 것이다.
24 『성종실록』 권51, 성종 6년(1475) 1월 6일.
25 『중종실록』 권53, 중종 20년(1525) 3월 3일.
26 물론 전투의 규모나 기간, 조선에 미친 영향을 따진다면 삼포왜란은 임진왜란에 비할 수가 없겠다.
27 심민정, 2013, 「삼포왜란의 발생원인과 대마도」, 『동북아문화연구』 제34집, 동북아시아문화학회, 81~82쪽.
28 특히 제포 근처 보평역報平驛 마을이 문제였다. 왜인의 거주지와 조선인 마을의 거리는 겨우 1리 남짓 떨어져 있었다. 조선인이 왜인들에게 돈을 빌리는 일이 많았다. 왜인들은 부채負債를 돌려받는다는 핑계로 주야를 가리지 않고 조선인 마을로 들어왔다. 중종 시절 감찰 박전朴佺의 상소에 따르면 '조선인과 왜인들은 음식이나 언어가 한가지로 되었으며, 서로 친하고 사랑함이 형제와 같았다'라고 하였다. 삼포 주변은 무역하여 이익을 탐내는 백성들이 몰려들었다. 이들은 '안동의 비단'이나 '김해의 삼베'까지 왜인들에게 유통하는 밀무역에 종사하였다. 이를 두고 조선 정부는 도적에게 병기와 군량을 대주는 꼴이라 한탄하였다. 이런 조선인들을 통해 조정의 논의와 시비도 가감 없이 왜인에게 들어갔다. 삼포 왜인들이 앉아서도 궁궐 이야기를 듣는 형편이었다. 박전은 당시 상황을 심히 우려하면서 유능한 명장을 뽑아 왜노倭奴를 토벌하자고 주장하였다. 조정에서도 삼포의 정세가 교린에서 적대관계로 변화하고 있으며, 이에 따른 정벌론이 등장하였던 터다(『중종실록』 권8, 중종 4년(1509) 3월 24일).
29 『중종실록』 권11, 중종 5년(1510) 4월 22일.
30 국방군사연구소, 1993, 『왜구토벌사』, 223~224쪽.
31 『중종실록』 권11, 중종 5년(1510) 4월 24일.
32 세견선은 조선시대 일본 각지로부터 교역을 위해 해마다 우리나라로 들어오는 선박을 일컫는다.

33 『선조실록』 권26, 선조 25년(1592) 4월 13일.

34 『선조실록』 권45, 선조 26년(1593) 윤11월 14일.

35 『선조수정실록』 권26, 선조 25년(1592) 4월 14일.

36 순절도와 해자에 대해서는 '유승훈, 2015, 『문화유산 일번지』, 글항아리, 266~291쪽'을 참조.

37 『선조실록』 권168, 선조 36년(1603) 11월 22일.

38 이안눌李安訥, 『동악집東岳集』, 인조 18년 4월 15일.

39 분위기를 그대로 연출하기 위해 해자 바닥에는 인골과 유물을 복제하여 재현해뒀다. 이곳은 임진왜란의 현장을 공부하는 일본인들도 자주 찾는 역사관이 되었다.

40 『세조실록』 권6, 세조 3년(1457) 1월 16일.

41 김강식, 2006, 「임진왜란 시기의 부산포해전과 의미」, 『부대사학』 30집, 부산대, 9쪽.

42 「임진장초壬辰狀草」 만력 20년 9월 17일자 계본.

43 『선조실록』 권42, 선조 28년(1595) 3월 1일.

44 『선조실록』 권42, 선조 26년(1593) 6월 5일.

45 『선조실록』 권42, 선조 28년(1595) 3월 1일.

46 『선조실록』 권35, 선조 26년(1593) 2월 18일.

47 『선조실록』 권109, 선조 32년(1599) 2월 2일.

48 부산박물관, 2016, 『부산의 성곽』 194~203쪽 및 나동욱, 2012, 「한국의 왜성 연구」, 동아대 박사학위논문, 41~52쪽.

49 조형래·김순일, 「조선시대 동래부의 관아건축에 관한 연구」, 『항도부산』 제13호, 부산시사편찬위원회, 176~177쪽.

50 김강식, 1993, 「17·18세기 부산의 행정과 관방」, 『항도부산』 제10호, 부산시사편찬위원회, 29~32쪽.

51 손숙경, 2007, 「조선후기 동래지역 무임집단의 조직과 운영」, 『사회와 역사』 제74집, 한국사회사학회, 269쪽.

52 조형래·김순일, 앞의 글, 211~217쪽.

53 김기혁·김성희, 2002, 「조선-일제강점기 동래읍성 경관변화 연구」, 『대한지리학회지』 제37권 제4호, 대한지리학회, 323쪽.

54 『국제신문』 2012. 2. 27., '영남대로가 깨어난다 「2-1」 한양천리: 황산도를 찾아서'.

55 「충렬사 강당 중수기」, 1767(부산시, 2018, 『충렬사 종합정비계획』, 30쪽에서 재인용).

56 부산광역시 충렬사 관리사무소, 2018, 『충렬사 종합정비계획』, 37~38쪽.

57 임진왜란이 발발한 지 400여 년이 훌쩍 지났지만 죽은 자가 남기고 간 충렬의 장소성에 대한 논쟁은 현재도 진행 중이다. 여전히 오늘을 사는 후손들은 자신의 의지대로 선조를 현창顯彰하고자 한다. 부산에서 중앙대로를 따라가다 보면 정발 장군, 송상현 부사, 윤흥신 장군 등 동상 세 개를 볼 수 있다. 실은 윤흥신 장군의 형상은 동상銅像이 아니라 석상石像이다. 행정구역상 송상

506

현 부사 동상은 부산 진구 양정동, 정발 장군 동상과 윤흥신 장군 석상은 동구 초량동에 세워졌다. 모두 사람의 이동과 교통량이 많은 대로에 설치되었고, 근처에 전철역이 있으니 입지 조건은 비슷하다. 그런데 윤흥신 장군의 석상만 다대포 전투지와는 상당히 떨어진 거리에 설치되었거니와 돌로 제작되었다. 그러하니 후손들은 윤흥신 장군의 형상을 싸우다 숨진 다대포로 이전해달라는 것과 함께 볼품없는 석상을 동상으로 교체해달라고 요구하고 있다. 한편 북항 재개발부지에 부산포해전을 기념하고자 이순신 동상을 세워야 한다는 주장까지 더해지고 있는 것을 보면 부산을 '충렬의 도시'로 만들고자 하는 운동은 앞으로도 계속될 것으로 보인다.

58 나는 한동안 무형문화재 업무를 담당하였다. 수영의 무형문화재(수영농청놀이와 수영지신밟기) 전승자 승급심사를 나갔을 때 한 문화재위원이 이런 심사평을 해주는 것이었다. '수영답게 악을 쳐라, 수영다운 맛을 내라, 수영의 멋을 살려서 해라'였다. 도대체 수영 문화의 멋과 맛을 살리려면 어떻게 해야 할까. 무형문화재를 배우고 있는 전승자에게는 난감한 질문이 아닐 수 없다. 부산의 무형유산을 오랫동안 탐구했던 전문가는 수영 특유의 지역성을 믿고 있었다. 과연 수영다운 문화는 무엇일까.

59 시기에 따라 수영 아래의 진 편제는 차이가 있었다. 수군 훈련은 원칙적으로 매년 봄에는 통영의 합조合操가, 가을에는 수영의 도수조道水操가 열려야 하지만 실제로는 흉년과 수군 부족 등 여러 사정으로 인하여 수십 년간 열리지 못한 적도 있었다.

60 문화재청 국립해양문화재연구소, 2018, 『조선시대 수군진조사 경상좌수영 편』, 79~80쪽.

61 부산광역시 수영구청·부산대 산학협력단, 2011, 『경상좌수영성지 종합정비 계획 보고서』, 60~78쪽.

62 현대 사회에서는 어방놀이와 농청놀이가 문화재로서 재탄생했지만 조선시대는 엄연한 생산조직이었음을 유의하여야 한다.

63 (사)수영고적민속예술보존협회, 2009, 『수영민속총집』, 485쪽.

64 (사)수영고적민속예술보존협회, 앞의 책, 386쪽.

65 (사)수영고적민속예술보존협회, 앞의 책, 389쪽.

66 그물 깁는 소리는 그물을 손보는 과정, 용왕고사는 풍어와 무사를 기원하는 용왕제를 지내는 과정, 내왕소리는 그물에 연결하는 줄을 꼬는 과정에서 부르는 민요다. 사리소리는 그물을 잡아당기는 과정, 가래소리는 가래로 고기를 퍼 담는 과정, 칭칭소리는 고기잡이 일을 마치고 신나게 노는 과정에서 부르는 소리다.

67 현 수영구를 대표하는 문화콘텐츠는 광안리 해수욕장, 민락동 회센터, 광안대교, 불꽃축제 등이다. 이것만 봐도 수영구의 중심지는 민락동과 광안동 등 수영 지역의 동남 해안 쪽에 해당함을 알 수 있다. 상권이나 부동산 시장도 역시 이 일대다. 바다를 한눈에 조망하는 뷰view를 선호하는 도시인과 해안 지역을 매립하여 대규모 건물을 세운 토건 사업이 빚어낸 결과다. 수영 지역

은 나날이 건물 숲으로 변모하면서 부산 사람들조차 옛 수영이 무엇인지도 모를 판이 되었다.

68 첨이대는 백산에 있었다는 설과 진조말산에 있었다는 설로 나뉜다.

69 국립민속박물관, 2011, 『Charles J. Burstone 'KOREA 1952'』.

70 널구지 마을은 평민동平民洞, 보리전 마을은 덕민동德民洞에 해당하였다. 현재의 민락동民樂洞도 이 동명에서 나온 것이다. 민락民樂은 여민동락與民同樂 · 여민해락與民偕樂의 준말로 임금은 즐거움을 홀로 차지하지 않고 백성과 함께 즐긴다는 뜻이다. 수영강이 놀기 좋은 장소로 여러 사람이 함께 즐길 수 있는 경치를 가진 곳이라 풀이하는데 좀 더 살펴봐야 할 듯이다(『부산지명총람- 연제구 · 수영구 · 사상구 편-』제6권, 부산시사편찬위원회, 132~133쪽).

71 수영문화원, 2016, 『사진으로 보는 부산 수영구의 어제와 오늘, 물길따라 흐르는 수영의 역사』 참조.

72 손숙경, 2008, 『조선후기 동래 석대동 하리의 영양 천씨 가문과 이들의 고문서』, 동아대 한국학 연구소 참조.

73 변광석, 2012, 「동래기영회의 활동과 변화를 통해본 지역성」, 『역사와 경계』 84, 경남사학회 참조.

74 부산민속예술보존협회, 2010, 『동래들놀음』, 212쪽.

75 부산민속예술보존협회, 앞의 책, 321~322쪽.

76 김온경, 1983, 「경남 덧배기 攷」, 『한국무용연구』 2, 한국무용연구학회, 99~102쪽.

77 정확한 축조 시기와 규모는 알 수 없지만 금정산성 주변에서 가야시대 토기들이 발견되고 있으며, 통일신라 이후로 대규모 산성을 축조한 것으로 추정한다. 중성을 쌓았던 터에도 이미 성곽의 흔적이 있었다고 한다.

78 차용걸, 발행년 불명, 「금정산성의 역사 고고학적 성격과 특징」, 『금정산성 종합정비계획(1)』, 금정구 · 경성대 부설 한국학연구소, 55~56쪽.

79 황경숙 · 문재원, 2014, 『산성마을 사람들, 오래된 마을 미래공동체』, 부산발전연구원, 27~32쪽.

80 『숙종실록』권39, 숙종 30년(1704) 6월 17일.

81 황경숙 · 문재원, 앞의 책, 155~157쪽.

82 임진왜란 이후로 동래의 군사적 중요성이 커지면서 군진軍鎭들이 부산으로 이동해왔다. 기장에 있던 두모포 만호영이 수정동으로 이전되면서 '두모포'란 지명까지 옮겨졌다. 두모포 왜관 뒤에는 높은 산이 있고, 앞쪽은 바다와 접하고 있었다. 안팎으로 하천이 흐르고 있어 왜관 내부에도 풀이 무성하게 자라났다고 한다. 왜관의 좌우와 뒤로 담장을 쌓았으며, 앞쪽의 바다에는 목책을 박아두었다. 왜관의 둘레를 담장과 목책으로 막아둠으로써 감시와 통제를 할 수 있도록 하였다.

83 장순순, 1996, 「조선후기 왜관의 설치와 이관교섭」, 『한일관계사연구』 5집, 한일관계사연구회, 102쪽.

84 나는 2017년 초량왜관에 대한 현장조사를 6개월 동안 수행한 적이 있다. 잘

알려진 변박의 「초량왜관도」와 일본인(작자미상)이 그린 「조선도회」 등에 나타난 왜관 건물을 현재의 위치와 대조해보면서 혹시 남아 있을 흔적들을 찾아보는 작업을 하였다. 그런데 용두산 중턱을 깎아 지은 관수가館守家(초량왜관에 거주하는 일본인 우두머리 집)의 하부 축대를 빼놓고는 200년 동안 지속되었던 초량왜관이 거의 남아 있는 게 없었다. 조일 교류의 상징이었던 초량왜관이 근현대사에서 철저히 무시되었다는 사실이 참 암담할 정도였다. 하지만 건물이 사라졌다고 역사가 사라진 것은 아니었다. 그림과 현황을 자세히 비교해보니 건물군들 사이사이로 난 길이 주목되었다. 초량왜관 건물이 사라진 이후로 숱한 근현대 건물들이 건립되었다 철거되었음에도 불구하고 구획가로區劃街路는 「초량왜관도」에 나오는 것과 큰 차이가 없었다. 일례로 서관 삼대청의 상황을 살펴보면, 동대청 부지에는 용두산 아파트, 중대청 부지에는 대각사, 서대청 부지에는 새부산타운 건물이 들어섰지만, 현재의 도로와 「초량왜관도」의 사잇길은 거의 일치한다. 서관의 육행랑과 동관의 일부도 마찬가지였다. 여하튼 가로 구획만큼은 200여 년 전 역사가 잘 보존되어 있는 것을 보고, 당장 눈에 들어오지는 않지만 지하의 어디선가 초량왜관의 유구가 잔존했을 가능성이 충분하다는 사실을 깨달았다. 조사가 끝나고 1년이 지날 무렵 동광동의 한 공사 현장을 부산박물관의 문화재조사팀과 일본 연구자가 간단한 현장조사를 진행하였다. 이 공사현장에서 17세기부터 19세기까지 조선과 일본, 그리고 초량왜관 내 부산요에서 생산된 다양한 도자편과 옹기편을 비롯하여 조개류, 생선과 동물 뼈 등 음식물로 사용된 재료들도 출토되었다. 이를 바탕으로 조사한 연구 결과는 흥미롭다. 예컨대, 초량왜관에 거주하는 일본인들이 조선으로부터 재료를 받아서(이를 일공日供이라 한다) 일본식으로 요리를 하였다는 사실을 증명해주었다. 간단한 현장조사를 통해서도 지상의 역사가 사라진 용두산 일대의 지하가 초량왜관의 문화를 끌어올릴 수 있는 무궁무진한 바다가 될 가능성이 열린 것이다(나동욱·카타야마 마비, 2018, 「초량왜관 추정 선창지 주변 출토유물에 관한 조사 개요」, 『박물관연구논집』 24, 부산박물관 참조).

85 김동철, 2015, 「조선후기 동래지역의 유통기구와 상품」, 『역사와 경계』 97호, 부산경남사학회, 226~228쪽.

86 김성진, 1998, 「부산왜관과 한일간 문화교류」, 『한국문학논총』 제22집, 한국문학회, 61~68쪽.

87 다시로 가즈이 지음·정성일 옮김, 2005, 『왜관-조선은 왜 일본 사람들을 가두었을까?』, 논형, 182쪽.

88 정성일, 2015, 「왜관 개시 때 제공된 일본 요리 기록의 비교」, 『한일관계사연구』 52집, 경인문화사, 236쪽.

89 『청장관전서』 권65, 청령국지2 물산 "가수저라加須底羅(카스테라)는, 정한 밀가루 한 되와 백설탕 두 근을 달걀 여덟 개로 반죽하여 구리남비에 담아 숯불로 색이 노랗도록 익히되 대바늘로 구멍을 뚫어 불기운이 속까지 들어가게 하여 만들어 꺼내서 잘라 먹는데, 이것이 가장 상품이다."

90 다시로 가즈이 지음 · 정성일 옮김, 앞의 책, 242~244쪽.

91 왜선의 정박을 위하여 선창을 조성하는 작업부터 공사가 시작한 이후로 동관의 관수가, 개시대청, 재판가, 서관의 동대청, 중대청, 서대청 등을 건립하였다. 관방 시설로서 수문守門, 북문, 복병막, 담장을 설치하였으며, 연향대청을 지었다. 이 건물들은 조선이 조영造營하였다. 일본 측은 동관에서 삼대청을 제외한 동향사, 응방, 대관가 등 여러 건물을 지었다. 재관在館 일본인들이 숙식하거나 일상생활과 관련한 건물들은 일본이 지었다.

92 조선 정부는 수리공사에 대한 원칙을 세웠다. 25년마다 동관과 서관을 모두 수리하는 것을 '대감동大監董'이라 하였다. 화재가 발생하거나 일정한 시기에 수리하는 것을 '소감동小監董'이라 하였다. 조선 정부는 초량왜관의 창건과 유지 보수를 위해 막대한 자금을 썼다. 대감동을 할 때는 많게는 5만 3천 냥까지 내야 했으니 조선 정부에게는 부담이 컸다. 일본 측도 조선의 재정적 부담을 인식하여 대감동 때에는 연례송사年例送使를 중지하는 일도 있었다(김순일 · 정예정, 2001,「초량왜관 창건, 수리 및 중수에 관한 연구」,『건축사연구』제10집 2호, 한국건축역사학회, 46쪽).

93 관수가는 용두산 중턱을 깎은 부지 위에 세워졌는데, 대마도의 사스나佐須奈 항구와 직선 축으로 연결되게 배치하였다. 관수가는 사스나 항에서 출발한 배를 바로 볼 수 있도록 부지가 선정된 것이다.

94 부학주 · 김정동, 2006,「초량왜관 건축과 역사적 경관 재현 연구」,『건축역사연구』제15권 3호, 한국건축역사학회 참조.

95 특히 일본인들이 보물처럼 여기는 다완茶碗을 대량으로 생산함으로써 차 문화와 식생활을 발전시켰을 뿐만 아니라 유럽으로 수출되는 기반을 만들었다. 조선도공들이 만든 자기는 일본의 나가사키를 출발하여 암스테르담에 도착하여 유럽의 전역으로 퍼졌다. 네덜란드는 나가사키의 데지마出島(일본이 무역을 위해 조성한 商館)를 통해서 일본 도자기를 구입해 갔다. 1659년 한 해에 5만 6천 7백 개의 일본 도자기를 주문하였다고 한다. 이렇게 일본과 유럽의 활발한 도자기 교류는 실크로드와 같은 국제 무역의 길을 트게 되었으며,『하멜표류기』에는 이를 '도자기의 길Cainal Road'이라 기록되었다(윤용이, 1994,「도자기의 길, 조선도공에 의한 일본도자에의 영향」,『이화여자대학교 도예연구』제16집, 이화여자대학교 도예연구소, 42~43쪽).

96 아사가와 노리타카 지음 · 최차호 옮김, 2012,『부산요와 일본다완』, 어드북스, 105~115쪽.

97 왜관에서 생산된 주문 다완은 종류와 형태가 다양하다. 주문 다완은 형태와 도공, 직명職名, 제작 배경 등에 따라 여러 이름을 갖고 있다. 조선 사발과 닮은 고키五器, 장군의 어용선御用船 편에 견본을 보냈다는 의미의 고쇼마루御所丸, 귀얄이 있는 게 특징인 하케메이라보刷毛伊羅保, 판사(역관)의 감독 아래 만들었다는 판사다완判事茶碗, 장군의 견본이란 의미가 담긴 고혼御本 다완 등 다양한 이름으로 전해진다.

98 오기다완은 일본의 칠기(또는 목기) 완碗이 조선 백자의 오목 굽 형식과 서로

만나서 새로운 기형으로 정착된 것이다. 오기다완의 굽에는 유약을 입히지
않았으며, 모래 섞인 거친 태토를 칼로 깎아낸 흔적이 남아 있다(片山まび, 2010,
「임진왜란 이후 일본 주문 다완에 대한 고찰 - 吳器茶碗을 중심으로-」, 『미술사연구』 24
호, 미술사연구회, 97~102쪽).

99 유몽인은 『담바귀설』에서 "일본 장사치가 부산 포구에 배를 대고 약 한 가지
를 팔았다. 그 이름이 담파괴淡破塊인데 덩어리진 가래를 잘 낫게 한다고 했
다"라고 하였다. 신유한은 『해유록海游錄』에서 "우리나라의 이른바 '남초南草'
라는 것은 본래 동래 왜관으로부터 얻어온 것이다"라고 하였다.

100 장순순, 2019, 「조일 문화교류의 측면에서 본 조선후기 왜관과 일본산 담배」,
『해양도시 부산의 문화교류 학술대회』, 부산시 참조.

101 이훈, 「조선후기 동래부와 왜관의 의사소통-양역 관련 실무문서를 중심으
로-」, 『한일관계사연구』 27집, 경인문화사, 185~186쪽.

102 김동철, 2005, 「17~19세기 동래부 소통사의 편제와 대일활동」, 『지역과 역
사』 17호, 선인, 214~215쪽.

103 『정조실록』 권6, 정조 2년(1778) 8월 17일.

부산의 탄생

대한민국의 최전선에서 거센 물살을 마중한 도시

1판 1쇄 펴냄 | 2020년 11월 20일

지은이 | 유승훈
발행인 | 김병준
편 집 | 김서영
디자인 | this-cover.com · 이순연
마케팅 | 정현우
발행처 | 생각의힘

등록 | 2011. 10. 27. 제406-2011-000127호
주소 | 서울시 마포구 양화로7안길 10, 2층
전화 | 02-6925-4185(편집), 02-6925-4188(영업)
팩스 | 02-6925-4182
전자우편 | tpbook1@tpbook.co.kr
홈페이지 | www.tpbook.co.kr

ISBN 979-11-90955-06-5 03910